文本詮釋與社會實踐：

蔣年豐教授逝世十週年紀念論文集

林 維 杰 編

臺灣 學㣺書局 印行

序言：蔣年豐與台灣哲學的場所

林鎮國（台灣哲學會會長）

　　日前儒賓兄來電，談及出版故友蔣年豐的紀念論文集一事，並囑草撰序言一文。論文集的文章來自 2006 年 5 月在台中中臺科技大學舉辦的「文本與實踐：解釋學與社會行動」研討會。該場研討會有台灣哲學會參與其事，這應該是儒賓兄要我代表台哲會出來說幾句話的緣由。

　　我倒想藉此機會說一下，除了台哲會和蔣年豐的多年情誼（台哲會設有「紀念蔣年豐教授哲學博士論文獎」），此紀念論文集反映出 1949 年後出生的台灣哲學世代的思索歷程與心境。我不使用「戰後」這較具世界史意涵的編年詞彙，而用「四九年後」來概括我們這一世代，主要想突出思想活動不可迴避的歷史性與場所性。我們這世代思想的歷史性與場所性，表現在台灣這塊土地上，是四九年後來自中國的現代性議程取代了原有的殖民現代性議程，這轉變一方面造成我們年輕時在政治高牆下僅能接受有限的思想資源與議題，這種封閉的情況一直要到了七十年代底才逐漸開始出現足以改變的空隙，另一方面機緣地也承繼流亡海外新儒家的中國文化意識，從那裡侷促地張望外面的世界。我手上沒有蔣年豐較為詳細的學思年譜，然推

估其短促的哲學活動中，可以想見其思考自始即承接新儒家設定的議題，不論是形上學或實踐哲學，都受到唐、牟路徑的影響。這是我們這一代所共同經歷的，並在許多人身上持續影響著。然而不同的是，蔣年豐身上強烈的實踐與批判性格，驅使他在台灣政治變化劇烈的關鍵年代，以其精研黑格爾、哈伯瑪斯、呂格爾的學養，奮力開出那足以「改變的空隙」。他不僅以學者自許，還以扣擊時代為己任。他的思想資源除了豐厚的中國傳統學問之外（不僅是哲學而已），主要來自呂格爾的詮釋學和黑格爾的法政哲學。這形成他的思想張力，一方面著力於存在意義的興發，另一方面也投身於正義的追求。我無法確定是否這種強烈的內部張力和他的早逝有關，起碼從他身上看到我們這世代共同承擔的道德處境。

當年得知蔣年豐意外早逝的消息，是在我主辦的「亞洲宗教與哲學學會」政大會場上，一時熟知他的友人無不深為悲駭，難以置信。我曾去東海擔任他的研究生口試委員，彼此雖談不上深交，然十分佩服他做學問的精進剛猛，格局開闊。誰知天不假年，遽爾隕落，卻化為滋養台灣哲學的場所。這本紀念文集收錄的論文全來自他認識的學友，論題圍繞在他生前關注的詮釋學和法政哲學領域上，或切磋攻錯，或衍申發揮，體現出這一世代台灣哲學社群的自我成長與認同，這應是蔣年豐所欣慰樂見的。

文本詮釋與社會實踐

目　次

⬚1 關於「海洋文化的儒學」與「法政主體」的省思

李明輝[*]

當代新儒家有所謂的「儒學開出民主」說。此說早已見諸 1958 年由唐君毅、牟宗三、張君勱及徐復觀四人聯名發表的〈為中國文化敬告世界人士宣言〉。[1]在這篇宣言的第六節中,他們特別強調中國「心性之學」為「中國學術思想之核心」,而其意義在於:

> 此心性之學中,自包含一形上學。然此形上學,乃近乎康德所謂〔道德〕的形上學,是為道德實踐之基礎,亦由道德實踐而證實的形上學。而非一般先

---

[*] 中央研究院中國文哲研究所研究員／臺灣大學國家發展研究所合聘教授／中央大學哲學研究所合聘教授

[1] 此宣言原刊於《民主評論》第 9 卷第 1 期(1958 年 1 月 5 日)及《再生》第 1 卷第 1 期(1958 年 1 月),後收入張君勱著、程文熙編:《中西印哲學文集》(臺北:臺灣學生書局,1981 年),以及張君勱:《新儒家思想史》(臺北:張君勱先生獎學金基金會,1980 年);亦以《中國文化與世界》之名收入《唐君毅全集》(臺北:臺灣學生書局,1991 年),卷 4。

> 假定一究竟實在存於客觀宇宙，而據一般的經驗理
> 性去推證之形上學。[2]

繼而在第八節中，他們進一步強調：

> 我們說中國文化依其本身之要求，應當伸展出之文
> 化理想，是要使中國人不僅由其心性之學，以自覺
> 其自我之為一「道德實踐的主體」，同時當求在政治
> 上，能自覺為一「政治的主體」，在自然界，知識界
> 成為「認識的主體」及「實用技術的活動之主體」。
> 這亦就是說中國需要真正的民主建國，亦需要科學
> 與實用技術，中國文化中須接受西方或世界之文
> 化。[3]

這便是「儒學開出民主」說的基本構想。但為這項構想提
出完整的哲學說明的，是牟宗三先生。筆者過去曾多次討
論過這個問題，[4]此處不再贅述。

2　《唐君毅全集》，卷 4，《中國文化與世界》，頁 25。「道德」二字
　　據《民主評論》補。
3　同上註，頁 34。
4　請特別參閱拙作：〈儒學如何開出民主與科學？〉、〈論所謂「儒家
　　的泛道德主義」〉，均收入拙著：《儒學與現代意識》（臺北：文津
　　出版社，1991 年）。

面對這套「儒學開出民主」說，過去的學界大體有兩種反應方式：第一種反應是否定由儒家的內聖之學可以開出民主政治。海峽兩岸的大多數自由主義學者（如林毓生、包遵信）均屬於此類。第二種反應則是基本上肯定此一思考方向，但試圖對它加以補充或調整。蔣年豐屬於此類。

蔣年豐對於這個問題的基本構想可概括於他所提出的「海洋文化的儒學」與「法政主體」兩個概念。他有一篇論文便題為〈海洋文化的儒學如何可能〉。[5]他之所以提出「海洋文化的儒學」，一方面是要回應 1980 年代中國大陸電視節目《河殤》揚棄以儒家傳統為代表的「內陸文化」而走向「海洋文化」之呼籲，另一方面則是要回應杜維明先生所謂「儒學第三期發展」之說。[6]依蔣年豐之見，儒學未必不能與海洋文化相結合。他在這種結合中見到儒學重生的契機，並且認為這應當是「儒學第三期發展」之歸趨。

5　原刊於《中國文化月刊》，第 124 期（1990 年 2 月），頁 47-59；收入其身後編成的論文集《海洋儒學與法政主體》（臺北：桂冠圖書公司，2005 年），頁 241-254。

6　所謂「儒學第三期發展」係相對於先秦、兩漢的第一期發展與宋、明的第二期發展，指中西海通後的現代儒學而言。此說其實是牟宗三先生最早於〈江西鉛山鵝湖書院緣起暨章則〉（1948 年）（收入《牟宗三先生全集》第 26 冊，《牟宗三先生未刊遺稿》）中提出，後經杜維明先生的大力闡揚而廣為學界所知。

在〈海洋文化的儒學如何可能〉一文中,蔣年豐將「內陸文化的儒學」與「海洋文化的儒學」置於以下的對比之中:

一、「內陸文化的儒學」強調「聖賢」的概念,「海洋文化的儒學」則突顯「豪傑」的概念;

二、「內陸文化的儒學」強調道德教化,「海洋文化的儒學」則強調社會批判與公民意識;

三、「內陸文化的儒學」主張人性本善論,「海洋文化的儒學」則預設人性向善論。

以上的對比即顯示出蔣年豐如何構想現代儒學轉折的方向,最後歸結爲「如何開出法政主體」的問題。蔣年豐表示:

> 康德的形式主義的道德主體引牟先生去開出法政主體。這種思路是合理的,羅爾斯的思路也是如此。可惜牟先生並沒有根據法治主體開出一套公道理論來完成儒家的外王規模。[7]

對於當代儒家應如何藉由康德哲學開出法政主體,蔣

7　蔣年豐:《海洋儒學與法政主體》,頁 252。

年豐在另一篇論文〈法政主體與現代社會——當前儒家應該思考的問題〉[8]中有進一步的討論。在這篇論文中,他首先指出:「牟〔宗三〕先生之強調政治的主體自由是順著黑格爾的義理而講的。」[9]但他認為這條思路是有問題的,因為

> 〔……〕揆諸黑格爾的《法哲學》與《歷史哲學》,黑格爾並不特別強調這種意味的法政主體性。也就是說,黑格爾所著重的政治的主體自由並未能凸顯牟先生所期待的由道德主體輾轉開出法政主體並與之並立的局面。這是因為黑格爾並不喜歡標舉道德主體,這一點在他批評康德處可以很清楚地看出;而且法政主體在黑格爾哲學中的地位也不顯赫。[10]

首先要指出:蔣年豐認為牟先生的「儒學開出民主」說是順著黑格爾的思路而說,其實是誤解。這種誤解一方面是為牟先生與黑格爾的表面關係所誤導,另一方面也可能為陳忠信對牟先生的批判所誤導。陳忠信在其〈新儒家「民主開出論」的檢討——認識論層次的批判〉一文中引述法

8　原刊於《中國文化月刊》,第 111 期(1989 年 1 月),頁 57-74;後收入《海洋儒學與法政主體》,頁 255-271。
9　蔣年豐:《海洋儒學與法政主體》,頁 257。
10　同上註。

國馬克思主義哲學家阿圖色（Louis Althusser, 1918-1990）
對黑格爾歷史哲學的批評，藉以批評牟先生的「儒學開出
民主」說。這項批評策略預設了一個前提，即是：「牟氏之
論證（或疏導），基本上是建立在黑格爾式之『精神的內在
有機發展』這一唯心論觀點之上。」[11]筆者曾撰文反駁此
說，而強調：牟先生的「儒學開出民主」說所預設之義理
架構與其說是「黑格爾式的」，不如說是「康德式的」。[12]筆
者提出的理由並非三言兩語所能交代，為了避免離題太
遠，此處不再重述，請讀者自行參閱拙作。筆者在此所要
強調的是：蔣年豐既然知道牟先生的「儒學開出民主」說
在精神意味上與黑格爾的法政哲學及歷史哲學相去甚遠，
那就沒有理由堅持說牟先生是「順著黑格爾的義理而講」。

　　蔣年豐一方面認為黑格爾的思路行不通，另一方面便
轉向康德的思路。他的基本構想如下：

> 我認為法政主體雖然不是從固有的中國文化中開發
> 出來的。儒家的原始思想中也的確沒有這個精神側
> 面在。儒家雖然沒有開出這個精神側面，但它卻以

11　陳忠信：〈新儒家「民主開出論」的檢討——認識論層次的批判〉，
　　《臺灣社會研究》，第 1 卷第 4 期（1988 年冬季號），頁 118。
12　參閱拙作：〈歷史與目的〉，收入拙著：《儒學與現代意識》（臺北：
　　文津出版社，1991 年），頁 135-156。

道德主體為法政主體預定了位子。〔……〕我的論證
之一是康德的道德形上學所凸顯出來的形式主義性
格的道德主體可以輾轉轉化成法政主體，而與真實
的道德主體並立。就在這樣的意義之下，我們可以
說儒家的道德主體為法政主體預定了位子。13

基於這項構想，他批評牟先生未能善用康德哲學的資源：

牟先生的成就在於將康德道德形上學中形式意義極
強的道德主體拿來彰顯孟子、象山與陽明這個傳統
的義理模式。牟先生似乎不知道康德在法律哲學與
政治哲學上也有相當重要的地位。牟先生極度關切
民主政治的精神基礎——法政主體，卻不知道康德
哲學在此正是一大觀念資源，而竟然引進精神上不
大相應的黑格爾哲學來證成之，寧非尚未窮盡康德
哲學之義蘊？14

筆者基本上支持蔣年豐的上述構想，也同意他對牟先
生的批評，但仍要為牟先生說幾句話。牟先生忽略了康德
的歷史哲學、政治哲學與法哲學，15與其說是他本人的局

---

13 蔣年豐：《海洋儒學與法政主體》，頁 257-258。
14 同上註，頁 258。
15 在康德的哲學系統中，這三者相互交織在一起，無法分開討論。

限，不如說是他那個時代的局限。在二十世紀，中國知識
界所認識的歷史哲學，主要是黑格爾與馬克思的歷史哲
學。儘管康德哲學很早便傳入中國，但是很少人了解他的
歷史哲學。即使在西方，康德的歷史哲學也往往被視爲一
套未成熟的理論，只是過渡到黑格爾、乃至馬克思的歷史
哲學的橋樑，終究要被後者所揚棄。

在二次大戰後西方有關民主理論的討論中，塔爾蒙
（Jacob Leib Talmon, 1916-1980）區分「極權民主」（totali-
tarian democracy）與「自由民主」（liberal democracy）兩
個民主傳統：前者肇端於盧梭（Jean Jacques Rousseau,
1712-1778），經法國思想家之鼓吹而導致法國大革命，其
後由德國理念論（尤其是黑格爾）加以繼承，再發展爲馬
克思、恩格斯的共產主義；後者則肇端於洛克（John Locke,
1632-1704），經由英國自由主義思想家與美國開國諸元老
之鼓吹，而奠定了英、美兩國之民主憲政。[16]海耶克
（Friedrich A. von Hayek, 1899-1992）也在其《自由的憲章》
一書中區分自由理論的兩個傳統，即經驗的、非系統的「英

---

16 塔爾蒙寫了兩部名著，探討第一個民主傳統，分別爲 *The Origins of
Totalitarian Democracy* (London: Secker & Warburg 1952) 和
Political Messianism: The Romantic Phase (London: Secker &
Warburg, 1960)。

國傳統」和思辨的、理性主義的「法國傳統」：前者主要由
一些英國思想家——如休謨（David Hume, 1711-1776）、史
密斯（Adam Smith, 1723-1790）、弗格森（Adam Ferguson,
1723-1816）、塔克（Josiah Tucker, 1712-1799）、柏克
（Edmund Burke, 1729-1797）、培利（William Paley,
1743-1805）——所形成，後者則深受法國哲學家笛卡爾
（René Decartes, 1596-1650）的理性主義所影響，而以法
國的百科全書派、重農學派、盧梭、康多塞（Marquis de
Condorcet, 1743-1794）等爲代表。[17]在這兩種區分當中，
康德哲學的位置均不明確，但由於若干表面的類似性與思
想淵源，它很容易被歸入「極權民主」與「法國傳統」的
系譜之中。

其次，波柏（Karl R. Popper, 1902-1994）在其名著《歷
史預定論之貧乏》（*The Poverty of Historicism*, 1957）批判
「歷史預定論」。他所謂的「歷史預定論」是指對於社會科
學的一種特殊看法，即是認爲：社會科學的主要目標在於
歷史預測，而社會科學家可以藉著發現歷史發展的節奏、
類型、法則或趨勢來達到這項目標。儘管他的批評對象主

---

17 F. A. von Hayek: *The Constitution of Liberty* (London: Routledge &
    Kegan Paul, 1960) , pp. 55f.

要是馬克思與史本格勒（Oswald Spengler, 1880-1936）的
歷史哲學，但由於康德的歷史哲學具有目的論與整體論的
特徵，不少學者往往未加深究便將它歸於此類。此外，柏
林（Isaiah Berlin, 1909-1997）在其《自由四論》中一方面
探討「歷史必然性」（historical inevitability）的概念，藉以
批判黑格爾、馬克思等人的歷史目的論，另一方面提出「積
極自由」（positive liberty）與「消極自由」（negative liberty）
之區分，[18]並且以「消極自由」的概念來反對「積極自由」
的概念。就這兩點而言，康德的歷史哲學和法政哲學與黑
格爾、馬克思等人的觀點也有彷彿依稀之處。

　　塔爾蒙、海耶克、波柏、柏林等英美思想家對歐陸傳
統的批判是在東西冷戰的時代背景下出現的，故不免採取
過度簡化的二分法。他們的批判主要是針對黑格爾與馬克
思；或許由於康德的歷史哲學被視為未成熟的型態，它反
而得以免於直接的批評。[19]其實，儘管康德的歷史哲學也
預設一套目的論，但它與黑格爾、馬克思的歷史哲學並不

---

18 Isaiah Berlin: "Historical Inevitability" and "Two Concepts of
Liberty" in idem, *Four Essays on Liberty* (Oxford: Oxford University
Press, 1969), pp. 41-172.
19 柏林在其〈自由的兩種概念〉一文中討論「積極自由」的概念時，
雖然也多次引述康德的觀點，但康德似乎不是他主要的批評對象。

屬於同一型態，故黑格爾、馬克思之歷史哲學所受到的批評未必適用於康德的歷史哲學。[20]然而在 1950 年代新儒家與臺灣自由主義者關於「中國傳統文化與民主政治」的論戰中，自由主義者（尤其是殷海光）卻未經深思就將康德哲學直接視爲極權主義的思想淵源之一，而無法想像康德哲學與自由主義之可能關聯。

在當代西方政治思想當中，藉由重新詮釋與評價康德哲學而將它視爲自由主義的思想資源者，首推羅爾斯（John Rawls, 1921-2002）。其《正義論》（*A Theory of Justice*）一書於 1971 年出版，而蔣年豐之所以重拾「從康德到羅爾斯」的思想線索，正是由於羅爾斯的啓發。由於冷戰思維所造成的時代局限，牟先生並未特別注意到康德的歷史哲學與法政哲學。但是牟先生在其所謂的「外王三書」（即《歷史哲學》、《政道與治道》、《道德的理想主義》）中一再強調自由主義須以道德理想主義爲基礎，卻暗合於「從康德到羅爾斯」的思想線索。或許可以說，羅爾斯爲牟先生證成了康德哲學與自由主義之間的理論關聯。在這個意義下，或許也可以說，蔣年豐關於「海洋文化的儒學」與「法政主

20　參閱李明輝譯：《康德歷史哲學論文集》（臺北：聯經出版公司，2002 年），〈導論：康德的「歷史」概念及其歷史哲學〉。

體」之構想可以順成牟先生的思想方向。

蔣年豐的上述構想除了見於上文提過的〈海洋文化的
儒學如何可能〉與〈法政主體與現代社會──當前儒家應
該思考的問題〉二文之外,還可參考其另一篇論文〈康德
與羅爾斯:公道感與現代社會〉。[21]在這篇二十幾頁的論文
中,他不但討論了康德的法政哲學與羅爾斯的《正義論》,
也對兩者提出了若干批評。但依筆者之見,在這篇論文中,
蔣年豐自己對康德與羅爾斯的誤解也不少。我無意全面檢
討蔣年豐對康德與羅爾斯的理解,而僅指出其中的三項誤
解。

為了說明康德如何基於自由意志的道德哲學而建立
其政治哲學中的「法政主體」,蔣年豐兩度引述了康德《道
德底形上學》(*Metaphysik der Sitten*)第一部《法權論之形
上學根基》(*Metaphysische Anfangsgründe der Rechtslehre*)
中的一段話。由於牽涉到翻譯問題,我們有必要先將原文
引述於下:

21　本文的前身是〈康德與羅爾士〉,刊於《鵝湖月刊》,第 148 期(1987
　　年 10 月),頁 41-47;後經擴充、修改為本文,收入其身後編成的
　　論文集《文本與實踐(二):西方解釋學觀點》(臺北:桂冠圖書
　　公司,2000 年),頁 33-58。

Vom dem Willen gehen die Gesetze aus; von der Willkür die Maximen. Die letztere ist im Menschen eine freie Willkür; der Wille, der auf nichts anderes, als bloß auf Gesetze geht, kann weder frei noch unfrei genannt werden, weil er nicht auf Handlungen, sondern unmittelbar auf die Gesetzgebung für die Maxime der Handlungen（also die praktische Vernunft selbst）geht, daher auch schlechterdings notwendig und selbst keiner Nötigung fähig ist. Nur die Willkür also kann frei genannt werden.[22]

蔣年豐在〈康德與羅爾斯：公道感與現代社會〉一文中將這段文字翻譯如下：

> 法則源於共同意志；格律源於個殊意志。在人身上，個殊意志是自由的。共同意志只關涉法則，所以不能以自由或不自由名之。共同意志關涉的不是行為，而是行為格律上的立法……因而它是絕對必要的，也不能受到限制。所以，只有個殊意志才可以

---

22 *Metaphysik der Sitten*, in: *Kants Gesammelte Schriften* (Akademieausgabe，以下簡稱 KGS), Bd. 6, S. 226.

「自由」稱謂之。[23]

先前在其〈法政主體與現代社會——當前儒家應該思考的
問題〉一文中，他也引述了這段話。其譯文大同小異，最
主要的差別是將 Gesetze 譯為「法律」，而非「法則」。[24]蔣
年豐對這段文字的翻譯大有問題。筆者將自己的翻譯附在
底下，以供對照：

> 法則出自意志；格律出自意念。在人之中，後者是
> 一種自由的意念。意志所涉及的無非只是法則，既
> 無法被稱為自由的，亦無法被稱為不自由的。因為
> 意志不涉及行為，而是直接涉及對於行為底格律的
> 立法（因而涉及實踐理性本身），所以也是絕對必然
> 的，而且甚至不能受到強制。因此，唯有意念才能
> 被稱為自由的。

純就翻譯而言，撇開枝節問題（例如，Nötigung 應譯
為「強制」，而非「限制」）不談，蔣年豐的翻譯有兩個重
大問題：一是 Gesetze 一詞的翻譯，二是 Wille 與 Willkür
這組概念的翻譯。蔣年豐最初將 Gesetze 誤譯為「法律」，

後來改譯為「法則」，是正確的。因為這段文字屬於道德哲學的脈絡，並未直接涉及法哲學。它出現於《法權論之形上學根基》之〈導論〉第四節，其標題為〈道德底形上學之初步概念（一般實踐哲學）〉（ "Vorbegriffe zur Metaphysik der Sitten（Philosophia practica universalis）")，當時康德尚未開始討論法哲學的問題。但奇怪的是：蔣年豐在翻譯 Wille 與 Willkür 這組概念時，卻又將這段文字置於法哲學的脈絡中，並且將這組概念作了盧梭式的解讀，而分別譯為「共同意志」與「個殊意志」。但這根本是張冠李戴。筆者根據康德自己的說明，將它們分別譯為「意志」與「意念」。

　　康德在其《道德底形上學》一書的初稿中，對「意志」與「意念」這組概念有更詳細的說明。[25]根據這些說明，我們可以補充兩點：第一、意志與意念的關係對應於「理體」（Noumenon）與「事相」（Phänomenon）的關係；第二、「意念之自由」是指意念依道德法則而抉擇行動的能力，「意志之自由」則是指意志之道德立法能力。[26]換言之，

25　*Vorbeiten zu Die Metaphysik der Sitten. Erster Teil Metaphysische Anfangsgründe der Rechtslehre*, in: *KGS*, Bd. 23, S. 249&378.

26　參閱拙著：《儒家與康德》（臺北：聯經出版公司，1990 年），頁 113-116。

「意志」是指先驗的道德主體本身,即「實踐理性本身」;「意念」則是指「意志」在現象界中的表現,或者說,現實化的「意志」。總而言之,在康德哲學中,「意志」與「意念」的關係並非「普遍」與「特殊」的關係(如蔣年豐所理解的),而是「理體」與「事相」(或「物自身」與「現象」)的關係。

　　蔣年豐要說明康德的道德哲學與法政哲學之間的關聯,實不宜引述這段不相干的文字,而應當引述康德所謂的「法權底普遍法則」:「外在行為要如此,亦即你的意念之自由運用能根據一項普遍法則而與每個人底自由共存。」[27]康德將這項法權原則視為一切公民憲法之最高原則。它與道德法則相同之處在於:兩者均出於純粹實踐理性之要求,故同為「定言令式」(kategorischer Imperativ)。但是兩者之間卻存在一項根本差異,此即:道德法則要求存心之純粹性,法權原則卻僅規範人的外在行為,而不論其存心;換言之,道德法則要求存心之「道德性」(Moralität),法權原則僅要求行為之「合法性」(Legalität)。總之,在同樣作為定言令式的道德法則與法權原則之間,既有聯繫,

---

27 *Metaphysik der Sitten*, in: *KGS*, Bd. 6, S. 231.

又有區別,故筆者曾以「不離不雜」來說明這種關係。[28]

　　由於對道德法則與法權原則在康德哲學中的關係有所誤解,蔣年豐亦未能正確理解道德哲學與政治哲學在康德哲學中的關係。針對這個問題,蔣年豐對康德提出了三點批判:

> 第一、康德的政治哲學只是道德哲學的延伸,政治主體只是道德主體的衍派。這意味著,康德的政治哲學只不過是道德哲學的附庸,政治主體也只不過是道德主體的附庸。這個缺失使得康德的政治哲學並非獨立不倚。第二、康德的道德哲學是形式主義的,強調在實踐中道德主體立下斷言令式作為行為上最普遍的形式法則。由這種形式主義性格極強的道德主體所衍派的政治主體也只是形式主義的。形式主義性格極強的政治主體無法真正落實為個別具體的社會存在者。這樣的理論必然缺乏心理實在性與社會實在性。第三、康德所立的道德主體與政治主體都是物自身的存在,而非經驗現象。但物自身

28　參閱拙作:〈性善說與民主政治〉,收入拙著:《儒家視野下的政治思想》(臺北:臺灣大學出版中心,2005 年),頁 59-63;簡體字版(北京:北京大學出版社 2005 年),頁 39-42。

> 在康德哲學中乃是可思而不可知者。這種概念性格
> 的存在如何落實在社會體制中，裡面有很大難題存
> 在。29

關於第一點，蔣年豐的理解實失之片面。如上所述，
康德的政治哲學決不僅是其道德哲學之延伸或附庸，兩者
的關係當是既有聯繫，又有區別，或者說，「不離不雜」。
這正如筆者在〈性善說與民主政治〉中所指出：「康德的政
治哲學具有明顯的現代性格，因爲他承認政治是一個獨立
的領域，有其自身的運作邏輯。他一方面反對馬基維利式
的政治哲學，強調政治不應違反道德。〔……〕但另一方面，
他對政治與道德的分際也有清楚的說明。」30至於所謂「政
治主體也只不過是道德主體的附庸」之說也是有問題的。
這可以在討論第三點時一併討論。

關於第二點，蔣年豐說「康德的道德哲學是形式主義
的」，這沒問題，因爲康德確實主張：道德法則（定言令式）
必然是形式原則。但問題是：蔣年豐如何理解這句話？筆
者有理由相信：他是依照黑格爾的說法來理解這句話，因
而爲黑格爾對康德倫理學的批評所誤導。黑格爾將康德倫

29　蔣年豐：《文本與實踐（二）：西方解釋學觀點》，頁 39-40。
30　拙著：《儒家視野下的政治思想》，頁 61-62〔簡體字版，頁 41〕。

理學視爲一種「空洞的形式主義」而加以批判，其實是基於誤解。他錯誤地將康德的「定言令式」和邏輯中的「矛盾律」相提並論，認爲前者如同後者一樣，只是「套套邏輯」（Tautologie），不能決定任何具體的內容。其實，康德將定言令式視爲一項形式原則，並非意謂：它與具體性之間全無關聯，而只是意謂：它不預設任何特定的內容或目的。事實上，康德所說的「定言令式」可以爲意志決定有具體內容的義務。黑格爾對康德倫理學的誤解已有不少學者指出，[31]此處毋庸贅述。至於蔣年豐說：「形式主義性格極強的政治主體無法真正落實爲個別具體的社會存在者。」也是有問題的。這也可以在討論第三點時一併討論。

現在我們便可以討論第三點，亦即最關鍵的一點。蔣年豐說：「康德所立的道德主體與政治主體都是物自身的存在，而非經驗現象。」無論「道德主體」還是「政治主體」，都不是康德使用的語彙。在康德的《道德底形上學》一書

31　參閱 Marcus G. Singer: *Generalization in Ethics* (New York: Atheneum, 1979), pp. 251ff.; Günther Patzig 著、李明輝譯：〈當前倫理學討論中的定言令式〉，收入康德著、李明輝譯：《道德底形上學之基礎》（臺北：聯經出版公司，1990年），頁103-106。亦參閱拙作：〈獨白的倫理學抑或對話的倫理學？──論哈柏瑪斯對康德倫理學的重建〉，收入拙著：《儒學與現代意識》（臺北：文津出版社，1991年），頁160-163。

中有一個辭彙 Subjekt der Sittlichkeit，在字面與意涵上都
相當於「道德主體」一詞，因爲康德將它理解爲「理體人」
（homo noumenon）。[32]故在康德哲學中，「道德主體」當是
指嚴格意義的「意志」（有別於「意念」），亦即作爲「目的
自身」（Zweck an sich selbst）的「人格」（Person）。因此，
蔣年豐說「康德所立的道德主體是物自身的存在，而非經
驗現象」，是有根據的。

　　然而，康德並無「政治主體」（或「法政主體」）的說
法，也無相近的說法。若說「政治主體」是指權利的主體，
則它預設一個「道德人格」，而無異於「道德主體」。若說
它是指政治活動中的主體，則它並非指物自身，而是指現
象界中的人。康德的歷史哲學與法政哲學所涉及的主要便
是這種意義的「主體」。康德的〈在世界公民底觀點下的普
遍歷史之理念〉一文可視爲其歷史哲學之提綱。在這篇論
文中，康德開宗明義便表示：歷史的對象是「意志底現象」，
亦即「人類意志底自由之活動」。[33]由於他的歷史哲學與法
政哲學是重疊的，故他的法政哲學所涉及的主要也是這種
意義的主體。再者，既然如上文所述，康德的「法權原則」

32　*Metaphysik der Sitten*, in: *KGS*, Bd. 6, S. 423.
33　"Idee zu einer allgemeinen Geschichte in weltbürgerlicher Absicht",
　　in: *KGS*, Bd. 8, S. 17；李明輝譯：《康德歷史哲學論文集》，頁 5。

僅規範人的外在行為，其法政哲學自然也只能以「事相人」
（homo phaenomenon）為主要對象。康德的《論永久和平》
中有一段重要的文字如下：

> 建國底問題不論聽起來是多麼艱難，甚至對於一個
> 魔鬼底民族（只要他們有理智）也是可解決的。這
> 個問題是：「要安排一群有理性者（他們為了其生
> 存，均要求共通的法律，但每個人卻暗自想要豁免
> 於這些法律），並且建立其憲法，使他們雖然在個人
> 的存心中彼此對抗，但卻相互抑制其存心，致使在
> 其公開的舉止中，其結果彷彿是他們並無這種邪惡
> 的存心。」這樣的一個問題必然是可以解決的。因
> 為這項課題並不要求知道人類在道德上的改善，而
> 只要求知道：我們如何能利用自然在人類中的機械
> 作用，以便調整在一個民族中人類不和諧的存心之
> 衝突，使得這些存心必然互相強迫對方去服從強制
> 性法律，且因此產生和平狀態（在這種狀態中，法
> 律有效力）。34

這段文字足以顯示：在康德所設想依共和制憲法而成立的

---

34 *Zum ewigen Frieden*, in: *KGS*, Bd. 8, S. 366；李明輝譯：《康德歷史哲學論文集》，頁 201。

國家之中，其主體是一群具有七情六慾的人——並非作爲物自身，而是作爲現象的人。因此，蔣年豐說「康德所立的政治主體是物自身的存在，而非經驗現象」，是沒有根據的。

蔣年豐對康德的這種誤解也導致他對羅爾斯的誤解。羅爾斯在《正義論》第 40 節〈康德式的詮釋〉中強調：他所假設的「原初狀態」（original position）是「在一個經驗理論的框架中對於康德的『自律』概念與定言令式之一種程式性的詮釋」。[35]蔣年豐對羅爾斯此說提出如下的批評：

> 第一，羅爾斯曲解了康德的原意。依康德，物自身的自我乃是超感官經驗的存在，而羅爾斯原初地位中的人們只是經驗的存在。第二，康德主張意志是自律的而非他律的，在決定一個實踐原則時，物質上的需要與欲求是不可斤斤計較的。但羅爾斯原初地位中的自由且平等的理性存在者在選定社會公道原則時，其動機皆是爲了自我利益。這兩點是康德與羅爾斯之間嚴重的差距，也是羅爾斯「康德式的

---

35 John Rawls: *A Theory of Justice* (Cambridge/Mass.: The Belknap Press of Harvard University Press, 1999, revised edition), p. 226.

解釋」難以自圓其說的地方。[36]

如果上文所言不虛，在康德所設想的憲政秩序中作爲主體的並非作爲物自身、而是作爲現象的人，則蔣年豐對羅爾斯的第一點批評便成了無的放矢。

　　至於蔣年豐的第二點批評，則需要進一步的討論。首先要指出：康德的「自律」原則涵蘊「目的王國」（Reich der Zwecke）的概念。康德曾對「目的王國」提出如下的說明：

　　〔……〕我所謂「一個王國」，是指不同的有理性者藉共同法則所形成的有秩序的結合。現在，由於法則依照目的底普遍有效性決定目的，則如果我們捨去有理性者底個別差異，以及其個人目的底一切內容，我們將能設想一切目的（不但包括作為目的自身的有理性者，而且包括每個有理性者可能為自己設定的個人目的）依秩序結合成的一個整體，亦即一個目的底王國。依據前面的各項原則，這個王國是可能的。[37]

36　蔣年豐：《文本與實踐（二）：西方解釋學觀點》，頁 44。
37　*Grundlegung zur Metaphysik der Sitten*, in: *KGS*, Bd. 4, S. 433；李明輝譯：《道德底形上學之基礎》，頁 58。

這裡所說的「共同法則」是指道德法則。由於「目的王國」
是根據道德法則而建立的，因此它是一個道德理想。在這
段說明中特別值得注意的是：「目的王國」的理想並不排除
「每個有理性者可能為自己設定的個人目的」，亦即每個成
員的主觀目的。換言之，在「目的王國」中，每個成員除
了要遵守道德法則外，依然可以追求個人的利益。

　　康德接下來的說明進一步凸顯出「目的王國」之成員
所懷抱的這種自利的動機：

> 因為有理性者均依從這項法則：每個有理性者應當
> 將自己及其他一切有理性者決不僅當作工具，而是
> 始終同時當作目的自身來對待。但由此便產生有理
> 性者藉共同的客觀法則所形成的一個有秩序的結
> 合，亦即一個王國──由於這些法則正是以這些存
> 有者間互為目的和工具的關係為目標，這個王國可
> 稱為一個目的底王國（當然只是一個理想）。38

在這段文字中，我們不可忽略「不僅」（niemals bloß）與
「同時」（zugleich）二詞。康德說一切有理性者都是「目
的自身」，係意謂：他們具有絕對的價值（即尊嚴），故不

38　同上註。

能被化約爲純然的工具（如奴隸）。但這並不排除他們可以在互利的關係中「互爲目的和工具」。因此，「目的王國」中的成員並非不食人間煙火的「理體人」，而是各自追求其利益的「事相人」。這和羅爾斯所描述的置身於「原初狀態」中的人並無二致。就這點而言，羅爾斯並未曲解康德的意思。

　　走筆至此，筆者無意繼續檢討蔣年豐的相關論述，而只想藉此機會指出：蔣年豐在回應「儒學開出民主」說時，能掌握「由康德到羅爾斯」的思想線索，較諸否定由儒家的內聖之學開出民主政治之可能性者（大多數的自由派學者），以及宣稱牟先生「走完了這個現代新儒學的圓圈全程」者（李澤厚），[39]的確更具卓識。可惜天不假年，他並無機會從容涵泳，潛心力學，扎實梳理這條思想線索，實爲臺灣哲學界的重大遺憾！作爲蔣年豐在學術上的諍友，謹以這篇帶有商榷性質的文章獻給他在天之靈。他雖沒有機會回應此文，但以他對學術探討的熱誠，想必不以爲忤吧！

39　李澤厚：《中國現代思想史論》（臺北：三民書局，1996 年），頁333。

② 「政治」與「命運」：
論韋伯思想中的決斷論成分

張旺山[*]

導論

　　1919 年 1 月 28 日，在德國戰敗、脆弱的威瑪共和剛成立不久、德國內部混亂不安的情況下，韋伯（Max Weber, 1864-1920）發表了一篇著名的演說：〈政治做為職業〉（"Politik als Beruf"）。由於這篇演講想談的，是一個一般性的問題：「做為職業的政治」是什麼、可以意味著什麼？因此韋伯一開始就由「我們是如何理解 "政治" 的」破題，並說「政治」這個概念的範圍涵蓋極為廣泛，包括了「任何種類的獨立地加以**領導**的活動」（jede Art selbständig *leitender* Tätigkeit）。（MWGI/17: 157；粗體強調為韋伯原文所有）韋伯舉了幾個在德文裡使用 "Politik" 一詞的例

[*]　清華大學哲學研究所副教授

子：銀行的「貼現政策」叫 "Diskontpolitik"，「外匯政策」叫 "Devisenpolitik"，工會在一場罷工運動的「策略」也可以叫做 "Politik"，而地方的中小學「教育政策」叫 "Schulpolitik"，人民團體的理事在「領導」（Leitung）該團體時的「政策」也叫 "Politik"，甚至一個聰明的女人試圖「引導」（lenken）她丈夫時所採用的「策略」（如中文中所說的「養魚政策」），也可以叫做 "Politik"。由這些日常語言使用的例子，韋伯歸納出：就一般德文的語言使用而言，"Politik" 一詞都意味著某種「活動」，並且這種活動都是某種「領導」或「引導」的活動，並且這些「領導」或「引導」都是「獨立」地進行的。因此韋伯才會認為「政治」這個概念的範圍包括了「任何種類的獨立地加以**領導**的活動」。

但這個說法，即使在〈政治做為職業〉一文中，也顯得既太寬、又太窄。一方面，當韋伯轉而談起演講的主題時，馬上就在一種較窄的意義下將「政治」理解為「對一**個政治性的團體**（在今日亦即：一個**國家**）的領導或對此一領導的影響」。（MWGI/17: 157；粗體強調為韋伯原文所有）原來修飾 "leitend"（領導）這個動名詞的副詞

"selbständig"（獨立地）不見了。[1]另一方面，韋伯在開場白中還提到，他將在演講結尾處探討某些特定的關於「政治性的作爲在整個生活經營之內的意義」（Bedeutung des politischen Tuns innerhalb der gesamten Lebensführung）的問題。這顯然是〈政治做爲職業〉一文的重頭戲，但究竟包括了哪些文本內容呢？對照一下韋伯演講時所帶的提示字草稿，我覺得這裡所說的，應該就是以小便條紙所寫的部分的內容。[2]韋伯在這部分分析的是以政治做爲職業的政治家應該具備哪些人格特質、會在內心裡產生哪些（與生命相對抗的）緊張以及政治做爲職業在實踐上的意義等等。如果說，前一種的「領導」活動，總是關係到個人之外的其他人、甚至以像「國家」這樣的團體作爲領導的對

1　在這裡，「國家」做為「政治性的團體」的「政治性」要如何理解，是一個有趣的問題，有興趣的讀者請參考張旺山 2007。在這裡對我們而言較值得注意的是：不僅「對國家的領導」是「政治」，「對此一領導的影響」也是「政治」；這樣的「政治」，自然不會是「獨立地加以領導」的。這一點也可以說明，儘管韋伯一再強調「政治就是：鬥爭」，但我們絕不可以忽略政治的另一面向：妥協。

2　韋伯演講〈政治做為職業〉時，只帶了 9 頁的便條紙手寫提示字草稿，4 頁較大，5 頁較小，很可能是在不同時間寫下來的。《全集》第 17 冊不僅將這些手稿照相印出並將內容鉛字化，還將手稿內容分別標示於演講記錄整理稿的相應位置上，頗便於對照。小便條紙所包含的內容是 MWGI/17: 226-252，約佔全文四分之一；亦即錢永祥所編譯的《學術與政治：韋伯選集 I》（臺北：遠流出版社，2002 年）一書的 219-239 頁。

象,則韋伯在這裡所說的「政治性的作為」,顯然只關係到個人生命的經營。在這種「政治性的作為」中,「獨立地進行」固然還是很重要,但「領導」或「引導」的內涵似乎已經轉變成「決定」。這裡的「政治」概念所涵蓋的範圍,顯然比「獨立地加以領導的活動」要寬廣得多。

我們應該如何理解韋伯的「政治」概念呢?[3]我認為,我們可以由韋伯的思想中,提煉出一種範圍可以包含小自個人的生活經營之「政治性的作為」、大至對國家的領導的「政治」概念。在這篇文章裡,我嘗試要回答的問題是:如果我們將這樣的一個範圍廣泛的「政治」概念用德文的 "das Politische" 或英文的 "the political" 表示,則此一「政治」概念的核心特徵是什麼?由於我認為,韋伯的「政治」概念是與「命運」概念密切相關的,並且透過「命運」概念最能凸顯韋伯關於「政治」的思想之決斷論的特徵,因此在論述韋伯的「政治」概念時,將以「命運」概念為主

3　韋伯的「政治」概念應該如何理解,尤其是韋伯的「政治」概念與史密特(Carl Schmitt, 1888-1985)的「政治」(das Politische)概念的關係,是一個值得仔細探討的問題,學界已有不少成果值得參考,如:Ulmen, 1991; Kelly, 2003; Schwaabe, 2002, bes. 189 ff.; Parolen, 1985, 1998, 2002。Palonen 對韋伯的「政治」概念及其與史密特的政治概念之關係的理解,尤其紮實而深刻。這篇文章是我探討這個問題的一個初步嘗試,我的論述,基本上是承接德國學者 Wilhelm Hennis(1987, 1996)的觀點進行的。

要線索而展開。此外，為了將韋伯的「政治」概念的許多
不同層次貫串起來，並展現韋伯思想的終極關懷，我們有
必要在文章的一開始，對韋伯展開其思考的「背景」有一
般性的交代。因此，本文將分為三節：第一節透過「人的
發展」、「生活經營」與「價值多神論」幾個概念簡略說明
韋伯思想的終極關懷、研究重心與價值哲學的觀點，提供
進一步討論的背景。第二節則透過「生活經營」的二端：
個別的個人的「靈魂的命運」與「時代的命運」，去進一步
論述：在這樣的思想背景下，韋伯思想中的決斷論因素，
將會在生活經營的不同層次上，如何表現在各自的「政治」
與「命運」的交會中。最後，第三節中，我們將透過韋伯
的「社會學」的幾個核心概念（尤其是：「社會關係」及「鬥
爭」），分析生活於社會中的個別的人的「生活經營」，較細
部地理解韋伯關於「政治與命運」的想法。

一、「人的發展」、「生活經營」與「價值多
神論」

我非常贊同德國學者 Wilhelm Hennis（1987: bes. 7ff.）
的觀點：韋伯一生學問的關懷重心，是「人的發展」（die
Entwicklung des Menschentums），更精確地說，是「現代的
文化人的發展」，並且將研究的重點放在「生活經營」上。

我認為，將研究的重點放在「生活經營」上有一重要的優
點：同時將經營生活的主體（個別的個人）、主體在其中經
營生活的「世界」以及「世界」與「人」的相互關係（當
然也包括人與人之間的相互關係），自然地結合成思想探討
的「對象」。因此，理解韋伯思想的一個關鍵，就在於掌握
住他的「生活經營」（Lebensführung）的概念，並在閱讀韋
伯時，時常將這個概念放在心上。這個概念，可以用在個
人身上，也可以用在整個時代的「人」（Menschentum）[4]身
上。韋伯在 1904-1905 年所發表的《新教倫理與資本主義
精神》，便是他探討「人的發展」這個主題的重要著作。由
於韋伯在這部著作中，從未將這一點明白說出來，因此我
們有必要循著 Hennis 的論述進行簡略的說明。

韋伯在 1920 年版的《新教倫理與資本主義精神》一
書的結尾處明白的表示，他的論述所要證明的乃是：「現代
資本主義的精神，並且不只是這精神、而且也是現代文化
的構成性組成部分（konstruktive Bestandteile）之一的『以
職業觀念為基礎的理性的生活經營』」（die rationale
Lebensführung auf Grundlage der **Berufsidee**），乃是由基督

4　在德文中，"Menschentum" 這個語詞與另一個語詞（"Menschheit"）
　　都是在說「人」，但前者通常指的是具體的、具有特定性質的人
　　（如：德國人、現代人），而後者則指量上的全體「人類」。

教的禁欲的精神（Geist der christlichen Askese）中孕育出
來（geboren）的」。（RSI: 202；粗體強調爲原文所有）這
段重要的文字明白指出:「以職業觀念爲基礎的理性的生活
經營」是「現代文化」的**構成性**組成部分之一，參與決定
了現代文化人的生活風格。韋伯在第二次答覆 Felix
Rachfahl（1867-1925）的〈反批判的結束語〉中明白地說:
他的《新教倫理與資本主義精神》的**核心興趣**，並非促進
資本主義的擴充，而是那種由於某些在宗教上和經濟上受
到制約的成分之輻湊（Zusammentreffen religiös und
ökonomisch bedingter Komponenten）所創造出來的「人」
（Menschentum）的發展。韋伯並說，這一點他在文章的
結尾處已經清楚地說出來了。（PEII: 303）[5]韋伯甚至在〈反
批判的結束語〉的結尾處說:

> 由「中世紀晚期那些還極爲脆弱的資本主義發展過
> 程」到「對今日的資本主義而言具有決定性之技術

5　韋伯事實上並未明確地將這一點說出來。正如 Hennis（1987: 21）
　所指出的:如果我們仔細讀一下《新教倫理與資本主義精神》的
　結束部分，我們只能看到諸如「我們必須是職業人」、「人的全面
　性（Allseitigkeit des Menschentums）已經一去不返了」、「必須絕
　望地向每一個完整與美好的人的時代（jede Zeit vollen und schönen
　Menschentums）告別」等句子，然後韋伯馬上就將窗簾拉了下來，
　說:但我們這樣已進入了價值與信仰判斷的領域了，本文爲純歷
　史性的陳述，不應該做價值判斷，然後就此打住。（RSII: 204）

> 的**機械化**」的偉大的發展歷程，是透過為這後者創
> 造出某些重要的「客觀－政治上的」與「客觀－經
> 濟上的」**先決條件而實現的**，尤其是透過創造並
> 準備了理性主義的與反傳統主義的 "精神" 與實際
> 上具有此種精神的整群人（das ganze Menschentum）
> 而實現的：現代科學及其在近代才發展出來的與經
> 濟的實際關係的歷史，以及另一方面，現代的**生活**
> **經營**對經濟的實際意義的歷史，這兩種歷史在這方
> 面提供了主要的啟發。我的文章談的是第二種成
> 分，以後也將在這方面繼續談下去。（PEII: 324）

因此 Hennis（1987: 31）認為，韋伯《新教倫理與資本主
義精神》原先規劃的龐大「計畫」所要繼續探討的，乃是
影響「生活經營」發展的一些進一步的因素。由此可見,「生
活經營」這個概念，乃是韋伯探討「人的發展」的核心概
念。Hennis（1987: 33）甚至認為，如果說韋伯的核心興趣
是要掌握住「現代人」（das moderne Menschentum）的特
徵，則其研究的材料或對象，便只能是「生活經營」：韋伯
的社會學的唯一 "對象" 乃是 "生活經營"。人的
"Menschentum" 就陳列在"生活經營" 中，一切都圍繞著
"生活經營" 而轉。《新教倫理與資本主義精神》所探討的，
正是形塑「現代的生活經營」的一個因素：禁欲的新教對
職業觀念的影響。

　　總之，韋伯關心的是「人」（Menschentum）的發展。早在 1895 年 5 月 13 日發表的「弗萊堡就職演說」〈民族國家與國民經濟政策〉這篇文章裡，韋伯就主張：國民經濟學是一門「人的科學」（eine Wissenschaft vom Menschen），主要要問的是「人的品質」（Qualität der Menschen）的問題。在他看來，會讓我們在思考「身後之事」時動心的問題，並非這些將來的人會「覺得如何」（wie sie sich befinden），而是他們會「變成什麼樣子」（wie sie sein werden）：我們要在他們身上培養促進的，不是他們的「幸福感」（Wohlbefinden），而是那些讓我們覺得可以形成「人性的偉大與高貴」的特質（Eigenschaften）。（PS: 12 f.）只是，「人的品質」是必須透過種種「經濟性與社會性的生存條件」養成的。我們甚至可以說，對韋伯而言，所有人文社會科學都是「人的科學」，而他在《經濟與社會》中所分析的宗教、法律、經濟、支配等等現象，正是與「人的品質」的培養相關的一些重要的「經濟性與社會性的生存條件」，亦即一些「形塑生活經營的因素」。

　　然而，何謂 "Lebensführung" 呢？[6]韋伯並未對這概念

6　"Lebensführung"這個德文語詞，一般英譯為 "lifestyle", "conduct of life", "way of life", "manner of conducting one's life" 等等。（參考：Swedberg, 2005: 150 f.）但在我看來，譯為 "lifestyle" 顯然是錯誤

下過明確定義。純粹從組字上看，"Lebensführung"這個語詞是由 "Leben"（生命、生活、人生）與 "Führung" 這二個字組成的，而 "Führung"又是由動詞 "führen"（有引導、領導、管理、經營等意思）而來的。在歌德的《浮士德》的天上序幕中，當上帝說他要將浮士德「引（導）入正途」時，用的就是 "führen"；在商業上，經營或管理業務的經理叫 "Geschäftsführer"；第三帝國時期，德國人稱希特勒為他們的"Führer"（領袖、領導人）。由此可見，"Lebens-führung"這個組合字，基本的含意是指對生命或生活的引導或有意識的經營，因此我將這個語詞譯為「生活經營」；韋伯所重視的，乃是這種引導或經營，會使人「變成什麼樣子」、具有什麼樣的品質，或者換句話說，會經營出什麼樣的「生活風格」（Lebensstil）。

「生活經營」這個概念，可以適用的範圍極為廣泛。就本文的主題而言，我只想就「政治」與「命運」這二個概念，去凸顯韋伯思想中的決斷論因素，因此我們有必要進一步簡略說明韋伯貫穿所有層次的「生活經營」的價值哲學基本思想：價值多神論，提供進一步論述生活經營中

的，因為 "lifestyle" 適合用來翻譯 "Lebensstil"（生活風格），而 "Lebensstil" 與 "Lebensführung" 顯然是二個內容不同的概念，不能用同一個語詞去翻譯。

的「政治」與「命運」之決斷論因素。

　　首先，"Lebensführung"這個組合語詞中的 "Leben"一詞，也是一個含意相當廣的語詞，在中文中既可以譯爲「生命」，亦可以譯爲「生活」或「人生」。韋伯有時候會將我們生活於其中的「文化實在」也叫做「生活的實在」（Wirklichkeit des Lebens）。「生活」所直接提供給我們的，乃是「前後相續或彼此並陳的不斷出現又不斷消逝的在我們『之內』與在我們『之外』的過程之無窮無盡的雜多（Mannigfaltigkeit）」。（WL: 170 f.）在這裡，我們似乎可以說：就韋伯的「方法論上的個體主義」而言，個體的「生命」乃是小自個人的「內在」與「外在」生活、大至整個人類生活於其中的文化實在（或「生活實在」）的最終根源。

　　在韋伯的理解中，這樣的「生命」或「生活」，不僅在認識上是「隨時都同樣是無法窮盡地加以描述」的，（WL: 184）並且在倫理上是「非理性」的，亦即：使經驗實在據以獲得意義的具體觀點是會不斷變遷的：「生命之非理性的實在及其在種種可能的意義上的內容，乃是無法窮盡的，因此，價值關連之具體的形態始終是流動不定的，直到人類文化之曖昧不明的將來都將處於變動之中。那些最高的價值觀念所發出的光，將隨時照落在浩瀚混亂的事變之流中與時更迭的一個始終變換的有限部分之上。」（WL: 213）「生命」不僅是文化實在的根源，也是各種文化價值的創

造的根源。

在這種「生命」觀之下，韋伯認為，無論是由經驗的考察或者由「詮釋意義」的價值哲學的考察而言，我們都將獲得「價值多神論」（Polytheismus der Werte）的結論：[7]

> 因為，在不同的價值之間，最終總是毫無例外的不只涉及一些不同的「選項」（Alternativen），而是關係到無法跨越的你死我活的鬥爭（Kampf），就像「神」與「魔」之間的鬥爭。在這些價值之間，是<u>沒有</u>種種相對化與妥協的。（WL: 507）

韋伯強調：這裡所說得「沒有」，是就「**意義**」、亦即就真正的「價值哲學」而言的。因為，如果是就事實而言、亦即就外在的假像而言（der Tatsache und folglich dem äußeren Schein nach），就像每一個人在生活中所經驗到的，這些相對化與妥協不但有，並且還是隨處可見的：

> 在真實的人的幾乎每一個個別的重要的「採取立場」中，都有許多不同的價值領域相交會、相糾纏著。而「日常」（Alltag）（就這字眼之最固有的意義而

言）之所以會變得庸俗膚淺，正是因為：活在「日常」中的人，不僅沒有、同時更重要的是：也不想要意識到這種部分受到心理上（psychologisch）的制約、部分受到實用上（pragmatisch）上的制約而導致的「積不相容的價值之間的混雜」（Vermengung todfeindlicher Werte）；而寧可逃避在「神」與「魔」之間做選擇、不願對「在二個互相衝突的價值中，哪一個價值是由（「神」與「魔」中的）某一個、而哪一個價值是由另一個支配的」這個問題，做出自己的最終決定。（WL: 507）

然而，在西方文化的「理智主義的理性化」的過程中，不僅「世界」被除魅化了，「科學」也被除魅化了：不僅「世界」變得「沒有意義」了，傳統上始終扮演著提供人們「通往⋯的道路」的「科學」，也由於必須嚴守「價值中立」（不做價值判斷）的原則，而變得「沒有意義」了。[8]因此，對

---

8 關於韋伯的「科學觀」的詳細論述，請參考張旺山 1998a。值得注意的是：儘管韋伯認為，由於科學對於「我們應該如何生活」這個至關重要的問題無法置喙，因而在這個意義上是「無意義」的，但韋伯也強調：「無論什麼時候，只要人們想要進行評價（werten），就必須同時也將技術上的理性化對整個外在與內在的生活條件（Lebensbedingungen）的轉移的影響，一併納入考慮之中」。（WL: 530）就這一點而言，科學不僅不是「無意義的」，甚至是「不可或缺的」，因此韋伯在〈科學做為職業〉一文中著重探

韋伯而言，在這個除魅化了的、不知有神、也沒有先知的
「後形上學」時代裡，一個人在作出自己的「最終決定」
時，是沒有「客觀根據」可以依傍的：每一個人都只能自
己走自己的「路」，都只能根據自己的世界觀、信仰、良心
等等「最個人的東西」，去決定自己要走出什麼樣的「路」，
一切都只能「自作自受」。因此韋伯緊接著上段引文而說：

> 知識之樹所產生的那個不為一切人類舒適所歡迎、
> 卻又不可避免的果實，事實上正是：為了讓我們必
> 須知道那些對立，也就是必須看到：每一個個別的
> **重要的行動、乃至整個的人生**（das Leben als
> Ganzes），如果不應該像自然事件般輕輕溜逝，而是
> **應該有意識地加以經營**（bewußt geführt werden
> soll），則人生就意味著一連串的**最終決定**（eine
> Kette letzter Entscheidungen）〔508〕，而靈魂，就像
> 我們在柏拉圖那裡所見到的一樣，就透過這些決
> 定，**選擇了它自己的命運**：——也就是選擇了其作
> 為（Tun）與存在（Sein）的意義（Sinn）。（WL: 507 f.；
> 粗體強調為筆者所加）

討了「在人類的整個生活中，『科學』這個職業是什麼？有何價
值？」的問題。（WL: 595）

　　以上這幾段出自 1917 年的文字，明確地表達了韋伯以「價值多神論」爲基礎的決斷論立場。[9]以下，我想就這幾段文字、尤其是最後一段的引文，去進一步論述：在這樣的思想背景下，韋伯思想中的決斷論因素，將會在生活經營的不同層次上，如何表現在各自的「政治」與「命運」的交會中。爲了使論述不致太過繁複，我將集中在生活經營的二端：個別的個人的靈魂的命運與時代的命運。

二、「靈魂的命運」與「時代的命運」

　　由上面的幾段引文，我們可以歸結出幾個值得進一步加以分析與論述的要點：(1)「生命」或「整個人生」是應該「有意識地加以經營或引導」的；(2) 個人的「生活經

9　事實上，韋伯在 1916 年初發表的一篇短文〈二種法則之間〉（Zwischen zwei Gesetzen）中，就明確地主張：「的確：活在（基督教意義下的）"世界"中的人，只可能經驗到許多價值系列之間的鬥爭（Kampf zwischen einer Mehrheit von Wertreihen），而其中的每一個價值系列，就其本身而言，似乎都是具有約束力的（verpflichtend）。他必須選擇，他想要和應該服侍的，是這些神中的哪一個，或何時服侍這個神、何時服侍另一個神。他將發現，隨時得和這個世界的另一個、或多個神進行鬥爭，並總是離基督宗教的神（至少那位在「山上訓詞」中所宣示的神）遠遠的。」（PS: 145）

營」或對個體的「生命」之有意識的經營或引導，主要就表現在每一個重要的個別行動中的「最終決定」；（3）個人的靈魂就透過這些決定而「選擇」了它自己的命運；（4）這一切都是「理智主義的理性化」之不可避免的後果，換言之，這是我們必須接受的「時代的命運之嚴峻面貌」：時代有「時代的命運」，其他層次的「生活經營」都會受到「時代的命運」所影響。（WL: 605）以下分別論述之：

（1）韋伯之所以如此重視「生活經營」（Lebensführung）、關心「人的品質」、關心人會「變成什麼樣子」、會形塑出什麼樣的「生活風格」，都和這裡所表現出來的「生命觀」息息相關：「生命」是非理性的；我們生活於其中的「世界」，也是在倫理上非理性的；生活在「日常」中的人，如果不想變得「庸俗膚淺」，就必須（應該）面對「價值多神」的基本事實，而有意識地經營生活。事實上，韋伯的「價值多神論」思想的最終根據，毋寧是韋伯深信不疑的一項「基本事實」（Grundsachverhalt）：「只要我們將生命的基礎建立在生命本身上，並由生命本身出發去了解它，就會知道，生命無非就是諸神之間的一場鬥爭，講得抽象一點，就是一切可能的、對生命的最終立場之間的鬥爭之無法取得一致、無法化解，就是在這些最終立場之間做出決定的必然性。」（WL: 608）換言之，生活

在這種除魅了的、價值多神的「世界」中的人,如果不想變成庸俗膚淺的「最後的人」,而是想要「有意識地經營人生」,就必須在生活經營中面對多元價值間的衝突,並做出自己的決定。

(2)一個「個別的行動」之所以是「重要」的,正是由於此一行動中糾纏著積不相容的價值,對這些相衝突的價值進行「何者為神、何者為魔」的決定,將會對一個人所信持的「最終與最高價值」產生深遠的影響,從而影響到「人格」的形塑,並且這種必然得做的「決定」是無法有「客觀的根據」的,因此這種決定乃是「最終的決定」。這種強調「最終的決定」乃是「信仰之事」、「最個人之事」、一個人只能依照自己的良心、信仰或世界觀做出決定,而無客觀與普遍有效的理據可言的想法,正是「決斷論」(Dezisionismus)的本質性特徵。

(3)「有意識地加以經營的人生」,事實上就意味著一連串的「最終決定」:一個人會「變成什麼樣子」、會形塑出什麼樣的人格、走出什麼樣的人生道路,關鍵就在這些最終決定。然而,在做出了每一個「最終決定」之後,個人並未因此就能免於「神魔鬥爭」,而是恰好相反:做出最終決定之後,由於「得罪」了其他神祇,為了確定自己所信持之「神」的「神聖性」,便

不得不與信持其他神祇的人進行鬥爭，或在自己內心中嚴肅地面對神魔鬥爭的處境。[10]總之，「決定」與「鬥爭」，乃是一體的二面。而由於「支配諸神及諸神間的鬥爭的，乃是命運」（WL: 604），因此，儘管個人做出了「最終決定」，但他的人生會走向哪裡，終究是無法由個人自己決定的。然而，儘管如此，透過這種「最終決定」，個人還是主動地創造了自己人生命運的可能性。因此，韋伯才會在這裡說：透過這些最終決定，靈魂「選擇了它自己的命運」：個人無法「決定」自己的命運，卻能透過最終決定而「選擇」自己的命運。而韋伯之所以會進一步說明說：所謂靈魂選擇了「它自己的命運」，亦即選擇了「它的作為與存在的意義」，無非是在說：在生活經營中的每一個重要行動的意義、乃至整個人生的意義，最終都只

10　韋伯的這種以「價值多神論」（Polytheismus der Werte）為基礎的決斷論，很容易讓人想到史密特（Carl Schmitt, 1888-1985）所說的一種理論後果：如果一個人在價值設立上擁有完全的、純主觀的決定自由，將會導致多元價值與世界觀之間的某種永恆的鬥爭，這也是一種「所有人跟所有人的鬥爭」，只是這種鬥爭將會極為激烈，與之相較，霍布斯（Thomas Hobbes, 1588-1679）所描述的自然狀態將成為田園詩。（Schmitt, 1967: 54）這個問題牽涉到韋伯的「決斷論」的特色——我認為可以援用 Christian Schwaabe（2002）的說法，將韋伯的「決斷論」稱為「批判的決斷論」（Kritischer Dezisionismus）——，無法在本文中處理。

能來自行動者自己,亦即:最終而言,每個人乃是自己的行動與人生之意義與價值的創造者。正如韋伯所說的:「一個由知識之樹取食的文化時代的命運乃是:必須知道,我們不可能由對世事之(科學)研究的成果——不論是多詳盡多完備的成果——獲知其意義(Sinn),而必須自己有能力去創造這意義」。(WL: 154)

值得注意的是,韋伯在這個脈絡裡提到了柏拉圖。根據 Sukale(2006: 42, n. 48)的說法,這裡指的顯然是 Politeia(《國家》篇,或譯《理想國》)第十卷(614b-621d)中死去 12 天又回魂的 Er 所說的故事,尤其是 617d-e。在這個故事裡,亡靈展開新一輪的「帶來死亡的生命」時,[11]先是抽籤決定「選擇」下

---

11 這一點可以佐證下面所提到的「護靈」(Dämon),基本上也是在這個脈絡下說的。因為,正如 Eduard Baumgarten(1964: 659)指出的,韋伯談及命運概念時,往往連著「死亡」概念一起談:命運與死亡一起形成了唯一的一幅景象;透過終將到來的死亡,命運集權了、令人敬佩且無所不能。指出這一點,主要是要說明:下面所提到的「護靈」,一般(如:Rodney Livingstone 翻譯的 ;Science as a Vocation"的譯註〔見:Weber, 2004: 31 以及 Scaff, 1989: 69〕等等)都認為是援引歌德的詩作 "Urworte. Orphisch"的第一首 "Dämon",理由除了〈科學做為職業〉結束前提到的「當前的挑戰」(Forderung des Tages)一語確實引自歌德(MWGI/17: 111, n. 66)之外,主要還是由於歌德詩中有「每個人都不能逃避自己終身追

輩子的生活方式的順序,然後再依序各自選擇自己的
護靈(Dämon),選擇自己的人生(作為與存在):「品
德是無主的,誰重視它,誰就會多得到它,誰輕視它,
誰就會少得到它。責任由選擇人自負,神沒有責任。」
[12]韋伯顯然對這個故事有深刻的印象,因而不僅在
1917 年發表的〈社會學與經濟學諸科學之"價值中
立"的意義〉(Der Sinn der "Wertfreiheit" der
soziologischen und ökonomischen Wissenschaften,以
下簡稱〈價值中立〉)[13]一文中提到柏拉圖的這個故
事,更在 1917 年底演講〈科學做為職業〉
(Wissenschaft als Beruf)時,以希望「每個人都找
到握住其生命之線(Fäden seines Lebens)的護靈

隨的法則」的意思。(請參考:Billy, 1990: 206)韋伯確實熟悉這
首詩,也喜歡詩中的意象,但我認為,韋伯結尾那句「每個人都
找到握住其生命之線的護靈並服從祂」,應該還是援用柏拉圖所說
的 Er 故事:「生命之線」應該就是指 617c 中所說的「必然」之分
別代表過去、現在與未來的三個女兒(命運女神):Lachesis, Klotho,
Atropos。許多細節方面的推敲,限於學力與時間,無法在此詳述,
就此打住,以俟將來。

12 這段中譯引自:柏拉圖著、王太慶譯《柏拉圖對話集》(北京:商
務印書館,2004 年),頁 484。

13 〈價值中立〉一文是修改 1913 年寫的一篇供社會政策協會內部討
論「價值中立」問題的〈意見書〉(Gutachten)而成的,WL: 505-508
的一段極為重要的文字,就是 1917 年加上去的。

（Dämon）並服從祂」做結。Dämon（靈、精靈）在
古希臘一般是指介於人與神之間的精靈，是較低等的
神，但自 Heraklit 以來，即有「人的性格或命運就是
人的精靈」的想法。*Politeia* 這裡也是用"Dämon"一
詞表示一個人身上與命運密切相關的特性。重要的
是：不是精靈任意選人去附身，而是每個人必須選擇
自己的精靈當「護靈」。一旦選擇了自己的護靈之後，
這護靈就會住在選擇者身上，形塑他的本質、引導他
的做為，並使他幸福（eudaimon）或不幸福。在這裡，
韋伯還加上了命運三女神編織命運的「生命之線」的
意象，並將這些「線」交到護靈的手上。韋伯要傳達
的，乃是：每個人自己的命運，最終而言都是自己選
擇的結果，每個人都得為自己的命運負責。韋伯的說
法與柏拉圖所說的最大差別，也許是在：後者是在出
生前做出（只有一次）的選擇，而韋伯則強調人生中
「一連串的最終決定」，有強烈的存在意味。

（4）韋伯在〈科學做為職業〉一文的結尾處說：「我們這
　　 個有其特有的理性化與理智化、尤其是『世界之除魅』
　　 的時代的**命運**乃是：正是那些最終與最崇高的價值都
　　 從公領域（Oeffentlichkeit）退出來了」；（WL: 612）
　　 這也就是說，我們無法再寄望宗教或講壇（科學）先
　　 知告訴我們什麼是這些最高與最終的價值了。這些價

值都隱遁到哪裡去了呢？韋伯反對當時流行的體驗
與人格崇拜，也反對在沒有「新的、真正的先知」的
情況下千方百計想要創立新宗教，而要人要嘛乖乖地
「犧牲理智」皈依舊教會，要嘛就像個男人一樣勇敢
地「承擔時代的命運」，去「弄清楚自己的最終立場」。
（WL: 612 f.）換言之，在新的、真正的先知未出現
之前，如果一個人不想犧牲理智，唯一的選擇就是在
積不相容的多元價值之間，做出自己的最終決定，從
而「選擇自己的命運」。換言之，每個人都應該透過
自己得負全責的「決定」，去為自己創造出自己的「意
義」。

一個人自己的「命運」（靈魂的命運）必須自己透過
「一連串的最終決定」而加以「選擇」，但「時代的
命運」卻沒得選，只能接受它、並勇敢地正視它那嚴
峻的面貌（sein ernstes Antlitz）。韋伯如此形容我們
生活於其中的「價值多神的世界」的嚴峻面貌：那些
古老的多神，業已除魅、因而以種種非人格性力量
（unpersönliche Mächte）的型態，紛紛由祂們的墳墓
中升起，追求掌握我們的生命的權力（Gewalt），並
彼此之間再度展開祂們的永恆鬥爭。（WL: 605）在
韋伯看來，這就是我們生活於其中的「日常」
（Alltag）。而「我們的文化的命運則是：我們——在
經過一千多年來由於一般人所宣稱或認為的『我們的

眼睛由於完全專注於基督教倫理的偉大激情（Pathos der christlichen Ethik）而眼花了』之後──將會再度更加清楚地意識到此一命運 」。（WL: 605）韋伯一生花費大量的時間與精力所探討的主要議題，就是此一「日常」的結構以及歷史起源，如：「世界之除魅」、「理性化」（尤其是「科學」與「歷史」之除魅）以及「科層化」等等。韋伯似乎認為，「世界」本來就是「價值多神的」、「倫理上非理性的」；「除魅」（Entzauberung）不過還原「世界」的真面目。在價值多神論的架構之下，化身為「非人格性力量」的諸神，具體展現為一個一個的「生活秩序」（Lebensordnungen），如：科學、宗教、政治、法律、道德、藝術、性愛等等。由於每個生活秩序都同時是一個「價值秩序」（Wertordnungen），都有其最高價值與「固有法則性」（Eigengesetzlichkeit），都想要「掌握我們的生命」，因而使得生活於除魅了的現代世界中的現代人無所逃於天地之間，非得在諸神之間做出「最終的抉擇」不可，否則便將成為價值多神的生活秩序的獵物，不是變得平板膚淺，就是靈魂被割裂得四分五裂，而不可能有自己的「人格」！因此，Billy（1990: 544）說：對韋伯而言，「決定」乃是為一今日還有可能的「存在」（Existenz）之模式；唯有透過決定，個體才能還為自己建立起那種受到多元的生活

秩序威脅的統一性。

在上面的分析中，我們看到了兩個「命運」概念：（個人）靈魂的命運與時代的命運，並且前者的可能性基本上是受到後者限定的。

就前者而言，當一個人透過一連串的「最終決定」而選擇了自己的命運時，這「最終決定」一方面是完全「獨立地加以領導的活動」，因而也就是某種種類的「政治性作為」；但另一方面，任何「最終決定」所能創造的，都只是某種「生活經營」的**可能性**，都必須讓這種可能性在實際的生活中接受考驗，並進一步加以「發展」，從而一步一步地走出個人靈魂的「命運」。這個意義下的「政治」，可以說是所有現代人（當然也包括科層制官僚與政治家）在經營自己的生活、選擇自己的「靈魂的命運」時，都應該要有的一個生命的向度。

在〈政治做為職業〉一文的結尾處，韋伯強調：「完全正確、並且所有歷史經驗也都證實的一點是：若非在世界上一再追求『不可能之事』（Das Unmögliche），人們也不會達成那『可能之事』（das Mögliche）」；韋伯並說：能做到這一點的人，一定是一個領導者（ein Führer），並且不只是一個領導者，同時也是一個在最樸實的意義下的英雄（ein Held）。（MWGI/17: 252）這種說法，不僅適用於

政治家，也適用於一般人的「生活經營」。有趣的是，韋伯
在這篇演講中論及能夠結合「心志倫理」（Gesinnungsethik）
與「責任倫理」（Verantwortungsethik）而有「獻身政治的
召喚」（Beruf zur Politik）之「真正的人」或「成熟的人」
時，舉的例子卻是路德。（MWGI/17: 250）可見，「政治」、
尤其是構成「靈魂的命運」的「靈魂的政治」，乃是每一個
人的「生活經營」中不可或缺的一個向度，並且這個向度
的主要功能在於創造「可能之事」。就此而言，我們同樣可
以說：政治就是「（創造）可能（之事）的藝術」（Kunst des
Möglichen）。

　　如果我們進一步問：那些最終與最崇高的價值從「公
領域」退了出來之後，到底退到哪裡去了？而處於現代世
界中的人，又究竟要如何做出他的「最終的抉擇」、找出他
的護靈？韋伯的回答是：這些最終與最崇高的價值，不是
退隱到「秘契生活之幽冥國度」（das hinterweltliche Reich
des mythischen Lebens）、[14]就是退隱到「個別的人彼此之

14　這個表述，錢永祥先生譯成「神秘生活的一個超越世界」，（韋伯，
　　1991: 166）Michael John 譯成 "the transcendental realm of mystical
　　life"，（Lassman, 1989: 30）Livingstone 則譯成 "the abstract realm of
　　mystical life"。（Weber, 2004: 30）

間的種種直接關係之兄弟情誼」（die Brüderlichkeit[15] unmittlebarer Beziehungen der Einzelnen zueinander）裡去了。韋伯在〈科學做爲職業〉一文中所提出的這個回答，是頗耐人尋味的。首先，第一個答案似乎是相當負面的，韋伯對逃虛遁空、追求「體驗」、人格崇拜的批判，似乎針對的就是這樣的一種想要在「世界」的背後另外建立一個源自神秘體驗的「世界」（國度）的想法。但我們似乎也可以將這個答案當作是韋伯對做爲價值創造的根源之「生命」的「非理性」的一種描述，而在中文中將這段話翻譯成："神秘的生命"這個隱而不顯的國度。換言之，「最終的價值抉擇」，最終而言，乃是由這神秘的「生命」本身做出來的，就這個意義而言是「非理性的」、「沒有道理可言」的，因而也就是「最個人的事情」、「信仰之事」。韋伯一向希望「由生命本身出發去理解生命」，對他而言，「生命」終究是非理性的，卻也是理性以及一切價值的根源。他所反對的，是體驗崇拜與人格崇拜，是浪漫主義式的人格觀，是這種人格觀中的逃虛遁空的「軟弱」：不願、不敢正視時代命運的嚴峻面貌，無法勝任我們生活於其中的「日常」。

---

15 "Brüderlichkeit"一般中譯爲「博愛」，但爲了更忠實於文字表達的語源含意，我還是譯爲「兄弟情誼」。但韋伯這裡要說的，絕不限於「兄弟」之間的情誼關係。

　　韋伯的第二個答案也是語焉不詳。我們且先接著看韋
伯下面這段話：

> 不僅「我們的最高的藝術乃是某種私密的
> （intime）、而不是任何紀念碑式的（monumentale）
> 藝術」[16]這件事情並非偶然，就連「今日唯有在一
> 些最小的共同體圈內，那相應於以前作為先知式的
> 靈（Pneuma）[17]而以燎原烈火的方式穿越各個大群
> 體（die großen Gemeinden）並將它們焊接在一起的
> 東西，才在人與人之間、以最微弱的（im pianissimo）
> 脈搏跳動著」，也不是偶然的。（WL: 612）

我們可以問：韋伯為什麼用這段話去說明「個別的人彼此
之間的種種直接關係之兄弟情誼」呢？也許是受到史萊瑪
赫（F. E. D. Schleiermacher, 1768-1834）的影響，韋伯喜歡
將對價值、信仰的理解，用聽覺、音感等語彙去表達。[18]在

16　"monumentale Kunst"中文也有譯作「巨型藝術」的。德國建築家、
　　設計家 Peter Behrens（1868-1940）曾將這種藝術定義為「任何給
　　定的時代的支配性權力團體的一種表現」。韋伯對當時德國的一些
　　紀念雕像（如：1901 年置於德國帝國議會前的俾斯麥的雕像）非
　　常反感。（參見：MWGI/17: 110, n. 64）

17　指的應該就是原始基督教尚未由「可見的教會」組織起來時的全
　　體信徒的一種「共屬感」。（參見：MWGI/17:110, n. 63）

18　由於史萊瑪赫曾談及「我的宗教的音樂」（die Musik meiner

這段文字中，"pianissimo"（最弱地）也是這樣的一個語彙。韋伯認為，真正的「兄弟情誼」的任何行動，都可以跟「透過兄弟情誼將會為某種超個人的國度添加上某種永恆的東西」的認知結合起來。他只是懷疑當時青年運動（主要是指 Gustav Wyneken 所領導的青年運動）的一些理想，認為「純粹的人的種種共同體關係的尊嚴」不太可能會由於當時的那些宗教性的詮釋而提升。（MWGI/17: 109, bes. n. 62）關於在除魅了的世界中，「宗教」與「世界」之間的緊張、這種緊張造成的一些時代標誌、以及韋伯所批評的一些當時流行的「解決之道」和他自己的觀點等等問題，一向是韋伯研究者的重要議題（Schwaabe, 2002 著墨尤多）。其中 Billy（1990: 482 ff., bes. 542 ff.）替韋伯提出的回答

Religion），因此 Radkau（2005: 807）認為，韋伯 1909 年 2 月 19 日致 Ferdinand Tönnies 的信中所提及的、常被引用的那句話，說他自己「在宗教上是絕對地"沒有音感的"」（religiös absolut "unmusikalisch"），就是援用史萊瑪赫的說法。這的確有可能，但用「音樂」說「宗教」，在浪漫主義中事實上不乏先例。我想強調的是：無論如何，韋伯用聽覺（das Gehör）、音感這類字眼，絕不僅用來表達對宗教的理解，而是更廣泛地用於表示對「神聖的事物」（包括各種最高與最終的價值）的領會。此外，用「聽覺」、「音感」這類字眼，似乎也最能表達價值感受的主觀性，就像我們聽到一段優美的音樂時，我們所「感」到的「優美」，並非所聽到的「聲音」本身的性質，而是我們「主觀」的、對所聽到的聲音在我們心靈中所產生的綜合性的效果的判斷（因而就這個意義而言是「主觀」的）。

下了一個有趣的標題：Existenz "im pianissimo"（"最弱音"
的存在），認為用這個語詞最能表示韋伯所能接受的，在除
了魅的現代世界的「日常」之生存條件下唯一可能的生活
方式。但韋伯要說的究竟是什麼呢？

　　我同意 Billy（1990: 542）的說法，韋伯藉此想說的是：
在這個除了魅的「世界」裡，再也沒有那種可以將一大群
人統合起來的意義體系了。昔日由基督宗教所扮演的角色
（一神的激情），在「上帝死了」之後，再也沒有任何東西
可以取代了。這種情形，表現在文化上，並不是「沒有最
高與最終的價值」，而是剛好相反：不僅在我們生活於其中
的「世界」裡客觀地存在著多元的生活秩序、一個「價值
多神的世界」；就個人層面而言，儘管（或者更精確地說：
正因為）人們不再寄望有任何普遍有效的價值，卻出現了
一大堆的「世界觀」。[19]問題是，這些世界觀都只是「個人」
的信仰，無法發揮傳統「實踐哲學」（Praktische Philosophie）
的作用：引導共同生活。（Hennis, 1996: 102）換言之，在
除魅了的世界中的個人之間，儘管各自都可能有自己的世
界觀，但彼此之間卻都只能各自如尼采所說的：「成為你自

19　證諸歷史，情況似乎就是如此。Billy（1990: 543, n. 300）就指出：
　　1870-1920 這 50 年間，甚至可稱之為「世界觀的時代」，各種世界
　　觀紛然雜陳，令人目不暇給，狄爾泰甚至發展出「世界觀的哲學」。

己」（Werde, der du bist），[20]難以形成讓人產生共鳴、共同
「脈動」的結合。因此韋伯認為，在現代世界中，最高與
最終價值已然退隱到「個別的人彼此之間的種種直接關係
之兄弟情誼」，只能「在人與人之間、以最微弱的脈搏跳動
著」。[21]

20　Hennis（1996: 97, n. 9）指出，尼采所說的：「成為你自己」（Werde,
　　der du bist）在早期（主要是《不合時宜的考察》第三篇〈叔本華
　　作為教育家〉與晚期的《查拉圖士特拉如是說》的含意並不相同，
　　韋伯所採取的，乃是尼采早期的觀點。

21　韋伯於 1920 年提獻他的《宗教社會學論文集》第一冊給太太
　　Marianne 時的獻詞是：1893 "bis ins Pianissimo des höchsten Alters"
　　（1893"直到最高齡的最弱音"）。1893 年是韋伯和 Marianne 結婚
　　的一年，這句獻詞表達了韋伯對婚姻的觀念。韋伯在〈中間考察〉
　　（Zwischenbetrachtung）將「性愛」（Erotik）列為與宗教具有緊張
　　關係的「生活秩序」之一，並說了這麼一段令人玩味的話：純粹
　　從入世的觀點看來，唯有跟「彼此對對方有倫理上的責任」——亦
　　即：一種與純粹性愛的領域一直相連的「關係」範疇——這種想法
　　聯繫起來，才會有助於產生一種感受，覺得在貫穿機體生命過程
　　的所有細微差別之有意識要負起責任的「愛的感受」的變遷中："直
　　到最高齡的最弱音"，在（歌德的意義下的）「彼此保證」與「彼
　　此負答」中，有可能存在著某種獨一無二且最高的東西。人生極
　　少純粹；能過純粹人生者，只能說是幸運與命運的恩賜，——而不
　　是：自己的「功勞」。（RSI: 563）我想，韋伯晚年在三個女人
　　（Marianne, Else 與 Mina Tobler）之間的情愛生活上的體驗，頗讓
　　他真切體驗到「性愛」這「最非理性的力量」的威力。這方面相
　　關的論述頗多，較簡略的說明可參考：Sakule, 2002: 474 ff。Sakule
　　（2002: 472）甚至推測，韋伯是在 1908-1911 這段「黃昏之戀」裡，
　　"發現"「最終的價值是無法理性地加以討論、而只能非理性地加以

　　由以上的論述，我們可以歸結說：唯有人自己才是他的命運的鍛造者，並且每一個人的靈魂的命運，都是透過「一連串的決定」而形成的。至於「時代的命運」，則在價值多神論的觀點之下，一個除了魅的世界會變成什麼樣子，基本上就不是任何人所能夠「決定」的。韋伯在〈科學做為職業〉一文中提到多元的「個別秩序與價值」之諸神的鬥爭時，特別舉法國文化與德國文化的「價值」為例說：人們要怎麼做才能在二者之間 "以科學的方式" 加以決定，我不知道。於是他接著說：

> 　　同樣的，在這裡不同的神祇之間也在爭執著，並且永遠都在爭執著。這就像在那古老的、尚未由其諸神與精靈除魅的世界的情形一樣，只是意義有所不同罷了：正如希臘人有時候向阿佛羅黛特（Aphrodit）獻祭，然後又向阿波羅獻祭，而尤其是每個人都向自己城邦之諸神獻祭一樣，我們今日也還是依然如此，只不過由於除了魅，該行為喪失了神秘的、但在內心裡卻真實不虛的形塑力（mythische, innerlich wahre Plastik）。並且，在這些

決定」的，因為他在「性愛」這個領域裡看到了「理性化」的界限。

諸神之上和在祂們的鬥爭中起支配作用的，乃是命運，而絕對不會是任何「科學」。我們（按：指「科學」）所能做的，只是去了解：對一個或對另一個秩序（Ordnung）而言，或者說：在某個或另一個秩序中，那具有神聖性的東西（das Göttliche）是什麼。（WL 604）

簡言之，就「世界」的層次而言，是「命運」決定了諸神鬥爭的結果，這結果就是我們必須面對的「時代的命運」。在這個段落中，韋伯也表示了重要的一點：民族（Nation）或國家，也是承擔命運的一個重要載體：命運共同體。[22]在這裡，我們看到了韋伯所描述的「世界」的景象：小自個人，大至民族，甚至就「世界史」的規模而言，就連整個時代的人，都有其「命運」，並且所有這些「命運」之間，還有著錯綜複雜的關係。在這些不同層次的命運「之間」或「之中」，「政治」都在某種程度上扮演著作為「可能的藝術」的角色，並且都是透過在某種意義下「非理性」的「決定」以及伴隨而來的「鬥爭」而展現出來的。以下，我們將透過韋伯對生活於社會中的個別的人的「生

---

22 關於韋伯以民族或國家作為「命運共同體」的想法，無法在此細談，有興趣的讀者，請參考：張旺山 2007；Baehr, 2005。

活經營」，較細部地理解韋伯關於「政治」與「命運」的想法。

三、社會關係與鬥爭：社會性的生活經營中的「政治」與「命運」

　　韋伯在方法論上是一個個體主義者。對他而言，唯有個別的個人才是真正的行動者。因此，所有超越個人範圍之外的「生活經營」，最終而言都是產生於個人的「生活經營」的。就此而言，「（個人）靈魂的命運」是和「時代的命運」息息相關的；同樣的，個人的「生活經營」中的「政治與命運」也是和整個時代的「生活經營」中的「政治與命運」息息相關的。做為一位社會學家，韋伯有必要說明超越個人之外的「生活經營」是如何產生的。為了進一步理解韋伯如何探討超越個人之外的「生活經營」中的「政治」與「命運」，我們有必要稍微說明一下韋伯對「社會學」的構想，尤其得由「社會關係」與「鬥爭」這二個概念去理解社會性的「生活經營」中的政治與命運。韋伯給出的「社會學」概念的定義有點冗長，但為了較精確地掌握住韋伯的想法，我還是將整段定義翻譯了出來：

　　　社會學（就這個非常多義地被使用的語詞之此處所

理解的意義而言）乃是指：一門想要以詮釋的方式理解（deutend verstehen）社會行動（soziales Handeln），並藉此對社會行動的過程與種種影響進行因果上的說明（ursächlich erklären）的科學。在此,「行動」（Handeln）應該是指某種「人的行為」（ein menschliches Verhalten）（不管是「外在」或「內在」的作為（äußeres oder inneres Tun）、不作為、或容忍），只要一個或多個行動者將這行為與一個主觀的**意義**（einen subjektiven Sinn）結合起來。但「社會的」行動（ "soziales" Handeln）則應當是指這樣的一種行動，該行動就其一個或多個行動者之所想的意義（dem gemeinten Sinn）而言，將會關連到他人的行為上、並且在其過程中是以此為取向的。（W & G: 1）

韋伯隨即解釋道： "意義"在此指的是「主觀所想的意義」（der subjektiv gemeinte Sinn），而不是任何客觀上 "正確"的或某種在形上學上被建立起來的 "真"的意義。換言之，社會學所要「以詮釋的方式加以理解」的，乃是生活在社會中的行動者主觀上所想到的「意義」，而不是客觀上、規範上有效的意義。因此，對生活在某個文化中的某一個時代的人而言極端明顯、甚至**無法**不覺得它們神聖不可侵犯的某些價值觀念（如各種基本人權），──用韋伯的

話說——中國人是有可能**沒有聽覺**的。不僅如此,在「價值多神論」的觀點下,同樣的狀況也會發生在同一個社會中的不同個體之間。讓我們先來看看,韋伯是如何定義「社會"關係"」(soziale "Beziehung")的:

> 「社會"關係"」指的是許多人之間的一種行為(Sichverhalten),並且這些人是根據此行為的意義內容而彼此互相採取態度並進而取向的。因此,社會關係完全只**存在於**「以某種(在意義上)可明說的方式而發生社會行動」的**機會**(Chance),至於這機會是建立在什麼基礎上的,則首先是無關緊要的。(W&G: 13;粗體強調為原文所有)

至於「鬥爭」(Kampf)則是這樣的一種「社會關係」:只要在「社會關係」中,行動是取向於「針對另一個或多個夥伴的抵抗而想要貫徹自己的意志的意圖」,這樣的一種「社會關係」就叫做「鬥爭」。(W&G: 20)如果我們進一步考慮韋伯對「權力」(Macht)所下的定義:「權力意味著任何一種機會:在一個社會關係之內,即使碰到抵抗也能貫徹自己的意志的機會,無論這機會建立在什麼基礎之上」。(W&G: 28)則我們便可以說:對韋伯而言,「社會關係」並非「靜態」的,而是一種由人與人之間的相互性社會行動所建立起來的動態的「關係」,這種「關係」無非就是一種「行為」(Sichverhalten)。在這種「社會關係」的

定義下，「鬥爭」便是「權力鬥爭」，是在人與人之間所發
生的爭取「貫徹自己的意志」的機會的鬥爭。

在這種觀點下，人與人之間的「（權力）鬥爭」自然
是永遠「無法由一切文化生活中排除掉的」：

> 人們可以改變鬥爭的手段、鬥爭的對象、甚至鬥爭
> 的基本方向與鬥爭的承載者，卻無法消除鬥爭本
> 身。鬥爭可以不是相互敵對的人之間為爭取外在之
> 物（äußere Dinge）的外在搏鬥，而是彼此相愛的人
> 之間為爭取內在之物（innere Güter）的內在搏鬥；
> 從而不是一種外在的強制，而是一種內在的強暴（這
> 種「強暴」恰恰也會以「情愛與慈善的獻身」的形
> 式表現出來），或者，最後，鬥爭也可以意味著一種
> 個人在自己的靈魂之內與自己本身的「內在的搏
> 鬥」，——鬥爭總是經常存在著，並且，往往越是不
> 被感覺到、它的過程越是表現為遲鈍的或舒適的「讓
> 它發生」或充滿幻想的「自欺」的形式，或以「淘
> 汰」（Auslese）的形式實現出來，後果就越大。「和
> 平」乃意味鬥爭形式或鬥爭對手或鬥爭對象乃至「淘
> 汰機會」（Auslesechancen）的轉移，而不是任何其
> 他的東西。（WL: 517）

換言之，「權力鬥爭」不但發生在一般所說的「政治」

領域，也發生在經濟、文化、語言、甚至親密關係等等領域；就此而言，廣義的「政治」自然包括了「任何種類的獨立地加以領導的活動」。因此，對韋伯而言，「政治」就是「鬥爭」，並且可以說是無所不在的。韋伯一再強調，會引起爭執的，並不只是「階級利益」，不同的「世界觀」（Weltanschauungen）之間的爭執也是極為重要的。我們甚至可以說，韋伯的《新教倫理與資本主義精神》探討的主題，就是不同的宗教性「世界觀」之間的爭執及其對現代人的經濟行為的影響。

不僅個人的「生活經營」應該有意識地加以領導，社會性的（包括小自「家庭」，如夫妻關係中的「養魚政策」，大至整個「國家」、甚至整個時代的「人」的）「生活經營」也是如此。在《新教倫理與資本主義精神》一書中，韋伯強調：西方所特有的「經濟的理性主義」的產生，不僅有賴於理性的技術與理性的法律等等外在條件，也有賴於「人之採取某些特定種類的實踐上理性的**生活經營**（praktisch-rationale Lebensführung）的能力與傾向（Fähigkeit und Disposition）」。（RSI: 12）換言之，「經濟的理性主義」不僅受到客觀的經濟條件的制約，也受到某種主觀的「能力與傾向」的制約。要「發展出」經濟的理性主義，是需要有特定的「主觀的條件」的。當這種主觀條件受到抑制（當然，這種「抑制」也是一種來自靈魂深

處的抑制）時，某種「經濟上理性的生活經營」的發展就
會遭遇到頑強的抵抗。韋伯如此描述「宗教改革」的意義：

> 宗教改革不僅意味著排除（天主）教會對生活一般
> 的支配，更意味著以另一種形式取代了該支配之迄
> 今為止的形式。並且，是以一種對整個生活經營之
> 在可以設想的最大程度上滲透進家庭與公共生活的
> 所有領域中、無比沈重、無比嚴肅的規制，取代了
> 一種極為舒適的、在當時實際上已經不太能感覺得
> 到的、幾乎可以說徒具形式的支配。（RSI: 20）

韋伯在《新教倫理與資本主義精神》第一部分的結尾
處說，他想要確定的只是：宗教上的種種影響是否、以及
在多大程度上參與了「資本主義的"精神"」之「質上的塑
造」與在全世界的「量上的擴充」，以及我們這個「建立在
資本主義的基礎上的文化」的哪些具體的側面是可以追溯
到這些影響上的。換言之，他想要由新教的「禁欲」中「導
出」的，乃是「"有方法的"生活經營的精神」（der Geist
"methodischer" **Lebensführung**）。（PEII: 31）可以說，宗
教改革的意義，就是大規模地、並且影響深遠地以一種「生
活經營」的方式取代了另一種「生活經營」的方式。

這種「取代」，是具有重大意義的：決定了我們現代
人形塑「生活風格」的可能性。在韋伯看來，資本主義乃

是「我們現代生活之最決定命運的力量（die schicksalsvollste Macht unseres modernen Lebens）」。（RSI: 4）他甚至相當具象地說，今日的資本主義的經濟秩序，乃是一個「龐大的宇宙，每一個個別的人都是被生入其中的，對他（至少作為個別的人）而言，這個龐大的宇宙乃是他必須於其中生活之給定了的、事實上無法改變的牢籠」。（RSI: 37）不僅「生活於這個牢籠中」是我們現代人的命運；由於資本主義的「精神」是建立在「以**職業觀念**為基礎的理性的生活經營」之上的，因此，當這種「經濟秩序」由於建立在「機械式的基礎」上，而變成一種驅動裝置式（韋伯想到的隱喻是「火車頭」）的「強大的宇宙」時，（RSI: 203）便將迫使每一個人（不僅是直接參與經濟營生者）「必須是職業人」，從而對我們每一個人、乃至現代文化的整個命運具有決定性影響：也許將會直到燃燒完最後一噸煤為止，始終決定著我們的「生活風格」（Lebensstil）[23]——成為韋伯所擔心的（尼采所說的那種）「最後的人」：毫無精

---

23 對理解韋伯而言，「生活風格」是一個極為核心的概念。韋伯甚至認為，由於他的提問所要處理的是「對"資本主義"這個經濟階段而言在精神上"適當的"（adäquat）那種**倫理性的生活風格**（ethisches Lebensstil）的產生過程」，而這種生活風格的產生意味著資本主義在人的"靈魂"中的勝利，因此他認為採用「資本主義的精神」一詞是正當的。（PEII: 55）

神的專業人、毫無心靈的享樂人,「這種什麼都不是的東西
(dieses Nichts)卻自以為攀上了人(Menschentum)前所
未達的頂峰」(RSI: 204)。[24]

如果我們回過頭去看看當初路德發動宗教改革運動
的氣概,[25]我們大概會覺得歷史的發展相當弔詭。在〈政
治做為職業〉一文中,韋伯認為,一切的作為,尤其是具
有政治性的作為(politisches Tun)都會被牽連進一種「悲
劇性發展」(Tragik)之中。韋伯認為,所有的歷史都確證
了一項基本事實:政治行動的最終結果往往,不:正是經
常地,與其原來的意義(Sinn)處於完全不適當的
(unadäquantes)、往往甚至剛好弔詭(paradoxes)的關係
中。(MWGI/17: 229 f)這是人類作為「有限的精神」之無
可奈何的侷限。韋伯特別強調:儘管「政治性的行動」無
法避免這種風險,但只要人的行動(行動總是「人的行動」,
行動的背後總是「人」)畢竟還是應該有「內在的支撐」

---

24 關於韋伯《新教倫理與資本主義精神》一書所要處裡的問題之較
   詳盡的說明,請參考張旺山 2006。
25 據說,路德在 1521 年 4 月 18 日於 Worms 召開的帝國會議中結辯
   陳詞的最後一句話講的是: "Ich kann nicht anderst, hie stehe ich,
   Got helff mir, Amen."(我無法改變立場,一切悉聽尊便。上帝幫助
   我。阿門。)。儘管這句話的真實性有爭議,但這句話所代表的說
   話者(「成熟的人」)所做的「最終決定」,卻是令韋伯動容不已。
   (MWGI/17: 250)

（inneren Halt）的，行動就不能沒有「意義」，亦即不能不服侍於某一「事」（eine Sache）。至於行動者所要服侍的「事」究竟長什麼樣子，則是「信仰之事」（Glaubens-sache）。總之，無論行動者追求的是什麼樣的目標、服侍的是什麼樣的理念，都必須要有某種的「信仰」，否則再大的豐功偉業，都將難逃「受造物的空幻」的詛咒（Fluch kreatürlicher Nichtigkeit）（MWGI/17: 230）韋伯對現代人極有可能發展成「最後的人」的憂慮，正是建立在他對宗教改革以來的人的「生活經營」的考察之上。

可以說，韋伯一生的研究，都是在探討構成我們的「日常」的「生活經營」的一些因素，如「資本主義的經濟秩序」這個「最決定我們命運的力量」、「科層化」這種「無法擺脫的力量」、「必須是職業人」的命運等等。這些因素，都是人透過行動而創造出來的，卻都回過頭來限制了人的行動的可能性。並且，隨著理性化的發展漸臻完備，客觀化為各種「機械」、各種「無法擺脫的力量」的「命運」對人的宰制也不斷地增強。在這種「時代的嚴峻面貌」之下，生活經營中的「政治」面向的發揚也就顯得更為迫切與艱難，而行動者也就更必須覺悟，唯有自己有能力創造價值、或在最終價值之間做出最終決定，才有可能做自己命運的主人：對一個人的命運而言如此，一個民族的命運而言也是如此。

原典出處引用之縮寫代號：

MWG (= *Max-Weber-Gesamtausgabe*), Tübingen 1984 ff.

PEII *Die protestantische Ethik. II: Kritiken und Anti-kritiken.* 4. Aufl., hg. v. Johannes Winckelmann, Gütersloh 1982.

PS *Gesammelte Politische Schriften,* 3. Aufl., hg. v. Johannes Winckelmann, Tübingen 1971.

RSI *Gesammelte Aufsätze zur Religionssoziologie,* Tübingen 1986 (1920).

WL *Gesammelte Aufsätze zur Wissenschaftslehre,* 5. Aufl., hg. v. Johannes Winckelmann, Tübingen 1982.

W&G *Wirtschaft und Gesellschaft,* 5. Aufl., hg. v. Johannes Winckelmann, Tübingen 1980.

參考文獻：

張旺山：
　　1997：〈韋伯的「文化實在」觀念：一個「方法論」的分析〉，《人文及社會科學集刊》，第 9 卷第 2 期，頁 1-38。
　　1998：〈韋伯的價值多神論〉，《多元主義》，蕭高彥、

蘇文流主編，中央研究院中山人文社會科學研究所專書（43），頁 269-306。

1998a：〈韋伯的科學觀〉，《臺大哲學論評》，第 21 期，頁 271-306。

2001：〈支配與自由：論韋伯的政治思想〉，《自由主義》，蔡英文、張福建主編，中央研究院中山人文社會科學研究所專書（49），頁 297-327。

2006：〈真相就是真理：韋伯《新教倫理與資本主義精神》一百年〉，《思想》，第 1 期，頁 207-233。

2007：〈韋伯的「國家」概念〉，《現代性的政治反思》，蔡英文、張福建主編，中央研究院人文社會科學研究中心專書（54），頁 157-194。

Baehr, Peter:

2005：〈命運共同體與德國政治思想〉，《政治與社會哲學評論》，第 13 期，頁 181- 220。

Baumgarten, Eduard:

1964: *Max Weber. Werk und Person,* Tübingen.

Billy, Lothar:

1990: *Die Religion im Denken Max Webers*, St. Ottlien: Erzabtei.

Fitzi, Gregor:

2004: *Max Webers Politisches Denken*, Konstanz: UVK Verlagsgesellschaft mbH.

Hennis, Wilhelm:

1987: *Max Webers Fragestellung. Studien zur Biographie des Werks,* Tübingen.

1996: *Max Webers Wissenschaft von Menschen,* Tübingen: Mohr.

Hommerich, Brigitte:

1986: *Der Wille zur Herrschaft und der Hunger nach Glück,* Opladen.

Kelly, Duncan:

2003: *The State of the Political. Conceptions of Politics and the State in the Thought of Max Weber, Carl Schmitt and Franz Neumann,* Oxford University Press.

Loos, Fritz:

1970: *Zur Wert- und Rechtslehre Max Webers,* Tübingen.

Mommsen, Wolfgang:

1974: *Max Weber und die deutsche Politik 1890-1920,* Tübingen: Mohr.

Palonen, Kari:

2002: *Eine Lobrede für Politiker. Ein Kommentar zur Max Webers „Politik als Beruf",* Opladen: Leske + Budrich.

1985: *Politik als Handlungsbegriff. Horizontwandel des Politikbegriffs in Deutschland 1890-1933,* Helsinki: The Finnish Society of Science.

1998: *Das ‚Webersche Moment': Zur Kontingenz des*

Politischen, Opladen/Wiesbaden: Westdeutscher Verlag.

Radkau, Joachim:

2005: *Max Weber. Die Leidenschaft des Denkens*, München: Hanser.

Roth, Günther:

1987: *Politische Herrschaft und persönliche Freiheit*, Frankfurt.

Scaff, Lawrence A.:

1989: *Fleeing the Iron Cage. Culture, Politics, and Modernity in the Thought of Max Weber*, Berkeley: University of California Press.

Schmitt, Carl:

1967: „Die Tyrannei der Werte", in: *Säkularisation und Utopie*, Stuttgart: Kohlhammer, 1967, S. 37-72.

Schwaabe, Christian:

2002: *Freiheit und Vernunft in der unversönten Moderne. Max Webers kritischer Dezisionismus als Herausforderung des politischen Liberalismus*, München: Wilhelm Fink.

Sukale, Michael:

2002: *Max Weber: Leidenschaft und Disziplin. Leben, Werk, Zeitgenossen*, Tübingen: Mohr.

2006: „Irrationalität und Voluntarismus in Webers Methodologie," in: *Zecha*, 2006: 27-56.

Swedberg, Richard:

2005: *The Max Weber Dictionary. Key Words and Central Concepts*, Stanford: Stanford University Press.

Ulmen, G. L.:

1991: *Politischer Mehrwert. Eine Studie über Max Weber und Carl Schmitt*, Weinheim: VCH, Acta Humaniora.

Weber, Marianne:

1984: *Max Weber. Ein Lebensbild*, 3. Aufl., Tübingen: Mohr.

Weber, Max:

2004: *The Vocation Lectures*, tr. by Rodney Livingstone, Indianapolis: Hackett Publishing Co.

Zecha, Gerhard (Hg.):

2006: Werte in den Wissenschaften. 100 Jahre nach Max Weber, Tübingen: Mohr.

③荀子禮法思想的發展與貢獻：一個「社會契約論」觀點的思索

楊秀宮[*]

前言

　　蔣年豐曾有結合荀子「禮法」與「社會契約論」的構想，本文亦嘗試順此探索荀子的禮、法思想。荀子的「禮」偏向自然理序的「自然法」，「法」則近於重視人倫社群的、具備約定義與實證義的「社會契約論」。本文採「社會契約論」的路徑來探討「自然」與「人爲」如何相融，並分析荀子之禮、法是否具備社會契約論發展所不可或缺的形式條件。這也是一次檢視荀子學說重點與當代法學思想的哲學探索。[1]

---

[*] 樹德科技大學通識教育學院副教授
[1] 筆者對於荀子的「禮法思想」曾作過探討，請參見楊秀宮：《孔孟荀禮法思想的演變與發展》（臺北：文史哲出版社，2000年）。

一、荀子禮法思想及其新發展的界說

從荀子整體學說加以衡量，他不僅對於儒家「禮的內容」有新的詮釋，對於「法」（法度）的產生以及「法」與「禮」的「關係」，都作了詳實的論述。此與今日實證法、自然法的關係可以類比觀察，並進行新的詮釋。

荀子不僅論「禮」，重視「法」，且常「禮義法度」並提。他對於法或法度的由來，有如下的觀點：

> 古者聖王以人之性惡，以為偏險而不正，悖亂而不治；是以為之起禮義，制法度，以矯飾人之情性而正之，以擾化人之情性而導之也。使皆出於治，合於道者也。〔……〕故聖人化性而起偽，偽起而生禮義，禮義生而制法度；然則禮義法度者是聖人之所生也。（〈性惡〉）[2]

聖人援引禮義以制法度的觀點，提示了禮、法的生成次序，也說明了沒有外於禮的法度。這與荀子曾說「非禮是無法也」（〈修身〉）的意思相應。

---

[2] 本文之《荀子》引文出自熊公哲：《荀子今註今譯》（臺北：臺灣商務印書館，1990 年），標點則偶有更動。

　　歷來學者有「禮義謂之法」、[3]「法即禮也」[4]的說法，但是禮、法在荀子並不宜看作是一個事物的兩個名稱。要釐清這兩者的關係，首先需了解荀子對於禮、法的陳述：

　　一、禮者，法之大分，類之綱紀。(〈勸學〉)

　　二、由士以上則必以禮樂節之；眾庶百姓則必以法數制之。(〈富國〉)

　　三、隆禮至法，則國有常。尚賢使能，則民知方。(〈君道〉)

　　四、故非禮是無法也，非師是無師也。〔……〕故學也者，禮法也。(〈修身〉)

「禮」相對於「法」是「大分」。所謂「分」者，有「分際」之意，如尊卑之分、長幼之分、上下之分、親疏之分皆是。[5]禮與法的差別，可以從適用的對象來區分。士以上的階層與眾庶百姓的區分，一以禮樂節之，一以法數制之。故禮相對於法，可以就尊卑中的尊位稱之，也可以就上下的上

3　楊倞在《荀子‧法行》中注曰：「禮義謂之法。」見王先謙：《荀子集解》(臺北市：華正出版社，1988 年)，頁 350。
4　王先謙在《荀子‧修身》中注曰：「法即禮也。」(同上書，頁 19)。
5　熊公哲：《荀子今註今譯》，頁 9。

位稱之。荀子實際上不是用定義的方式述說「法」的內涵，而是透過解說禮、法關係，以不脫禮的軌跡，來對「法」加以把握。

荀子禮法思想的特色，除了表現在他對於禮的把握與強調外，還表現在對於禮、法、類等概念的論述。對於「禮者，法之大分，類之綱紀也」一句，唐楊倞釋法乃「典法」，而類則「為禮法所無，觸類而長者，猶律條之比附」。[6]荀子體察「法度」的有限，提出了「有法者以法行，無法者以類舉」（〈王制〉）的觀點。由於加入「類」的概念，而形成精彩的救濟辦法。但一般的看法多強調禮、法之間的對立關係。《大戴禮記・禮察》即指出「禮者禁於將然之前，而法者禁於已然之後」，禮的功能在於事前預防，法在於事後懲罰。其實，這種看似對立的區別並不是本質的。荀子檢視禮、法的關係，說「非禮是無法也」。此外，「故學也者，禮法也」的提出，也和「隆禮至法」的意思一樣，是對禮、法的一併認同。

荀子所說「聖人化性而起偽，偽起而生禮義，禮義生而制法度」，主要是傳達了法為禮的延長之意，同樣是作為人類行為的準繩。法的設立實依禮而後起，乃為了輔佐禮

6　王先謙：《荀子集解》，頁7。

樂教化，使人民的行爲有所準據，而不順情性而悖亂。

綜合而言，荀子的禮法思想根本在於「禮者，法之大分，類之綱紀也」，一方面以禮作爲法的原理原則，一方面則以法作爲禮的細則與規定。從「次序」而言，「法」是聖王依「禮」制訂，用作人事行爲的依準。

二、荀子「禮法」的名實辨析

荀子有「約定俗成」[7]的名義，卻不是指一個接近民眾生活面的共識，而是偏重在以名實辯說爲內容的論述。由於本文欲將荀子的禮法思想與現今的法理相提並論，故從名實辨析的角度對荀子禮、法做一次分判與理解。

試就名實辨析論荀子「法」與「禮」的關係，荀子說：

> 狀變而實無別而爲異者，謂之化；有化而無別，謂之一實。此事之所以稽實定數也。此制名之樞要也。（〈正名〉）

7　《荀子・正名》言：「名無固宜，約之以命，約定俗成，謂之宜，異於約則謂之不宜。名無固實，約之以命實，約定俗成，謂之實名。」

法與禮，猶如「狀變而實無別而為異者」，雖外狀有「異」，但可以視之為「化」，論其實質則「無別」、「非二」，故「謂之一實」。也就是說，「法」的樣態實際上是「禮」的演化、衍生。

從「化」的角度提出禮、法的狀變而「實」為一的論點，筆者綜合荀子禮、法的生成關係，有三點看法：一、荀子乃是從「禮」的概念裡衍生「法」的規範。二、禮和法的對照，只是原理、原則（禮）和行動規則（法）的區別，兩者並不是質性的差異。三、在荀子的正名觀點中，禮、法謂之一實；禮與法並非異質者，只是因其呈現之狀態有別而有異狀、異名。因而依「法」與「禮」的名實論證，從同實異名的角度觀之，兩者的關係乃是「非禮則無法」，因此就其「一實」與「有化而無別」來看，與其論其間之優劣貴賤，不如考量兩者邏輯的先後關係。

隨著時代遞變，與「禮」同質性的「法」在其「施行」的效力上一樣要接受嚴厲考驗。歷時久遠的「法」，其「時效」涵義就會隱退而形同「無法」，荀子因此提示「無法者以類舉」的補救措施。這也看出荀子在「常與變」的辯證中，調適「禮法」與「類」的活潑性格。如果和孟子相比，後者對於「法」的重要性亦予以正視，不過他說的是每類專才人員有其各自之規矩與標準（《孟子・離婁上》）。這和荀子說的「法」是聖人制禮義法度的源頭不同。

三、荀子「禮法」思想與「自然法」、「實證法」之比擬

（一）「自然法」、「實證法」的關係與發展

本節主要整理說明自然法與實證法互相抗衡的關係與來由。

「法」的最早源流，可以溯自古代希臘早期（約紀元前五世紀）的詭辯學派（Sophists），此時所言說的「法」主要還是就倫理論證的角度加以關注，也就是說這個時期的法律或習俗指的是人所達成的協定產物。[8]但說到與近代自然法學說有直接關係的，則為希臘晚期（約紀元前三世紀）斯多葛派（Stoics）的自然法觀念。此派認為宇宙間存在一種自然的法律，由理性所主宰；而宇宙的理性與人類的理性是一體的，所以人類理性中的那些公義與公道的基本原則，則成為自然法；此自然法乃是普遍性的，一切的人都必須遵從。羅馬著名法學家西塞羅對於這個自然法的涵義說得很恰當，他認為：「在事實上有一個叫做公理的真正法律。它是合乎自然法的，適用於一切的人，且永久不

8　羅伯特‧奧迪（Robert Audi）主編、林正弘審定：《劍橋哲學辭典》（臺北：貓頭鷹出版，2002 年），頁 1157。

變。」西賽羅所說的永久不變的法，指的是行於任何時期及任何民族的法。到了中世紀，由於自然法已成為一種有力的觀念，所以居於崇高地位的教會，也不得不予以承認，只是自然法乃是神的意志表現，而使自然法與神學思想相結合。9

自然法觀念在中世紀加入「上帝意志」之後，此觀念已同時具有法律與道德的性格。因此自然法又被稱作「自然道德律」。10

但自然法在羅馬的法理學中卻扮演不同而重要的角色。自然法更合適說是「法律家出於職業上需要的建構」。總之，在羅馬法律家們的眼中，自然法並不是一套完整而現成的法規，而是一個詮釋的手段。11這種從一個詮釋的觀點來看自然法的方式，其實宣示法律家們正遠離一個由萬能上帝所規定的永恆法的啓示觀點。

9　杜蘅之：〈自然法在國際法地位之變遷〉，收於《東吳大學哲學系傳習錄》，第 1 期（1981 年），頁 30、32。

10　潘小慧：〈輔仁學派的天理／自然道德律──以儒家的天理與多瑪斯的自然律思想為主的探究〉，收於《哲學與文化》，第 33 卷第 3 期（2006 年 3 月），頁 6。

11　A. P. d'Entreves 著、李日章譯：《自然法──法律哲學導論》（臺北：聯經出版事業公司，1984 年），頁 24-25。

在自然法論題的探究裡不能迴避的是實證法學派的批判。自然法與實證法成為法律的兩大淵源。實證法是憑著權力（如國家）所制定的法律，其「是」與「非」都由這個權力決定，而表現於一般法令。[12]實證法與自然法的衝突是法的理念中，法安定性與正義互相矛盾的問題，結果並未出現決定性的解決良方，僅強調讓各人依其良心而為決斷的結論。[13]儘管自然法在早期具有挾「上帝意志」的威名，但在法典權威《羅馬法大全》之中，卻也找不出自然法優越於實證法的記載。[14]這種歷史發展，通常影響著後起法律家對自然法與實證法的見解。但是，更究竟的探問是，學者的詮釋觀點是否一直參與並影響了自然法與實證法在今日的發展？

自然法究竟是法理，而不是人類實際生活的律例；律例固不能脫離法理，法理卻不能取現行一切律例而代之。[15]這裡說的自然法還不是日常社會裡實際適用的律則。這個屬於社群實踐上需要的律則，則是實證法學派所關注的部

12　杜蘅之：〈自然法在國際法地位之變遷〉，頁 30。
13　林文雄：《法實證主義》（臺北：三民書局，1989 年），頁 176。
14　A. P. d'Entreves 著、李日章譯（1984）：《自然法──法律哲學導論》，頁 25。
15　杜蘅之：〈自然法在國際法地位之變遷〉，頁 35。

分。十九世紀，自然法學派頹勢已定，實證法學派進居優勢。然而自然法學派的沒落，或是實證法學派的勝利，並不就是自然法觀念之完全喪失價值。[16]實證法雖然迎納了社會的實際律則規範等問題，卻也產生確定性與有效性的問題。這種情形帶動了法學家們針對自然法與實證法的抗衡進行對話與思辯。

（二）荀子「禮」思想與「自然法」之比擬

荀子的禮法思想，從今日的角度視之，其中實蘊含了豐富的法哲學內涵。但由於荀子以為「道者非天之道，非地之道，是人之所道」，又有「聖王制禮義法度」的主張，因此其禮法思想是否適合比擬為自然法仍有歧見。有些學者認為荀子的禮法思想中隱含有自然法的精義，而有些學者則認為荀子的禮法思想屬於人為法或實證法的範圍。梅仲協即認為：「自然法之內容，在於『定分』，道德之目的，在於『為善』，其間有根本之異點在」。[17]順此說法而推論

---

16 同上註，頁 40。實證法牴觸自然法的問題，一般而言，至少有二大問題極須解決。即法律違背正義時，其效力如何？以及為保持法的安定性，在何種情形下法律縱使違背正義卻仍可以主張其有效？（參見林文雄：《法實證主義》，頁 161）

17 梅仲協：《法學緒論》（臺北：中國文化大學出版部，1989 年），頁 24。

禮與自然法有差別，乃專注於「禮」與「自然法」之間的異質點而論說。但是如果從「定分」與「爲善」皆荀子「禮」之內涵來論說，則「禮」與「自然法」亦具有同質性。

今日常有法律與道德如何聯繫或區隔等問題。現代興起的自然法學派，大抵謂法律與道德，在本質上互相牽連，而且以法律係道德秩序的一部分。[18]這種情形和「禮」在個人修身處事上，屬於「道德」踐履的領域相似，這也是「自然法」與「禮」可以並提討論的一項理由。自然法所處的位置猶如「禮」，以下試就禮與自然法作分析。[19]

1. 就作為「法原則」而論

自然法被廣泛注意，乃基於實證法的缺漏而起。今日有兩種看法並存，一種是看待自然法爲外在於或超越於實證法之外的「法體系」或「法原則」；另一種看法則從「法」的形成基源來看，認爲自然法不能視之爲外於一般「法」之外的法原則。後一個觀點和荀子的「法」不能外於「禮」的原則是同道理的。就荀子的觀點言，「法」（或稱「禮法」）是一防範性的法，可對之加以裁剪，俾適用於智愚凡聖。

---

18 梅仲協：《法學緒論》，頁 68。
19 參見楊秀宮：《孔孟荀禮法思想的演變與發展》，頁 218-219。

或者說，法的成立必須確定其應遵循與可遵循的價值，這
應遵循、可遵循之價值依據，其實並非外於「禮」，「法」
是由於「禮」的內涵才見其價值。

2. 就禮、自然法作為最高的「秩序」而論

自然法作為最高的「秩序」，乃是在實證法失其效益
時，取代實證法地位而作為最高的「秩序」；若實證法未失
其效益，則自然法處於備而不用。另就禮與法而言，也至
少有下列兩種情況：一是如前述，禮猶如自然法，「法」則
指實證法言；另一是把禮看作法的原理原則，法是在禮的
體系內之「秩序」，而禮則具有最高的「綱領」意義。

3. 就禮、自然法的變動性或損益性而論

一般而言，自然法指的應該是對基本原理的認許，具
有普遍妥當性與不可變性。而自然法之於細節，則保留其
彈性，[20]這與「禮」之保有中庸、權變的特質相似。「自然
法」和「禮」皆可因時、因事、因地、因人變革損益。

20　梅仲協：《法學緒論》，頁 27。

4. 就禮、自然法作為現行法的指導原則而言

就現行的制定法而言,著重的是強制力與制裁力,而禮與自然法兩者作為現行法的指導原則的重要性與功能是相似的。但是其間可能有的差異,則在於禮還可以用於德行的教化面。依此,就人類的生活範疇而言,禮的適用範圍比自然法更大。至於西方自然法的觀點,早先是建立在以「神」為中心的文化氛圍裡,但是經過理性主義的興盛,出現以「內在本性」為內涵的自然法學理論。[21]依於自然法的觀點來修正現行法,避免其忘乎根本而流於末節,是近來西方專家學者所努力的重點。吾人亦當基於人類共同的特質與需要,期待透過新的詮釋觀點,能探索出具有自己特色又能媲美「自然法」的法源或法的根本。

陳顧遠指出,中國文化中有兩個與自然法相關的重點:(1)由「天」的觀念而產生自然法之標準。(2)由「群」的觀念而鑄生自然法之特質。[22]筆者對先秦禮法的發展,歸結出「禮」可以與「自然法」相類比的論點。自然法的

---

21 梅仲協指出:「自然法絕不是因人類之相互的約定而成立,乃植根於人類之共同的人性,而發育滋長。」(同上註,頁 23)
22 陳顧遠:《中國文化與中國法系》(臺北市:三民書局,1969 年),頁 37-41。

特色在於,對任何人、時代與處所,皆能普遍而有其法律之效力。自然法對於各個具體的情形,有時雖異其適用,然其原理則亙古不易,祇要人性本質無更改,自然法必固定不變。[23]這種特質若用來描繪「禮」亦不爲過,原因無他,只因禮與自然法的存在意義與效能相同,可以確認禮有著與自然法同等的地位。

(三)荀子「法」思想與「實證法」之比擬

1.「以類舉」有「慣例法」的精神

荀子不強調「有禮者以禮行」,卻強調「有法者以法行」。或因爲禮常對應於一般的習俗與自然風尚,不一定有明文規定。另一原因則是荀子所言說的法,有禮的性質在內,遵法而行也就是遵禮而行。

「有法者以法行,無法者以類舉」的觀點,表露「法」雖明確卻不能盡意的限制,尤其時局變動,會有新的狀況出現。對此,荀子提出「類推」、「類舉」的補救之道。舉類而應事,通常是知慮熟備者才能做到:「志安公,行安脩,知通統類,如是,則可謂大儒矣。」(〈儒效〉)若眾庶百姓

23　梅仲協,《法學緒論》,頁 26。

則依文節而行，亦即依法度而行。

關於「類」的舉用，荀子曾說：

　　（1）其有法者以法行，無法者以類舉，聽之盡也。（〈王制〉）

　　（2）有法者，以法行，無法者，以類舉。以其本知末，以其左，知其右，凡百事異理而相守也。（〈大略〉）

　　（3）法先王，統禮義，一制度，以淺持博，以古持今，以一持萬；苟仁義之類也，雖在鳥獸之中，若別白黑。倚物怪變，所未嘗聞也，所未嘗見也，卒然起一方，則舉統類而應之，無所儗怍，張法而度之，則晻然若合符節，是大儒者也。（〈儒效〉）

為政須得明訂法、刑，使民知所依循。但是法刑受限於時、地，或有新的行為習慣出現，有不足用之時，解決辦法是舉類相推。舉類相推所依循的仍不外於「禮」，這是荀子所堅持的，他強調「禮」是法的大分、類的綱紀。依禮舉類而成為通行的準則，其實與新法的制訂過程是相似的。

「類」受「禮」的統帥，如果「禮」如荀子在〈禮論〉中所言乃存於天地、日月、星辰、江河、鬼神間的理序，則「類」可以泛指一切自然物類。如果「禮」乃是君子所

道與人所道之「禮」,則「類」乃屬於人文。

　　人文義的文類相對自然的物類,是如何產生的?既說是人文義者,便是經由人之「作為」而後有別於自然物種者。而人的「作為」,荀子以「偽」說之,而「偽」的真實意義是禮義化成、由性成「偽」。因此,從自然物類抽萃而舉人文的類,實際上也是「偽」。另外的相應辭義,則如「推禮義之統」(〈不苟〉)、「仁義之統」(〈榮辱〉)、「知通統類」(〈儒效〉)、「法其法以求其統類」(〈解蔽〉)、「知則明通而類」(〈不苟〉)。此等語句中「通類」、「推類」、「統類」所指皆不外是「人文化成」。有能力通類、推類、統類等「作為」者,則是君子、大儒、聖王等,尤其是聖王之能統。[24]這表達了荀子對通類、推類、統類的看重,非市井小民所能有的「偽」。

　　以類舉是依時、依事補充「法」的不足。兩者在聽斷上有同等分量,不過就存在次序言,法在前,類舉起於後。法與類舉相成則雙美,相離則有缺憾。法有不足,若無舉類,則法的缺漏頓見。若比較「法其法以求其統類」及「有

24　熊公哲謂:「荀子言禮,有倫類,有統類。就禮法言,則曰倫類;例如,禮者法之大分,類之綱紀是也。就聖王言,則曰『統類』;例如,學者以聖王為師,法其法,以求其『統類』是也。」見熊公哲:《荀子今註今譯》,頁15。

法者以法行，無法者以類舉」，前句中所說的統類，乃內在於法數之中，由繁多追尋統一的指意。而後一句，則在無法可援用時，「以類舉」而補不足，是外於法數，尋求相應的類比。荀子保留了一個無「法」依循則以類舉的彈性，這使得其禮法思想具有「因革損益」的創新生氣。

荀子「類」概念，清朝有俞樾釋「類」為「例」。[25]而於審判斷獄上，則有以「類」為「判例」的看法。今日法律界對於判例的使用後於法，且每以「法」為思慮的標準。因此，援用判例，以法為其綱領。與荀子相較，類舉後於法而使用，這一點是相似的。

荀子所主張的「法其法以求其統類」，或「有法者以法行，無法者以類舉」，其以類舉與統類並非只強調「分類」的功能。「統類」是一個後於「分類」的能力，[26]一般眾庶百姓能對事物作分類，但不一定能在既有類別中，理出一個共同的道理。「統類」思維的重點乃是由多趨於一，在差異中找尋共同原則的一種能力，這是後於分類且比分類更

---

25 俞樾：《諸子平議》，卷 15。
26 徐復觀謂：「荀子主要以『分』言禮，所謂『制禮義以分之』〔……〕於是因『分』而有『類』〔……〕，分類之後，各以類相『統』，故又稱『統類』。」見徐復觀：《中國思想史論集續篇》（臺北：時報文化出版社，1982 年），頁 451。

高一層次之能力。

　　經由「統類」的功能，吾人可以從各式各類的法中理出其主要宗旨。荀子說的「類」，其意義約有兩層：[27]其一是，從相異相成之角度切入，以類為法所無，觸類以補充與應用。其二是，從相似相成之角度觀之，以類舉不離於法、禮。徐復觀對荀子「統類」的看法如下：「荀子的『統類』思想，是認為天下許多事物，假定以統相屬，以類相推，便可以『以一知萬』、『以近知遠』。」[28]由於荀子「禮者，法之大分，類之綱紀」及「禮者，人道之極」（〈禮論〉）的主張，因此統類的綱領與原則，實即是「禮」。

　　荀子統類、類舉的提出，及其「無法者以類舉」的主張，至少包含了三個意義：

（1）在統類的運作中可以理出行為的直接依準，此如「禮義之統」、「仁義之統」。

（2）由統類與類舉的提出，荀子一方面凸顯客觀的禮作為內容，另一方面強調人能明通而類的能力與作為。

27　類有二義：「知不能類」（〈儒效〉），謂禮法所無，觸類推而知之；「禮者，法之大分，類之綱紀。」（〈勸學〉）則類與禮同義。見熊公哲：《荀子今註今譯》，頁 193。

28　徐復觀：《中國思想史論集續篇》，頁 449-450。

（3）法由類舉、統類以增補不足，表現了荀子說的法含融
　　了禮的「因革損益」精神，並有觸類旁通的作用。

綜合言之，「法」一方面是聖王依禮而制，另一方面由「以
類舉」而豐富。「以類舉」是晚出，乃相應於情境需要，由
職掌法令者權宜類舉。但不論是循法或舉類，皆本於「禮」
的精神。由於「無法者以類舉」的關係，使得荀子的禮法
思想猶如安裝了調節樞紐，可以隨著時代潮流而更易，不
致於有禮、法僵固不合時宜之情事，且具有與時並進、因
地制宜的彈性，不致於產生法的惡質化。此外，還可以避
免人民面對法刑不適用時，卻只能削足適履之無奈。「以類
舉」的觀點，猶如今日援用了類推定罪原則的判例，荀子
已應用在禮法思想中，委實具有先見。

2. 稱「法」量「刑」有實證法性格

　　關於法與刑，在荀子的理論系統中如何定位？依荀子
的見解，禮是人遵行的原則，而法度則是衡量行動的規矩。
由於「法」的軌跡明確，故說「有法者以法行」。行為脫軌
者即是違法，可以用刑糾正。刑與法因此有其密切的關聯，
法提供明確的刑罰界限，使民有所憑依、知所戒慎：「刑稱
陳，守其銀，下不得用輕私門」（〈成相〉）。陳，指所陳之

法，銀則同垠，指界限。[29]既有法可依循，又有界限依止，庶眾百姓知所戒慎，可以防濫用私刑之弊。

　　法與刑的論述，較多見於法家，但荀子所持的觀點與法家不同。其中有兩個重要觀點，是敘述荀子法與刑時不能不注意者：（1）荀子的法、刑是出於平亂止爭，非是君上用來駕馭臣下之術。（2）荀子論法、刑，重視以刑稱罪，不同於法家以嚴苛峻罰使民畏於威勢，利於操使的罪刑觀。

　　荀子對於「刑」依法而訂定的情形，表示「法」在當時必然具有實證法的內涵，才能為群眾作為依循的標準。在「禮法」並論時，這種「法」的實證性格雖不易論述，但卻不可謂荀子由禮衍生的「法」沒有實證法的色彩。

四、荀子禮法思想朝向「社會契約論」的詮釋與發展的可能性

　　荀子依於自然理序而創制的「禮義法度的世界」，是超越於自然態度之上的，「禮義法度」雖然有別於「自然理

29　「刑稱陳」，謂凡有所刑皆與法相宜稱。參見熊公哲：《荀子今註今譯》，頁 521。

則」，但兩者並不衝突。它們可分別視為社會契約與自然權利，若這兩股力量互相排拒，則其發展過程必然會形成「障蔽」（obstacles），阻礙人類的發展，就盧梭的觀點來看，亦即侷限了「力量」（forces）的發揮。[30]如何面對自然法與社會契約的關係？說明如下。

（一）蔣年豐的「社會契約論」詮釋觀點

在荀子禮法思想的發展論題上，蔣年豐先生算是著墨不淺的一位學者。對於荀子的「禮」是否具有「自然法」的涵義，蔣先生有前後不同的說法。首先見他的這段文字：

> 〔……〕其中談論的還是治道，沒有涉及政道。荀子從未想過人民對政權有自覺權。所以，很清楚的，荀子的禮絕非自然法。[31]

後來，他在另一本文集中則提到：

> 現在我已經看到先秦政治思想家如：老子、墨子、孟子與荀子都曾提倡類似自然法觀念。在以上這幾

---

30 Andrew Levine 著、張明貴譯：《打開政治哲學的門窗——從霍布斯到羅爾士》（臺北：五南出版社，2004 年），頁 83。
31 見蔣年豐：《文本與實踐（一）——儒家思想的當代詮釋》（臺北：桂冠圖書股份有限公司，2000 年），頁 298。

位思想家之中，何者的學說較有可能性產生如西方
近代自然法那樣的根本變革而在哲學概念上為民主
政治奠定基礎呢？荀子的思想是比較富有這種土壤
的。〔……〕如果荀子的禮義切近自然法的話，則他
之強調禮義當『不法先王，而法後王』的觀點正是
自然法應當自行變革以因應社會及歷史需要的表
現。32

依據後一段引文的立場，蔣先生爬梳《荀子》一書，
指出其中有豐富的社會公道觀念，認為荀子禮法思想蘊藏
著民主政治的格局，且有演化發展出「社會契約論」的契
機。例如，荀子有「庶人安政，然後君子安位」（〈王制〉）
的觀點，又有「公道達而私門塞矣，公義明而私事息矣」
（〈君道〉）的見解。據此，蔣先生對於荀子禮法思想在今
日民主社會的發揮有所期望，他認為荀子政治思想中具有
契約論的內涵，有進一步落實為社會契約論、開拓民主政
治的契機。33蔣先生對於荀子禮法思想的研究從「社會契
約論」的脈絡切入，是一條值得參考的比較路徑。

近來有針對「社會契約論」作主題研究的學者提出如

---

32 見蔣年豐：《海洋儒學與法政主體》。頁 210、212。
33 蔣年豐：《海洋儒學與法政主體》，頁 210、211。

後的見解：

> 事實上，社會契約論的功能正是要對組織的政治社
> 會（許多理論家稱之為「公民社會」）作出說明，而
> 民法（civil society）本身恰恰就是政治社會的一個
> 方面，因此，把政治義務建立在這種意義的法律上
> 毫無疑問是荒謬的。顯然，它的基礎應該是優先於
> 民法的；契約論者的典型理解是，他們所假定的契
> 約性義務是建立在自然法之上的。[34]

類似的論點亦由蔣年豐先生指出：

> 荀子認為維持社會公道的禮義法度是聖人制定的，
> 是人為的，稱為「偽」。人為的禮義法度可以矯正轉
> 化人的自然天性，積習成善（〈性惡〉）。〔……〕禮
> 義法度乃是大自然秩序的一部分，或者說，順著大
> 自然的運化，必然要演繹出禮義法度來。這種思想
> 除了反映「天地觀念包含著事物的本原、規律或必
> 然性」以及「天、地、人的關係是一種由宏而微的
> 層次結構，其間存在著制約關係和統一性」外，還

---

34 邁克爾・萊斯諾夫等著、劉訓練等譯：《社會契約論》（南京：江
蘇人民出版社，2005 年），頁 9。

反映了禮義法度乃是內在於自然事物的本性並且是
自然運化的目的，換句話說，自然事物的生長如果
順著本性不受干擾，則必然要實現此目的。綜合說
來，禮義法度既是內在於自然的秩序性，也是內在
於自然的目的性。[35]

　　荀子的禮法思想，實有發展出「社會契約論」的潛力，
蔣年豐先生認為可以視為是中國政治思想史上的一個新典
範。

（二）荀子「唯齊非齊」觀點的契約論線索

　　荀子曾用「分」、「義」對於人的社會性加以描繪，他
說：

人有氣有生有知亦且有義，故最為天下貴也。力不
若牛，走不若馬，而牛馬為用，何也？曰：人能群，
彼不能群也。人何以能群？曰：分。分何以能行？
曰：義。故義以分則和，和則一〔……〕故序四時，
裁萬物，兼利天下，無它故焉，得之分義也。（〈王

35　蔣年豐（2000）：《文本與實踐（一）──儒家思想的當代詮釋》，
　　頁 285-6。

制》）

荀子明顯地視「分義」為兼利天下的原因所在。荀子從「性惡」的觀點發展出禮法的理論，對於見利不思義，或求利而無義者，以為可以責之以禮、刑之以法，為的是達到群居和一的目的。「義」於是有取客觀、適當的方法、手段加以勸勉、約束的意思。

人生於天地之間，面對自然的天，即使是禹與桀，也沒有生性上的差別與不同待遇。但是，從人面對先祖的這層關係來說，則人生而有「分」，無由否定。荀子一方面從天地之生我及自然之天義，而有等齊的觀點；另一方面則因重禮而明貴賤、別同異。在一般人看來，荀子有發展等級分別的疑慮，依此，他如何發展禮法論的等齊義？這即是「維齊非齊」之禮法觀的提出。「維齊非齊」首見於《尚書·呂刑》，是論罪輕重有權、刑罰世輕世重的一個「非平頭式」的觀點。荀子引用「維齊非齊」的觀點說明先王制禮義，不是要眾人不分貴賤皆等齊，他說：

> 分均則不偏，勢齊則不壹，眾齊則不使。有天有地而上下有差，明王始立而處國有制。夫兩貴之不能相事，兩賤之不能相使，是天數也。勢位齊，而欲惡同，物不能澹，則必爭，爭則必亂，亂則窮矣。先王惡其亂也，故制禮義以分之，使有貧富貴賤之

等，足以相兼臨者，是養天下之本也。《書》曰：「維
齊非齊」，此之謂也。(〈王制〉)

荀子強調先王惡其亂，制禮義以分之，使貴賤各得其
宜各有所安。在「治惡」的考量下，提出貴賤有等、親疏
有別的理論，並強調「維齊非齊」的觀點。這是從社會功
能，而不是人生而有異的層面來說的。類似的觀點又如：「故
尚賢使能，等貴賤，分親疏，序長幼，此先王之道也。故
尚賢使能，則主尊下安；貴賤有等，則令行而不流；親疏
有分，則施行而不悖；長幼有序，則事業捷成而有所休。」
(〈君子〉)經由「偽」而致賢與能，「生」而確定「分」，
鼓勵人的作為與努力，依於「分」而共譜成「和諧」，依其
小大之分盡己之力，則事業速成，得享休憩。這些旨在說
明不齊等當中依然可以「先王之制」進行安撫，即「公平
者，職之衡也」(〈王制〉)。荀子所勾繪的雖不在於講究人
人齊等，而實質上卻表現了不齊而齊的齊等意義，即人人
各依其分，盡其之責，享其權利。荀子「維齊非齊」的觀
點，表現出兼顧「齊」與「非齊」的政教考量。「維齊非齊」
所蘊涵的豐富內容以及通向社會契約論之可能性，是值得
關注的。

（三）「君子」的代表性與「公共意志」的轉型

荀子禮法思想強調「治人」（人治）的重點，他認為「有亂君，無亂國；有治人，無治法。」（〈君道〉）儘管「法」在政治領域中有其客觀的價值，但是筆者以為荀子論「人」才是整個「法」思想的樞紐。他有關治人的語句如下：

（1）故有良法而亂者，有之矣；有君子而亂者，自古及今未嘗聞也。（〈王制〉）

（2）法不能獨立，類不能自行，得其人則存，失其人則亡。君子者，法之原也。（〈君道〉）

（3）故有君子，則法雖省，足以遍矣；無君子，則法雖具，失先後之施，不能應事之變，足以亂矣。（〈君道〉）

荀子主張「法不能獨立」。所謂「法不能獨立」，是否形成對「法」的輕蔑觀點？或形成「人治」的主張？荀子實際上是重人也重法，若兩者再作比較，則是「重人」更先於「重法」。這樣的觀點，是否會造成執法者或立法者依其個人意志而弄法、玩法？事實上，荀子是以君子或聖王（而不是在位君主）來制禮義法度，君子、聖王所制訂的禮義法度，是為了國家安定、群居和一的目的，並無個人

操持權勢的野心。即使今日不再強調聖王的概念,「法」的
運作仍有賴於「人」的參與和努力。

　　在此需要稍加引述社會契約論的重要觀點。以盧梭的
「社會契約論」來說,他認爲:社會中的個人努力「尋找
出一個結合的形式,使它能以全部共同的力量來衡量和保
障每個結合者的人身和財富,並由這一結合而使每一個與
全體相聯合的個人又只不過是在服從自己本人,並且仍然
像以往一樣地自由。」[36]這段引文裡,盧梭不僅意欲尋求
一個共同體,以及一個由公共意志或普遍意志所維繫的有
主權的政治體,還企望個人在其間能保有充分的自由。盧
梭所指的普遍意志,並不是全體人民意志的總和,而是一
種消除個人一己私意而達致的一種理想化的共同意志。依
盧梭,這種意志「總是公正的並以公眾利益爲依歸」,它對
政治體的每個成員都同具約束力。[37]

　　再看荀子。他看重禮、法,也重君子的治人,但有次
序的衡量,他尊「人」於法與類舉之前。在禮義法度中能

36　Jean-Jacques Rousseau 著、何兆武譯:《社會契約論》(臺北:唐山
　　出版社,1987 年),頁 24。
37　林啟彥:〈嚴復與章士釗──有關盧梭「民約論」的一次思想論爭〉,
　　《漢學研究》,第 20 卷第 1 期(2002 年 6 月),頁 359。

慮、能思索、能權衡者是「人」或說是「心」。[38]有治人、無治法，是從「主動能力」上論究，至於人與法的先後次序或本末問題，[39]荀子說：「法者治之端也。君子者法之原也。」（〈君道〉）因為人先於法，故說：「無君子，則法雖具，失先後之施，不能應事之變，足以亂矣。不知法之義，而正法之數者，雖博，臨事必亂。」（〈君道〉）倡禮重法而以「君子」作為法之原，是符合法的實證精神。

荀子「治人」先於「治法」的論點，一方面指的是「君子」作為法之原，一方面可以上溯至「聖王」之制禮義法度。但是從時代變遷的角度來論，荀子說的「聖王」已成為歷史，而「君子」一辭，若放到今日社會，則可從人格、人品說之。特別是在「法政主體」的訴求下，「君子」的意志就必須放寬成「公民」的意志，或是稱之為「公共意志」。至於荀子政治哲學朝社會契約論發展時所需要補強的內涵，則可以參照蔣年豐先生的看法：「法政主體秉持其理性與個體性充分表達他們的意志以決定各種政治決策。」[40]

38　〈禮論〉：「禮之中焉能思索，謂之能慮。」〈解蔽〉：「何謂衡？曰道。故心不可以不知道，心不知道，則不可道而可非道。」
39　蕭公權：「荀子的政治思想以法為末，以人為本。」見蕭公權：《中國政治思想史》（臺北：中國文化大學出版部，1985 年），頁 109。
40　蔣年豐：《海洋儒學與法政主體》，頁 214。

「君子」所擁有的諸多德行與能力中，最能發揮其長處並具社會契約論向度的是「統類心」。從自然狀態演變到社會契約的過程有諸多變數，如果沒有恰當的統類機制，多元豐富就可能變成一種駁雜紛擾。「統類」是講究多元價值時不可忽略的核心能力，這個構思如果是合理的，則荀子的學說思想即可為發展社會契約論作準備。

五、結語

經過前文對荀子禮法思想的詮釋，筆者以為如果援用「禮」與「法」，或「自然法」與「實證法」進入「社會契約論」的議題裡，兩者乃互補相成，並可從「本」與「末」的關係作哲學層面的聯繫，即建立「崇本」與「舉末」並重的參考模式。這與荀子「禮者，法之大分，類之綱紀」的精義相符合。「舉末」與「崇本」並論，一方面不離具體的規則，另一方面則崇尚規則之上的更高原理。

今日的法治機制箝制人的心靈與生活，有步入器化、僵化的危機，因此西方有向「自然法」溯源的呼籲。就此問題而言，若參究荀子的禮法思想，自會感受到「禮」的「本源」意義及其重要性，並能明白若只從現實操作的實證法層面論「法」，就會有捨本逐末之虞。

　　綜觀荀子禮法思想在今日的應用，不宜從「禮」取代「法」或以「法」取代「禮」的角度來求解。本文對於荀子「禮法思想」的詮釋觀點，乃是基於蔣年豐先生從「社會契約論」詮解荀子「禮法思想」的一個延伸思索。

4 理論活動與意義建構：
海德格的「手前物」與「及手物」

孫雲平[*]

一、導論

　　人類的活動主要可分為「理論」與「實踐」兩類，此問題關聯於「知」與「行」、「知識」與「道德」、「認識」與「作為」等。相對於「本能」、「反射動作」（Reflex），「理論」與「實踐」共同構成人類大部分之有意識活動的範疇。[1]亦即：人類大多數重要、有價值的活動都涵蓋於這兩者之內。除了共同的部分，對兩者各自之性質及彼此間關係的探討，

---

[*]　南華大學哲學系助理教授
[1]　遊戲與藝術活動的本質，究竟是屬於理論性活動，抑或是實踐性活動，難以遽下斷言。無論是就從事者主觀意識的認定，或是不考慮當事人本身的意識知覺與否，它們究竟是「無所為而為」、抑或是「有所為而為」？大多數的遊戲及藝術活動，若就其「無（預設實用）目的性」而言，似乎較偏向「理論活動」；但若就其「實際產生的直接作用及效果」而言，則又較偏向「實踐活動」。

一直是哲學研究的論題。兩者到底孰先孰後？何者對人而言更爲重要？亞里斯多德將兩者區分開來，主張「實踐」是爲了滿足特定需要、針對具體事物而進行的實作活動，而「理論」則是不對其對象或環境干涉或改變、非侷限於特定事物、可普遍適用的精神性活動。[2]「實踐」是爲了滿足特定需求的手段，而「認識」則僅是「爲了知識本身、非爲了其他利益的緣故」而進行的。[3]正因爲如此，「理論」擺脫生活的負擔、所以是自由而自足的。[4]亞里斯多德在其《形上學》賦予「理論」比「實踐」更大的比重，在其《尼各馬科倫理學》的重心則似乎轉移到實踐生活。然而亞里斯多德卻仍然主張人生的「至高善」—即「幸福」—跟「理論」的生活形態息息相關，因爲觀察或思維活動才能認識事物之本質及關聯於神性的事物。[5]相對於人類，諸神無須以具體作爲滿足其需求，無論是獲致正義或是保障和平。[6]所以祂們所做的，必定是思維性的活動。[7]因此跟諸神越接近的生活方式，就越是完美而幸福。無論是就範圍、還是

2　Aristoteles: *Metaphysik*, 981b 5-7; 993b 20.

3　Aristoteles: *Metaphysik*, 982b 20.

4　Vgl. Aristoteles: *Metaphysik*, 982b 27-28.

5　Aristoteles: *Nikomachische Ethik*, 1177a 14-18, 20-21.

6　Vgl. Aristoteles: *Nikomachische Ethik*, 1178b 10-17.

7　Aristoteles: *Nikomachische Ethik*, 1178b 21. 至於理論活動中之「認識」是否等同於「思維」，在此暫且不細究。

就境界而言，顯然亞里斯多德都認爲「理論」高於「實踐」。在這種意義下，亞里斯多德將「理論」置於「實踐」之上。

　　有關兩者間位階的論述，在康德的哲學是一個分水嶺。康德從對形上學提問方式之批判及對其知識論預設之分析，提出所謂「先驗哲學」（Transzendentalphilosophie）。康德主張「客觀知識之可能性的條件是建立在認識主體先於經驗的認知範疇與結構」，換言之：「客觀知識」須以「主體的認識能力」爲其成立的基本條件。康德在認識論的理論論域中做出「理性爲自然立法」（der Verstand *a priori* als Gesetz für die Natur vorschreibt）（*KdU*: A IV, B IV）的結論，並在「物自身」（Ding an sich）與「表象」（Erscheinung）間做了截然的劃分後，其導致的邏輯推論就是：「先驗哲學」割裂了客體與主體、客觀世界與主觀世界、自然因果律與人的自由、理論哲學與實踐哲學間的聯繫。雖然康德本身對於客觀世界之實存仍然具有堅定的信念，但是他在其自身理論哲學的論域已經無法完滿地證實之。因爲按照康德批判哲學的論述，一切有關客觀世界的知識，都必須無條件地以認識主體的認知能力爲前提。於是康德只好訴諸實踐哲學的途徑，強調「實踐理性的優位」（Primat der praktischem Vernunft）；（*KdpV*: A 216 f）康德企圖在一彷若理念與理想世界（die intelligible Welt）的實踐領域中，找回他在感官經驗世界（die empirische Welt）純粹理論領域

中所「失去」的東西：人的自由與責任、上帝存在的理據……
等。西方哲學自從康德以後，也繼承康德這種對「實踐優
先性」的強調。儘管不同哲學家都主張「實踐優位」，但各
自認定的理由與實質內涵卻大異其趣。

　　海德格的早期哲學延續「實踐哲學優位」的傳統，然而
其強調「實踐優位性」的原因及觀點，與康德所主張的截然
不同。暫且不論兩者有關「實踐優位」觀點的差異，若單就
海德格對於「實踐之優先性」的主張來談，無論是「理論活
動」還是「實踐活動」，都有其相關與涉及的對象。在海德格
的《存有與時間》（Sein und Zeit）中，這兩種活動分別對應的
是其所謂的「手前物」（das Vorhandene）與「及手物」（das
Zuhandene）。[8]這兩個在德文日常用語並無明顯差異的「概
念」——„vorhanden" 及 „zuhanden" ——，兩者原來均可表

8　研究海德格哲學的人都不可避免地會面對海德格此一區分，而至
　　於此一分別所代表的表面意義以及進一步可能的涵意則仍有待探
　　究及闡明。Sallis 主張海德格所謂的「自由思維」是在「理論」與
　　「實踐」未分化之前的說法，缺乏足夠文獻上的支持，且其論證
　　單薄。海德格論述的自由問題，主要是跟「因果律」、「存有」與
　　「時間」等問題相關，而非跟其對「理論」與「實踐」的區分有
　　直接的關聯。請參閱：《海德格全集》第 31 冊（GA. 31）主要處
　　理的是康德（Kant）對自由問題的探討；第 42 冊（GA. 42）主要
　　則是詮釋及探討謝林（Schelling）的《自由論文》（Freiheitsschrift）；
　　第 49 冊（GA. 49）在處理謝林的同一本自由論述，亦有對自由問
　　題的探討。

示「手頭有的、在手邊」的意思；經過海德格的特殊表述之後，竟然產生相當歧異、甚至相對的意涵。到底它們在海德格哲學中分別代表了什麼？海德格如此人為地（künstlich）運用它們，究竟想表達什麼觀點？釐清這些問題，應該有助於我們來理解海德格哲學的深層意涵。本文嘗試對海德格此兩概念進行探討，以闡釋海德格哲學的主旨及其關切所在。

二、海德格形上哲學的對象及旨趣

如眾所周知的，海德格在其哲學論述中常常創造的新名詞，或特異地使用某些傳統的辭彙而賦予其新的意涵。他這麼做的用意何在？其中可能的原因是：重複使用傳統術語的表述方式，將使可能獲致的哲學洞見在人們的慣性反應中淪為窠臼語彙之爭、難以發人深省。仔細探究海德格所創新的語彙，確實是要表達他對特定問題的洞見與觀點。（參照：Pöggeler, 1983: 110）有關「手前物」及「及手物」的探討分析，可以說是一個典型的例子。德語的「手前」（vorhanden）與「及手的」（zuhanden），這兩個概念的日常意義都是在表達「手頭有的」或「存在的」之意。因此無論是「手前物」抑或「及手物」，兩者確實也都符合「存在物」（das Seiende）這個「上位概念」（Oberbegriff）的意思。當然，海德格於「存在物」這個總稱，仍要進一

步地分出兩個在通俗語用意思相近、但在其哲學思想卻截然不同的概念，到底他要藉此說明或表達的是什麼呢？

（一）概念分析

海德格主張「哲學即是形上學」，那麼哲學以及形上學所要探究的對象是什麼呢？形上學所涉及的對象，是一切的「存在物」。形上學的提問，首先是：「究竟為什麼是『有』、而非『無』存在？」（Heidegger, 1935: 1; 1929: 22, 23, 42）；[9]其次則是：「為什麼（存在的）事物是以如同它們現在的這種方式、而非以其他的方式存在？」[10]然而形上學不是將存在物分門別類地探討，而是把所有的事物「視為一個整體」（alles Seiende als das Ganze），終極地來探究其「為何如其所是的存在」（warum Seiendes als solches ist）。海德格主張形上學的提問首要關涉的「對象」是「存有」（das Sein）。他認為「存有」遍在於「存在物」，並且是使後者之存在成為可能的基礎或法則（2001: 6）。[11]然而

9　萊布尼茲（Gottfried W. Leibniz, 1646-1716）提出：「究竟為什麼會是『有（存在）』、而非『無』？」（„Warum ist überhaupt Seiendes und nicht vielmehr Nichts?"），海德格認為是形上學的根本問題。

10　請參照：Aristoteles: *Metaphysik*, 981b 27-29, 1025b 3; 1003b 15-16, 1061b 4-5; 1003a 26-32.

11　„[...] das Sein（ist），das, was Seiendes als Seiendes bestimmt." 本文中註解若為直接引文的中文翻譯，僅注明出處；若需進一步說

「存有」卻非個別的「存在物」,也不是所有「存在物」總和的結果;因為絕對無法以任何「存在物」的性質強加賦予於「存有」或以對前者指稱的方式來描述後者（2001: 4）。[12]海德格主張「存有」超越任何個別「存在物」及其總和。但由於「存有」並非本文論述的主題,此處不擬在「存有」的問題深入。除了「存有」做為海德格形上學思維最主要關注的「對象」之外,其形上學還涉及哪些對象?

既然稱為「形上學思維」——即哲學最根本的普遍性思維,那麼正如前所言,自然關涉到一切的「存在物」。以海德格的哲學用語,他將這些「存在物」區分為「此在」（das Dasein）以及「非此在性的存在物」（das nichtdaseinsmäßige Seiende）（2001: 230）。[13]「此在」同時被海德格稱為「在世存有」（das In-der-Welt-sein）（2001: §12-18, §22-27, §69）,而其他的「存在物」則又被稱為「於世界內的存在

明或須引原文作為相關舉證,則以註腳詳列。由於海德格思想及語言的複雜度高,為免影響通篇行文,故將原文引句儘可能置於註腳處。

12 „»Sein« kann in der Tat nicht als Seiendes begriffen werden; [...] »Sein« kann nicht so zur Bestimmtheit kommen, daß ihm Seiendes zugesprochen wird."

13 „Das Sein des Daseins wurde damit zugleich abgegrenzt gegen Seinsmodi (Zuhandenheit, Vorhandenheit, Realität), die nichtdaseinsmäßiges Seiendes charakterisieren."

物」(das innerweltliche Seiende)(2001: §15-18)。「此在」
—人類個體—除了「個體自我」之外,還有其他同時存在
於此世界中的「共此在」(Mit-Dasein)(2001: §25-27),即
其他的人類個體。而其他「非此在性的存在物」,即「非人
類性的事物」,則又可分為「手前物」(das Vorhandene)以
及「及手物」(das Zuhandene)。換句話說,有關「手前物」
與「及手物」的討論,是置放在對於「存在物」中除了人
類以外的事物之探討範疇的。海德格哲學念茲在茲的,除
了「存有之問」(die Seinsfrage)、「存有的意義」(der Sinn
des Seins)以及「此在與存有之間的關係」等問題之外,
他也論及了「此在與其他人類個體之互動關係」以及「此
在與其他事物的關連性」等問題。

前述涉及探究「存有」的問題,毫無疑問地是屬於「形
上學」的論域,後兩方面表面上並未直接涉及「存有」的
問題。如果按照傳統哲學的劃分,後兩者可能會被歸類於
「倫理學」的範疇。但是對海德格而言,倫理學跟形上學
之間,事實上並無經院哲學所設定如此大的歧異或距離
(Heidegger, 1946: 46-47)。[14]人對形上問題的探究,同時

---

14 另請參閱:Joanna Hodge: *Heidegger and Ethics* (London/New York,
1995), pp. 139-141.

就反映在其實際的生活態度中。從反面來說，跟其他人類個體或任何事物之間的互動關係，正就可以顯示個體對於形上領域的思維與開放程度。因此，從海德格論述有關人類個體與其他事物互動時的方式或態度，即可推論出海德格哲學的趣向。儘管海德格對「此在」跟「手前物」與「及手物」的討論僅為其整個思想體系中的一小環節、或者毋寧說是預備工作（2001: 67），[15]然而此一分析清楚顯示海德格的哲學性格及其真正關切的所在。這就是本文探究此問題的主要理由及其價值：通過對具體事物的態度來彰顯個體的生活意義。

如果排除「此在」與其他「共此在」（其他人類個體）之間的互動糾葛——即其聞名的「眾我（das Man）宰制此在（das Dasein）」（Heidegger, 2001: §25-27, §35-38, §51, §59, u.v.a.），以及後者如何擺脫前者控制、獲得真正自由（Freiheit）與本真性生活（Authenzität）的分析——將注意力集中在海德格對「此在」跟其他「非此在之存在物」的關係論述上，我們會發現這個分析其實是銜接整個西方哲學史（不僅是康德）對於「理論」與「實踐」領域的討

---

15 „In der Erschließung und Explikation des Seins ist das Seiende jeweils das Vor- und Mitthematische, im eigentlichen Thema steht das Sein. "

論。亦即:海德格所謂的「手前物」,指的是所謂「理論活動之對象」;而所謂的「及手物」,則是指「實踐生活中的事物」。因此,一般簡化的說法常將「手前物」解釋爲「自然物」(Naturding),而將「及手物」視爲「人爲用品」(Gebrauchsding)或「工具」(Zeug)(參照: Heidegger, 2001: 99)。這個簡化的解釋雖然易於了解,然而當然不盡正確。因爲「自然事物」隨時可能變成爲「可讓人使用的事物」,而一般的「用物」也可能轉變爲「理論化活動的對象」。其實從事物本身的性質,並不能正確及恰當地分別海德格所謂的「手前物」及「及手物」。這兩個概念,必須從事物跟「此在」的關係來看,才能恰如其分地理解海德格所做的這個區分。

換句話說,「手前物」及「及手物」,指的並非事物本身固有的性質(參照:Heidegger, 2001: 83);[16]而是必須從人類個體的角度出發,視人類個體採取何種態度來面對在其面前、存在事物之方式,才是決定事物到底是「手前物」抑或是「及手物」的關鍵。海德格認爲「存在物」的這兩種基本性質,其實正是以「此在」面對「存在物」之態度

---

16 „ [...] sind aber nicht die Eigenschaften des Seienden. Sie sind überhaupt keine Eigenschaften, [...] "

及對待方式、「此在」生存活動於世界中之存有模式
（Seinsmodi des Daseins）來界定的。作為「此在」之理論
活動對象者，即為「手前物」；而作為「此在」之實際操作
對象者，則為「及手物」。「存在物」在特定狀態所呈現的，
究竟是其「手前性」或「及手性」，實際上是對應於「此在」
以何種態度來對待之。正因為「此在」面對「存在物」的
態度，是決定此種差異的主要因素，所以更恰當的探究論
題是所謂「手前性」（Vorhandenheit）及「及手性」
（Zuhandenheit）（2001: 69, 211）[17]這兩個概念。人類個體
面對事物的這兩種態度，亦即事物呈現於人類個體的方
式——「手前性」及「及手性」——，轉換為一般日常用
語或哲學語彙，其實也就是：「理論活動」與「實踐生活」
的態度。以上僅為海德格對此兩概念的區分用法，然而關
鍵的是：海德格如何論證其觀點？海德格這個區分，到底
帶給我們對於人類的存有方式或生活態度有什麼新的洞見
嗎？接下來的論述，即是要進一步說明海德格以此種特殊
術語所要表達的哲學主張。

17　„Die Seinsart von Zeug, in der es sich von ihm selbst her offenbart,
　　nennen wir die *Zuhandenheit*." Siehe auch S. 211. „Realität ist als
　　ontologischer Titel auf innerweltliches Seiendes bezogen. Dient er zur
　　Bezeichnung dieser Seinsart überhaupt, dann fungieren Zuhandenheit
　　und Vorhandenheit als Modi der Realität."

（二）哲學意涵

　　首先，海德格所做這個區別的方式，顯示了他與近代西方哲學，即笛卡兒以來論述路線的歧異。自笛卡兒爲了面對「懷疑論者」在知識論上的挑戰，提出「我思故我在」（*cogito, ego sum*）的回應，確立以「主體」作爲認識的基礎，經過英國經驗論、康德、德國觀念論等主體哲學，以至於二十世紀的實證主義、甚至胡賽爾的現象學等流派。這一個西方哲學延續下來在知識論特殊的傳統，即是：對於「確定性之憂慮」（Sorge der Gewißheit）或「知識確定性的追求」（das Streben nach der Vergewisserung der Erkenntnis）。[18]由於對「認識主體」（das erkennende Subjekt）外之世界存在的不確知或無法絕對保證，以致這些哲學流派主要關心的問題（Heidegger, 2001: 201-207, 211），都是在設法確立外在世界的客觀存在（die Existenz der Außenwelt），或者至少證立一套保障客觀知識的有效程式。而海德格的形上學路線，卻表明了他的哲學不再是爲了確定客觀世界之存在而設的。何以見得？

18　Martin Heidegger, *Einführung in die phänomenologische Forschung.* GA. 17, Friedrich-Wilhelm von Herrmann (Hrsg.) (Franfurt a. M.: Vittorio Klostermann, 1994), S. 247-270.

　　海德格區分「存有」與「存在物」，將之做出截然二
分的區隔（Heidegger, 2001: 6），[19]並認定前者是「使後者
如其所是的可能性條件」（Heidegger, 2001: 6）。「存有」與
「存在物」這個區分其實表明了海德格預設這兩者的存
在；顯然地海德格並未在作這個分析之前，探問或質疑「存
有」或「存在物」是否存在。但這並非表示海德格是一個
「單純的實在論者」（ein naiver Realist），而是他認定西方
傳統知識論所謂「外在世界」（Außenwelt）的假設與提問，
根本就是一個「假問題」（Pseudo-Problem）。海德格以不
提出類似問題的方式，來根本地否認或取消此一提問（2001:
64）。[20]因為這對他從所謂「生活世界」（Lebenswelt）的角
度出發而言，自始至終就是一個不成立的問題（2001:
66）。[21]

19　„Das Sein des Seienden »ist« nicht selbst ein Seiendes." Siehe auch:
　　S.230. „Sein »ist«, wo es doch von allem Seienden unterschieden sein
　　soll, kann erst konkret gefragt werden, wenn der Sinn von Sein und
　　die Tragweite von Seinsverständnis überhaupt aufgeklärt sind."

20　„[...] In beiden Zugangsarten zum »objektiven Sein« ist schon und zwar
　　in verschiedener Weise »Welt« »vorausgesetzt«."

21　海德格在《存有與時間》雖然沒有直接採取「生活世界」此一用語，
　　但他顯然以「生活環境」（Umwelt）一詞來替換胡賽爾之「生活世界」
　　的概念。參照：Sein und Zeit, S. 66. „Die nächste Welt des alltäglichen
　　Daseins ist die Umwelt." 至於「生活世界」此一概念早於 1917 年即已
　　提出，而海德格自 1918 年起即在弗萊堡（Freiburg）擔任胡賽爾之研

這種從「生活世界」所獲致之「實在論者」的立場，
不僅是在做出上述最基本的「存有論區分」（ontologische
Differenz）是如此（Heidegger, 2001: 38），[22]在論及「手前
物」及「及手物」的分析時也是如此。因此，在這個問題
上，海德格無須如同其師胡賽爾必須面對「獨我論」
（Solipsismus）的質疑。因為胡賽爾哲學猶如笛卡兒及康
德之「我思」（Ich denke）的「先驗自我」（das transzendentale
Ich），都是預設將精神性的「思維我」跟包括身體性之「我
身」（mein Leib）在內的「外在世界」做出區分來進行論
述。因此，胡賽爾的意識現象學必須不斷地克服此一侷限
於思維性自我的危險或指控。而在名義上繼承胡賽爾現象
學的海德格，則無此一困擾。[23]因為假設海德格哲學的「此

究助理，直接接觸其手稿長達五年，直到 1923 年他受邀請被徵召到馬
爾堡（Marburg）大學任教為止（Safranski, 1994, S. 516）。因此，海
德格應該是熟悉胡賽爾此一概念。請參閱：Edmund Husserl: *Die
Lebenswelt. Auslegungen der vorgegebenen Welt und ihrer Konstitution.
Texte aus dem Nachlass (1916-1937)*. *Husserliana*, Band 39, 2008. 以
及：Julia V. Iribarne: *Husserls Theorie der Intersubjektivität* (Friburg/
München: Alber, 1994), S. 101.

22 „Das Sein als Grundthema der Philosophie ist keine Gattung eines
Seienden, und doch betrifft es jedes Seiende. Seine »Universalität« ist
höher zu suchen. Sein und Seinsstruktur liegen über jedes Seiende
und jede mögliche seiende Bestimmung eines Seienden hinaus. *Sein
ist das transcendens schlechthin*."

23 企圖對海德格做出所謂「獨我論」的評判，如果這個標籤是基於

在」，仍然如同上述「對於知識確定性企求」的哲學流派、是指在認知或知覺（亦即經驗層面）之「認識主體」或所謂的「絕對自我」（das absolute Ich），那麼就將出現以下明顯的矛盾：這個認識的主體如何可能在尚未確定外界事物到底存在與否的情況下，去跟它們打交道、或發生任何的關聯呢？當認定「此在」可以與「存在物」進行某種互動時，就必須首先承認它們確實是存在的。「存在物」的字面意義，其實同時就表明了這個哲學立場。

換句話說，海德格自始至終認定「存在物之實存」是自明、無庸贅言的。海德格強調「『此在』恆為『在世存有』」（2001: 54），[24]就是要表明人類個體不可能跳出其處

「傳統知識論意義」來理解的話，顯然是一個錯謬的指控。海德格預先否認對他可能是「獨我論」的指控。參照 *Sein und Zeit*, S. 118. „Geht nicht auch sie von einer Auszeichnung und Isolierung des »Ich« aus, so daß dann von diesem isolierten Subjekt ein Übergang zu den Anderen gesucht werden muß?" 請參閱：Walter A. Brogan: *Heidegger and Aristotle: Dasein and the Question of Practical Life.* In: Arleen B. Dallery and Charles E. Scott with P. Holley Roberts (eds.): *Crises in Continental Philosophy* (State University of New York, 1990), p. 137. Walter Brogan 也排除了海德格哲學屬於「獨我論」的可能性。

24　„Sein als Infinitiv des »Ich bin«, d.h. als Existenzial verstanden, bedeutet wohnen bei..., vertraut sein mit... In-Sein ist demnach der formale existenziale Ausdruck des Seins des Daseins, das die wesenhafte Verfassung des In-der-Welt-seins hat."

身的世界來做一種純粹理性的「先驗」思考。因爲「此在」
從來就不可能脫離其周遭的事物與環境,他總是置身於其
實際生活的世界中(2001: 87)。[25]因此,可以確定的是:
當海德格做出「手前物」及「及手物」的區別、並進一步
地分析它們與在生活世界中之「此在」的關係時,海德格
同時表示他對於「認知」與「行動」、或「理論」與「實踐」
的觀點了。亦即:海德格藉著這種區分,已經預告在人類
個體之存有方式的主從關係。簡單地說,海德格的區別與
論述在於說明「實踐」在人類個體生活中的優位性及所扮
演的角色。

三、理論與實踐

對應「存在物」呈現於人類個體的方式,「此在」生
存活動於世界的存有模式,基本上可分爲「及手性」及「手
前性」的兩種方式。根據海德格的觀點,「及手性」指的是:
「此在」於日常生活的狀態下對於周遭之事物一般性的處
理方式(Heidegger, 2001: 66-67, 71)。[26]而「手前性」則是

---

25 „[...] Dasein hat sich, sofern es *ist*, je schon auf eine begegnende »Welt«
    angewiesen, zu seinem Sein gehört wesenhaft diese *Angewiesenheit*."
26 S. 66-67. „Die nächste Art des Umganges ist, wie gezeigt wurde, aber

指：事物受到「此在」「非一般性」的對待方式，亦即：一
種「非實用性」、近乎「純粹理論活動」的觀察方式。海德
格主張：前者是人類自然而根本的生活方式，而後者則是
特殊而衍生的行為模式。換言之：具有目的性的實踐生活
方式，是比理論性質的活動來得更普遍而更原初的
（universaler und ursprünglicher）。傳統「以理論為優先」
的立場，對海德格而言，顯然是不成立的。至於海德格究
竟是如何來說明他的這個主張，以及這個觀點所帶來的哲
學意涵為何，則是我們接下來要探討的問題。

（一）特例與常態

首先，海德格所謂的「手前性」，即：主張「此在」跟
事物近乎「理論」的關係，並非在傳統認識論中「主體哲
學」所描繪之「主體—客體」間的關係。因為傳統「主體
哲學」之「主客二分」的作法，是把「此在」與「非此在
性的存在物」對立並列，將「此在」視為如同與「非此在

---

nicht das nur noch vernehmende Erkennen, sondern das hantierende,
gebrauchende Besorgen, das seine eigene »Erkenntnis« hat." Siehe
auch: S. 71. „*Zuhandenheit ist die ontologisch-kategoriale Bestimmung
von Seiendem, wie es »an sich« ist.*" 亦即：海德格似乎將「此在」
於此種實踐活動中所接觸的事物視為康德哲學中的「物自身」
（Ding an sich）；但顯然改變了康德哲學中物自身「不可知」
（unerreichbar, unzugänglich）的原意。

性的存在物」無異的事物。對海德格而言，這種將人類「物化」（Verdinglichung）的觀點，無法爲其接受（2001: 47, 437）。因爲「此在」對於海德格而言，在整個「基本存有論」（Fundamentalontologie）分析中——爲了至終能夠探索「存有意義」——扮演一個極關鍵的角色（參照：2001: 13, 436）。其次，上述傳統知識論的說法將「此在」置於一個孑然孤立的狀態中，並以「相對立於所觀察的對象之物」的方式來定義人類作爲一個「認識的主體」。對海德格而言，這顯然是一個扭曲的人類圖像（ein verkehrtes Menchenbild），因爲正如前面所述，「此在」從來不可能脫離其周遭環境及事物而孤立地存在。人類個體並非是與一切事物相對立、跳脫其所處身之世界的「先驗自我」。然而即或不同於主流傳統知識論所理解意義的「認識主體」，「此在」仍然可以是一個與事物保持「簡單之理論關係」的人類個體。因此，海德格所謂的「手前性」是指：人類個體單純地以「理論觀察」的方式來面對其週遭的事物。

此外在原初的狀態，人類個體也絕非通過「純粹理論認識」的方式來接觸事物。正是在這個點上，海德格與所謂「意識哲學」（Bewusstseinsphilosophie）的研究取向分

道揚鑣（2001: 46）。[27]因為，他不認為人類在根本上，是
通過對自身之認知形式（如康德言）、或任何意識內容（如
德國觀念論或胡賽爾之作法）的分析來建立跟事物的關係
（參照：Herrmann, 1985: 61）。[28]諸如這類透過對於自身意
識的分析來對事物的認識，嚴格說來僅僅是一種事後的重
構（eine nachträgliche Rekonstruktion），絕非本來的情況。
人類個體對事物的理解，最根本的方式，即在於實際生活
中與事物的直接互動。換句話說，海德格主張：「及手
性」——亦即日常生活的實用方式——才是人類個體對於
其周遭事物根本而原初（elementar und ursprünglich）的對

---

27 „Jede Idee von »Subjekt« macht noch - falls sie nicht durch eine
vorgängige ontologische Grundbestimmung geläutert ist - den Ansatz
des subjectum（ὑποκείμενον）*ontologisch* mit, so lebhaft man sich
auch ontisch gegen die »Seelensubstanz« oder die »Verdinglichung
des Bewußtseins« zur Wehr setzen mag. Dinglichkeit selbst bedarf
erst einer Ausweisung ihrer ontologischen Herkunft, damit gefragt
werden kann, was *positiv* denn nun unter dem nichtverdinglichten
Sein des Subjekts, der Seele, des Bewußtseins, des Geistes, der Person
zu verstehen sei."

28 „Für Heidegger ist der primäre Zugang zum Seienden das zutunhabene
Besorgen; korrelativ ist das innerweltliche Seiende primär zuhandenes
Zeug. Für Husserl ist dagegen das fundierende Bewusstsein von der
Lebenswelt und den lebensweltlichen Objekten die sinnliche Erfahrung
in Gegenwärtigung und Vergegenwärtigung; korrelativ sieht er die
Fundamentalschlicht der Lebenswelt in der in Wahrnehmung und
Vergegenwärtigung sich darstellenden sinnlich Erscheinungswelt."

待方式。

因此，海德格認為：「理論認識事物」的方式，只是從「此在」更原初而普遍的生活方式所衍生或導來的（abgeleitet）一種特殊的存有方式（參照：2001: 358）。亦即：「理論」是來自「實踐關係」；進一步地說，前者僅為後者的特殊或是一種失效的情況。海德格以現象學式地描述分析：在所有人類跟事物打交道的活動，都必定預設特定或不特定的目的。不論其具體目的為何，人類個體都是藉著使用或操作事物，以期達成其目的。海德格所謂的「及手性」，其實就存在於這種理所當然、幾乎微不足道的平常性（Trivialität）。只有當「手前性」的存有方式出現時，這種看似平淡無奇的表面性（scheinbare Oberflächlichkeit）才將因為被打破、以致為人所覺察（參照：2001: 73-74）。[29]

在自然而原初的實用生活狀態中，為了完成其既定之目的，於活動的進行過程，人類個體自然地與操作事物結合，可說是處於一種「渾然忘我」、「物我兩相忘」的狀態（參照：

---

[29] „Das eigentümliche und selbstverständliche »An-sich« der nächsten »Dinge« begegnet in dem sie gebrauchenden und dabei nicht ausdrücklich beachtenden Besorgen, das auf Unbrauchbares stoßen kann.“

Heidegger, 2001: 354）。[30]而只有當事物做爲用具或工具
（Heidegger, 2001: 68）[31]的角色發生變化時，例如：工具
損壞或失去作用了，人類個體才從與工具天衣無縫之結合
狀態退居其位。使用工具的人，將因爲「工具不再爲工具」
而突然驚覺：「我是我」、「工具是（已經失效的）工具」。
換句話說：人類個體將因爲工具的損壞與失效，而意識到
「工具的存在」（Heidegger, 2001: 354-355）。[32]而此種對於
「工具存在的意識」，卻已經是一種拉開距離、不再是「物
我兩相忘」的狀態了。這種對原本使用之事物保持距離
（distanzierend）、不再具有與事物相結合之直接性
（Unmittelbarkeit）的關係，就是海德格所謂的「手前性」。
明顯地，「手前性」指涉的即是一般所理解的「理論活動」。
而就海德格而言，「理論活動」只能算是自「此在」之原初、
直接、無距離之「實踐活動」所衍生出來的特殊情況；兩

30　„Um an die Zeugwelt »verloren« »wirklich« zu Werke gehen und
hantieren zu können, muß sich das Selbst vergessen."

31　„Wir nennen das im Besorgen begegnende Seiende das *Zeug*."

32　„Unverwendbares, zum Beispiel das bestimmte Versagen eines
Werkzeugs, kann nur auffallen in einem und für einen hantierenden
Umgang. Selbst das schärfste und anhaltendste »Wahrnehmen« und
»Vorstellen« von Dingen vermöchte nie so etwas wie eine
Beschädigung des Werkzeugs zu entdecken. Das Handhaben muß
gestört werden können, damit Unhandliches begegnet. "

者間的順位關係（Priorität），自是無庸贅言的。

（二）述句與詮釋

有關「及手性」與「手前性」之間的對比及主從關係，除了上述的說明之外，海德格還以另一種方式加以論述。亦即：兩者的關係還表現於我們不同語彙的使用及表達方式：關聯於「及手性」與「手前性」，海德格以「詮釋」（Auslegung）與「陳述」（Aussage）來對應地闡述。具體而言，「及手性」反映於語言上的表達是所謂的「詮釋」，而「手前性」對應的則是「陳述句」。既然「理論活動」是出於「實踐活動」，所以「陳述句」也相應地該由「詮釋句」所推導出來；前者也應該僅為後者的特例（參照：2001：149）。這個觀點似乎違背常理，因為就一般的理解而言，「陳述句」應該是在語言中更普遍的概念，而「詮釋句」則應該僅為「陳述句」的特殊情況。為什麼海德格會違反常理，做出這個截然相反的結論呢？海德格是如何論證此觀點，而通過這個主張他要表達的究竟是什麼？

傳統上「陳述句」涉及的是「陳述的判斷」（das propositionale Urteil），而這類的判斷則關聯於「具有真理鑑別能力」（Wahrheitsfähigkeit）。亦即：「陳述句」必須能夠讓人做出「對」或「錯」的判斷（als wahr oder als falsch beurteilbar）。而陳述句的真假或對錯與否，則又必須奠基

於「感官知覺」（Wahrnehmung）或「認識」（Erkennen）
的基礎上。由此可得：「陳述句」是「理論知識」的表達形
式（Ausdrucksform），通過「陳述句」可將理論的結果呈
現出來。因此，「陳述句」的語句基本形式為：「*這是 X*」
（*Das ist X.*）；在此「X」是代表任何名稱或性質（參照：
Gethmann, 1989: 149）。雖然這種語句形式的普遍性，似乎
可將所謂「非理論性的表達」都涵括進來；然而「陳述句」
表達的主要仍是「理論性」語句。只要是以此種形式表述
的句子，無論其內容在表面上顯得如何的平常或微不足
道，但就其性質而言，仍然是表達「理論知識」的「陳述
句」。[33]

　　海德格主張：「陳述句」是由「詮釋」所推導出來的、
因此是「詮釋」的特殊情況。海德格認為「詮釋」則是奠基
於「理解」（Verstehen）之上。此種「理解」並非侷限於一
般所指對於「語句」或「符號」的掌握。他所謂的「理解」，
指的是人類個體對於事物最根本而原初的領悟與熟悉（das

33　語句 A──「昨晚我在酒吧喝酒。」──就其語句內容而言，似乎
　　僅為涉及非理論性活動的陳述；然而，我們可以設想：假若語句 A
　　成為在法庭上的證詞，則情況就全然改變。因為其表面看似無關
　　理論性活動的敘述，將立即轉變為「面臨必須接受真假判斷之考
　　驗的陳詞」，亦即「須根據感官經驗或認知判斷」的「理論陳述」。
　　將語句 A 推而廣之，則所有類似的陳述句均為如此。

primäre Erschlossenheit und Vertrautheit）。「理解」是指當人類
個體在日常生活的實踐關係中，對於事物實際使用及運用的
熟悉關係。而「詮釋」（Auslegen）則是將在此「理解」中「所
理解之物」具體形成及表達出來（2001: 148）。[34]「詮釋語
句」的基本語句形式為：「*這是為了 X 之用的*」（*Das ist zum
X.*）；在此「X」指的是「行動」或「作為」（Handlung）（2001:
149）。通過此種語言，「詮釋句」將「所理解之對象」的實
踐性質清晰地呈現出來。雖然這種句型彷彿也披著「陳述
句」的外衣，然而實際上它所要表達的是「在述詞或語言
前 之 理 解 的 結 構」（die Struktur des vorprädikativen
Verstehens）（參照：Heidegger, 2001: 359），亦即：在使用
語言之前、跟事物直接之實踐操作的關係（參照：Gethmann,
1993: 293）。[35]因此，海德格認為：「詮釋」比「陳述」位
於更基本而原初的層次，所以後者必須出自於前者（2001:
158）。[36]

34　„Das Entwerfen des Verstehens hat die eigene Möglichkeit, sich
　　auszubilden. Die Ausbildung des Verstehens nennen wir Auslegung.
　　In ihr eignet sich das Verstehen sein Verstandenes verstehend zu.“
35　„Die Auslegung artikuliert die vorprädikativen operativen Evidenzen
　　(Umsicht) *ausdrücklich.* [...] Die Auslegung ist Heideggers Ersatzbegriff
　　für die traditionelle Rolle der Wahrnehmung.“
36　„Die »Sätze« lassen sich nicht, [...] auf theoretische Aussagesätze
　　zurückführen. Sie haben, [...], ihren »Ursprung« in der umsichtigen

　　海德格指出：這兩種情況，分別對應兩種不同的語句結構；亦即：有兩種不同的「將某物視為某物」（*Etwas als Etwas* ansehen）的方式（參照：2001: 149）。頭一種「如同的結構」（Als-Struktur），他稱為「述句式的如同」（*apophantische* „Als"，即 aussagende „Als"）；對應的是理論性活動的「手前性」。另一種「如同的結構」，則被稱為「存有─詮釋性的如同」（existential-*hermeneutische* „Als"），對應的則是在日常生活中實踐關係的「及手性」（2001: 158）。例如：「槌子」在第二種「如同的結構」中，被視為「可作為將釘子打進牆壁的工具」；而在第一種「如同的結構」中，則將被視為「在物理學意義下的一個具有重量的物體」（參照：2001: 360-361）。顯然在「存有─詮釋性的如同結構」中，「槌子」是以更原始及更基本的方式為人類個體所經歷及理解的。而當它在「述句式之如同結構」中出現時，則成為可被展示、可以語言表述及告知（aufgezeigt, prädiziert und mitgeteilt）的對象（參照：2001: 154-156）。海德格藉此要說明：人類個體對於事物，是先基於日常生活之實踐關係自然地熟悉，然後才可能轉換為純粹理論性的認知（參照：2001: §32. *Verstehen und Auslegung.*, §33. *Die Aussage als abkünftiger Modus der*

Auslegung."

Auslegung. S. 148-160; § 44. S. 223）。[37]因此，相對應地，
非語言或前語言的詮釋，是先於語言性的陳述。這也就是
常被提到「語言或意義的前理解」（Vorverständnis）之意，
此種前理解或領悟是生發於開始進入語彙或邏輯表達之前
的活動或狀態。海德格這個在詮釋學極為重要的洞見，其
實跟他對「手前性」與「及手性」或「理論」與「實踐」
的區分是息息相關的。

（三）解構與脈絡

　　既然海德格認定「實踐活動是比理論活動更根源而基
本的存有方式」、理論並非人類個體自然而實存的方式，那
麼他必須接著解釋「科學——即理論活動——出現的可能性
條件」。如同康德所開啟的「先驗哲學」（Transzendental-
philosophie）的典範一般，海德格關心的顯然不是科學在歷
史上的發展（geschichtliche Genesis），也不是科學之事實的
動機（faktische Motive）或經驗性的目標（empirische
Zwecke）。他的「存有論」應該追問的是：科學知識「成為

37　Siehe auch: § 44. S. 223. „Die Aussage und ihre Struktur, das
　　apophantische Als, sind inder Auslegung und deren Struktur, dem
　　hermeneutischen Als, und weiterhin im Verstehen, der
　　Erschlossenheit des Daseins, fundiert."

可能之存有論上必然的條件」（die notwendige, ontologische, also existentiale Bedingung der Möglichkeit theoretischen Wissens überhaupt）（參照：2001：356-357）。換句話說，海德格必須解釋的是：到底科學理論性的知識對於「此在」是如何可能的？

根據上述觀點的自然推論會是：當停止或禁止實踐活動，亦即當實踐活動消失時，正是理論知識出現的可能性條件。然而海德格不認同這種意見（參照：2001: 61-62）；[38] 相反地，他認為實踐活動是無時無刻伴隨著人類的活動（immer und überall präsent）（參照：Heidegger, 2001: 358）。因此若要等到實踐活動完全停歇，才能產生理論知識，無異於緣木求魚。海德格對此問題的主張是：轉變「此在」對於存有的理解方式（der Umschwung des Seinsverständnisses），即為理論知識的可能性條件（參照：2001: 361）。[39]也就是：當人類個體對於「存在物」之存有方式的理解發生改變時，理論性的活動隨之成為可能。正如同實踐活動是一種「此在」的存有方式，理論活動同樣

38　但在此處（尚未與整個相關論述結合時），海德格卻自相矛盾地接受這種說法。

39　„[...] *Das Seinsverständnis*, das den besorgenden Umgang mit dem innerweltlichen Seienden leitet, hat *umgeschlagen*.“

地也是人類個體的一種存有方式。當「此在」改變日常生活自然之實作方式的態度，並對所熟悉接觸之事物採取非常態、特殊的面對方式時，就可能形成理論性的活動。

　　根據海德格的觀點，「此在」之存有理解的改變，具體的表現之一在於對事物及其環境之間關聯的變化。在原本日常的實踐生活狀態中，任何事物都是跟其他所有的事物與整體環境相連繫著的。特定的事物是在一個與之和諧相關聯的脈絡中（Kontext）、有其特定之位置（Platz）的情況下被理解的（參照：2001: 102）。[40]任何事物，當它被視爲是一個「及手物」時，它是以其特定目的性，與其他的「及手物」關聯著、並形構成爲一個有意義的目的整體（eine bestimmte sinnvolle, zweckmäßige Konstellation des Zuhandenen）。集合所有「及手物」構成的整體，即構成「此在」的生存環境與生活世界（Umwelt）（參照：2001: 359）。而事物的這種脈絡關聯性，於「此在」之存有理解轉變時也隨之喪失。亦即：當「及手物」變成爲「手前物」之對

40　„Das Zeug hat seinen *Platz,* oder aber es »liegt herum«, was von einem puren Vorkommen an einer beliebigen Raumstelle grundsätzlich zu unterscheiden ist. Der jeweilige Platz bestimmt sich als Platz dieses Zeugs zu... aus einem Ganzen der aufeinander ausgerichteten Plätze des umweltlich zuhandenen Zeugzusammenhangs." Siehe auch: S. 361-362.

象、受到特殊對待時,它隨即脫離其目的關聯的脈絡關係。
海德格稱此轉變爲「去除限制、脫離脈絡」(Entschränkung
[der Umwelt])(2001: 362),[41]亦即脫除該事物在目的整體
之脈絡關係。換句話說,當任何一個事物成爲理論性活動
的題材時,它就自原本位於人類個體之生活世界的意義脈
絡被分離出來,成爲一個孤立的對象(zu einem isolierten
Gegenstand)。只有這個被切割、獨立出來的事物才直接有
所關聯,並成爲主題(thematisiert)。其他與該事物本身無
直接關聯的部分(例如:其他事物及其周邊的環境),都將
因爲不再重要而遭到棄置。而理論性活動,正就是起源於
這種將特定事物突顯、聚焦、並仔細研究的過程。

　　「及手物」從其源初的實踐生活脈絡被撕扯開來
(herausgerissen)、脫離其對於「此在」之目的及意義的關
連性,然後被置於無關其目的之位置接受檢視,在這種情
況下轉換爲「手前物」(Heidegger, 2001: 61)。[42]就一般常

41　亦請參考同頁:„Darin liegt: die umweltlich umschränkte Platzmannig-
　　faltigkeit des zuhandnenen Zeugs wird nicht allein zu einer puren
　　Stellenmannigfaltigkeit modifiziert, sondern das Seiende der Umwelt wird
　　überhaupt *entschränkt*. Das All des Vorhandenen wird Thema.“

42　„Damit Erkennen als betrachendes Bestimmen des Vorhandenen
　　möglich sei, bedarf es vorgängig einer *Defizienz* des besorgenden
　　Zu-tun-habens mit der Welt.“

識的主張認為，科學研究、以至於所有的理論性質之活動
強調的「價值中立」或「客觀性」，即在於宣稱它們無涉於
研究者個人之利害關係或特定預設立場，亦即「無目的
性」；這種說法有其片面性。就一方面來說，科學等理論活
動之所以可能，正如海德格的分析所言，其存有論的條件
正在於此種「存有理解」的改變。然而從另一方面而言，
科學等理論性活動是否真像一般常識所認定的那麼「中立」
與「客觀」？按照海德格的批判，顯然並非如此。具體之
科學分際切割區別的精細程度，關涉著一門學科的方法
論。一門越能與其他領域作出清楚劃分的學科，其科學性
就越強（參照：Heidegger, 2001: 362）。[43]也正因為如此，
對海德格而言，自然科學跟社會科學並無差異，都是基於
特殊人為的區分與界定（Umgrenzung）。

　　既然同樣是出於人為主觀的篩選與劃分，自然科學就絕
不是如同許多自然科學家所宣稱的「絕對客觀」或「價值中
立」（verurteilslos; wertfrei），當然也就沒有所謂「純粹的

43　„Je angemessener im führenden Seinsverständnis das Sein des zu
　　erforschenden Seienden verstanden und das Ganze des Seienden als
　　mögliches Sachgebiet einer Wissenschaft in seinen Grund-
　　bestimmungen artikuliert ist, um so sicherer wird die jeweilige
　　Perspektive des methodischen Fragens."

事實」（es gibt grundsätzlich keine "bloßen Tatsache"）
（Heidegger, 2001: 362）。因爲就如何選擇主題或研究對
象、如何將該對象脫離其原始脈絡、至何種程度、及如何與
其他的研究方式或領域作出何種區隔……等，上述這些決定
特定科學成功與否、甚至成立與否的因素，在在都繫於「此
在的存有理解」（Heidegger, 2001: 363）。[44]因此就海德格的
觀點，科學絕非所謂的「事實的知識體系」（Tatsachen-
wissenschaften）（2001: 362），而是一個個經過人爲主觀意識
形塑所建造出來的系統。海德格舉「數學化之物理學」（die
mathematische Physik）做爲例子來說明：事實上，我們通過
此種「量化之物理學」所認知或標定的「自然」及自然現象
的歷程，並非「實際的自然」或所謂「自然」本身，而是「經
過數學化（規劃設計後）的自然」（mathematischer Entwurf der
Natur selbst）（參照：2001: 362）。[45]藉著這種對科學等理論
活動的現象學分析，海德格批判了自然科學自以爲的超然
及優越性。由海德格此種對實踐活動及理論活動的論述可

---

44 „Es gilt jetzt lediglich zu verstehen, daß und wie die Thematisierung des
   innerweltlichen Seienden die Grund- verfassung des Daseins, das
   In-der-Welt-sein, zur Voraussetzung hat."
45 同頁海德格也指出此種「數學物理學」將運動、力、地點、時間，
   都以「數量化」的方式來決定並形構而成。亦即：「自然」（die Natur）
   在此種「物理學」特定的觀察視角下，完全必須是透過「數量化
   的規劃設計」（Entwurf）才能被人發現及定義的。

以清楚看出:「及手性」──日常生活的實踐性──才是人
類個體原本自然生活的脈絡,而「手前性」──即科學等
理論活動──則是跟對生活世界之「脫離框架」、「脫除脈
絡關聯」(„de-rahmt" bzw. „de-kontextualiziert")息息相關
的、亦即爲脫離人類個體原初生活世界的特殊狀況。

(四)注視與環視

　　關聯於海德格對於科學可能性條件的論述,他的主張
「實踐先於理論」,同時也反映在他對於人類個體如何看待
事物方式的觀點之上。正如同前面所述,理論性的活動建
立於將「存在物」自其日常生活之脈絡關係切割孤立之上。
理論性活動的探究,也就是針對特定事物作爲獨特的主題
而做的研究。這種聚焦式的研究,也就是將特定事物當作
探索的主要對象、而不斷地追求對該對象的極限審視。想
要對於所研究對象的徹底認識與掌握,仍然是建立在一個
幾乎已經成爲科學之「信念教條」(Glaubenartikel)的基礎
之上;那就是:對於「注視」或「眼見」(Anschauung)的
「迷思」(參照:2001: 358)。[46]海德格對自然科學作爲實

46　„Man wird geltend machen, dass alle Hantierung in der Wissenschaft
　　nur im Dienst der reinen Betrachtung, des untersuchenden Entdeckens
　　und Erschließens der »Sache selbst« steht. Das »Sehen«, im weitesten

證學科的批判，正在於此。

　　實證科學（Positivistische Wissenschaften）所惟一「相信」的真理檢驗標準，即是感官經驗。在眾多感覺器官中，受到最大倚賴及信任的就是眼睛的「視覺」。所謂「百聞不如一見」、「眼見為憑」等通俗說法，正是在呼應這個實證主義的信念。「視覺」除了在此被視為檢證真理的工具或標準（als Mittel der Forschung und als Kriterium der Prüfung），視覺的觀察（Betrachtung）甚至還成為科學家們的終極目標（參照：Heidegger, 2001: 358）。[47]不只進行實驗的過程及控制結果必須使用到視覺的注意觀察，甚至求知欲的滿足（Erfüllung des Wissensdrangs）也都建立在對「親眼所見」的基礎之上。「想要親眼目睹、一窺究竟」，實際上可能是科學活動的潛藏動機。而走出實驗室，在一般人的日常生活中，「觀看」或「偷窺」同時也是眾人所不可遏抑的欲求。「滿足肉眼注視的欲望」，其實早已凌駕科

Sinne genommen, regelt alle »Veranstaltungen« und behält den Vorrang.“

47　„Auf welcher Art und durch welche Mittel sich auch immer eine Erkenntnis auf Gegenstände beziehen mag, es ist doch diejenige, wodurch sie sich auf dieselben unmittelbar bezieht, *und worauf alles Denken als Mittel abzweckt,* (v. Heidegger gesp.), die *Anschauung.*“上述的句子是海德格從康德的《純粹理性批判》所引出來的：Kant: *Kritik der reinen Vernunft,* B 33.

學領域及日常生活之上，成爲人類整體汲汲追求的目標。48
根據海德格的分析，這種「過度專注的看」，其實正是理論
活動、即「手前性」的特徵之一。

　　作爲「手前性」主要特徵的「注視觀察」，其實只是
人類個體看待事物的一種特殊方式。根據海德格的觀點，
「及手性」——即在日常實踐生活中——有另一種根本而普
遍的跟事物打交道的方式。這種自然而實際的對待事物的方
式，即是所謂的「環視」（Umsehen; Umher-sehen; Umsicht）。
亦即：不將特定「存在物」自其原本的脈絡關係抽離出來，
仍舊在其原先具有的脈絡中觀之（參照：2001: 359）。49也
就是：不僅只是觀察或注視單一的對象，而是把該事物連同
其周遭的環境與其關聯之目的脈絡，作爲一個完整的整體來
理解（參照：2001: 359）。在日常生活的實踐活動中，基本

48　在化學檢驗中，酸鹼值被轉化爲「有顏色的」石蕊試紙；在醫院
　　的儀器設備中，病患的生理狀態，如：心跳、大腦活動、甚至病
　　變組織，都被轉化爲「可以肉眼判讀的圖示」（如：心電圖或核磁
　　共振的掃瞄圖）。在一般人的日常生活裡，許多商品終極的目標都
　　是朝往提供人們更直接、更清晰之視覺資訊或視覺刺激的方向。

49　„[die Praxis] bewegt sich in den Bewandtnisbezügen des zuhandenen
　　Zeugzusammenhangs."　參照：　G. Prauss: *Erkennen und Handeln in*
　　Heideggers „Sein und Zeit" (Freiburg/München, 1977), S. 35, 47. 就
　　此點而言，當 G. Prauss 將「環視」視爲理論認知的一種方式（die
　　Umsicht als eine Art von Erkennen angesehen）時，顯然是錯誤的。

上沒有一個孤立的事物作爲「及手物」（參照：2001: 68-69）。
[50]「及手物」做爲「工具」（Zeug），總是與其他「及手物」
與「工具」相關聯的。所以此種「環視」所關照的，不是特
定的事物，而是與該事物構成目的整體的脈絡關聯（參照：
2001: 69）。[51]因此，「及手性」的「環視」構成的，應該是
一種「全面觀」或「全局觀」（Überblick; Überschauen）（參
照：2001: 359）。[52]「及手性」相應的「整體關照」，還具
有一個普遍的結構。這點跟以下論點緊密關聯，因此將在
後面做進一步的說明。根據上述現象學式的描述與論證，

50　„*Ein* Zeug »ist« strenggenommen nie. Zum Sein von Zeug gehört je
　　immer ein Zeugganzes, darin es dieses Zeug sein kann, das es ist. [...]
　　das jeweilige »einzelne« Zeug. *Vor* diesem ist je schon eine
　　Zeugganzheit entdeckt.“

51　„Der nur »theoretisch« hinsehende Blick auf Dinge entbehrt des
　　Verstehens von Zuhandenheit. Der gebrauchend-hantierende
　　Umgang ist aber nicht blind, er hat seine eigene Sichtart, die das
　　Hantieren führt und ihm seine spezifische Verweisungsmannig-
　　faltigkeit des »Um-zu«. Die Sicht eines solchen Sichfügens ist die
　　Umsicht.“

52　„Das Wesentliche der Übersicht ist das primäre Verstehen der
　　Bewandtnisganzheit, innerhalb derer das faktische Besorgen jeweils
　　ansetzt. Die das Besorgen erhellende Übersicht empfängt ihr »Licht«
　　aus dem Seinkönnen des Daseins, *worumwillen* das Besorgen als
　　Sorge existiert. Die »übersichtliche« Umsicht des Besorgens *bringt*
　　dem Dasein im jeweiligen Gebrauchen und Hantieren das Zuhandene
　　näher in der Weise der Auslegung des Gesichteten.“

海德格清楚地指出「理論活動」及「實踐活動」的差異所在。

四、實踐與意義建構

　　康德在其《純粹理性批判》中闡明「理論理性」在對於傳統形上學問題的限制，亦即：無法觸及「物自身」及合理地探討有關「上帝存在」、「人類靈魂」及「自由」等問題。因此，他轉向於實踐領域，宣稱「實踐理性的優位」。藉著在其《實踐理性批判》中對於「至高善」（das höchste Gut）──即所謂的「德福相符」（Vereinigung von Tugend mit Glückseligkeit）──，來重新證立傳統形上學的基礎。然而，康德主張的「至高善」及「德福相符」，本身即已預設傳統形上學的價值與立場。然後，再反過來又以這些預設的目標及立場，來論證傳統形上學之所以成立的基礎。事實上，這已經是一種循環論證。如果以康德在《純粹理性批判》對傳統「上帝存在之證明」的批判作為標準的話，那麼他在《實踐理性批判》中對上帝所做的「道德論證」也將喪失其論證的效力。換句話說，在這種情況下，康德所提出的「實踐優位」並不見得仍為有效的宣稱。儘管海德格並非依循康德的論述理路，但是他也獲得了「實踐優位」的結論。海德格對於「實踐優位」的主張，到底要表

達什麼哲學觀點，則是以下將要進一步探討的問題。

（一）目的性結構

　　海德格主張實踐的生活方式是較理論活動更原始而基本的，表明的是：他所關切的，並非衍生的理論活動，而是更根本而原初的實踐活動。根據海德格這種觀點，一切事物之存有，原本都是按照其在人類個體生活世界中、實踐之環境下被呈現的。「非此在性的存在物」，跟「此在」並非以傳統知識論之理論關係、即不是以「客體─主體」的關係來被人類認知的，而是以一種生活實踐的關連性爲人類個體所熟悉的。正如以上所述，所有的「及手物」或「工具」都具有一個「目的性的結構」（Um-zu Struktur），亦即：「爲了……之用（而做的）」（um...zu）（參照：2001: 87, 149, 192, 355, 364, 414, u.v.a.）。換言之：每個「及手物」或「工具」都是爲了某些目的或任務而存在或被製作出來的；它們的存在，即是爲了實現或完成特定或不特定之目的。

　　正因爲工具本身並非目的本身，而只是爲了達成某些目的而存在或被製造出來的；所以關鍵的是「目的能夠完成」。因此，沒有任何一個工具是單獨存在或是孤立的，每個工具都是與其他所有工具相關聯的（參照：Heidegger, 2001: 352）。對這個問題，海德格與維根斯坦具有相同的

觀點及洞見。維根斯坦主張沒有工具是孤立，任何一件工具都指向所有的工具。晚期維根斯坦改變自身前期的觀點，認為語言的本質不在於規則（語法），而強調「語用」的部分；語言正猶如工具一般，無法孤立、是相互指涉的，因此必須從整體的角度才能恰當理解及運用。[53]海德格同樣地強調沒有一個工具不指向某些另外的事物，因為它們都是為了其他非為了該工具本身之目的而存在的（參照：2001: 83-84）。[54]

海德格指出所有工具的作用，如：實用、有用、可用性及好用性（Dienlichkeit, Beiträglichkeit, Verwendbarkeit, Handlichkeit），構成一個「工具整體」（Zeugganzheit）（參照：2001: 68）。[55]因此，「及手性」同時隱涵此一「工具整體」及「目的之整體性」。通過這個工具或目的的整體性，

53　參照：L. Wittgenstein, *Philosophische Untersuchungen*, §11, §14-15, §23, §41-42, §53, §492, §569, in: *Werkausgabe*, Band 1 (Franfurt a. M. 1995), S.243, 244, 250, 262, 270, 430-431, 452, u.v.a.

54　„Das Sein des Zuhandenen hat die Struktur der Verweisung — heißt: es hat an ihm selbst den Charakter der *Verwiesenheit*. Seiendes ist daraufhin entdeckt, dass es als dieses Seiende, das es ist, auf etwas verwiesen ist. Es hat *mit* ihm *bei* etwas sein Bewenden.“

55　„[...] Die verschiedenen Weisen des »Um-zu« wie Dienlichkeit, Beiträglichkeit, Verwendbarkeit, Handlichkeit konstituieren eine Zeugganzheit.“

世界的結構（die Struktur der Welt）得以展現。例如：以斧頭砍樹，*爲的是*建造房屋；建造房屋，*是爲了*防曬、遮風避雨……（參照：2001: 84）。而在這整個過程，可以說人類通過跟這些工具、器具、房舍等的實踐性互動，對於「樹木」、「太陽」、「暴風雨」等事物及自然現象產生了親身的體認。因爲人類即是爲了各種生活的目的而製造及使用工具的，而在運用器物的過程，則自然地熟悉其置身的生活世界。一切事物作爲「及手物」關鍵的特徵，即在於它們的「工具性」。這種「工具性」的目的結構，則關聯著我們對於所處身之生活世界的理解。

（二）關聯性整體

連繫著以上對於「及手物」之目的性結構的探討，海德格也指出：每一個具體的「爲了……之目的」（Um-zu）仍將指向一個「爲什麼」（Wozu），「此目的」又將指向「彼目的」；以此類推，最後將涉及的是「終究的爲什麼」（Worum-willen），[56]亦即：「此在」的「可能性存有」（Seinskönnen des Daseins）（參照：2001: 84）。[57]這個「終極的爲著什麼」，

56　Martin Heidegger: *Die Grundprobleme der Phänomenologie*. GA. 24 (Frankfurt a. M.: Vittorio Klostermann , 1997), S. 242-246.

57　„[...] Das primäre »Wozu« ist ein Worum-willen. Das »Um-willen«

海德格稱之爲「關聯性整體」（Bewandtnisganzheit）（參照：
2001: 144, 84）。[58]他主張「此在的關聯性整體」，是更優先
於任何單一的工具或目的的。同時這個「關聯性整體」所
關涉的，已經不再是任何一件工具或具體的事物，而是「此
在」本身（參照：Herrmann, 1985: 58）。[59]它關係的是「此
在」如何理解其「存有可能性」的方式，即：「此在」作爲
「在世存有」對自身人生的理解。換句話說，就是人類個
體要決定或抉擇如何過其一生、如何建構其人生意義的問
題（參照：Heidegger, 2001: 87）。[60]

　　「此在」的「關聯性整體」，即：人類個體如何理解
與建構其生活意義，指向的主要當然是「此在」本身，而

---

betrifft aber immer das Sein des *Daseins*, dem es in seinem Sein
wesenhaft *um* dieses Sein selbst geht."

58　S. 144. „Die Bewandtnisganzheit enthüllt sich als das kategoriale
　　Ganze einer *Möglichkeit* des Zusammenhangs von Zuhandenem." Siehe
　　auch: S. 84. „Die Bewandtnisganzheit selbst aber geht letztlich auf
　　ein Wozu zurück, bei dem es *keine* Bewandtnis mehr hat, was selbst
　　nicht Seiendes ist in der Seinsart des Zuhandenen innerhalb einer
　　Welt, sondern Seiendes, dessen Sein als In-der-Welt-sein bestimmt ist,
　　zu dessen Seinsverfassung Weltlichkeit selbst gehört."

59　„Jede Bewandtnisgazheit hat ein letztes Wobei, das nicht mehr auf ein
　　anderes Zeug, sondern auf das Dasein verwiesen ist."

60　„[...] Die erschlossene Bedeutsamkeit ist als existenziale Verfassung
　　des Daseins, seines In-der-Welt-seins, die ontische Bedingung der
　　Möglichkeit der Entdeckbarkeit einer Bewandtnisganzheit."

非任何「此在」以外的「存在物」。亦即：關鍵的仍是「此在」自身，而非「此在」所利用或暫時追求的事物。事物的價值，只有在它們作爲「此在」爲了達成其目的、必須操作或使用它們，因而不可或缺。然而「意義」的來源，卻不存在任何特定的事物之中，而是在於「此在」本身的「存有可能性」（參照：Heidegger, 2001: 84）。[61]然而在這整個具體實現「此在」人生價值與生命意義之歷程中，「存在物」仍是有其必要性的東西。因爲正是在與這些個別事物之接觸及運用它們的過程中，人類個體才具體地理解並實現其自身的價值與意義。海德格在此要表達的，一方面是：「意義」並非落在事物之中，而是完全在於人類個體自身。另外一方面則是：個別零星的事物本身無論作爲「手前物」或是「及手物」，於「此在」的「關聯性整體」中並不具有重要的價值；它們的作用，必須是在一個整體的目的性與意義脈絡中，同時是爲了建立「此在」這個終究的「關聯性整體」而獲致其價值與意義的。

---

61 „Die Bewandtnisganzheit selbst aber geht letztlich auf ein Wozu zurück, bei dem es *keine* Bewandtnis mehr hat, was selbst nicht Seiendes ist, in der Seinsart des Zuhandenen innerhalb einer Welt, sondern Seiendes, dessen Sein als In-der-Welt-sein bestimmt ist, zu dessen Seinsverfassung Weltlichkeit selbt gehört."

　　人類個體追求其生命價值或人生的意義，其實就是海德格所謂「此在」的「關聯性整體」。當他提出或創造這個「關聯性整體」的概念，其實同時也意謂著：上述的生命價值或人生意義，既不是任何具體事物，也不是個別零星的事件或經歷，而是一個類似「蓋棺論定」之統整人生的探求。這個「此在」的「關聯性整體」，雖然不能完全以單一的成功或失敗來斷定，卻必須在整個人生的歷程不斷地透過一件一件的成敗與經歷來累積實現。如此一來，人類個體就必須重新檢視自身的每一件行為。因為在每一個行動之前或之後，人類個體都仍然可以、也必須追問其「目的性的為什麼」（Wozu）（參照：Heidegger, 2001: 414）。[62]一個行動自主的人，就是在每一次的行動時都可以重新考慮其「目的性的為什麼」，並根據其理解來抉擇為之或不為。人類的尊嚴與自由，即展現於此。在考慮一個人生整體可能性的情況下，探問所有行為、甚至任何抉擇的理由與目的，同時也就是在進行「思索意義」的活動。而這個對「意義探求」的提出與反省，即可能是海德格為什麼做出「手前性」與「及手性」區別之最主要的動機與理由。

---

[62] „Das gewärtigend-behaltende Gegenwärtigen des Besorgens versteht Zeit in einem Bezug auf ein Wozu, das seinerseits letztlich in einem Worumwillen des Seinkönnens des Daseins festgemacht ist."

五、結論

　　通過以上對於海德格區分「手前性」與「及手性」的討論，我們可以清楚地得知：海德格關切的不是有關外在世界之「知識確定性」的問題，反而是人類個體意義追求與形構其人生的問題。他關注的「形上學」思維，正如他自己所說的，同時是一個將思維者個人自我涉入的活動（參照：Heidegger, 1929: 41-42）。[63]而這個將自我涉入的情況，卻並非僅僅如康德批判哲學中之理性的認知範疇，它涉及的是整個人的存在。對於事物在科學知識性的考察與界定，並非海德格真正的關切所在；[64]因為這與個體的意義建構無有太多關聯。而與個人追求並實現其人生意義真正有關的是：如何恰當理解其存有的可能性、對自身生活藍圖的規劃並確切地去落實之。跟事物進行實踐性的互動關

63　„Sofern der Mensch existiert, geschieht in gewisser Weise das Philosophieren. Philosophie — was wir so nennen — ist das In-Gang-bringen der Metaphysik, in der sie zu sich selbst und zu ihren ausdrücklichen Aufgaben kommt. Die Philosophie kommt nur in Gang durch einen eigentümlichen Einsprung der eigenen Existenz in die Grundmöglichkeit des Daseins im Ganzen.“

64　海德格批評胡賽爾的「意向性」（Intentionalität）概念即是此種「理論性」的態度。請參閱：*Einführung in die phänomenologische Forschung*. GA. 17, S. 271f.

係，只能算是一個用來達成這個整體終極目標或意義的方式或手段。而他所關切的，事實上不是任何「存在物」——既非「手前物」、也非「及手物」——，而是「此在」——人類個體——本身。海德格思想的核心問題，顯然仍是「此在」之「終極可能性」的問題。[65]

　　海德格在《存有與時間》提出「手前物」與「及手物」的區別，其實也就對他的哲學理念與動機做出了最佳的預示及說明。海德格所謂的「形上學」，跟「此在」之「存有可能性」息息相關。亦即：一切都出於「此在」，一切又將歸於「此在」。因此，海德格在《存有與時間》的前面及最後部分，重複以下一段話，強調他對「哲學」的理解：「哲學是一個普遍之現象學的存有論，從對『此在』之詮釋學出發；該詮釋是以分析*存在*作為構成所有哲學之問主要思想之目的；所有哲學問題是由此產生，也將回歸於此。」（2001: 38, 436）[66]對海德格而言，哲學所關切的，仍是人類個體「存在」的問題。然而此個體「存在」的問題，卻

65　「存有之問」與「存有意義」等問題，仍脫離不了「此在」之意義建構的問題。

66　S. 38, 436. „Philosophie ist universale phänomenologische Ontologie, ausgehend von der Hermeneutik des Daseins, die als Analytik der *Existenz* das Ende des Leitfadens alles philosophischen Fragens dort festgemacht hat, woraus es *entspringt* und wohin es *zurückschlägt.* "

非僅止於現實存活或感官的活動，而是在更深刻之「整體與終極意義探尋」的層次。在這種情況下，知識性的理論活動，只是人類特定且次要的活動類型。而對於「意義建構」的實踐活動，才是海德格真正關切的議題。

參考文獻

海德格部分：

Heidegger, M. (2001*; 2001). *Sein und Zeit*. Tübingen: Max Niemeyer.

Heidegger, M. (1929; 1998). *Was ist Metaphysik?* Frankfurt a.

---

* 海德格作品括號內前面的數字為該文或該書首次出版之年份，正文內註解的頁碼則是以晚近之年代的版本為準。此資料係取自 Thomä, (1990)。

M.: Vittorio Klostermann.

Heidegger, M. (1935; 1966). *Einführung in die Metaphysik.* Tübingen: Max Niemeyer.

Heidegger, M. (1930; 1994). *Vom Wesen der menschlichen Freiheit. Einleitung in die Philosophie.* GA. 31. Hartmut Tietjen (Hrsg.), Frankfurt a. M.: Vittorio Klostermann.

Heidegger, M. (1936; 1988). *Schelling: Vom Wesen der menschlichen Freiheit.* GA. 42. Ingrid Schüßler(Hrsg.), Frankfurt a. M.: Vittorio Klostermann.

Heidegger, M. (1941; 1991). *Die Metaphysik des deutschen Idealismus. Zur erneuten Auslegung von Schelling: Philosophische Untersuchung über das Wesen der menschlichen Freiheit und die damit zusammenhängenden Gegenstände (1809).* GA. 49. Frankfurt a. M.: Vittorio Klostermann.

Heidegger, M. (1919-1944; 1994). *Einführung in die phänomenologische Forschung.* GA. 17, Friedrich-Wilhelm von Herrmann (Hrsg.), Franfurt a. M.: Vittorio Klostermann.

Heidegger, M. (1923-1944; 1997). *Die Grundprobleme der Phänomenologie.* GA. 24, Frankfurt a. M.: Vittorio Klostermann.

Heidegger, M. (1946; 1991). *Über den Humanismus.* Frankfurt a. M.: Vittorio Klostermann.

其他部分：

Aristoteles (1994). *Metaphysik*. Übersetzt von H. Bonitz. Neu Hrsg. von U. Wolf, Hamburg: Reinbeck.

Aristoteles (1985). *Nikomachische Ethik*. Auf der Grundlage des Übers. von Eugen Rolfes. Günther Bien (Hrsg.), Hamburg: Meiner.

Brogan, W. A. (1990). *Heidegger and Aristotle: Dasein and the Question of Practical Life*. In: A. B. Dallery and C. E. Scott with P. H. Roberts (Eds.), *Crises in Continental Philosophy* (pp. 137-146), Albany: State University of New York Press.

Gethmann, C. F. (1989). *Heideggers Konzeption des Handelns in Sein und Zeit*. In: A. Gethmann-Siefert & O. Pöggeler (Hrsg.), *Heidegger und die praktische Philosophie*. Frankfurt a. M.: Suhrkamp.

Gethmann, C. F. (1993). *Dasein: Erkennen und Handeln. Heidegger im phänomenologischen Kontext*. Berlin: De Gruyter.

Herrmann, F.-W. von. (1985). *Subjekt und Dasein. Interpretation zu „Sein und Zeit "*. Frankfurt a. M.: Vittorio Klostermann.

Hodge, J. (1995). *Heidegger and Ethics*. London/New York:

Routledge.

Husserl, E. (2008). *Die Lebenswelt. Auslegungen der vorgegebenen Welt und ihrer Konstitution. Texte aus dem Nachlass (1916-1937)*. *Husserliana* Band 39.

Iribarne, J. V. (1994). *Husserls Theorie der Intersubjektivität*. Aus dem Spanischen übersetzt von M.-A. Herlyn unter Mitwirkung von H. R. Sepp. Friburg/München: Alber.

Kant, I. (1781, 1783; 1998). *Kritik der reinen Vernunft*. Wilhelm Weischedel (Hrsg.), Darmstadt: Wissenschaftliche Buchgesellschaft.

Kant, I. (1788; 1998). *Kritik der praktischen Vernunft*. Wilhelm Weischedel (Hrsg.), Darmstadt: Wissenschaftliche Buchgesellschaft.

Kant, I. (1790; 1998). *Kritik der Urteilskraft*. Wilhelm Weischedel (Hrsg.), Darmstadt: Wissenschaftliche Buchgesellschaft.

Pöggeler, O. (1983). *Heidegger und die hermeneutische Philosophie*. Freiburg/München: Alber.

Prauss, G. (1977). *Erkennen und Handeln in Heideggers „Sein und Zeit"*. Freiburg/München: Alber.

Safranski, R. (1994). *Ein Meister aus Deutschland. Heidegger und seine Zeit*. München: Carl Hanser.

Sallis, J. (2002). *Free Thinking*. In: *Heidegger and Practical Philosophy*. F. Raffoul & D. Pettigrew (Eds.) (pp.

3-12). Albany: State University of New York Press.

Thomä, D. (1990). *Die Zeit des Selbst und die Zeit danach. Zur Kritik der Textgeschichte Martin Heideggers 1910-1976*. Frankfurt a. M.: Suhrkamp.

Wittgenstein, L. (1995). *Philosophische Untersuchungen*. in: *Werkausgabe*, Band 1., Frankfurt a. M.: Suhrkamp.

⑤文本與詮釋：論高達美如何理解康德《判斷力批判》*

張鼎國**

高達美在討論二十世紀初始之哲學基礎時，曾明確列舉出他心目中，就西方之哲學傳統而言，最為重要的三大思考交談的對象，他們應該是：

（1）**希臘人**〔他特別指名柏拉圖、亞里斯多德二人，卻有意合兩者為一〕，

（2）**康德**〔可視為近代以來、主體性哲學先驗奠基的主要開創者〕，

（3）**黑格爾**〔可視為古典德國觀念論、思辨性辯證法哲

* 本文原刊於《中央大學人文學報》，第 34 期（2005 年 1 月），頁63-96。
** 政治大學哲學系副教授

學之集大成者〕。[1]

　　但是 1960 年高達美的傳世著作、二十世紀詮釋學經
典之一的《真理與方法》問世，其第一部分為首，於深入
探討藝術經驗之真實面貌、探討藝術活動中之理解如何發
生的問題，以做為他闡揚詮釋學理念之必要切入點時，他
卻對康德《判斷力批判》的許多觀點都提出相當強烈的批
評；他有意援引黑格爾的藝術哲學、海德格的美學作品存
有論，甚至於亞里思多德的實踐哲學及悲劇理論、詩學，
以對照出康德美學的若干缺失。那麼，看來他和康德的首
度交談，至少在美學論述方面，是呈現出了否定多於肯認、
批評超過接納的態度。而我們閱讀文本而進行詮釋，至此
難免要問：他究竟是如何理解康德著作《判斷力批判》的？

　　本文將要指出，其實《真理與方法》第一部分的論述
裡，高達美有他自己獨特的哲學實踐與關注焦點，已然包
含著他的詮釋學思考的完整主張。他所推展的，是和康德

1　論〈二十世紀的哲學基礎〉，引見 Hans-Georg Gadamer: *Kleine
　　Schriften* I (Tübingen: Mohr, 1967), S. 147. 上文括弧中為本文作者
　　所加按語，也是一種評論。事實上，高達美一向推崇希臘時期的
　　柏拉圖、亞理斯多德二哲，而對近代黑格爾哲學的理解與詮釋，
　　更是用功甚勤，但是相對的，他和康德的立場似乎距離較遠。何
　　以致此？有無調和的可能？這是本文的重要思考方向。

完全不同的思考任務，以回應今非昔比的時代要求。然而，
本文同時也須回到康德第三《批判》，發揮詮釋學「文本再
詮釋」的精神，進一步檢討高達美對這部哲學名著的理解、
詮釋和種種評議，甚至對康德的哲學立場，是否會讓人有
偏讀、誤讀或太快下定論的疑慮，是否曲解或故意忽略了
康德原旨。因此，本文有心讓兩百年前的哲人經典，能夠
再度就其自身之前後脈絡〔上下文〕和學說系統定位而說
話，俾便和高達美的、或任何其他當代新的詮釋進行對談。
若此，本文可視作是對高達美「交談對話詮釋學」
（Gesprächshermeneutik）的適用性的，一個既算是具體落
實、又兼作案例檢討的發言。

　　以下，本文先討論高達美對「審美意識」（das ästhetishe
Bewusstsein） 的綜合批評和議論，那是他早期面對康德
時，最明顯的「前理解」和「前判斷」，或說「前見」〔一〕；
再則實質進入《真理與方法》裡指責康德所言審美「趣味」
（Geschmack）不起認知意義、脫離倫理教化內涵等立論
失當〔二〕；然後是他批評康德美學「自由美」之區別於「依
存美」、和「自然美」之優先於「藝術美」的主觀抽象性，
以及高達美自己「審美無區分」的糾正性殊異主張〔三〕；
最後從康德論「美的藝術」首選之詩作藝術（Dichtkunst），
從構想力與悟性於人類語言表達中之自由共作、相互結
合，探問《判斷力批判》思考與詮釋學之間視域融合的可

能〔四〕，再於結論處，指出關於康德此書當代詮釋的可能
方向〔五〕。

一、

　　高達美的詮釋學出發點所以會選擇「藝術」（Kunst）
為論域，一則如大家熟知，是因為他對近代以來科學方法
論成效的質疑，對追求科學與技術進步凌駕一切其他價值
之上的反抗。但次則，哲學上更具深意的，則是因為他長
期反對「主體性哲學」與「意識哲學」奠基式學說建構。
顯然，在藝術欣賞、審美活動間，整體而言，其距離科學
方法論統轄的核心範圍最遠，最不受到此等拘束，同時又
無須刻意堅持一時時抱客觀審判態度之主體；在藝術的領
域裡，鼓勵的是藉由欣賞而領會，反而會強調我們能與作
品對象密切互動，甚至融為一體，開啟一個最自由生動的
自我成長空間。甚至連自古即存的詮釋學這門學問，長久
以來，與其說是一套方法規則考察，不如說原本即屬一門
「藝術技巧之學」（Kunstlehre）：運用之妙，存乎一心之間。
若有足夠人文素養，再加適度詮釋經驗，即可源源擷取一
切可共享的理解資源，其成效遠超出任何固定法則、已知
步驟的限制外。《真理與方法》從剖析藝術奧秘開始，擴充、
轉進到一切歷史精神科學領域中共同的真理問題，最後歸

結於語言對話間的無窮存有張力，皆可依此觀之。

因此，高達美這篇巨作的三個部分，分別可視為第一藝術領域，是在對鑑賞者或創作主體〔天才〕之審美意識進行批判，及至第二部分，對精神科學各學科間的歷史學意識（historisches Bewusstsein）批判，而第三語言問題轉向下，又轉為對獨白式說話者意識和語言工具論的批判。這樣的全書解讀策略之切實可行，正足以說明高達美之批評康德美學的徹底主觀化與形式化，不僅其來有自，且根深柢固，所以表達得相當強烈。於是他這部主要著作，一開始就批評科學方法論和方法意識，以拉開哲學詮釋學與舊有方法論詮釋學的區隔；與此同時，在重新探討一些較明確方法目標更具主導功能的人文主義傳統中，以「教化」（Bildung）為首的幾個重要概念後，立即拉出一連串對康德美學缺失的數落。可以說，他暫時避開正面去詮釋康德單一著作、或康德整體學說的工作，卻把對康德美學的質疑，當成發揚自己詮釋學理念的借力發揮點。

若如上述，則藝術領域內，最大的癥結正是他對一般所說「審美意識」的徹底不信任。尤其發展到「天才」（Genie）概念的引進和其相關的問題處理上，他與康德學說對抗尤甚，認為康德美學，走向了背離現實的鑑賞與創作之雙重主體性奠基的道路。這點，可從他本人倡議的詮釋學，從不追究無意識的原初創作情境與原作者意圖，但一向著重

作品欣賞的成效與實際受用，強調自我轉化與自我理解，
可以略窺一斑。在他看來，「審美意識」認真考慮下，會與
前述一味追求歷史客觀性的史學意識同樣危險，誘使人誤
把歷史或藝術始終放置在主體意識活動的對立面，是去接
受審查並嘗試掌控或加破解的對象，被異化成為與己毫不
相干的事物，從而無法真正進入其間、展開互動，無法看
清楚人自身之歷史性存有方式，以及人隨時受到「實效歷
史」（Wirkungsgeschichte）作用的真實狀況。[2]

關於美學主觀化（Subjektivisierung）或美學主體性奠
基方式不妥的原因，高達美最明顯而直接的表白如下：「關
於藝術的意識，審美意識，總是一個次要的意識，它相對
於從藝術作品而來的直接的真理訴求而言總是次要的。」[3]
優先就主體性之確立上強求所謂「審美主權」（die
ästhetische Souveränität），可謂是純粹的先驗理想性，若和
我們實際接觸藝術時之經驗實在性相較下，會在在顯得格
格不入，徒增某種疏離或異化的結果，很不真確。因此稱
之為「第二義的」（sekundär），亦即次要的，是衍生、歧

2　在 1962 年的一篇論文——〈美學與詮釋學〉中，他雖然並未特別
　　討論康德學說，但立論處處反對審美意識的主張也完全一致。參
　　見 *Kleine Schriften* II (Tübingen: Mohr, 1979), S. 1-8.
3　*Kleine Schriften* I, S. 102.

出的東西，非根本性思維應當停留處。至於高達美自己所
重視而一路論述拓展的，則始終偏向於「藝術活動」，以及
「作品存有」這兩大現實經驗側面的詳盡發揮，不會特意
標舉一「審美意識」。至於他自己間接立論的「實效歷史意
識」，也不忘重複聲明那已經更多的是一種關乎理解發生的
存有方式，而非僅爲意識而已（mehr Sein als Bewusstsein）。4

　　因此我們在《真理與方法》第一部分，讀到許多高達
美自身的學說，有些是整理重述，有些是適時創新，但是
都脫離審美意識，轉而圍繞著上述兩個經驗實在性側面，
闡明藝術領域中的詮釋學經驗活動。關於前者，藝術之實
際接觸與聆賞活動經驗面，他提出的有「遊戲互動說」、「雙
重模仿說」、「雙重表現說」，以及哲學意味更強的特殊認識
作用與自我理解說，精神交流與當下整合說等等都是；而
關於後者作品面，即藝術作品之事實存在與持久不衰，他
又提出藝術作品的存在即表現（Darstellung）說、文學類
作品特殊地位說，還有「全面中介說」、藝術品與欣賞者的
同時轉型共構說，以及藝術品「存有價值」（Seinsvalenz）
的孳生增長說、審美擴張說等等，環環相扣而立論流暢。

4　這是一個經常出現的說法，清楚表示高達美的存有學取向而非意
　　識哲學的認知理論取向。例見 *Kleine Schriften* IV (Tübingen: Mohr,
　　1977), S. 203.

兩相比對之下，高達美斷然捨棄審美意識而極力抬舉真實
作品經驗，全面強調藝術領域內的認知轉化活動與真理發
生要素，積極鼓勵我們與各種與不同類型、不同時代藝術
世界的親身接觸、交流，因欣賞、接受而能達成分享和共
有，都是屬於理解詮釋遠大於客觀批評的活動，最後再統
合收攝在詮釋學的豐富預期中，所以敢於大膽抨擊康德主
觀化兼空洞化的美學思考。至少 1960 年左右，他確實批評
得相當綿密而犀利。

根據高達美的考察，「審美意識」說之弊端主要表現
於三方面。其一是：進入藝術領域時會喧賓奪「主」，不利
於真正藝術經驗進行與欣賞活動之開展，減低藝術品之存
有價值與獨特份量。在這方面，高達美自己是用另一套刻
意貶抑主體能動性的「遊戲 （Spiel）說」取而代之的。
他主張：「遊戲的真正主體〔……〕正是遊戲本身」。[5]遊戲
本身才是恆常的主角、才是活動的中心，而非一置身事外
的主體，於不受影響的情況下自由決定。真實藝術經驗，
是緣由著傳世作品存在，不時吸引住接觸者、成為觀賞焦
點而實地帶動起來的。所以先承認作品有意蘊、有內容，

---

5   Hans-Georg Gadamer: *Gesammelte Werke* I (Tübingen: Mohr, 1986),
    S. 109.

對我們隨時可以「有話要說」，這才是比審美意識之主體更
恰當的經驗方式。

　　弊端之二是：審美意識不但容易掏空作品的歷史文化
背景，切斷創作及理解脈絡的可連續性，讓作品無從提供
至今仍爲有效的啓迪與教導等言說內容，更會「無法解釋
藝術作品之無可取代性」。[6]因爲憑實而論，每一件偉大藝
術作品雖保存、流傳於現實世俗世界，卻往往表現出神聖
而超越的精神性質，故而爲人珍視共賞，爲繼續展現而善
加收藏。這點，或許是受黑格爾美學「藝術宗教」
（Kunstreligion）說影響，但高達美並未搬弄宗教藝術的
說法，而是單純反問審美主觀化、趣味化結果，該如何解
釋一般文明社會都不容忍的「褻瀆藝術」（Kunst-Frevel），
或反對「藝術名品破壞」（Vandalismus）的共同現象何由
產生？藝術品的存有顯然是比一般的「財產」、「擁有」，包
含有更高的文化價值與精神意義，甚至早已超過主觀與特
殊的有限性方式之外，贏得其普世的地位。

　　最後第三點缺失是：如果我們反過來，像高達美一
樣，訴求教化社會中由於豐富藝術作品帶動起來的全面參
與、普遍分享及互通共鳴等外在非主觀因素，強調個別主

6　*Gesammelte Werke* I, S. 156.

體於被動而忘我狀態下，實際促成自己與他人精神交流的
層面，結果一定會比康德單從純粹「趣味」或「共同感」
這一主觀原則出發，以此為準去「強求」（ansinnen）所有
的人普遍贊同更為貼切。所以詮釋學的美學立場是從一種
特殊的藝術經驗之時間性出發，著重藝術品實際存在而能
讓我們佇足、逗留，以重要作品超出個人其上的無時間性，
令有限主體在此理解、詮釋，進行認知學習而不覺無聊。
換言之，我們應該避免審美意識堅持下，可如普通物件般
將諸多異質、異時作品並列排開於面前的「共時性」
（Simultanität）觀點，而採取每一優質作品皆能與吾人當
下精神充分交流的「同時性」（Gleichzeitigkeit）觀點。[7]

　　這節討論至此，仍只是對高達美一般而言，他和康德
式美學保持距離的根本前理解之探討；先指出主要是因為
他自己——於海德格《論藝術作品起源》與黑格爾《美學
講稿》雙重影響下——反對美學領域之徹底主觀化，所以

7　評審人之一曾建議除共同感的社會倫理面向外，也應該探討審美
　　不區分的特殊時間性問題，誠為高見。因本文原稿僅在此處對藝
　　術經驗中的時間性問題點到為止，之後並未發揮，難免「令人有
　　些不安」。事實上筆者另文〈佇立時間邊緣的希臘神廟——從《藝
　　術作品起源》回探《存有與時間》的詮釋學出口〉已接續嘗試此
　　異常複雜的問題，一個橫互於康德、黑格爾、海德格與高達美之
　　間的美學問題也是存有問題，然而進展依舊有限，故該文尚未發
　　表。

會特別針對鑑賞者審美意識說，與創作者具殊異自然秉賦
之天才說兩個康德學說側面，展開許多深入檢討。其中前
者，主張審美判斷的鑑賞活動必須嚴格立基於主體性，是
主觀的普遍性，而僅止於能提供範例的（exemplarisch）必
然性；後者，則是爲了解釋何以作品產生的緣故，強行過
渡到一特殊的從創作主體性出發之效果。甚至說在天才的
身上，其無從解釋的自然成效，還超過所有可能的人間學
習與藝術蘊釀之上。但無論是前者鑑賞者或是後者天才，
高達美認爲，兩者皆建立於主體自身之先在能動性上爲
準，與他強調「遊戲」精神中由被動、互動間再轉而主動
的著眼點不同。這是根本的出發點、前理解不同之故，他
於《真理與方法》出版先後期間一再宣稱：「爲了正確對待
藝術經驗，我們必須首先展開對審美意識之批判。」[8]而其
結果，表現到包括對康德純粹鑑賞說與創作天才說的雙面
批判在內，以另行求取一幅圓融統合、的確像是在如實進
行藝術欣賞活動的面貌。總之，反對審美意識之先驗抽象
化、反對審美主觀化，這正是高達美當年理解《判斷力批
判》時，最爲強不可奪的前判斷，所有其他細節的討論，
都環繞著如此前理解的大方向而展開。此外，高達美指責
康德美學的若干重點，事實上也已成爲目前研究第三批判

8　Hans-Georg Gadamer: *Gesammelte Werke* I, S. 104.

及康德美學思想者無法迴避的課題，學界甚至還因此有搶
救康德審美判斷客觀性的訴求出現。[9]

二、

其實回顧起來，1958 年高達美受命替海德格文稿《論
藝術作品起源》撰寫導讀時，業已接受了作品美學之存有
互動觀點。反之，他認爲是康德的哲學美學，不論就「觀
看者之鑑賞和藝術家之天才，都一樣讓人掌握不到有關於
概念（Begriffen）、規範（Normen）或者規則（Regeln）的
應用」，[10]會呈現出欠缺客觀面與外在實際面與之相應的、
純理論的建構傾向。所以一方面，由於構想力和悟性的和
諧相應，主觀上，意即僅止於在奠基主體之層面上，審美
判斷固然足以喚起某種生命情感的振奮，或心靈整體力量
的提昇，促成美學領域內關於自主性（Autonomie）的哲學

9 Kristina Engelhard: „Kant in der Gegenwartsästhetik." Dieter Heidemann und Kristina Engelhard (Hrsg.): *Warum Kant Heute?* (Berlin: de Gruyter, 2003), S. 352-383. 其引述高達美對康德美學主體主義批評的部分見 S. 359-361.
10 見高達美為 Martin Heidegger: *Der Ursprung des Kunstwerkes* (Stuttgart: Reclam, 1960) 所撰寫的那篇導讀，引言見該書第 100 頁。

論述，但其結果，卻可能成為自封在內而無法跨出其外的
趨勢。因此他當時緊接著直指康德而說：「另一方面美學之
奠基於心靈諸力量的主體性上又意謂著一種危險的主觀化
之開端。」[11]似乎儘管康德無此本意，也必須替後來的種
種發展負責。我們在這裡，格外能瞭解前述《真理與方法》
開始的對「主觀主義」（Subjektivismus）評斷之由來，尤
其關於藝術美的歷史人文探討，以及關於藝術中的真理之
認識問題，這時候都被他認為是康德美學無法適當處理的
重大盲點。[12]

　　特別是如今高達美意在從古典人文主義概念著手，如
「教化」、「品味」、「共通感」、「判斷力」來展開詮釋、理
解的詮釋學討論時，立即面對到同樣大量探討過後三項概
念內含，結果卻處處和自己想法相抵觸的康德美學。所以
他率先指責康德雖通篇議論「趣味」或譯「鑑賞」
（Geschmack），卻根本已抽去所有藝術真理的內容規定，
而康德探討「共同感」（sensus communis）這個原則時，卻
又避開其政治倫理生活中的教化意涵。隨之而後，他更全
面展開對美學主觀化與審美意識抽象化的一波波攻勢。其

11　Martin Heidegger: *Der Ursprung des Kunstwerkes*, S. 101.
12　*Gesammelte Werke* I, S. 105.

間,他所批評者也不完全出自康德本人學說,例如體驗美
學、審美教化、或十九世紀末波希米亞式藝術家等天才說
流弊,但多少都和康德哲學美學基本方向有關。同時,即
使他直接指名康德所說者,亦會或有貶或有褒,並不一味
否定到底。況且所有這些評論稍嫌凌亂而交錯出現,不過
整體訊息卻予人非常鮮明的印象:上一節所說詮釋學藝術
經驗理論,和康德式先驗哲學之美學間,道不同不相爲謀,
不能再走回頭路。前者由歷史傳遞、文化造就的豐盛經驗
資源帶動並成長,後者則持續前兩部《批判》強調先驗哲
學特質和先天的純粹性(Reinheit),結果加深美學主觀化
以及空虛不實的疑慮,甚至於延續至今,造成藝術僅停留
在「無利害關係之愉悅」(das interesselose Wohlgefallen)
這樣空泛無實的感受狀態。13

　　因此,本節我們再依照高達美 1960 年《真理與方法》
行文議論的順序,從頭看他對康德美學中幾個關鍵字詞裡
所呈現的美學觀念之批評。其依次爲(1)共同感、(2)判
斷力、(3)鑑賞或譯作趣味和(4)天才這四個主要項目;

13　直到 1996 年接受 Jean Grondin 訪談回顧之際,高達美最堅持者仍
　　是不能如此解讀《判斷力批判》,見文集 Hans-Georg Gadamer:
　　Gadamer Lesebuch, hrsg. Von Jean Grondin (Tübingen: Mohr, 1997),
　　S. 283.

其間更細部穿插許多康德與非康德的進一步發揮，惟限於
篇幅，無法完全照顧周到。

（1）首先高達美於人文主義理想下探討的共通感
（*sensus communis*），是一個原本由希臘羅馬世代而來的拉
丁文概念，最早發端於亞里思多德，在斯多亞學派及中世
紀皆甚為重視，近代初始也格外受維科（Vico）等人文主
義及修辭學者們依賴，代有傳續，直到十八世紀仍然在學
術領域內盛行有效。內容上這一概念包括許多社會共通的
行為實踐上的判斷標準，健全而一般都會有的常識，以至
對公眾事務合理處置、對公共福祉的適當安排等良好的共
識、共見以及共同感覺。特別是英語系〔蘇格蘭常識學派〕
及拉丁語系〔西班牙語及法國生命哲學〕，無論說共有、共
通的 good sense 或是 *bon sens*，皆指一種對共同福祉與什
麼是善的共有感覺與自然表現。其中會蘊含情感、機智、
幽默、友誼、具渲染力的關懷、體諒與同情，關愛與期待
等人際要素，且確實構成社會生活的主要連繫力量，族群
與政體認同等凝聚溝通、團結一體之感。

用我們今天的語言來說，高達美心目中「共通感」是
良序美俗不可或缺的條件，未必須由近代以來法政思想的
哲學基礎論述去証成，反而是一切法政社會合理化思考所
以有效的具體歷史與文化依據。因此《真理與方法》中探
討「共通感」概念時，也故意不去追究其「希臘的——哲

學的」來源。[14]因爲高達美指出：這的思考發展至德國啓
蒙運動哲學之際，除稍早一虔誠教派教士 Friederich
Christoph Oetinger（1702-1782）爲例外，卻在宗教與學術
分離，嚴謹專一的學術專業奠基工作之下，使得「共通感」
走向形式化與齊一化的方向，並一律放置到「自行思考」
（Selbstdenken）的奠基主體之中，所以比較適合譯稱爲一
種「共同感」〔其德文則爲 Gemeinsinn〕。尤其康德的啓蒙
哲學，爲區隔一般好像理所當然、實則始終說不明白的所
謂「建全人類悟性」（das gesunde Menschenverstand），爲
防止批判性哲學思維再走回宗教與情感狂熱式渲染鼓動的
道路（Schwärmerei），於第三批判重啓「共同感」理論時，
更加深了如此主體哲學奠基式而非舊有教化傳統式，因自
我轉變而接受啓迪的考量。

於是，高達美指稱德國啓蒙的這一趨勢爲「共同感之
邏輯化（Logisierung）」，是某種純粹的論理化，結果註定
會喪失一切內容上之豐富積累與承傳，切斷社會政治生活
中倫理教化義涵。[15]他認爲康德美學即爲一顯例，
Gemeinsinn 只是「虛給」而出，或譯「先給」（vorgibt）出

14　*Gesammelte Werke* I, S. 30.
15　參見 *Gesammelte Werke* I，第 37 頁起以下的重要評論。

來的一個鑑賞判斷的主觀必然性條件，[16]且「鑑賞」這項
先天進行判斷的能力，本身也是康德所說的 *sensus
communis* 主觀原則的一種，[17]缺乏人文歷史及教化倫常的
具體指涉，更毫無認識內容可言。易言之，當高達美與康
德同樣使用拉丁文 *sensus communis* 一詞時，其實是有很大
的差異。當然，高達美這樣的講法，似乎無視於康德本人
對於審美共同感（*sensus communis aestheticus*）和邏輯共
同感（*sensus communis logicus*）間還有區分仍然十分注
意，以及康德後來到《邏輯學講稿》和《人類學》著作繼
續探討「共同感」問題時，確曾有進一步發揮和補充。[18]但
是如今，高達美為了強調作品美學，為了拯救或說正確對
待藝術經驗，他的康德美學詮釋卻深具疑慮，並且在這裡
說出了一個可謂最為嚴重的評斷：「奠立於康德之上的美學

16　參見康德《判斷力批判》第 20 節的標題以及 18 至 22 節的內文討
　　論。以下引用版本為 Karl Vorländer 編 Immanuel Kant: *Kritik der
　　Urteilskraft* (Hamburg: Felix Meiner, 1974)，若涉及章節段落的主旨
　　會用段落編號，若涉及概念用字或直接引言句，則明確標示各版
　　本都共通的原始頁數。
17　*Kritik der Urteilskraft* 第 40 節。
18　「審美共同感」與「邏輯共同感」之預作區分，見 *Kritik der
　　Urteilskraft* 的第 40 節 160 頁註腳。另可參考張鼎國：〈指南山麓
　　論指南——康德哲學中「啟蒙」與「思想中定向」問題的探討〉，
　　《國立政治大學哲學學報》，第 13 期（2005 年 1 月），頁 63-98。

主觀主義與不可知論」。[19]

（2）相繼的，哲學上原本深具認知統合意義的判斷力（Urteilskraft）一詞，高達美認爲，至《判斷力批判》裡也就縮減成單純爲審美之事，亦即對於美的鑑賞之活動：「因而對康德來說那整個能稱爲一感官判斷能力的適用範圍，就只剩下審美的鑑賞判斷。」[20]人間活動裡，原本表現極爲豐富而多樣的判斷能力，若只針對如何進行美的鑑賞而發用，這樣當然算是一種有效範圍上的窄化，況且康德主要談論的都還只是自然美爲優先而已。但其實，高達美並未進一步探討審美判斷之後的〈目的論判斷〉的部分，他僅只批評到天才說之後就完全不再跟著康德走。目的論判斷當然亦爲一種判斷，比審美更無須經由感性取材，而結果正成就更高層次上自然與自由、理論與實踐的緊密聯結，其同樣不具備另行提供知識增長之功效，卻能夠替《僅爲理性範圍內之宗教》及《實用觀點下的人類學》提供更完整充分的準備。

---

19 原文爲 "den auf Kant begründeten ästhetischen Subjektivismus und Agnostizismus"，語見 *Gesammelte Werke* I, S. 105。按後者一說，康德原本是指「物自體」（Ding an sich）不可知，高達美卻有意轉移到審美領域內批評之，其間有很大商榷餘地。

20 *Gesammelte Werke* I, S. 39.

　　如此就高達美看來，不論是共同感或判斷力，在康德
那裡都因為過度的主觀先天性立場，既不利於實際經驗的
發生、或實踐知識活動的進行，也不易獲得有認知成效的
自我理解的果實。高達美自己的意見相對顯得十分積極：
他不會執守任何美學的先驗目的，而是把對象明確、且內
涵豐盛的藝術經驗，拉進到一種更接近詮釋學式的自我理
解之實效上衡量。他自己一貫主張：「藝術就是知識
（Erkentnis）而且對藝術作品的經驗是讓這樣的知識成為
共有分享（teilhaftig）。」[21]這是他暗諷康德式的審美不可
知論之理由，也唯有這樣才符合人文教化傳統的、而非徒
然標舉一些先驗特徵的經驗美學意義。反之康德美學因奠
基於「純粹鑑賞判斷」，對藝術之承認即變得不可能，遑論
透過藝術而增進知識見聞，開展眼界而能夠理解自我。這
是康德要付出的代價：「他否認 Geschmack 的知識意義。它
是個主觀原則。」[22]而對高達美幾乎不言而喻的是：「藝術作
品的經驗包含著理解，本身表現著某種詮釋學現象。」[23]所
以他甚至敢於宣說：「美學必須歸併到詮釋學裡。」[24]因為他
始終確信：詮釋學擁有遠比審美意識及史學意識更為寬廣

21　*Gesammelte Werke* I, S. 103.
22　*Gesammelte Werke* I, S. 49.
23　*Gesammelte Werke* I, S. 106.
24　*Gesammelte Werke* I, S. 170.

而開闊的人文教養空間。

（3）因此，同樣有別於康德第三批判，高達美自己
所講的 Geschmack 概念，中文比較適於譯作「品味」，而
非康德意義下完全不涉及內容意思、又無關乎評價衡量標
準積累的單向主觀「鑑賞」或純粹的「趣味」。[25]這其中也
讓人明白發現兩者之間極大的差異。高達美認為，從整體
社會實踐而非個人主觀的鑑賞進行、或趣味發現的活動來
看待，他所認知且贊同的「品味」不僅代表生活提昇、風
格講究等一般現象，其間也更多可資學習、玩賞、比較、
褒貶、評論的認識素材，同時也往往是群體社會中教化禮
儀是否全面普及，而其中又會包含著何等內容之重要指
標。所以他說：「品味絕不限於就其裝飾性上被規定的自然
美和藝術美，而是包括著道德和禮儀的整個領域」，[26]是一
個被抬舉到相當高度的自為標準。[27]換句話說，對高達美
言品味是表，共通感是裡；風雅應該不只是個人品味或風

---

25 Geschmack 以往宗白華中譯「趣味」與「品味」似乎很接近，但近
　　年來鄧曉芒譯「鑑賞」更為精確並漸為通行。然而高達美對「教
　　化」、「品味」概念史的追述，確實看得出來是和康德大異其「趣」
　　的。

26 *Gesammelte Werke* I, S. 43-44.

27 高達美與康德至少有一點趨於一致，亦即同樣贊同古諺所說關於
　　Geschmack 是無法爭議的。

格的主觀突顯，更如實反應著整個社會禮儀教化的傳達流
變、提昇向善，以及其間彼此相互接納與調整適應的整體
風貌。

　　這裡看得出高達美對「品味」寄予高度推舉，同樣是
根據他一整套的「教化人文主義」（Bildungshumanismus）
以申論：「品味還遵循著一種內容上之尺度。在一個社會裡
有效的東西，哪種品味支配於其中，這就鑄造著社會生活
的共同性。一個這樣的社會選擇出來也會知道，什麼屬於
它而什麼不屬於它。」[28]換言之，有怎樣的藝術家們、創
作出怎樣作品而爲社會所接受、欣賞而珍視，正就反映出
這個社會的整體生活格調，與其中所共同表現的理想品味
之統一性。品味當然沒有絕對的良窳優劣的評量標準，然
則有品味和沒有品味的差別卻是明顯的；因爲品味始終在
繼續發展創新及重新整合之際，而且從教化社會的觀點
看，好的品味的相反不是壞的品味，而是根本沒有品味。[29]

　　高達美用美和品味的向上發展能量相互覆蓋與重
疊，具體落實之間，以達成美善合一的理想教化社會，至

28　*Gesammelte Werke* I, S. 90.
29　*Gesammelte Werke* I, S. 42.

於康德提出的，則是「美為道德善的象徵」[30]之點到為止
的抽象說法，確實存在著極大差異。尤其 1960 年《真理與
方法》裡因為強調文學、文著的重要性，他在析論「象徵」
與「譬喻」之別時，曾特別著重古典修辭的「譬喻」，而相
對欲減低現代意義的「象徵」。所以他說正像一個成功的譬
喻不是論說的基礎、而是論說的完成一樣：「〔與康德不同
的，〕品味確實並非道德判斷的基礎，但卻是道德判斷的
最高實現。」[31]甚且由實踐哲學觀點研之，整個希臘生活
世界裡，其城邦社會規範與實踐哲學理想，最終都適足以
表現「一種好品味的倫理學」[32]而彰顯出一整個時代的教
化理念。這在以鑑賞與天才為主軸的形式美學學說裡，卻
無由出現；或許我們持平而論，最多只能討論此一美善世
界或「目的王國」出現的可能性條件與基礎，未展開任何
對於如此社會的實境描述與內涵詮釋。人間社會，的確應
該是一個追求美與追求善並行的、美善合一的世界，但高
達美認為，良好品味更應該是其具體表現，而且豐富多樣、
變化無窮而不定於一尊，不去冀求齊一的基礎和絕對的統
一。

30　見 *Kritik der Urteilskraft* 第 59 節標題及內文討論。
31　*Gesammelte Werke* I, S. 45.
32　*Gesammelte Werke* I, S. 45.

　　當然爲了不要誤讀康德，高達美也不忘提醒讀者：康德討論 Geschmack 時，畢竟還保留住其中的人際交往意義，即社交意含〔Geselligkeit／即中文所謂「以文會友，以友輔仁」的可溝通性與可傳達性〕。這或許正是康德論「共同感」與主觀認定上之可傳達性、可溝通性（Mitteilbarkeit）的一個很好的註解，若加發揮闡明，未嘗不能找出與詮釋學理論相通處。但高達美已認定康德講 Geschmack，是只滿足一個先驗立基的哲學系統之功能，是只對審美判斷力自身原則有興趣：「因此對康德來說，重要的只是純粹的鑑賞判斷。」[33]先天的、先驗上論說的一項共同感受之能力而已。於是像《純粹理性批判》以及《〔純粹的〕實踐理性批判》一樣，《判斷力批判》也是擺脫開一切歷史性實際存在的藝術作品，而直接談論可能的藝術經驗之停留於「純粹性」的美學著作。在他看來，「純粹的」鑑賞判斷與「無關利害的愉悅」兩者，遂成爲康德美學對真實藝術經驗問題所能提供的單薄答覆。

　　（4）最後一項，當康德講到「天才」（Genie）時，對高達美而言，無異又是另一個先驗原理的突兀出現，不但讓他表示出不能理解的態度，更對因此而隨後出現的一連

33　*Gesammelte Werke* I. S. 49.

串屬於藝術世界之特殊現象，提出不少評議。[34]康德雖然
明白宣說：「美的藝術就是天才的藝術」，[35]但其先驗哲學
系統上倚重的卻是自然美優於藝術美，以及他有關於「壯
美」或「崇高」（das Erhabene）的學說，§50 節甚至有「大
力修剪天才的想像力雙翼」之說。可見天才說遠不及鑑賞
說重要，而且格外值得注意的是：高達美對康德美學思考
的評議間，幾乎未有一言提及「壯美」或「崇高」（das
Erhabene），卻緊追著其天才學說未必是出自康德初衷的一
些缺失，一路抨擊討伐。這點，我們稍後於本文結論處再
加討論。

　　因此，高達美要指出對康德而言，雖然原則上「鑑賞
是和天才站在同一基礎上的」，但畢竟相較之下，「天才概
念的系統意義是限制在藝術美的特殊情況，反之鑑賞概念
才爲普遍的。」[36]天才說有其特殊需求，好像是爲了從自
然美強行過渡到藝術美才出現，而且究竟而言，其身亦爲
自然中的天賜寵兒。天才的出現，反而漸次造成某種局外
人身分，特立獨行、獨來獨往，所謂如魚如鳥般自由，不

34　詳見 *Gesammelte Werke* I，S. 63f. 當然，高達美不能直說這些都符
　　合康德天才說的原意。
35　見 *Kritik der Urteilskraft* 第 46 節標題及內文討論。
36　見 *Gesammelte Werke* I, S. 59..

問世事，單純為藝術而藝術。藝術家的活動既無涉利害酬勞，不具世間任務，又置身任何偶然機緣（Kontigenz）的環境遭遇外，脫離社會現實的牽制與羈絆，甚至也不受禮俗與文教的約束。[37]於是到康德之後美學思想，天才於藝術創作中的地位更加舉足輕重，但卻也離世益遠，形成追求唯美或「獨立的美學王國」等現象。此等雖非康德原罪，卻是藝術可以脫離現實、無益教化之始。

《真理與方法》裡指陳天才概念始自康德，原意為答覆藝術品創作之由來，後來卻成為審美教化說、體驗美學、浪漫主義個體性形上學及無意識創作說的濫觴。如果現在再放進當代詮釋學的脈絡當中，天才作為藝術作品起源的一個說明，儼然會像一個比「作者意圖」（*mens auctoris*）更加不可捉摸、非比尋常的「原作者自身」，較所謂的「作品自身」更遠離於我們的詮釋理解，成為某種純粹的「在己」（an sich）而非「為了我們」（für uns）的存在。詮釋學講求的藝術欣賞方式，則始終為有意識、有成效的理解和詮釋活動，能夠視某物為某物（etwas als etwas），從內含和義蘊的多重側面加以認知把握，從而進行內容明白、

37　參見 *Gesammelte Werke* I, S. 93 以下的討論。至於這些發展是否符合康德原旨，同樣也是高達美當時迴避的問題。

可傳達的對話溝通，而遠超過只是寄望於無意識創作的主
體——天才問世。

三、

　　高達美深受古典研究的薰陶，對藝術史及詩歌文學作
品極為嫻熟，雖然哲學上因海德格而接近過現象學，卻自
有一套融合柏拉圖對話與黑格爾辯證的對話詮釋學。他始
終認為，無論審美意識的突顯，或主體性哲學的確立，都
並沒有這麼重要，非此不行。藝術經驗應該以作品存有為
中心，現實地拓展擴充，而其存有方式即其「表現」
（Darstellung），包括繼續表現和讓其表現；真正藝術活動
就是「表現」、「表達」，或如前述「藝術作品總是有話要說」
而能說出其意義內涵。Darstellung 此概念還可譯成「呈
現」、「展示出」、「演出」，包括語言描述及形象表現到身體
姿態的「扮演」；因而從靜態物的文字閱讀、繪畫凝視、雕
刻觀看，到建築古蹟巡視，以至更具流動性的音樂詮釋、
戲劇演出、詩歌吟誦及其聆聽、觀賞皆然。這方面高達美
自己的主張是：「藝術的存有不能被當作一審美意識的對象
而被規定，因為反過來說審美的行為要比其對自身所知者
多出許多。審美行為是表現的存有過程的一個部分（ein
Teil des *Seinsvorganges der Darstellung*），而且本質上歸屬

於遊戲之作為遊戲自身。」[38]遊戲說與表現說，才是真正
構成高達美詮釋學藝術理論的最核心部分。

於是有一個非常特別的，中譯「審美不區分」或「審
美無區分」（die ästhetische Nichtunterscheidung）的主張，
被認定將會更適切於要求多方搭配、共同組成的遊戲說格
局，以及表現說所欲調和出的普遍參與方式和共作效果。
當然，這是個高達美自鑄之詞，他時而稱之為一「學說」
（Lehre），但時而又直名其為一個「非概念」（Unbegriff），[39]
似乎表白他藉此僅只志在破解什麼而非取代、覆蓋之；並
非認真另立一套周全新說，而只嘗試打開某種因過度區分
而自陷其中的哲學設定。因為真正造成審美意識僵化的，
其實就是種種不當的審美區分，諸般因抽象隔離與強自劃
分而造成的封閉性，而相對應於前述第一節對審美意識的
批判，他始終還想強調：甚至一切審美區分，基於「審美
意識」而成立的「審美區分」，也總是次要的。「審美不區
分」，因而，是故意「有別於區分」（im Unterscheide zu der
Unterscheidung）而來的，可以讓我們一則更忠於要求無我

---

38 *Gesammelte Werke* I, S. 121f.
39 此說見 *Gesammelte Werke* II (Tübingen: Mohr, 1986), S. 14. 這是
  1977 年以後的說法，但高達美並未明言這是否是對當年「審美不
  區分」矯枉過正的一種改變。

投入的藝術活動精神,再則可避免會阻撓、甚至否定認知
途徑的抽象隔絕。[40]藝術作品固然引起新的如遊戲般的經
驗活動,但仍需要不斷有共同遊戲者才得以展開。

因此不論遊戲說與雙重表現(Darstellung)或雙重模
仿(mimesis)說,高達美都大膽啓用「審美不區分」,貫
徹詮釋學反對不當區分與難消解對立的特殊任務。「很清楚
的:在模仿中被模仿的、由詩人刻劃呈現出的、由表演者
表現出的、被觀眾認知到的東西,都那麼是所意謂的東西
(das Gemeinte),那麼是表現活動的意義所在之處,因而
創作活動或表現成果本身根本不可能從中抽出而提取
開。」[41]真正的藝術作品,都藉由這樣的演出和表現機會
而獲得存有、也延續住其存有,隨時再發揮出並印證著其
不可取代的藝術價值。「如果人們仍要區分,只會把刻劃手
法和使用素材,把藝術觀點〔理解〕和創作過程分開。但
這些區分都是次要的。」[42]當然,一般所知的藝術評論,
以至業餘的一般討論,難免也會剖析分明,專門從事於各
種創作手法、風格、素材、效果方面各自差異的細節評述。
但就每一個人無須任何指導、訓練皆可嘗試的藝術欣賞

40　*Gesammelte Werke* I, S. 91f, 122, 144, 403, 479.
41　*Gesammelte Werke* I, S. 122.
42　*Gesammelte Werke* I, S. 122.

言,基本要求的仍是親自接觸,在某種融會貫通而無分區隔的當下具體情境間,直接發現到受啓發感動的整全效果;甚而因理解自身存在樣貌而引起自我改變,不止於單純地感受到娛悅或賞心悅目而已。[43]

所以事實上,如何能夠讓一幅內容傳佈上意涵豐富且形態多變,更具有普遍人間參與、更多觀賞共鳴的藝術活動之整全圖像鮮活呈顯,以說明無所不能的藝術任務和無所不在的藝術品味,揭示藝術與真理認知間的密切關係,這才是高達美詮釋學關心的課題。從藝術之真正表現這個過程是「審美不區分」來看,藝術活動間形式與內容的,手法與材料的及主觀與客觀的,內在與外在的都密切相應而交織在一起,那麼,一切自然美與藝術美之分、自由美與依存美之分、甚至決定判斷與反思判斷之分,皆屬多餘。這裡我們也必須再針對「審美不區分」,再提出兩點說明和討論。

首先,是高達美的「審美擴充說」。眾所周知的,康德《判斷力批判》一開始區分了讓「特殊者含攝在一給定普遍者之下」的規定判斷,以及「爲一給定的特殊者尋求

43　《真理與方法》裡特別以亞里思多德著名的悲劇理論為例,提出生動說明,參見 *Gesammelte Werke* I, S. 133f. 的討論。

出普遍概念」之反思判斷兩種不同判斷，爲兩種先天立法
能力。[44]而審美的鑑賞判斷，所依據的往往爲後者，具特
殊的反思性格，而能主觀上提供範例的（exemplarisch）必
然性。現在，高達美卻借力黑格爾而加指點：「真實無妄的
判斷力總是兩者兼具的。」[45]他以司法上的實務推證判斷
的情形，比照藝術理解間的意義獲取和視域交換，認爲兩
者都說明認知上、理解詮釋間，對普遍者與特殊者的討論
和決定，從來不會僅有單方向的活動。

以法詮釋學上法條普遍性及案例殊異性而論，最能說
明這點：「人們將一特殊者收攝（subsumiert）至其下的普
遍者，也正因此而繼續決定著自身。因而一法條之法理意
義透過司法審判而決定自身，並且原則上其規範的普遍性
也透過案例具體化決定自身。」[46]這裡我們可以發現：應
用法規以判案時對普遍性原則的「創造性的法理補充
（Rechtsergänzung）」，[47]與藝術欣賞活動裡原本存在卻略
有模糊的「尺度」（Maß）或「概念」（Begriff），會一再被
「審美地擴張開來」（ästhetisch erweitert），這兩種詮釋學

---

44 參見 *Kritik der Urteilskraft* 導論第 IV 節。
45 *Gesammelte Werke* II, S. 455.
46 *Gesammelte Werke* II, S. 255.
47 *Gesammelte Werke* I, S. 335.

理解的情形兩相對照，實具異曲同工之妙，也印證《真理與方法》第一部分常有第二部分的準備在內。

其次，第二點說明爲高達美最反對的自然美與藝術美之分。康德美學原本爲銜接目的論判斷之前的一特殊論域，雖強調感官活動與審美娛悅間的鑑賞判斷，卻不必等面對高度人爲創作的藝術品之際才發生，不涉及一獨立的經驗領域。美是生活於自然間，隨處可見令人愉悅的事物，無須概念知識的幫助也不牽涉到任何利害關係；而是時時湧現的良善美感，發現事物之合法則與合目的性，可接近、可欣賞，一切盡在無言。這就是自然美優於藝術美，並由此確定目的論的中心地位。高達美則直指而出：「然而康德在藝術美與自然美的區分裡有一不可否認的弱點：在藝術的情況下，按照康德，構想力的『自由』遊戲是關係到『給定的』概念的。藝術美不是『自由』的，而是『依存』的美。這裡康德陷入一錯誤的二選一，一邊是表象一客體爲對象的藝術而一邊是無對象的自然，而未能從表象活動〔亦即從一客體的「概念」〕去理解自由爲一種內在於藝術創造本身的變化活動，其自身就具有對真理的特殊關係。」[48]

---

48 *Gesammelte Werke* VIII (Tübingen: Mohr, 1993), S. 196. (GW VIII, S. 196/Relevance S. 164)

　　康德等於是把所有的好處都歸給自然美，其具有優先
性，又起到一道德善象徵的作用，甚至對藝術創作卓具貢
獻的天才本人，亦爲自然當中之才華橫溢者，凡人所不及。
但高達美卻無法同意，不同意這一區分重要，更不同意自
然美之特顯突出：「我們將必須承認：自然美並不以同樣意
義講話，像是由人所創作並且爲了人所創作的作品，像我
們名之爲藝術作品的東西那樣向我們講出什麼。」[49]他甚
至認爲：反過來看，康德會偏好自然美，正是因爲自然美
會缺乏特定表達力（Ausdruckskraft）的反面例證。[50]不同
於由人所創作出來、給人欣賞的世間繁富作品，自然美最
多起一象徵的作用，並未也不須講話，未表達或表現什麼。
所有語言活動或意義表達溝通等，在此似乎是不相干的事
情，因而也就沒有詮釋與理解的發展空間。自然美充其量
只是某種無言之美。

　　整體而言，康德的種種區分，都有其第三批判的自身
任務與系統內在理路上的要求。高達美則不然：「毋寧說自
然中和藝術中的美，都透過那整個人在倫理現實間拓展開
的美的海洋所充沛起來。」[51]這該是最能夠表達其審美不

49　*Gesammelte Werke* VIII, S. 3.
50　*Gesammelte Werke* I, S. 57.
51　*Gesammelte Werke* I, S. 44.

區分和審美擴充說的一個句子,幾乎讓人提前聽到「詮釋學宇宙」的宣示。如此可知,構想力的豐富創作力以及它和悟性〔概念能力〕的和諧並興、且充分自由的交互作用,才是高達美認爲真正值得重視者。既不忘卻可能起自實踐中因緣際會之偶然興起,也無法排除客觀概念知識的傳達內容,以及諸如風格轉移、鑑賞品味高下等實質性的藝術哲學問題。相對於康德,高達美倡言審美無區分,倡言藝術美理當優先於自然美,他似乎想要把僅發生於構想力自由創作與悟性合法則性要求之間,一場依舊停留於主體內部的遊戲,提早轉看待成是已然發生於「你」、「我」對話交流間的視域融合。

　　審美無區分不但否定審美意識之強加區分並造成隔離,同時也徹底取消一種藝術作品自身〔純粹之作品在己、作者意圖、原蹟原件、原初客觀標準等等〕的想法,讓藝術之所以爲藝術的重心放置到有作品不斷得以表現(Darstellung),一再重演、重現而爲後人接受的雙重模仿及創新性格當中。但說明至此,是否一連串總結於「審美無區分」的評論,讓他和康德漸行漸遠,也完全無視於康德先驗哲學系統其相關分析與整合的要求?如第一批判以來分析列舉,推證爲真和辯證駁僞?或說審美無區分是否

矯枉過正，毀去美學獨立自主領域內的概念清晰性？如若
高達美自己也承認這是個「非概念」（Unbegriff），[52]那麼
這對於只在意修辭論說效果，意在找出貼切字詞傳達而不
拘泥正確概念形成的詮釋學思考，根本不成問題。果真如
此，或許「審美不區分」早已可看作他後來討論經典詮釋
時，交談對話間「視域融合」一個美學前兆。

四、

　　以上我們看到高達美對康德的批評與不滿多且密
集，交錯出一幅和詮釋學理想相去甚遠的圖像。簡化說，
他以審美意識的不當設定和主體性奠基為批評起點，以「審
美不區分」的提出作總結。的確，在他看來審美意識不算
什麼。有鑑於真正被稱作「經典」的作品所能向我們傳達、
告知的義蘊豐富（die Fülle），審美意識說徒然阻礙我們與
作品的交流並進行理解。[53]詮釋學一向看重經典文著，看
重傑出的文本與卓越的作品，其中美不勝收的精神啟迪效
果與文化傳承使命，有如藝術殿堂裡當作人類集體業績般

52　*Gesammelte Werke* II, S. 14.
53　*Gesammelte Werke* II, S. 223.

供奉的公有財產。[54]

　　康德開始時確實是集中於自然美，對美的鑑賞或趣味時如此，至「天才」與「壯美」出現時亦且如此。自然中的對象之爲美，撇開認知概念之歸攝作用與實踐興趣之利害摻雜，因而是純粹的鑑賞活動。但事實上，同樣眾所周知的，康德對審美判斷的討論雖然集中在鑑賞之上，但他對鑑賞可能性條件的先驗推證直到§59，到直接把美看待成道德善的一個象徵之前，整個推證合理化過程是仍屬尚未完成的。美作爲自然中應有、應出現的道德善的象徵，針就這一點而論，康德畢竟未淪爲內容上完全放空無物的格局，反而有其密實的論述結構基礎。

　　美，可以是自然美或者是藝術美，其間差別在於：「一自然美是一美的事物；而藝術美則是對一事物之美的表象（Vorstellung）。」[55]但只要是美，我們就「可以名之爲審美理念之表達（Ausdruck）：只是在美的藝術裡，這個理念

---

54 高達美曾指出，康德否定語文學和歷史學研究會在美的鑑賞中有什麼幫助，精神科學在此甚至喪失其正當理由的基礎，見 *Gesammelte Werke* I, S. 46，但其實康德《判斷力批判》§60 論稱「人文學科」或「人文教化訓練」（*humaniora*）時，並未排斥文化或教養等前知識的形式，可提供預備的工作。

55 *Kritik der Urteilskraft* 第 48 節，引見頁 188。

必須透過一個對客體之概念來促成，但在美的自然當中對
一給予直觀之單純反思，而不必有此對象應該是什麼的概
念，就足以喚醒並傳達那個被視爲表達的客體之理念。」[56]
當藝術美不得不搬上檯面之際，美不但更是審美理念的表
達，康德也不能再僅只用天才概念來解答所有的問題。因
而我們開始看到「美的藝術」（die schönen Künste）的分類
問題、排序問題等等討論，且能從中發現極有意義的發展，
並非不甚重要。例如康德所謂「講話的諸藝術」（die
redenden Künste），對詩的藝術、語言功效與修辭學之有限
度的保留，這些都是除了「共同感」與「共通感」間的可
能關聯與銜接外，亦可提供詮釋學與《判斷力批判》接合
的可能性。

　　從高達美之理解評論康德美學思想言，首先，應該要
再深入檢討高達美「審美不區分」（ästhetische
Nichtunterscheidung）的看法，指出這雖然有利於他的藝術
作品存有方式之「遊戲」（Spiel）說，以及偏重觀賞者／
詮釋者立場之「模仿」（mimesis）說，但是從康德哲學立
場言，這卻是違背主體奠基批判所特別著重的自主性原則
的。如果一般而言，反思判斷與決定判斷、自然美與藝術

56　*Kritik der Urteilskraft* 第 51 節，引見頁 204。

美、審美意識與審美對象、乃至於形式與內容、創作與材料之間完全不作區分，固然可擺脫科學方法論入侵藝術審美的高度精神活動，卻很容易陷入論理上的進退失據，混為一談。批判理論哲學家哈伯馬斯與 Karl-Otto Apel 等，早先批評過詮釋學說，認為海德格和高達美真理思考都欠缺一規制性原則（das regulative Prinzip），在此處對照高達美對康德美學的批評後，更顯不容迴避。此其一。

其二，康德從審美鑑賞判斷中，所見及人類各種認識能力間的自由交互作用，應該是他美學理論裡極為重要的一個部分。一種真正能和諧並作於自身理性中的認識活動，基本上是發生於每一理性主體自身當中，同時又能先天上確定其可傳達諸其他同樣是理性存有的主體間的。[57]這裡涉及的正是認識活動的基本可傳達、可溝通性，據以要求「每一個其他人的同意」，[58]這和高達美所言相異之視域間尋求融合的差異甚大。雖然康德也會用自由遊戲（das freie Spiel）或者「並作」（Zusammenspiel）等字詞，形容各認知能力（Erkenntniskräfte）或情緒能力（Gemüthsvermögen）間和諧無礙的共同運作狀況。但相

57　目前較新版英譯本皆把 Mitteilbarkeit 譯作 communicability to others 即為一例。

58　參見 *Kritik der Urteilskraft* 第 59 節。

較下，高達美「遊戲」之喻或「視域融合」
（Horizontverschmelzung）現象，是否反而會只是充滿善
意期待的發生，無須經過一種規制性理念或必然性的討
論？若然，那麼誰才會是真正主觀？這樣的詰問，現在若
再回顧康德啓蒙宗旨來討論會更具意義。事實上1980年高
達美回顧他當初認真處理「遊戲」概念的一處說明，甚至
表示：「我發現自己真正說來是完全站在康德附近的，當他
談論起諸認知能力之自由遊戲時。」[59]他真正拒不接受的，
惟有自然美之勝過藝術美而已。

其三，康德美學對某些特定「美的藝術」的分析，非
常確切而並不含糊。例如詩的藝術（Dichtkunst），即高達
美所說的 Poesie，不僅被列爲講話藝術之首，甚且爲所有
美的藝術之首選，審美價值地位最高層級者。[60]高達美最
重視的修辭學理念及修辭學傳統，也並未在科學奠基性思
想中完全棄置不顧。康德真正貶抑的是暗藏特殊目標
（subreptiv）、針對特定說話對象〔群眾〕而發的（restriktiv）
說話技巧之雄辯術（Rednerkunst/*ars oratoria*），而非能引

59　*Gesammelte Werke* VIII, S. 204.
60　Dichten 會同時有「創作」及「寫作」或「作詩」之意，但卻絕非
　　沒有根由、毫無憑據的「虛構」或「杜撰」，和康德常用的另一動
　　詞 erdichten 不同。

起普遍共感的修辭學與詩學。[61]簡言之，康德並未完全排斥修辭學與詩學兩種「講談藝術」（die redenden Künste）皆可列身「美的藝術」之列，不過兩者輕重顯然有所不同〔「講話修辭藝術是把一件悟性的事情當作是一種構想力的自由發揮來推動的藝術，而詩的藝術則是把構想力的一番自由發揮當作是一件悟性的事情來執行。」[62]〕善用構想力與悟性的合作，這不但可能相當符合高達美所言「講話優美」或「說得好」（ευ λεγειν）與「善意詰難」（ευμενεις ελενχοι）的詮釋學交談對話原則，同時更顯見康德對相關問題的精細思考，確能有助於今世語言哲學的一般論述基礎。當然，真正的修辭學，始終須聯結於最深切的自我道德要求而出發：自己無由感動的內容，如何可能表達傳遞給他人？自己都不會相信的事情，又如何可能說服別人接受？所謂「修辭立其誠」，這點高達美與康德都會是真正重要的同樣考量。

同時，康德也很清楚哲學原理一定要通過語言辯證、

61　參見 *Kritik der Urteilskraft* 第 51 節、53 節的討論。
62　參見 *Kritik der Urteilskraft* 第 51 節，引言見頁 205。非常值得注意的是，高達美在 *Gesammelte Werke* I，頁 77 處可謂預留伏筆，故意用對等聯結詞 und 引述這一說明，經簡化以強調不可偏廢，保留住、甚至要強調 Beredsamkeit 畢竟仍屬「美的藝術」的地位。

聽聞傳說的廣闊領域（acroamatisch），而非像數學理論般
直接通過公理（axiomatisch）。所以《判斷力批判》59 節
裡，康德關於非透過圖式（Schema）中介的、而屬象徵
（Symbol）性質的 Hypotypose〔如何把關於一直觀對象的
反思轉遞到完全不同的概念上〕之討論，以及對這些經由
類推而來、不混合感性直觀內容的概念表達上之積極作用
的探討，也很可以和高達美重視的譬喻（Allegorien）說相
互發明對照。因為，畢竟康德也注意到「理性之詮釋」
（Auslegung der Vernunft）的工作不可或缺。所以與 59 節
相關，除一種不經圖式、而透過象徵的概念活動和概念表
達外，同時康德對於一切哲學原理原則之語言表達性
（Diskursivität）的洞察，承認哲學難免要向著屬於聞聽論
說（*acroamata*）而非圖式（*schemata*）中介或公理（*axiomata*）
演繹的方式，另啓特殊的知識建構途徑。這一肯定哲學須
聽聞論述知識、須對傳統哲學概念如「基礎」、「實體」、「偶
屬性」、「必然」等加以詳實論述及澄清的看法，正表示除
自行思維外亦有相互論辯的側面，開啓康德哲學對詮釋、
理解、溝通活動的積極面，很值得由詮釋學角度予以開發。

五、

　　如前我們看見，高達美依一種包羅萬象的藝術哲學為

準，用其間必當蘊藏的豐富內涵與無盡資源，責難康德從前獨特的美學思考成就，其實非常容易造成一脈立論主觀化與內涵空洞化的審美虛幻。[63]高達美不但善用藝術品舉例，嫻熟於藝術史及知名藝術理論，本人更精研博覽，詩詞背誦如流，是人文素養極高的學者。但是面對著哲學文本，似乎是件遠比藝術品評困難得多的事情。海德格曾說思想家著作都是隔代交談的書寫發聲，高達美也指出：「哲學諸文本〔……〕真正並非文本或作品，而是對一場穿越時代而進行的對話之文稿。」[64]如果他自己都主張說：文本與詮釋間應轉化為一場生動對話，或說可引申至交談模式之譬喻予以發明；那麼，高達美之理解《判斷力批判》，康德這部文本和他的這些詮釋，這場對話進行不順的糾結何在？

---

63 與高達美或詮釋學毫不相干的英美研究，藝術理論者如 Nelson Goodman, Richard Wollheim 等也曾指出康德美學裡，因為無需一明確概念而有所謂「認知空洞」（the "empty cognitive stock"）的疑慮，但 Christopher Janaway 曾替康德辯護，謂康德已成功翻轉出自由與實踐領域的普遍必然性，未停留於純粹美學之中。見 Christopher Janaway, "Kant's Aesthetics and the Empty Cognitive Stock," in *Kant's Critique of the Power of Judgment: Critical Essays*, ed. Paul Guyer (Lanham: Rowman & Littlefield Publishers, 2003), S. 67-86.

64 *Gesammelte Werke* II, S. 13.

　　首先，他對哥白尼轉向下率先追究主體主動性能力，以完成先驗奠基的主體性哲學，絲毫未表同情。反對審美意識僅止是其中一端。康德的哲學美學獨立性以對審美意識〔其發用則爲鑑賞判斷〕的分析爲核心，指出其於人類生命情感提昇中不可或缺的地位，透過「美是道德善的象徵」，起到自然界知識與道德際自主間的聯繫作用，讓理性的理論及實踐應用二者可同時兼顧且和諧並作。康德本人自有其出發點，一路照顧下的持續開展，甚至圓成其說宗旨的獨創性發揮。但畢竟先天探究各種成立可能性的必要條件，這和詮釋學理論一貫偏重總是已然（immer schon）發生的存有事實，確爲兩種很不相同的思考起始與思考方向。先驗哲學重視的是邏輯推証上的，而非發生時序上的優先性。

　　其次，康德美學思考僅只占一本重要哲學著作的二分之一〔強〕，此書復占批判哲學全體系的三分之一〔弱〕，如果堅持詮釋學上整體與部分於解讀過程間，須交互啓明的理解循環策略，《真理與方法》反而顯得急於藉由嚴詞評議康德的一些拆開來的想法，以彰顯高達美心目中最符合詮釋學經驗的藝術遊戲說。如此雖不一定是斷章取義，至少不時有論此失彼的未盡周全之嫌。1977 年高達美《論美

的現實性》和 1980 年〈直觀與直觀性〉，[65]高達美又逐漸
承認康德若干美學洞見之不可取代的貢獻，已可略見一
斑。其中又以前述悟性與構想力兩種認知能力間的「自由
遊戲」（das freie Spiel）說爲然，不過對自然美的優先仍然
不予同意。另外 1985 年全集版，在原先毫無一言提到康德
「壯美」（das Erhabene）思考的《真理與方法》裡，他也
事後添增一註腳，[66]承認此「壯美」分析對當代藝術及道
德哲學論述的特殊意義，等於間接承認當時疏漏，看來對
話果真需要時間。

　　最後可再得而申論者，則是如何讓一部接一部的哲學
經典文本與詮釋，化身一場又一場無盡的對話與實踐，走
出更寬廣充實而兼容並蓄的哲學研究道路之問題。本文僅
可視爲往這一方向進行的一個初步嘗試。至於如何再次從
細部問題的追究，轉回到綜觀角度呈現，整合出一個從康
德《判斷力批判》一直延伸至《人類學》、《邏輯學》的理
性啓蒙三格律說之精確的康德哲學立場，並藉由高達美「共
通感」說對照下，檢視康德「共同感」學說的積極現代意

65　兩篇論文分別刊於 *Gesammelte Werke* I, S. 94-142, S. 189-205. 其
　　中思考更深，看法已有若干改變。

66　見 *Gesammelte Werke* I, S. 57 的註腳增補處。這是全集版問世前各
　　單行本中未曾出現的補充。

含，尚有待努力。

6 試探錢穆與高達美對人文學研究典範之異同

許炎初[*]

一、本文的問題背景：共同關切「人文學」

> 孔子之學，主人文通義，主歷史經驗。蓋人道非一
> 聖之所建，乃歷數千載眾聖之所成。不學則不知，
> 故貴好古敏求。[1]

當代西方哲學中最重視歷史與文化傳承意識者當屬
高達美；而當代中國能上追孔子「好古，敏以求之」，[2]探

---

* 建國科技大學通識教育中心副教授
1 錢穆：《論語新解》（臺北：東大圖書公司，1988 年），頁 228。
2 錢穆於其最重要的「孔學」著作《論語新解》一書中，針對「我
  非生而知之者，好古，敏以求之者也」有言：「非生而知之：時人
  必有以孔子為生知，故孔子直言其非。好古：好學必好古。若世
  無古今，人生限在百年中，亦將無學可言。孔子之學，特重人文，
  尤必從古史經驗前言往行中得之，故以好古自述己學。」（頁 249）
  按此雖詮釋《論語》中孔子的某一重要面向，其實也是錢穆治學

「述而不作」治學，並兼備「歷史—文化—思想」三者意識者則當屬錢穆，[3]晚近則有蔣年豐教授研究指出高達美與儒家之間的相似性，故兩家或有其治學相似之處而值得研究，[4]此為本文的緣起。

從《國史大綱》起至其生命之終點，錢穆屢屢透過「對比學」的反覆思考，來構想建立一種中國學術思想上的「人文學」。[5]此先見於《湖上閒思錄》〈價值感與仁慈心〉一文（發表於民國三十七年，民國四十九年正式出版），與收在《世界局勢與中國文化》的〈中國儒家思想對世界人類新

的自道之詞。

3　筆者認為錢穆的治學典範即是一種「歷史—文化—思想」的三重之學，這也可用凱西勒於《人的哲學》的一段話來簡要說明：「就真理的探求言，歷史學家與科學家都受到同其嚴格的法則的約束。他必須利用所有經驗探討的方法。他必須蒐集所有所得到的證據，同時比較與批評他的一切資料。雖然如此，最後也最有決定性的行為始終是一種創造想像的行為。〔……〕他們是經驗論者，他們是特殊事實的仔細觀察與研究者，但是他們並不缺乏詩的精神。真正歷史的綜合或要義之所寄，乃是對事物的經驗實在的敏銳感性加上活潑想像的天賦。」見凱西勒著，杜若洲譯：《人的哲學》（臺北：審美出版社，1976 年），頁 327。

4　請參見蔣年豐著、張展源編：《文本與實踐（二）：西方解釋學的觀點》，〈維根斯坦與存有安宅〉，十五節至十七節（臺北：桂冠圖書公司，2000 年），頁 158-179。

5　本文取其「通義」，乃將錢穆的「人文科學」、高達美的「精神科學」（Geisteswissenschaften）以及普南（H. Putnam）的 moral sciences 大體視為接近同義。

文化所應有的貢獻〉一文（民國四十四年），[6]之後又撰有
〈中國歷史上關於人生理想之四大轉變〉一文（民國五十
一年），並於同時之際完成《論語新解》（民國五十二年）
一書。此即錢穆希望能提倡一派新的儒學，來為中國社會、
人生理想找出路。[7]

　　此時正值國族巨變，大難未歇，錢穆乃於任職「新亞
書院」期間所寫就的〈孔學與經史之學〉一文中指出：「孔
子之體正、道大，實來自於孔子有志而善學於此人文社會
之整體。」又指出孔子之學：「非宗教，故不上求之於天神。
非科學，故不旁究之於萬物。孔子之學，蓋本原於人文社
會之演進，專就人事而推尋其義理。此非後世狹義之史學，
亦非狹義之官學。用今語述之，當稱之為『人文學』，庶乎
近是。」可知錢穆的心中以「孔學」為「人文學」基礎之

6　錢穆於民國四十四年〈中國儒家思想對世界人類新文化所應有的
　　貢獻〉一文中指出他對儒家於當今世界與文化之一番自信與期
　　許：「竊謂今日人類所當首先努力之惟一工作，厥為先求瞭解人類
　　之自身。」又言：「中國儒家乃非宗教、非哲學、非科學、而獨有
　　其另闢途徑，以為人類文化向前指示一套真理之偉大成績。」又
　　言：「而善為之調和折衷，必可為當前人類文化新趨展示一方向。」
　　參見錢穆：《世界局勢與中國文化》，收入《錢賓四先生全集》（臺
　　北：聯經出版社，1995 年），第 43 冊，頁 181-184。此種自誓終其
　　一生都不曾改變。
7　亦見錢穆：〈中國歷史上關於人生理想之四大轉變〉，《世界局勢與
　　中國文化》，頁 158。

看法可說呼之欲出了。

　而他在「新亞書院」退休之際所出版的《論語新解》一書，更可視為是其有意建立「孔學」為中國人文學研究典範與學術類型最具基礎性的代表作。《論語新解》可視為錢穆本「孔學」完成建立「中國人文學」心願的一種「基礎性」努力。

　如更放眼於當代中國學術思想之現況，本《論語》論「孔學」一直是錢穆有別當代學人（由墨學、莊學、老學、佛學、易學、禮學、春秋學以治「孔學」）而終生以赴的學術志業。《論語新解》之完成──一種融合歷史考證、想像詮釋與凝練之體驗以求孔子之「本義」──對錢穆的「孔學」乃至此後的「中國儒學」發展而言，實有莫大的意義。惟學界研究錢穆學術思想者，至今仍多未能見出此層意義。

　錢穆逐步形成的「孔學」之為其學的基源問題與其人的終極關懷，在外緣的條件上，與其認為當代學者不經審慎裁量，就大量移植西方學術思想而造成中國學術與文化傳統崩解與斷層背景，有密切的關係。至於從中國內部的學術脈絡而觀，傳統儒學與四部學術思想本就是一種淵源流長的人文社會學，但近代儒家學術思想（錢穆認為主要在朱子之後，參見其《朱子新學案》），逐漸昧失「學術本源」，並喪失把握此一「學術大體（義）」的能力，乃至日

益歧（別）出，至清代乾嘉，學術生機已竭，可謂積重難返（參見氏著《中國近三百年學術史》序）。此下一百餘年，拜風氣之大開，各種學術典範相繼而起，雖有開新路與風氣之用心，然「入主出奴」，[8]常流於門戶（也就是治學典範的不同）之見。實則作為中國文化主流的儒家學術本源早已不正，對中國歷史與文化的大義又昧失已甚，終至耗盡儒學的生機與資源。錢穆認為此階段實為儒家學術思想最衰微的時期。[9]

按當代有志之學者既要有消化中學與西學的巨大容量，尤其面對西方強勢的科學與民主之餘，既要養成廣博的歷史文化意識與高明的學術思想，還要能「道中庸」而致其可行，實為一項艱難無比的挑戰。[10]然錢穆卻成為數

8　「入主出奴」此語錢穆甚好引用。案此語出自唐韓愈〈原道〉：「其言道德仁義者，不入於楊，則入於墨；不入於老，則入於佛。入於彼，必出於此。入者主之，出者奴之。」意謂崇信一種說法，必然排斥另一種說法，以己所崇信者為主，以所排斥者為奴。後以「入主出奴」指持有門戶成見。

9　詳見錢穆：《中國近三百年學術史》（下），第十四章「康長素」，《錢賓四先生全集》，第 17 冊，頁 827-926。長素取擇儒家過於駁雜，乃至脫離史實，距儒家本源甚遠。從此處也可知道錢穆擇取孔子與《論語》之原因。

10　錢穆〈近代儒學之趨勢〉有言：「是則前漢（重會合）、晚明（重駁辨），儒學兩翼，所憑以左右夾輔扶搖直上者，當今之世，乃有齊頭並進之觀。斯非希覯之一奇歟！」（《孔子與論語》，《錢賓四

百年之間，於重重艱難之中極少數能體現真正「歷史─文
化─思想」三重視域與意識融合的治學典範與學術類型。

　　百年來，中國學人大量向西方取經格義時，發現西方
經過近代科學方法論與哲學認識論的洗禮後，對知識的要
求明顯受到數學知識模型、表象主義[11]與嚴格檢證方法的
影響，益發顯現為一種嚴謹「定義」（definition）與形構規
則，以作為可控制的、可操作的程式。這種實證理性的「除
魅過程」很快就擴及到社會科學與人文科學（精神科學）。
社會科學首先受到科學方法論的「客觀性」所影響，逐步
將「價值」（基於事實與價值的邏輯區分）化約為主觀與情
緒的感受，因此特別標榜中立，並量化在可操作的規則中。
人文學受到科學方法論的影響，也不言可喻，[12]正如
Appleby 所言：

先生全集》，第 4 冊，頁 452）又言：「故輓近學者稱引儒書，樂為
援據而加以闡發者，非《易傳》、《禮記》，則往往在晚明。此辛亥
前後五六十年中風氣，蓋有不知其然而然者矣。」（頁 453）
11　對「表象主義」批評最力的是 Richard Rorty，參見其名著 *Philosophy
and The Mirror of Nature* (Princeton: Prinction University Press,
1979)。
12　Appleby, Joyce O., Lynn A. Hunt, and Margaret Jacob: *Telling the
Truth About History* (New York: W.W. Norton), p.241. 中譯本見薛
絢譯：《歷史的真相》（臺北：正中書局，1996 年）。

科學逐漸取代宗教，成為掌握社會經驗模式與隱喻
的提供者。[13]

余英時教授也承認：「二十世紀的人文研究一直在科
學典範的引誘之下游移徘徊，則是一個無可否認的事實。」
[14]二十世紀，西方哲學對此有幾種方向來加以回應：一是
往「先驗哲學」的方向發展，試圖重新奠定基礎，如胡塞
爾（1859-1938）的「先驗現象學」；一是海德格（1889-1976）
重新思考「存有論」，並往「基本存有論」方向發展；或者
是「存在哲學」，如雅士培（1883-1969）提出「實存照明」
（Illumination of Existenz）；或者是往「哲學詮釋學」方向
發 展 ， 如 高 達 美 （ 1900-2002 ） 對 「 精 神 科 學 」
（*Geisteswissenschaften*）之闡發等；還有如接續啟蒙理性
的批判旨趣方向發展的哈伯馬斯；最後則是來自「後現代
主義」的激烈反省。

換言之，廣義的人文學家藉著釐清各種論題，重新建
構人文學的範域、定位人文學的使命，並證成人文學研究
典範與學術類型的合法性與優越性。筆者認為其中高達美

13　*Telling the Truth About History*, p. 272.
14　余英時：〈回顧二十世紀科學典範下的人文研究〉,《中國時報》，
　　2003 年 1 月 19 日，以及參見：
　　http://forums.chinatimes.com.tw/tech/techforum/030119a2.htm

以其豐富的「歷史文化哲學」之詮釋學意識，乃成爲當中最具有「渾括性」與「閎深性」思想的一位哲學家。

　　本文所論的高達美，於其《真理與方法》一書主要針對的是西方近代知識論的「認識主體」，對所謂「智識的絕對主義」（intellectual absolutism）[15]與嚴格方法論所預設的知識概念（concept of knowledge），即對要求「符合性」（correspondence）與「客觀性」（objectivity）的真理概念提出反省，並在該書中提出「真理」[16]的藝術經驗[17]、「歷史經驗」，及「語言是世界經驗的存有學」三大部分加以迎擊。他在〈導言〉即明白指出：

> 詮釋學的問題從歷史起源開始，就超出方法概念對現代科學所設定的限制。[18]

　　高達美指出一種不能用「科學方法論」加以實證，卻

15　*Telling the Truth About History*, p. 272.
16　參見吳俊業：〈海德格的真理概念及其限制〉與陳榮華：〈高達美真理概念與真理的證成原則〉兩篇論文（南華大學哲學系「第一屆當代歐陸哲學研討會」，2004 年 12 月）。簡言之，就是從命題真理回歸存有真理、從主體性的真理建構到非主體性的真理事件。
17　高達美著、洪漢鼎譯：《詮釋學 I，真理與方法——哲學詮釋學的基本特徵》〔文中簡稱《真理與方法》第 1 卷〕（臺北：時報文化，1993 年），頁 448-468。
18　《真理與方法》第 1 卷，〈導言〉，頁 1。

是作為其基礎的「人與世界的真理」之普遍性經驗。此即詮釋學是更基本地去「理解」人的存在經驗。

要之，我們必須牢記以科學智識的絕對主義為基礎的方法論與實證觀，越來越支配人文學的事實（例如造成「審美判斷」的先驗化與「歷史意識」的異化等），[19]才能對高達美《真理與方法》崛起於西方哲學的處境有清楚的認識。

二、本文論題的限定

錢穆對「人文學」的構想主要是以孔子與《論語》的「孔學」為中心而開展，並以深厚的儒家學術思想史與悠久的歷史文化傳統為其視域。顯然錢穆的「孔學」並沒有受到當代中國學人深受西方哲學一貫講求重視概念範疇與抽象討論的哲學典範所影響。當代中國儒學思想的群譜中，錢穆堪稱是最能抵抗「哲學誘惑」的一位。

至於高達美的人文學主要是採取「詮釋學」的進路來克服「認識論」的進路，或說是將哲學「認識論」的「真

19　高達美著，洪漢鼎、夏鎮平譯：《詮釋學 II，真理與方法——補充和索引》〔文中簡稱《真理與方法》第 2 卷〕（臺北：時報文化，1995 年），〈詮釋學問題的普遍性〉，頁 239-252。

理問題」擴大到「精神科學」的「理解問題」。對此,高達美甚至更往上進--步追溯到柏拉圖與亞里士多德的哲學遺產;此即高達美雖然面對精神科學的危機,其人其學卻依然身居西方哲學的傳統內。

要之,高、錢兩方其實是來自不同的學術傳統。因此愈往其根源處深入,就能發現兩家的差異。但或許透過本文將高達美(西方哲學最有深厚歷史意識與文化傳承意識者)的詮釋學視為一仲介與溝通的門戶,可以進一步縮短兩方(錢穆是當代中國能上追孔子而兼備「歷史—文化—思想」三者全體意識者)研究典範與學術類型的距離。誠如劉述先教授所指出:

> 陳榮捷先生將「格義」翻譯為 matching concepts,意即兩個概念的排列對比。當我們面對陌生的物事,通常會以熟悉的類似品取代而加以了解,這是文化交流無可避免的現象。也正因為有外來語言的對照,才能使我們察覺自己對現代漢語的掌握並不完整,同時也進一步理解古典用語的表述極限。[20]

20　「中國經典詮釋學的方法論問題」學術座談會記錄,《中央大學人文學報》,第 20、21 期合刊(88/12-89/6),頁 437-468。

基於上述，本文乃限定如下的論題：

（一）主要取兩家治人文學大義之所同，至於二家根源性的差異，遠非本文篇幅所能處理。

（二）錢穆的部分以《論語新解》與《孔子與論語》二書為主。至於高達美則僅限制於《真理與方法》第一卷的第二部，與第二卷《真理與方法補充和索引》，特別是第一卷第二部第二章的第一節：「理解的歷史性上升為詮釋學原則」一節。

（三）本文乃在簡要處理兩家所曾共同關心、論點相近的如下議題：（1）無法永遠照明窮盡的「前理解世界」與千載眾聖所累積的人道世界。（2）理解循環與兩端兼舉的思維。（3）有關經典理解註疏的辯證問題。（4）兩方所共用的「歷史文化哲學」意識。（5）文化傳承與社會批判的先後輕重關係。（6）對「意義」與「方法」的辨明。（7）思考傳統、權威與理性二者的關係。要之，本文旨在彰顯二家的近似處而非差異處，尤其希望能透過高達美的比觀，看見錢穆「孔學」在人文學研究典範的一些治學勝境。

三、詮釋學的理解與追求無預設的理想

（一）無法窮盡的「前理解」與千載眾聖 累積的人道世界

根據海德格與高達美的詮釋學，近代科學對「確定性」的追求與哲學認識論所追求的（如笛卡兒所揭示的理想），無論在科學或人文學實際上都不可能存在一個無預設的基點。海德格因而標舉一種從狄爾泰「解釋知識論」到「詮釋本體論」的轉向。對海德格而言，人類的理解，永遠都是被一種無法永遠照明與窮盡的「前理解」（fore-structure of understanding）的把握活動所規定，也就是一種「前有」、「前見」的「前結構」視域。換言之，所謂人的「意義」其實是透過前有、前見與前把握而向未來「投射」所構成。至於到了高達美，進一步將詮釋學被賦予一種更普遍、更完整的經驗。[21]Jeff Malpas 就認為，高達美的詮釋學是指出

---

21 高達美在〈在現象學和辯證法之間——一種自我批判的嘗試〉一文
    開始就說：「我的體系的目的從一開始就指向詮釋學經驗的普遍
    性，假如這種詮釋學經驗真的是一種普遍的經驗，那麼它就應該
    是從任何一個出發點出發都能達到的。」（《真理與方法》第 2 卷，
    頁 3）這讓人想起錢穆《論語新解》是求孔子的「本義」（見該書
    序）與「通義」（散見於該書之注文中），而通義與高氏的詮釋學
    經驗的普遍性似乎也有相近的旨趣。

理解作為一種辯證、實踐與情境活動的綜合特質（the priority of understanding as a dialogic, practical, situated activity），此歷來的各家關注面向都要更具全面性。[22]高達美認為人本就是一個存在於根深蒂固文化前理解背景中的存在。簡言之，人本來就是、或已經就是在歷史中的存有，[23]因此揭示人類存在的歷史性與「前見」（prejudice）並不是「理解」的限制，反而是我們得以進行理解的基礎。普賽就深刻地指出：

> 每一個追求理解的過程，都是在一個根深蒂固的文化的前理解（pre-understanding）的背景下發生的。溝通行動中所提供的或所顯示出來的，誠如我們所知，都是來自我們共同擁有的「生活世界」，這個生活世界總是「渾然一體」，而意識所能掌握的只是它的一部分，因為它永遠存在於我們的背後。[24]

此即對近代哲學宣稱能找到純然中立的觀察為認識出發點，海德格與高達美（甚至連哈伯馬斯）都認為此事不可能。而承認了此事，也就無需刻意去逃避。高達美接受海

---

22 參見：http://plato.stanford.edu/entries/gadamer/
23 見張鼎國於「詮釋學典籍研讀會」的討論：「高達美與實踐哲學」（http://thinker.nccu.edu.tw/hermes3/sub5.htm#）
24 普賽著、廖仁義譯：《哈柏瑪斯》（臺北：桂冠，1989年），頁107。

德格「此有」與其理解都是屬於「在世存有」的存有學特
性，此即人的「在世存有」具有一種「詮釋學情境」的優
先性（a prior hermeneutical situatedness）。海德格指出人的
理解有「先在結構」之說，惟海德格將其關懷放在西洋哲
學傳統的「存有論」。但對關心「精神科學」的高達美而言
（視野更廣而較落實與具體），在歷史文化的累積傳統下
「先（前）見」（海德格稱爲「前結構」）是不可免的，[25]而
所累積而成的「權威」也有其積極性的意義，因爲這種傳
統的「先見」與詮釋者是同其存在的關係，並且是「先於」
「認知主體」所構成的關係。例如高達美就指出：

> 條件性並不是對歷史的妨礙，而是真理本身的一個
> 要素。[26]

　　從詮釋學觀點而言，由歷史文化基礎中去理解人與世界
的根本關係是不能僅以這種「科學方法學」導向的「客觀性」
爲滿足的，也就是人對事物的「理解」只有在（預設）「傳
統」所提供的境域（一種時間與視域的存在）中始成爲可能；
尤其人更須藉著理解歷史「傳統」和「權威」而達致「自我

25　參見《真理與方法》第 1 卷以下各節：（a）詮釋學循環和前見問
　　題：海德格爾對理解前結構的揭示、啟蒙運動對前見的貶斥。（b）
　　作為理解條件的前見：為權威和傳統正名。
26　《真理與方法》第 2 卷，〈精神科學中的真理〉，頁 46-47。

理解」。上述之言意即是：「自我理解」就存在於「傳統」、「權威」、「境域」、「先見」（「前理解」）的歷史地累積之中，也就是存在於高達美所言的「實效歷史」中，27因爲高達美曾說過：

> 事物本身就具有效果歷史，這是一個詮釋學真理。28

簡言之，「自我理解」是一種「走出而後返回」（「理解的循環」也意味著繞經「外面」回到「更深」的自己）的「循環」。因此所謂的人文學乃是人透過理解這種「傳統」而達成「自我理解」的學問。

至於錢穆的《論語新解》於解〈述而不作〉章時，則如此認爲孔子之學：

> 人道非一聖之所建，乃歷數千載眾聖之所成。29

實即意表孔子承認有一種先於自己的客觀存在，並且自己就置身在此一歷史文化所累積綿長而成的人道世界中。他從承認與尊重歷史文化有著客觀並已然「先於我」存在的

27　《真理與方法》第 1 卷，頁 393-400，頁 442-490。
28　《真理與方法》第 2 卷，〈在現象學和辯證法之間──一種自我批判的嘗試〉，頁 5。
29　《論語新解》（臺北：東大，1988 年），頁 227。

廣大「無我與不朽」，並從此「無我與不朽」的世界中，才
能思考一己生命意義所得以成立的真實根據（如孔子所主
張的仁德之道）。[30]由於承認這種累成的現實人道是客觀的
與實在的，並且遠遠超過個人，因而就凸顯一種中國最早
的「歷史學」觀念，並形成孔子「好古敏求」與「述而不
作」的歷史認知精神。

　　錢穆認為，孔子主張人的先天美質固然可貴，惟仍有
其限制，故必經後天的博文問學之功（此即不學則不知）。
這裡僅舉《論語新解》中的三例來說明：

> 孔子之學所重最在道。所謂道，即人道，其本則在
> 心。人道必本於人心，如有孝弟之心，始可有孝弟
> 之道。有仁心，始可有仁道。本立而道生，雖若自
> 然當有之事，亦貴於人之能誘發而促進之，又貴於
> 人之能護養而成全之。凡此皆賴於學，非謂有此心
> 即可備此道。（頁6）

30　這種先於我而客觀已然存在的事實，對理解錢穆治學十分重要。
　　可參見錢穆《湖上閒思錄》〈無我與不朽〉一文：「任何一個人的
　　思想，嚴格講來，不能說是『他的』思想。那裡有一個人會獨自
　　有他的『我的思想』的呢？因此嚴格地說，天地間絕沒有真正的
　　『我的思想』，因此也就沒有『我的』，也便沒有『我』。」（《錢賓
　　四先生全集》第39冊，頁35。）

> 不踐跡，亦不入於室。善人質美，行事一本天性，
> 故能不踐跡，猶謂不照前人腳印走路，即不依成法。
> 此言其未經學問，雖亦能善，而不到深奧處。見美
> 質有限，必學問始無窮。（頁 397-398）

> 人之才德兼者，其所稱必在德。然亦無無才之德。
> 不能行遠，終是駑馬。性雖調良，不獲驥稱。（頁
> 367）

換言之，錢穆認為孔子主張人始終是活在悠久累積的人道
世界中，同時應秉持天生之美質（如忠信）與後天的學習
實踐（應該說孔子更看重後者），才能真正拓深人的「自我
理解」，因此不可憑空思考、妄想追求一個無預設的基點。

　　以下則進一步說明孔子言「學」與高達美主「理解循
環」的相似性。

（二）理解循環的積極性與兩端兼舉合一思維

　　高達美接受海德格之說，承認屬於邏輯學上「循環論
證」的「理解循環」是合法的，也就是理解的循環性並不
是惡性循環，而是在自身隱藏一個根源認識的正面可能
性。海德格寫道：

> 循環不可以被貶低為一種惡性循環，即使被認為是一
> 種可以容忍的惡性循環也不行。在這種循環中包藏著
> 最原始認識的一種積極的可能性。當然，這種可能性
> 只有如下情況下才能得到真實理解，這就是解釋理解
> 到它的首要的經常的和最終的任務，始終是不讓向來
> 就有的前有、前見和前把握，以偶發奇想和流俗之見
> 的方式出現，而是從事情本身出發處理這些前有、前
> 見和前把握，從而確保論題的科學性。[31]

關於「理解的循環」，海德格將其延伸至「前有」、「前見」
和「前把握」的視域中，也就是在理解的「先在結構」和
詮釋的「認知結構」之間的循環。高達美承繼海德格，賦
予「理解的循環」更為豐富而深奧的意涵。他認為「理解」
一詞本身就是一種歷史地「累積」，並且是歷史地「運作」
的基本結構，即「理解」是高於「判斷」的一種「前見」；
因為「理解」就存在於浩瀚的「實效歷史意識」之流中，
是一種「負載的共同一致」的世界，一種「我們─存在」，
一種「語言的世界構成」的先在性與普遍性的世界經驗。
簡單地說，是一種整個人類的經驗世界。[32]因此在一個完

31　《真理與方法》第 1 卷，頁 353。
32　同上書，頁 385。

滿的（文本）理解中，整體和部分的循環並不只是一種「主觀判斷的反思」，從而將文本所具有陌生與疏異性給消除，乃至揚棄掉，[33]而是相反地得到真正的實現。

錢穆則藉《論語新解》揭示孔子之學乃「兩端兼言」的循環與辯證思維。「理解的循環」如果換上錢穆的理解方式，此即《論語新解》所申言的：

> 孔子平日言學，常兼舉兩端，如言仁常兼言禮，或兼言知。又如言質與文，學與思，此皆兼舉兩端，即《中庸》所謂執其兩端。執其兩端，則自見有一中道。中道在全體中見。僅治一端，則偏而不中矣。（頁 53）

以下再舉《論語新解》中的六個例子，說明錢穆的觀點：（1）如將其擴大，就「仁與禮」兼言：

> 仁與禮，一內一外，若相反而相成。孔子言禮必兼言樂，禮主敬，樂主和。禮不兼樂，偏近於拘束。樂不兼禮，偏近於流放。二者兼融，乃可表達人心到一恰好處。（頁 70-71）

33　《真理與方法》第 2 卷，〈論理解的循環〉，頁 69。

（2）就「知與德」兼言，如解「日知其所亡，月無忘其所能，可謂好學也已矣。」（〈子張〉）時指出「知與德兼言，學進與德立，相引而長」，又曰：

> 君子於學，當日進而無疆。日知所無，此孔子博文之教。月無忘其所能，此孔子約禮之教。〔……〕故日知所無則學進，月無忘所能則德立。如是相引而長，斯能擇善而固執之，深造而自得之矣。（頁674）

子夏之言好學，亦「知」與「德」兼言。

（3）如就「哀與樂」兼言，「兩端並舉使人體悟到一種性情之正，有超乎哀與樂之上者」，又曰：

> 常人每誤認哀樂為相反之兩事，故喜有樂，懼有哀。孔子乃平舉合言之，如成一事。此中尤具深義，學者更當體玩。孔子言仁常兼言知，言禮常兼言樂，言詩又常兼言禮，兩端並舉，使人容易體悟到一種新境界。亦可謂理智與情感合一，道德與藝術合一，人生與文學合一。（頁99）

錢穆言哀樂並舉，可使人體悟到一種性情之正，有超乎哀與樂之上。

（4）如就「學與信」兼言，更藉「篤信好學，守死善道」（〈泰伯〉），說出孔子對於「道」的態度，當「學與

信」、「守與善」兩路兼言與並進。一如高達美,錢穆視「理解」為一種積極性的兩端「並進交盡」的循環邏輯,而不視「理解循環」為一種缺陷。一如《論語新解》又說:

> 信,信此道。非篤信則不能好學。學,學此道,非好學亦不能篤信。能篤信,又能好學,然後能守之以至於死,始能善其道。善道者,求所以善明此道,善行此道。〔……〕合本文通體觀之,一切皆求所以善其道而已。可以富貴,可以貧賤,可以死,可以不死,其間皆須學。而非信之篤,則亦鮮有能盡乎其善者。(頁 278-279)

(5)如就「性與學」兼言,錢穆本《論語》「忠信」與「好學」兩端指出:

> 德性原於先天,然貴能致力於後天之學問,以期其暢遂發展。學問起於後天,然貴能一本之先天之德性,以求其圓滿歸宿。[34]

> 務求本於「性」以為「學」,即本於「學」以盡其「性」。

---

[34] 參見錢穆:〈孔子思想與此下中國學術思想之演變〉,《孔子與論語》,收入:《錢賓四先生全集》第 4 冊,頁 329-340。這種「性」與「學」合一說,還有《中庸》首章的「性」與「道」合一說,都屬於錢穆晚年高舉「一天人,合內外」之架構。

（同上）

（6）至於針對高達美「理解的循環」之於「人文學」
的重要，正如《論語新解》所指出：

> 君子能博約並進，禮文兼修，自可不背於道。就學
> 言之謂之文，自踐履言之謂之禮，其實則一。為學
> 欲博而踐履則貴約。亦非先博文，再約禮，二者齊
> 頭並進，正相成，非相矯。此乃孔門教學定法。（頁
> 219-220）

對博文約禮之「二者齊頭並進，正相成，非相矯」一語，
最能見錢穆本於「孔子之學」回應西方詮釋學所主「理解
循環」之於人文學的洞識。[35]「理解循環」的積極性與兩
端兼舉的合一思維，當然都有「辯證性」的張力存乎其間，
而最終皆在於一種從更大的整體中按照一更正確的尺度去

---

35 錢穆的《論語新解》是經過其漫長反省儒家學術思想史後，一本
《論語》的「本義」揭示孔子之學（知德兼言、仁知兼言、禮樂
兼言、詩禮兼言、仁禮兼言、學與信兼言、守與善兼言、性學兼
言）並非先博文再約禮，亦非先約禮再博文，而是博文與約禮二
端齊頭並進，所謂正相成，非相矯。這可視為錢穆試圖本於孔子
與《論語》建立儒家人文學「認識論」的用心，尤其是對宋明理
學陷於朱陸「尊德性」與「道問學」的嚴重爭論，乃至試圖解決
漢學與宋學之爭、訓詁明還是義理明、「我注六經」還是「六經
注我」等爭論之用心。

更好地觀看對象的視域，如此始能達到深細與明辨之境。

四、實踐詮釋學論爭中經典註疏的「辯證」問題

　　本小節以共同關心解經與閱讀，約略例示兩家共有一種類似的「辯證」觀點。36《論語新解》一書所涉及處理解經注疏問題的洞見甚多，包含關於理解孔子與《論語》所涉「古義」、「本義」、「通義」、「新義」與「讀者」之間複雜的詮釋學張力，也就是貫通古與今、客觀事實與主觀見解。甚至也包含張鼎國教授所關心的「較好地」或「不同地」理解、37「詮釋求通」與「書寫誌異」、「理解對話」與「爭議析辯」、「客觀主義」與「歷史主義」、「意義」與「衍義」等議題。

　　錢穆的解經學是結合修辭、訓詁、義理三重的精湛學養與修養，親身示範對《論語》（之前有《莊子纂箋》）聖

36　見洪漢鼎於「高達美的遺產座談會」提出的〈詮釋學與人文社會科學〉一文，參見 http://thinker.nccu.edu.tw/hermes/gadamer.htm#

37　張鼎國:〈「較好地」還是「不同地」理解？──從詮釋學論爭看經典註疏中的詮釋定位與取向問題〉,《中國文哲研究通訊》, 第9卷第3期（1999年9月）, 頁87-110。

典的注疏，實踐他對孔子一人、《論語》一書生命最高的詮
釋學實踐（hermeneutic practice），也可以說《論語新解》
實踐了張鼎國教授所關心「從詮釋學論爭看經典註疏中的
詮釋定位與取向問題」。

　　此處也即是高達美所說的「辯證法」。高達美早年就
深受柏拉圖的影響，將詮釋學發展爲一種經典文本的注疏
之學（也就是一種理解的辯證之學）。例如就作品而言，高
達美晚年於〈在現象學和辯證法之間──一種自我批判的
嘗試〉一文中指出：「我把理解的『差異性』與文本或藝術
品的『統一性』聯繫起來」，他是這麼說的：

　　　　藝術陳述的統一性表現為一種永遠不可窮盡的回答
　　　　多樣性。但是我認為，利用這種永無止境的多樣性
　　　　來反對藝術作品不可動搖的同一性乃是一種謬見。
　　　　〔……〕我的詮釋學理論的出發點對我來說正是在
　　　　於，藝術作品乃是對我們理解的一種挑戰，因為它
　　　　總是不斷地擺脫掉窮盡一切的處境，並把一種永遠
　　　　不能克服的抵抗性和企圖把藝術作品置於概念的同
　　　　一性的傾向對置起來。[38]

38　《真理與方法》第 2 卷，頁 8-9。

高達美在承認藝術作品有不能克服的抵抗性之餘,並未放棄「作品不可動搖的同一性」;也就是高達美是在實現一種更高的「辯證法」。從這裡可以知道,高達美是處在「不同理解」與「更好理解」的兩端中間尋求一調解,而這也正是錢穆《論語新解》注經所要面對的挑戰與獲致的成就。例如錢穆一方面說,使讀者知有古今眾說之異,以開其聰明,廣其思路,而見義理之無窮:

> 本書取名《新解》,非謂能自創新義,掩蓋前儒。實亦備采眾說,折衷求是,而特以時代之語言觀念加以申述而已。然眾說勢難備列。程氏《集釋》篇幅逾兩百萬字,而猶多遺漏。本書所采,亦多越出程書之外者。然若專舉一說,存以為是,又使讀者不知有古今眾說之異,亦無以開其聰明,廣其思路,而見義理之無窮。

另一方面卻又說,「此處應有一限斷,這是我寫此書最用心之處」:

> 注《論語》講求義理,特別重要者必先講求《論語》原文之「本義」,亦即其「原始義」。如講「仁」字,應看在論語中此字及有關此字之各句應如何講法。有了本義,纔始有「引申義」及「發揮義」;此皆屬於後人之新義,而非孔子之本義。〔……〕此處應有

一限斷，這是我寫此書最用心之處。[39]

我的《論語新解》，逐章、逐句、逐字都要解，任何
一字一句一章都不敢輕易放過。我作《新解》的用
意，只在求能幫助讀者獲得些方便去了解《論語》
本文，並不是要自創一說，或自成一家言。離開了
《論語》原文，我的《新解》便更無少許剩餘的獨
立價值可言，那便是我的成功，那便是我作《新解》
時所要到達的一個理想境界。[40]

此即《論語新解》所追求這個理想而客觀的文本境
界，是超越錢穆本人自創一說與自成一家之言。正如高達
美舉「朗讀」為例：

朗讀者的情況也是如此：好的朗讀者必須時刻牢記
他並不是真正的說話者，他只是服務於一種閱讀過
程。雖說他的朗讀在他人看來是再現和表演，也即
包含一種在感官世界中新的實現，但它卻封閉在閱

---

39 從「此處應有一限斷，這是我寫此書最用心之處」一語就可見該
書於文句注文背後之用心，見錢穆：〈漫談論語新解〉，《孔子與論
語》，收入：《錢賓四先生全集》第 4 冊，頁 121。
40 同上註，頁 111。

讀過程的內部。[41]

這一樣是高達美所言「堅守文本的意義同一性」。而《論語新解》的最高境界就是經由以上兩種的挑戰（即「義理之無窮」與「本義」之間的辯證）而趨近「視域融合」的「辯證學」成果。正如錢穆於《論語新解》序言中所說的「水乳之交融」：

> 抑余之為《新解》，亦非無一二獨得之愚，越出於先儒眾說之外者。然苟非通觀羣言，亦無以啟發新知。眾說己見，既如水乳之交融，何煩涇渭之再辨。[42]

此外，文本是否具有一種「實踐」的功能？錢穆於《中國近三百年學術史》曾引清儒倡讀經典注疏的陳蘭甫所言的一段話：

> 然何以勸人必讀注疏？東塾之意，在使人求義理，求義理必於經，注疏則說經之書也。宋人非不言義理，然或無考據，故不如注疏之依經為說。此東塾之旨。故東塾又言：餘不講理學，但欲讀經而求義理；不講文章，但欲讀經而咀其英華，不講經濟，

---

41 《真理與方法》第 2 卷，頁 22。
42 錢穆：《論語新解》〈序〉，頁 4。

但欲讀經而知其所法戒耳。[43]

錢穆認爲陳蘭甫此言乃是徹頭徹尾的「讀經主義」，他又言：

> 能尋味經文，則學行漸合為一矣，經學、理學不相遠矣。〔錢穆〕按：此乃亭林「經學即理學」之見解矣。人通一經而詳味之，此真漢學也。《學思錄》當大提倡此學。[44]

所謂「能尋味經文，則學行漸合爲一矣。」陳蘭甫如是說。錢穆對《論語》的「注疏」事業，其實也是一種生命的實踐。正如同張鼎國教授引高達美的話：「詮釋學就是哲學，而且作爲哲學〔就是〕實踐哲學。」[45] 也一如林維杰教授所言：

> 對流傳作品的理解活動，通過對這類作品的閱讀，開啟一扇通往傳統的教化之路。[46]

43　錢穆：《中國近三百年學術史》（下），第 13 章「陳蘭甫」，頁 803。
44　同上注，頁 803-804。
45　張鼎國：〈「實踐智」與新亞里斯多德主義〉，《哲學雜誌》，第 19 期（1997 年 2 月），頁 66-84。
46　參見林維杰：〈高達美詮釋學中的歷史性教化〉，《揭諦學刊》，第 11 期（2006 年 6 月），頁 61。

五、錢穆與其所理解孔子的「歷史文化意識」

> 孔子之學，主人文通義，主歷史經驗。蓋人道非一
> 聖之所建，乃歷數千載眾聖之所成。不學則不知，
> 故貴好古敏求。(《論語新解》，頁 228)

《論語新解》中孔子的兩端兼舉合一思維是建立在兩個向度上：一個是孔子「下學而上達」，以至面對「天人之際」的知天(命)與知命之學；另一是建立在孔子所具備深厚的「古今之變」的「歷史文化意識」上。譬如錢穆在詮釋司馬遷的名言「究天人之際，通古今之變，成一家之言」時指出：

> 要把人文歷史會通到宇宙自然衍變，而明瞭其間之
> 分界所在，此即是明天人之際。要把人文歷史來貫
> 通古今，認識人類歷史趨勢與演變大例，此即是通
> 古今之變。要勝任完成此兩大目標，必具備史學家
> 所特有的一種深識獨見，歷史記載雖是根據客觀事
> 實，但亦寓有史家自己主觀的見解，此即所謂成一
> 家之言了。[47]

---

47 錢穆：〈四部概論〉(上)，《中國學術通義》，收入：《錢賓四先生

《論語》中孔子的「歷史文化意識」就是自道「述而不作」，就是好古、信古、述古以爲新。但論述之前，本小節應該先約略交代錢穆自己所理解孔子深厚的歷史文化意識是從何處得來的問題？這裡有一個線索，也就是在抗戰期間，錢穆從陽明學轉向朱子學的重大轉折。

約言之，錢穆認爲孔子的「仁」不只是如宋明儒所言的一種「當下的個體心」（也就是「仁心」），《論語》中孔子的「仁」更表現於一種遠爲豐厚、遠爲悠久的「歷史心」（歷史是外表），與更爲深遠更爲全體的「文化心」（文化是內涵）。[48]這後面的兩種「歷史心」與「文化心」是錢穆從「學術史」、「通史」與「文化史」的研究所得來的觀念，抗戰期間並引爲判明朱子與陽明的明顯差異所在。對此還可參見錢穆〈略論王學流衍〉（民國三十二年）、〈孔子與心教〉（民國三十二年）與〈朱子心學略〉一文（民國三十六年）等重要文獻。

錢穆闡發孔子除了有「天人之學」（如「知天命」）之外，更兼備「通古今之辨」的歷史文化傳統意識。《論語》

全集》第 25 冊，頁 1-32。

48 「『歷史』乃其外表，『文化』則是其內涵」，語出錢穆《中國歷史研究法》一書，參見：《錢賓四先生全集》第 31 冊，頁 3。

中孔子的這種「歷史文化意識」，類似於《國史大綱》書前
的〈引論〉中所言的「歷史智識」，也接近《湖上閒思錄》
所屢言的「歷史文化的大群積業」，[49]或《論語新解》稱孔
子之學具有一種「歷史文化哲學」的向度。[50]

錢穆認爲孔子的深厚「歷史文化意識」，可從《論語》
中豐富載有孔子對當時或更早前的歷史人物與名物考究中
得到證明。例如孔子對堯舜禹三代的高度讚美，這種讚美
當然不是表示錢穆同意康有爲所說，是所謂孔子的「託古
改制」。[51]三代之禮乃孔子博學好古與溫故所得，「吾從周」
則是孔子的新知，也就是孔子所以教其弟子主要在如何「從
周」並有所改進與發揮。

此外像孔子對伯夷、叔齊、泰伯、文王、周公等，乃
至孔子胸懷並熟悉當時列國（絕非魯國一小國而已）的人
事與掌故，並有對這些歷史人物作出極其高明的判斷，即
使憾於文獻的不足，孔子皆能好學，從中加減損益。所謂

49　「歷史文化大群積業」一詞，詳見錢穆：《湖上閒思錄》，〈人文與
　　自然〉，頁 1-4。
50　「歷史文化哲學」一詞，又見錢穆《論語新解》論「夏禮吾能言
　　之，杞不足徵也。殷禮吾能言之，宋不足徵也。文獻不足故也。
　　足，則吾能徵之矣」的部分（頁 80-82）
51　錢穆：《中國近三百年學術史》（二），頁 827-926；錢穆：《中國史
　　學名著》第一講「尚書」，頁 1-16。

所以變通者，可知，所以不變而仍可通者，也可知。如是
以往，雖百世三千載之久，其所因、所變，孔子言亦復可
知，即從此處充分流露在孔子仁道全體中「歷史意識」與
「文化意識」所佔的重要地位。以下舉數例說明：

例如（1）《論語新解》解「夏禮吾能言之，杞不足徵
也。殷禮吾能言之，宋不足徵也。文獻不足故也。足，則
吾能徵之矣」（〈八佾〉），就說雖有文獻不足之憾，孔子仍
貴於發揮一套「歷史文化哲學」。（頁 80-82）

（2）又如《論語新解》解孔子對子張詢問十世可知
的回答：「殷因於夏禮，所損益可知也。周因於殷禮，所損
益可知也。其或繼周者，雖百世可知也。」（〈為政〉）此言
孔子的「歷史文化哲學」，因能觀歷史而加減損益乃至鑒往
知來，此即言孔子把握到人類文化進程的大趨。（頁 63-65）

（3）又如《論語新解》解「周監於二代，鬱鬱乎文
哉，吾從周」（〈八佾〉），申明孔子的「歷史文化哲學」於
三代之禮，先後文質因革之詳，必有其別擇之所以然之「好
古敏求」之旨，此即表孔子之學並不空言義理。（頁 89-90）

孔子這種胸懷天下古今的深厚與綿延的人道「歷史文
化意識」，使錢穆堅信《論語》中的孔子與蘇格拉底以降的
希臘三哲人與耶穌，都有明顯不同，不當隨便比附，如言：

> 今人每以孔子與古希臘之蘇格拉底相比。希臘本未
> 成一國,蘇格拉底僅居雅典一城市中,其心恐亦僅
> 存一雅典。孔子生會之曲阜,其時魯之立國則已歷
> 五六百年之久〔……〕。孔子曾至齊,其後又去衛,
> 又周遊陳楚諸國。是則孔子心中,實有當時一天下
> 心,又存有堯舜禹湯文武周公唐虞三代文化相承歷
> 時兩千年一傳統。此兩人又焉得相比。[52]

孔子對「千載眾聖」所成的「人道世界」,一本學之、
好之、信之,其實就是錢穆有名之「溫情與敬意」一說之
所本。孔子之學,以「人道」為重,故能「學於眾人」乃
益見其仁,益明其道。孔門弟子子貢更言孔子之學即其未
墜於地而在「人」者學之,正所謂「文武大道之傳如在目
前」,也就是歷史已往之陳跡,雖若過而不留,但文化的大
傳,仍在眼前的社會,仍在人身。更甚者,道必通古今而
成,因此必兼學於「古今之人」以為道,孔子就此歷史文
化傳統的大道而學,故無所遇而非學。《論語新解》並指出
孔子這種所學人道的全幅視域:

> 孔子之學,以人道為重,斯必學於人以為道。道必

---

52 錢穆:〈略論中國史學三〉,《現代中國學術論衡》(臺北:東大,
   1984 年),頁 127-128。

> 通古今而成，斯必兼學於古今人以為道。道在人身，
> 不學於古人，不見此道之遠有所自。不學於今人，
> 不見此道之實有所在。不學於道途之人，則不見此
> 道之大而無所不包。（頁 250）

換言之，人道之所以無所不在於道途與古今，其實主要即
存在於歷史與文化的傳統中，一如高達美所主張。這也表
示孔子、朱子乃至錢穆等大儒都清楚意識到自己（甚至是
所有的人）都「隸屬」於千載眾聖所成「人道」的歷史文
化傳統之中。人生即在此千載眾聖所成「人道世界」的歷
史文化傳統之中而生、而死、而不朽。因此，上述錢穆的
相關注文，應該是高達美「實效歷史意識」的最佳註腳。[53]

　　綜上簡述，難怪有學者指出高達美的「歷史詮釋學」
與儒家十分接近。而本節則進一步指出錢穆主孔子之學為

53　關於「實效歷史」，凱西勒於《人的哲學》也同樣指出：「許多卓
　　越的一史學家都支持這個理論。愛德華・梅爾說：『假如我們自問，
　　我們所知道的事件當中那些是歷史的？我們勢必這樣回答：凡是
　　有效果的或已經有效的，都是歷史。我們首先經驗到現在有效果
　　的事情，因為我們直接感受到它的效果，但是我們也能經驗過去
　　的效果。就這兩個例子言，我們的眼前都有一群存在的狀態，易
　　言之，效果的狀態，歷史的問題是：這些效界是因為甚麼而產生
　　的？我們所體認的這樣一種效果的原因，就是一樁歷史的事件。』」
　　（頁 313）

「歷史文化哲學」與高達美從「真理問題擴大到精神科學裡的理解問題」的「理解的歷史性」一節相近之處甚多。

至於兩家不同之處是：首先，錢穆屢言中國的史學意識淵源甚早（遠在孔子之前的詩書禮樂就開始），西方則是近代纔發展起來。[54]其次，錢穆心中明顯一直有一崇高的人格模型與學術模型，也就是突顯孔子，以及孔子所示不「學」則不知「道」，故而「好古敏求」的根源典範與精神。而高達美心中明顯的人格模型與學術模型則是回到柏拉圖與亞里士多德。但錢穆則堅認孔子的「天下心」與繼承堯舜禹湯文武周公相承歷時兩千年之傳統，此與希臘三哲人偏重哲學是不能相提並論。

更不同之處是，錢穆特別指出凡《論語》中所開示的人生境界，如逐一細玩，又能會通合一，以返驗諸我心，庶乎所學與「成德」日進，則有欲罷不能之感。此即孔子的「下學而上達」。所謂的「下學而上達」，即在會通史學與心學，也就是合內外與天人。此即從「古今之辨」的歷史文化哲學，更往「天人之際」知天命之學邁進。也就是從孔子之「史學」（此即孔子的博文之學）而返驗我心（此即孔子的約禮「心學」），亦即從重在從「明道」以完成己

54　同上書，頁 276。

心之「德」。

孔子的「德」是垂直的 Y 軸，也就是德主「心」，行道有得於心而成德，故德必主「行」，然需久而不去，始成為「德性」。可見《論語》中確實是有一套十分清楚的成德工夫學，至於高達美之詮釋學雖也通往 Aristotle's *Nichomachean Ethics*（《宜高邁倫理學》）中的「**實踐學**」（*phronesis* /practical wisdom）[55]與德行學，但「相對而言」就不似孔子如此根源性地指明，重人生實踐，重吃緊為人，重以成德於己心的道德精神。

六、高達美與錢穆的批判觀點

本小節要進一步為兩家的研究典範與預設進行辯護。首先錢、高二家都承認人是處在一種「實效歷史」的大流中。毫無例外，就錢穆其人其學對「孔學」的研究成果而言，一樣也必然要受制於他自身所建構的「研究典範」所支配，乃至他所承受的時代學術的研究典範遺產所影響。這是一種無法迴避的限制性觀念。照此觀點，錢穆所

55　參見 Stanford Encyclopedia of Philosophy:
　　http://plato.stanford.edu/entries/gadamer/

善長的「知人論世」、「述而不作」與「博綜會通」的治學
進路，依然會受制於該研究典範所籠罩，乃至其他更具個
人性、群體性、社會性、民族性等複雜因素所影響。錢穆
要怎樣才能正當化（證成）「孔學」對「客觀性」的主張？
如果說人的存有是有限的、是受到制約的，如果所有我們
由歷史上所認識到的其他研究典範，都受到某種特定的觀
點所制約的，則我們又如何能夠主張「孔學」可以獲得「客
觀性」？

　　一樣的情形，高達美的「理解歷史性」、「承認先見」
與「尊重權威」的理解也屢受批評。例如重真理的「理解」
而相對輕視「方法」，還有哈伯馬斯在論戰中批評高達美為
虛無漂渺的現象學，無法興起批判「意識型態」與指導詮
釋行為的作用，遑論對其他社會科學的貢獻。又如英國學
者伊戈頓（T. Engleton）也提出左派社會衝突論觀點（重視
權力與不對等的關係）。[56]他對高達美的詮釋學有更嚴厲的
批評：如說高達美陷入自我陶醉、粉飾太平，把歷史當成
「連續鏈」（continuous chain）與「流動的河流」（flowing
river），忽視有權與無權的宰製關係，忽視解放（liberating

56　Terry Eagleton: *Litterary Theory* (Basil : Blackwell publishing, 1988),
　　pp. 72-73.

force）、斷裂（discontinuity）、衝突（struggle）與宰制
（domination）的現實性，並指高達美在社會改革上顯得
保守。

張鼎國教授於〈文化傳承與社會批判——回顧 Apel,[57]
Habermas, Gadamer, Ricoeur 間的詮釋學論爭〉一文就準確
地說出高達美與哈伯馬斯的不同：

> 極為尊崇傳統、重視權威的高達美詮釋學，原本就
> 著重於有限個人對歷史文化的歸屬感，因此極為強
> 調對話參與、視域融合的問答邏輯，期望藉此維繫
> 意義理解的連續性，並彰顯實效歷史的主動性。與
> 此相對的，年輕一代的意識型態批判理論者，卻從
> 一開始就要追尋一種更高效力的，能滿足解放效果
> 的人類知識旨趣，亦即近代西方啟蒙主義以來所講
> 求的知識效果，讓理性持續透過反思式自我批判而
> 趨向自主與成熟的進步。[58]

---

57 至於高達美與阿培爾的論爭，張鼎國教授另有論文〈詮釋學論爭
在爭什麼：理解對話或爭議析辯？－高達美與阿佩爾兩種取徑的
評比〉指出二家的差異，並對高達美有較嚴厲的批評，認為高達
美在經典詮釋上很管用，但在與當代哲學同好交往溝通時則往往
窒礙難行，見《哲學雜誌》，第 32 期（2001 年 1 月），頁 56。

58 張鼎國：〈文化傳承與社會批判——回顧 Apel, Habermas, Gadamer,

　　而高達美則在 1972 年《真理與方法》的第三後記中，有以下的一些想法：

　　（1）一種基於無需事實認同的無約束對話的理想，以及對理性的功能自以為能對社會現實起重大的作用，不免陳義過高。如果有人把一切反思的辯證性質及其與既存物的關係與整個啟蒙運動的理想相連繫，只能看作是精神充滿厄運的混亂。在高達美看來，這就和那種認為個體是生活在對其動力和動機有完全意識的控制之中，因而和可以達到完全合理的自我解釋之理想是一樣的荒唐。高達美認為解放性的反思到處都在發揮作用，但如果這種反思是指有一種最終的、自由的和合理的自我佔有，則是空洞而非辯證性的。

　　（2）高達美認為批判性作用的效力範圍其實是有限的，因為被理解者總是會為自己發聲，也就是忽視了向一切理解開放的「詮釋學宇宙」會強制理解者的前見也一同置入遊戲中。

　　（3）高達美又辯護說，「傳統」並不是作為過去流傳

Ricoeur 間的詮釋學論爭〉，《國立政治大學哲學學報》，第 5 期（1999 年 1 月），頁 57-75。

下來的事物的保衛者，而是作為道德社會生活的繼續創造，也就是傳統總是依據於自由的意識。

（4）高達美認為阿培爾與哈伯馬斯對理解的批判是侷限於唯心論，並沒有切中他的詮釋學經驗是從批判康德將審美主體化（subjectivization of aesthetics）——也就是審美意識的分化（aesthetic differentiation）、歷史意識與歷史主義（因其縮減經驗的豐富性與多重性）而來的特質。

（5）高達美認為當我們遇到批判的決定時，社會地預先形成的「榜樣」總是會不斷地得到規定，也就是我們的「倫理」對我們成了第二自然。[59]

至於當代中國，徐復觀分析中國歷史而主「二重主體性」之說，與黃俊傑教授同主對錢穆的批評，都是基於一種「理想性」與「現實性」之間的張力；一種「社會批判」高於「文化傳承」的觀點，也就是以為錢穆太重視整體的和合性，對中國歷史現實政治的詮釋太過樂觀，並且缺乏重視差異性，徐氏的說法是：

> 中國的政治思想，除法家外，都可說是民本主義；
> 即認定民是政治的主體。但中國幾千年的實際政

59　這一段請參見《真理與方法》第 2 卷的第 3 版後記，頁 516-518。

治，卻是專制政治。政治權力的根源，系來自君而
非來自人民；於是在事實上，君才是真正的政治主
體。政治的理念，民才是主體；而政治的現實，則
君又是主體。這種二重的主體性，便是無可調和的
對立。對立程度表現的大小，即形成歷史上的治亂
興衰。[60]

所謂「理想性」是指儒家經典中所呈現的普遍而永恆的價
值世界，所謂「現實性」是指身處的特殊的時空環境，也
就是錢穆忽略理想性與現實性之間的緊張拉鋸。[61]

　　至於錢穆如何回應對其一生經常被指責的批評？此
處僅舉其晚年在《宋代理學三書隨劄》中所說「孰得孰失，
宜有討論之餘地」的四例來回應：

　　道與法之分別，姑就此條「治」與「把持」二意來
　　作說明。「治」如水流，涓滴皆平等，一也。相與前
　　進不已，即自由，二也。人羣相處能一體平等，能
　　自由前進，此即是道。「把持」則用權力。「權力」

60　徐復觀：〈中國的治道〉，《儒家政治思想與民主自由人權》（臺
　　北：八十年代出版社，1979 年），頁 218-219。
61　黃俊傑：〈論東亞儒家經典詮釋傳統中的兩種張力〉，《臺大歷
　　史學報》，第 28 期（2001 年 12 月），頁 1-22。

二字，中國人不愛言。故只言君道，不言君權。只
言君德，不言君力。近代民主政治乃好言權力，又
必言法治。法亦必仗權力以行。與中國傳統言治，
其義大異矣。孰得孰失，宜有討論之餘地。[62]

《宋代理學三書隨劄》又說：

> 西方人好言權利，不言責任〔……〕西方之學，皆
> 為向外求知識，又曰：「知識即權力。」不論哲學、
> 宗教，亦莫不以權力為重。哲學先講邏輯，以免我
> 之立說被人反駁。宗教必組織教會，以便擴大其權
> 勢。每一學說，盡如商品，貴能推銷。孔子曰：「人
> 不知而不慍，不亦君子乎。」（頁 187）

又曰：

> 「知我者，其天乎！」自盡己責，何待誇耀，亦何
> 待人知。為子惟求孝，為臣惟求忠，惟不以忠孝自
> 誇耀。即文學亦然。詩言志，言之不盡，則歌歎之。
> 孔子曰：「予欲無言。」凡所志，則盡在不言中。故
> 中國人言「學」必繼言「習」。孔子曰：「學而時習

62　錢穆：《宋代理學三書隨劄》，收入：《錢賓四先生全集》第 10 冊
　　頁 261-262。

之。」曾子曰:「傳不習乎。」習則主於踐履,乃一
種行為,而行為則一本於心,與專尚知識又不同。(同
上)

又說:

中國之學本於德,成於善,而有止。西方之學重知
識,重權力,重功利,其極為個人主義,不相親而
相爭,不辨善惡,亦無止境。此為中西之大相異。(同
上,頁 187-190)

觀上述:錢穆指出「道」與「法」的分別;指出言君
道,不言君權;言君德,不言君力;指出自盡己責、主於
踐履,與專尚知識不同;指出「本於德,成於善,而有止」,
與「重知識,重權力,重功利」的等等不同,實則錢穆的
理解是深入凸顯中國學術的本源大體與歷史文化大義的
「整體」特質,而不重從「細部」與「個別」現象中來表
達一種對自身文化的過分「苛求」與過分「自譴」。對此錢
穆在《中國歷史研究法》一書的〈如何研究中國文化史〉
一文[63]有更周延的說明(茲不詳述)。

---

63 錢穆:〈如何研究中國文化史〉,《中國歷史研究法》,收入:《錢
　　賓四先生全集》第 31 冊,頁 139-156。

筆者則認為必須在方法的程式上「先」採取高達美（承認個人的理解中「成見」、「先見」、「權威」與「傳統」的先在性）與如博蘭尼「個人知識」、「默會致知」與「支援意識」的觀點來理解錢穆，[64]否則一定會如張鼎國教授所說，無法善盡理解與對話交往之責。其後，纔能吸取如呂格爾的詮釋學與哈伯馬斯及阿培爾等人在「意識形態」上的「批判理論」旨趣。此即後者的進路，重在近代西方啟蒙主義以來講求「解放」的人類知識（human interest）旨趣。

為何筆者會有這種先後之辨明呢？此處先說明筆者對錢穆的觀點，實則從首重西方啟蒙的批判與解放進路看錢穆的「孔學」，一樣會是一種對輕重與本末的錯置，因該進路錯置了孔子一生表現對人道世界的一種「百折千迴、生死以之」的最基本精神，也就是孔子不但有極其深厚的「歷史文化意識」，更有「人能弘道」的人文學精神。

（1）就孔子的「歷史文化意識」而言，其「仁道」

64　錢穆治儒學的「心得」，本文建議以博藍尼（Michale Polanyi）的「個人知識」（personal knowledge）與「默會致知」（tacit knowing）來深入理解，這也是回應錢穆重視「知人論世」與「述而不作」的治學傳統而來。參見博蘭尼著、彭淮棟譯：《博藍尼講演集》（臺北：聯經出版社，1985年）。

本是從其「志於學」與「志於道」而來，也就是孔子對「道文」的體認，正是從其對「歷史文化傳承（統）」的好學善繼——「述而不作」而來，亦即前引《論語新解》所說「人道非一聖之所建，乃歷數千載眾聖之所成」。換言之，「孔子之學」主要就是一種「述而不作」之學，是從歷史文化所「因革損益」而來，而一己的人生也即在此千載眾聖所成人道的歷史文化傳統中而生、而死、而不朽。

（2）就「人能弘道」的人文精神而言，孔子的為政之道雖是主「德化禮治」，但孔子更能本於仁與禮來「矯世」、本於仁與禮來「論世」，並隨處流露對社會大群之道恰到好處（也就是既合乎時中之宜與客觀的中道）的「抗議精神」。孔子並不是為批判而批判來追求所謂的啟蒙、解放與自由，如此這種從述而不作中主禮樂、成仁德的「歷史文化意識」，豈會無一種「批判意識」？

例如孔子始終深斥當時魯國三家的不當僭禮、對八佾舞於庭的批評，又如三家者以〈雍〉徹，子曰：「『相維辟公，天子穆穆，』奚取於三家之堂？」（〈八佾〉），實為孔子本於「仁禮之學」而發批判精神的具體表現；又觀《論語》，孔子方人之言多矣。[65]又例如《論語》載孔子不憂不

65　《論語新解》，頁 523。

懼,答君王之問政,以及孔子學禮、知禮、復禮、約禮、
踐禮(〈鄉黨〉篇所示並不完整),更是不勝枚舉。惟孔子
之批評常以「婉而直」(「一種極委婉而又極深刻之諷刺與
抗議」)的方式表之。正如子入大廟,每事問,或曰:「孰
謂鄹人之子知禮乎?入大廟,每事問。」子聞之,曰:「是
禮也?」(〈八佾〉)《論語新解》對此言:

> 孔子非不知魯太廟中之種種禮器與儀文,然此等多
> 屬僭禮,有不當陳設舉行於侯國之廟者。如〈雍〉
> 之歌不當奏於三家之堂,而三家奏之以徹祭。有人
> 知其非禮,不欲明斥之,乃偽若不知,問適所歌者
> 何詩。孔子入太廟而每事問,事正類此。此乃一種
> 極委婉而又極深刻之諷刺與抗議。淺人不識,疑孔
> 子不知禮,孔子亦不明辨,只反問此禮邪?孔子非
> 不知此種種禮,特謂此種種禮不當在魯之太廟中。
> 每事問,冀人有所省悟。[66]

又如孔子勉子夏「女為君子儒,勿為小人儒」(〈雍
也〉);又言:「士志於道,而恥惡衣惡食者,未足以議也。」
(〈里仁〉)故孔子實為中國第一位標舉君子儒與士道,與
第一位開啟經世致用之實踐學的儒家宗主,如此之孔子,

66　《論語新解》,頁 92。

豈無實踐意識？

　　一個處處講求相人偶的仁者，一個時時好學博文、注意客觀禮文節限的人（或高達美所言「在理解時不是去揚棄他者的他在性，而是保持這種他在性」），如何會是一位自我佔有和自我意識的人，又如何會是一位「封建主義」、「專制主義」、「獨斷主義」的擁護者？一個透過「學與信」交盡、好學不已的人，又如何會是一個凡事心存質疑的「懷疑論者」呢？可見所謂的「批判意識」乃來自孔子對人道之仁與禮的精湛學習與深沉體驗，也就是孔子的仁道並不全盡在表現其尖銳的「批判精神」而已，此亦可知孔子關懷的視野當有超越西方社會批判論者的視域之上。

　　此外，孔子的仁道全體之學是透過兩端的辯證性，主「下學而上達」，主「合內外，通天人」為終極的理想，則孔子必然不是一位為「衍異」而立異的「相對主義者」，而孔子的仁道全體之學主「君子和而不同」，則孔子也不會是一位無條件服膺主張「相對主義者」與主張毫無限制的「多元主義者」。孔子的仁道全體之學主「君子群而不黨」，則孔子也不會是一位僅止於對社會權力與階級衝突有興趣的「批判主義者」。孔子之學更有一種克己復禮、修己以敬的為己成德之學，而此「成德意識」就存在於上述孔子的「歷史意識」、「社群意識」、「批判意識」與「實踐意識」中。

要之，真正的孔子當是「不得中行而與之，必也狂狷乎！狂者進取，狷者有所不爲也」(〈子路〉)，《論語新解》即言：

> 《孟子》〈盡心篇〉：孟子曰：「孔子不得中道而與之，必也狂獧乎！狂者進取，狷者有所不為也。孔子豈不欲中道哉，不可必得，故思其次也。〔……〕今按：中行，行得其中。孟子所謂中道，即中行。退能不為，進能行道，兼有二者之長。後人捨狂狷而別求所謂中道，則誤矣。又按：伊尹聖之任，狂者也。伯夷聖之清，狷者也。狂狷皆得為聖人，惟不如孔子仕止久速之時中。時中，即時時不失於中行，即時而狂、時而狷，能不失於中道。故狂狷非過與不及，中行非在狂狷之間。(頁476-477)

綜上，錢穆認爲《論語》中「孔學」既是懸以申斥普遍僭禮的「批判學」，更是關懷內外大群生活的「社會學」。毫無疑問，「孔學」也是「經世致用」的「政治學」，更是一種攸關一己完成其在古今、天人之間的最高生命的「成德學」。因此「孔學」絕不是溺情典籍、埋身碎紙叢堆的理論知識之學，也絕不是心忘世道、專務章句訓詁而忽於義理的「小人儒之學」。

今之學者不能認識「孔學」的研究典範既是「博綜會

通」的兩端辯證之學——歷史文化社會大群之學——也是博
文約禮（修己以敬）的成德之學，簡稱「下學而上達」之
學，反之如將「孔學」整體「人能弘道」的人文精神降低
到「知識社會學」，或降低到一個雅士培所說的「經驗存在」
（empirical existence）、乃至只專注於「啓蒙解放」的批判
旨趣、或降低到「相對主義」的邏輯中，此乃皆缺乏先出
於溫情、敬意與歷史文化意識的「理解」，缺乏對孔子是以
完成全幅（體）生命（集後世道統、教統、學統、政統、
治統於一身）的理想與典範而來的細膩考察。此即一個建
立在失焦而不恰當理解的「社會批判」，是否善盡高達美所
言的「理解與對話」之責？

　　至於就錢穆本人的「批判意識」而言，他的重要著作
皆旨於「主客交融的理解」，釐清中國學術思想與歷史文化
傳統的糾葛，因此本深具歷史文化反省的智識特質，也就
是錢穆是以「溫情與敬意」爲基礎的理解之學，從中流露
經世實踐之學與文化批評之學。例如錢穆始終強調「學術
思想」與「士道」精神的重要性、[67]強調不忘種姓、重視
人心、強調世道（運）、風俗、經世、人才、學術、風氣、

67　錢穆非常強調「士道」的精神，見其〈中國歷史上關於人生理想
　　之四大轉變〉，《世界局勢》，收入：《錢賓四先生全集》第43冊，
　　頁139-157。

師化、義理、心術、人倫、政事等大端，遠比株守溺情典籍、章句訓詁、乃至「漢宋之爭」與「今古文經學之辨」更爲重要。

詳讀其早年《中國近三百年學術史》〈序〉，他對清學所流露的反省與批判兼備的精神（指政治與學術兩端）是明白無疑的，並且明顯是承自孔子儒家「人能弘道」的「士道」與「君子儒」精神的思想而來。之後《國史大綱》的引論，更是流露明顯的批評意識。要之，綜觀錢穆一生所堅持的研究典範與學術類型，與其所堅持與摧陷廓清的學術議論，多顯現其不輕易盲隨時代潮流與隨風氣所轉移的「抗議（拒）」精神。「這種以一個人的力量，和整個思潮對抗的氣魄，至爲驚人。」[68]

至於高達美，他會反對一種追求簡單化的、意識化的（如「審美意識」受制於「主體性」、[69]「歷史意識」受制

68　鄭吉雄：〈論錢穆先生治學方法的三點特性〉，《山東大學文史哲學報》，第 2 期（2000 年）。

69　韋漢傑於〈高達美的藝術真理觀〉一文說：「高氏認爲康德的審美區別（aesthetic differentiation）的抽象化作用，把一部藝術作品從它的生命的根源和背景隔絕開來，並撇開它存在於其中及於其中獲得意義的宗教或世俗功能，而呈現爲一獨立自存的、現時的、純粹的藝術作品於審美意識面前〔……〕審美意識亦包含著一種對實在的疏離或異化（alienation），它是一種異化了的精神。」參

於「相對性」，並且是所謂的「第二性」、「第二意識」)、啓
蒙的、可控制的、抽象的、批判的、壓制個性的客觀化（如
蘭克）、疏遠的、清晰的、規則的、技術的、人工的、枯竭
的、系統的、精確的、異化的、避免誤解的、不帶先入之
見的、追求無成見的思維，反而是指出一種作爲一切認識
前提的深層而持久共同一致的（高達美說是「前見」而非
「判斷」）世界。[70]高達美指出：

> 依我之見，我們的任務就是超越作為審美意識、歷
> 史意識、和被侷限於避免誤解之技術的詮釋學意識
> 之基礎的成見，並且克服存在於意識中的異化。[71]

高達美的「辯證進路」是承認「時間距離」這種概念
的，此並不因爲時間所造成的「誤解」轉而尋求「受控制
的方法論」來消除誤解，而成爲必須「被克服」的東西。
他認爲人的歷史性也不是造成「歷史客觀性」的障礙，反
而是一種理解的「積極性」、[72]追求注視事情本身、就事物
本身而聽從事物說出不同的新東西、承認他者的存在性、
承認自己的有限性、承認「權威」。也就是承認他人具有更

見人文哲學會網頁：http://www.arts.cuhk.edu.hk/~hkshp

70　《真理與方法》第 2 卷，〈詮釋學問題的普遍性〉，頁 242-245。
71　同上註，頁 243。
72　同上註。

好的見解，認識到他人在判斷和見解方面超出自己、放棄
歷史主義的相對主義與天真的歷史客觀主義、批判「認識
論主體」的審美意識[73]與主體性的歷史意識，知覺到自己
的侷限性、減少對理性能扮演「全面反省」的幻想等。高
達美認為上述這些都是構成真理本身的要素。[74]要之，這
應該就接近錢穆所推崇清儒陳蘭甫的「博學知服」態度。[75]

　　綜上論辯，晚近詮釋學能大盛於海峽兩岸其實是深層有
故的。此即高達美在《真理與方法》書中所言「精神科學」
的詮釋學與理解觀與錢穆詮釋中國文化、歷史與傳統思想的
理解模型較為接近。此外，將高達美的詮釋學應用在理解錢
穆「孔學」的治學方法與其問學的精神，也格外能彰顯錢穆
若干問學歷程與精華所在，例如錢穆於《中國學術通義》所
自道的三層次六階段的治學歷程。[76]

73　《真理與方法》第 2 卷，〈詮釋學問題的普遍性〉，頁 240。
74　同上書，〈精神科學的真理〉，頁 46-47。
75　錢穆：《中國近三百年學術史》第 13 章「陳蘭甫」，頁 805。
76　錢穆：〈關於學問方面之智慧與功力〉，《中國學術通義》，收入：
　　《錢賓四先生全集》第 25 冊，頁 319-342。三階段論六層次中的
　　「三學」是：「向學」→「知學」→「成學」。即由「自己」接受
　　「前人」的智慧與功力（向學）→以「自己」的智慧與功力體會
　　「前人」（知學）→終而「成學」於交融一體的勝境。

七、「理解意義」比「操作方法」更為根本

> 讀書只是講學中所有之一事，講學乃為讀書一事所
> 應先解決的問題。[77]

一般而言，一種研究成果的呈現大多取決於方法與進路。例如錢穆的「孔學」研究典範有屬於「理解意義」的向度，後者甚至比「研究方法」更重要。錢穆顯然深知二者不同的關鍵。因為「孔學」關心的主要是完成生命意義與價值所需的心習與精神條件。錢穆對「方法」的態度，可以《國史大綱》「引論」中所論為例：

> 此派（科學派，也即考訂派）與傳統派，同偏於歷史材料方面，路徑較近；博洽有所不逮，而精密時或過之。二派之治史，同於缺乏系統，無意義，乃純為一種書本文字之學，與當身現實無預。無寧以「記誦」一派，猶因熟諳典章制度，多識前言往行，博洽史實，稍近人事；縱若無補於世，亦將有益於己。至「考訂派」則震於「科學方法」之美名，往往割裂史實，為局部窄狹之追究。以活的人事，換

---

77 〈百年來諸儒論讀書〉，《學籥》，收入：《錢賓四先生全集》第 24 冊，頁 125。

為死的材料。治史譬如治岩礦，治電力，既無以見
前人整段之活動，亦于先民文化精神，漠然無所用
其情。彼惟尚實證，誇創獲，號客觀，既無于成體
之全史，亦不論自己民族國家之文化成績也。[78]

又例如錢穆在《中國歷史研究法》序（民國五十年）
就開宗宣告「意義」之於研究法的優先性，也就是以「意
義」來駕馭無窮的「材料」，而非陷入無窮材料——所謂「一
望皆是」的「黃茅白葦」之中，遂使研究進入「陳陳相因」
之感。[79]因此錢穆自道與其視《中國歷史研究法》為研究
方法之書，毋寧視為一本如何理解「中國歷史文化大義」
的書更為適宜。顯然錢穆並不熱衷於方法與方法論，而是
關心如何真正理解中國歷史文化的大體與大義。

至於高達美主張詮釋學當「抵制科學方法的普遍要
求」（against the universal claim of scientific method）也是
一樣有其深刻慧識的，他對「方法」也說：

方法論本身並不能在任何意義上保證其應用的創造
性，正相反（生活的任何經驗都可以證明），存在著

---

78 錢穆：《國史大綱》「引論」，頁 24。
79 錢穆：《中國歷史研究法》〈序〉，收入：《錢賓四先生全集》第 31
　　冊，頁 3。

應用方法論而毫無成果的事實，那就是，把方法用
到並非真正值得認識的事物身上，用到那些還沒有
成為以真問題為基礎的研究對象的事物上。[80]

這種效果歷史意識與其說是一種意識不如說是一種
存在。我以此所表述的東西從來就不是為藝術科學
與歷史科學方法論實踐而提出的任務，它也絕不是
主要為這些科學的方法論意識服務，而是唯一地或
首先為著對解釋才能進行哲學思考的服務。方法能
在多大程度上為真理作保證？哲學必然要求方法論
認識到它們在人類存在及其理性的整體中的微不足
道。[81]

　　雖然高達美專注於「人與世界的根本關係」的哲學詮
釋學，但這不應被視為是對方法的排斥，而是指出「方法」
的限度，並且視「理解」是一種辯證、實踐，與處境的活
動。而自然與社會科學所訴諸的，如「無預設」或「價值
中立」（value-free）的「客觀性」，都忽視一個作為「歷史
在其中運作著的意識」，也就是理解的「前結構」的優先性。

80　《真理與方法》第 2 卷，〈詮釋學問題的普遍性〉，頁 247。
81　同上書，〈漢斯─格奧爾格─加達默爾自述〉，頁 552。

　　即便連狄爾泰都無法從有意為人文科學提供確定性
與客觀性的判準「方法」中脫困，而欲仿效康達作「歷史
理性批判」。高達美認為這是導因於狄爾泰關於歷史意識的
分析中「科學」和「生命哲學」之間的衝突。高達美的詮
釋學則包含海德格現象學的意旨，也就是彰顯事實存在的
結構以及讓理解自身的結構自我彰顯，並加入更多辯證、
實踐，與處境的活動。高達美說：

> 不管是語文學家或是歷史學家都無法認出他們自身
> 理解的條件性，這些條件性乃是先於他們而存在，
> 並且是先於他們方法上的自我控制而存在。82

　　張鼎國教授也指出其中的關鍵，在於受困於「確定性
與客觀性的判準」：

> 我們存在的歷史性不是理解的限制，反而是我們得
> 以理解的原則。在這個意義下，高達美批評傳統歷
> 史主義的作法，即試圖透過「方法」來取代我們理
> 解的前結構。歷史主義（例如狄爾泰）訴諸於「方
> 法」不外是希望能在人文科學理解的前結構領域提

82　《真理與方法》第 2 卷，〈在現象學和辯證法之間——一種自我批
　　判的嘗試〉，頁 25。

供確定性與客觀性的判準。[83]

　　林維杰教授則援用高達美的說法指出,「對象的特殊存有模式」的關鍵性,他說:

> 精神科學的處理對象是一個對象的特殊性,從而駁斥統一方法(歸納法)的笛卡兒式理念。〔……〕Gadamer 承認方法在精神科學中存在的可能性,然而必須遷就被處理對象的特殊存有模式。換言之,並不是方法決定對象,而是對象決定方法。〔……〕精神科學的知識／真理並不能為方法所掌握,即不能通過普遍化的手段來掌握並進而預見／預報未來的現象。[84]

事實上,高達美自道他的詮釋學主要並不優先關注詮釋在其實踐的問題上是要如何建立一些正確的方法與規則(如狄爾泰、士萊馬赫),相反地,他希望「優先」將「理解」現象本身更明白地展示出來。這並不意味他否定建立法則

83　張鼎國,「詮釋學典籍研讀會」參見:
http://thinker.nccu.edu.tw/hermes3/1.html
84　林維杰:「詮釋學典籍研讀會」第一講:「精神科學的認識論問題」,參見:http://thinker.nccu.edu.tw/hermes3/Lec2.htm ;林維杰:〈歷史、記憶與教化——高達美詮釋學中的歷史性教化〉,《華梵大學第八次儒佛會通論文集》。

的重要——這裡僅意指高達美是在面對一個更優先的、也更為基本的問題（熱衷方法論者與意識形態批判論者的反思都是不足的）。亦即不僅在人文學中，而且在人對世界的整體經驗當中，理解是如何可能？此即解開「理解」之謎。[85]而這不是與錢穆的重「意義」為先之說相近嗎？

八、傳統與理性：
反省中國近代的反傳統主義

所謂解開「理解」之謎，當代中國就有一個鮮活的例子：高達美的理解歷史性與錢穆的「孔學」關懷。一方來自啟蒙運動對「權威」的批判，另一方來自民初中國高唱民主與科學的「反傳統主義」的思潮。筆者希望透過本節更能拉近兩家的距離。

「傳統」與「理性」之間，其實並不存在一種絕對的對立。誠如高達美所言，「傳統」做為一種近代意義下的所謂的「偏見」，實際上反而經常是自由和歷史的一個積極要素。高達美的這種說法看似十分費解，卻應能深得錢穆的

85　《真理與方法》第 1 卷，〈導言〉，頁 1-2。

贊許。當代中國因爲「理性」與「傳統」的對立已付出無
法挽回的慘重代價。在清末的今文學派基於愛國救國的激
切經世浪漫主義所作「託古」的歷史詮釋,最後轉成疑古、
毀經、變史以爲今用的歷程,終至弔詭地轉爲全面激進化
的「反傳統」發展,使歷史喪失了客觀性與自主性。[86]高
達美「歷史詮釋學」的「理解觀」,是有助於釐清當代中國
存在於「理性」與「傳統」之間的衝突。

我們所得到的啓發是:將「歷史傳統」與「時代潮流」、
也就是「傳統」與「現代」(理性)視爲是既差異又互補的
循環辯證關係(錢穆也是持這種觀點)。高達美認爲,無論
在科學之內或之外,都不可能存在著「無預設」的理解。
那麼在何處才可找到我們的預設?高達美說其實就在從我
們所處的歷史文化的傳統之中。這種一直存在的「活的傳
統」並不是作爲一個思維的客體與我們的思維相對立,相
反地,它是一種關係、一種統一體,是一種視域,而我們
就在此視域中思考求索。[87]

如果不可能存在著無預設的理解,換言之,如果我們
稱之爲「理性」的是一種哲學建構,並且沒有最終可訴諸

86　王泛森:《古史辨運動之興起》〈前序〉(臺北:允晨,1986 年)。
87　《真理與方法》第 2 卷,〈詮釋學問題的普遍性〉,頁 252。

的判準，那麼，我們就必須重新考察我們自己和所繼承者
的關係，也就是「傳統」和「權威」無須再被看做是與理
性與自由的敵對體（錢穆也持這種觀點），正像它們在啓蒙
時代、浪漫主義時期，以至在我們現今的遭遇一樣。高達
美對「權威」的解釋是：

> 人的權威最終不是基於某種服從或拋棄理性的行
> 動，而是基於某種承認認識的行動，即認識到他人
> 在判斷和見解方面超出自己，因而他的判斷領先，
> 即他的判斷對我們自己的判斷具有優先性。〔……〕
> 權威依賴於承認，因而依賴於一種理性本身的行
> 動，理性知覺到它自己的侷限性，因而承認他人具
> 有更好的見解。權威的這種正確被理解的意義與盲
> 目的服從命令毫無關聯。〔……〕這裡權威的真正基
> 礎也是一種自由和理性的行動。[88]

是「傳統」給「理性」提供了寬廣的歷史向度，是由於這
些歷史面向，理性的作用才得以發揮。因此，當我們認知
到並沒有「無預設」的理解存在著，就會使我們拒絕啓蒙
時代對「理性」的詮釋，而「權威」和「傳統」將得到自

88　《真理與方法》第 1 卷，頁 368-369。或參見《真理與方法》第 2
　　卷〈精神科學中的真理〉對「權威」的詳細說明，頁 46-47。

啓蒙時代起就不曾擁有過的地位。而這正是當代高達美詮釋學對歷史傳統所論極爲重要的觀點（錢穆也是持這種觀點）。

簡單處理了「傳統」與「權威」後，還有一個重要的問題，那就是高達美在《真理與方法》一書中有專節討論「時間距離」的積極意義，也就是把「時間距離」看成是理解的一種積極「創造性」的可能性。亦即從歷史距離出發，才可能達到客觀的認識。茲引一段高達美的話來說明：

> 現在，時間不再主要是一種由於其分開和遠離而必須被溝通的鴻溝，時間其實乃是現在植根於其中的事件的根本基礎。因此，時間距離並不是某種必須被克服的東西。〔……〕重要的問題在於把時間距離看成是理解的一種積極的創造性的可能性。時間距離不是一個張著大口的鴻溝，而是由習俗和傳統的連續性所填滿，正是由於這種連續性，一切流傳物才向我們呈現了出來。89

必須指出，高達美認爲：

> 時間距離完全是為他者之他在性的根本性意義，以

---

89 《真理與方法》第 2 卷，〈論理解的循環〉，頁 67。

　　及適合於作為談話之語言的根本作用作好了準備。[90]

　　人透過承認「他者之他在性」而進行的辯證對話，逐漸發展成為「視域的融合」(fusion of horizons)。誠如高達美所說：

> 這樣一種自身置入，既不是一個個性移入另一個個性中，也不是使另一個人受制於我們自己的標準，而總是意味著向一個更高的普遍性的提升，這種普遍性不僅克服了我們自己的個別性，而且也克服了那個他人的個別性。「視域」這一概念本身就表示了這一點，因為它表達了進行理解的人必須要有的卓越的寬廣視界。獲得一個視域，這總是意味著，我們學會了超出近在咫尺的東西去觀看，但這不是為了避而不見這種東西，而是為了在一個更大的整體中按照一個更正確的尺度去更好地觀看這種東西。[91]

所謂「向一個更高的普遍性的提升」、「卓越的寬廣視界」、「更大的整體中按照一個更正確的尺度去更好地觀看這種東西」等等，不管是透過遊戲、閱讀文本、欣賞藝術作品

90　《真理與方法》第 2 卷，〈在現象學和辯證法之間——一種自我批判的嘗試〉，頁 25。
91　《真理與方法》第 1 卷，頁 399。

或交談對話，這些就是高達美所言開展世界定位的「辯證」。[92]而這不就是前述錢穆以爲孔子兩端兼言合一的思維？或錢穆稱此爲「下學而上達」的理解歷程？

然而上述詮釋學的這種睿識，對中國近現代的「反傳統主義」的狂飆思潮的重要啓發卻來的太晚。錢穆曾從簡單平淺處，對四處處於被批評與攻擊的「中國傳統與文化」做了一番詮釋：

> 中國歷史有一套悠久精神，又有一套廣大精神。一指時間，一指空間。歷史綿延五千年，疆土遼闊，只此兩者，乃為舉世其他民族所莫能比。中國歷史更主要的，乃有他的一套一統精神與傳統精神。何謂「統」？須有頭緒，有組織，合成一體，謂之「體統」，亦稱「系統」。中國自古即精於絲織業，統字觀念由此來。大群聚居一地，便該有頭緒、有組織，合成一體，此之謂「一統」。中國人稱大一統，乃說此合成一體之統，乃是人類生命事業中最有意義最有價值之最大者，故亦最偉大最可寶貴。而此一個統，則又貴其能世代相傳，永久存在，此則為「傳

統」。中國史之悠久與廣大,則正在此能一、能傳之
「統」字上。[93]

因此我們是否更能理解錢穆上面所說的話?這難道只是一
位「狹隘的」文化主義者所呼喊的曠野之音?難道只是一
個絲毫禁不住「時代潮流」的考驗,並「抗拒」啓蒙進步
的「傳統主義者」的垂死之歌?考錢穆之意,實則人早就
浸淫在此歷史文化的傳統大流世界中,中國人尤其應比世
界其他民族更能善守自身歷史傳統與文化的悠久精神與廣
大精神。誠如海德格與雅士培都說,我們並不是把此世界
與情境看做「隸屬」於人類主體,反而是人自始就是隸屬
於這世界與情境之中。[94]

簡言之,在從我們與所處傳統大流的「渾然一體」中,
所謂的「意識」所能掌握的只是傳統的一部分,因爲傳統
永遠存在於我們的背景中。[95]就此而言,由歷史流傳物所
構成的「生活世界」是吾人立身於其中,作爲一切活動所
生發的時間性的場域世界,這個世界一直是比「意識型態」
更基源的「世界」,也是我們人人生活在其間,展現活動、

---

93 錢穆:《中國史學發微》(臺北:三民書局,1989 年),頁 101,
94 《真理與方法》第 1 卷,頁 395。
95 休斯頓・史密斯著、梁永安譯:《超越後現代心靈》(臺北:立緒
文化,2000 年),頁 202。

構成意義時所經常會不知不覺給「遺忘」的世界。

因此，在對一如理解「中國文化」此一充分表顯「時代精神」的人文學議題上，[96]「哲學詮釋學」——尤其是錢穆的「孔學」——乃能提供一更深刻而完整的歷史人文智識。我們無法如民初一股強烈「反傳統主義」者所主張，從對一切均可質疑的「全面反省」去澄清散亂，從而獲得「解放」，而忽略淵源流長的歷史流傳物有其難以「對象化」、「形式化」與「還原化」的精神特質。

綜上，詮釋學重新闡述權威、傳統、時間間距等，這些人文學的基本觀點，與錢穆對中國歷史文化傳統的說法何其近似。如果我們能從詮釋學的啟發中得到靈感，並放在錢穆的「歷史文化意識」的脈絡中，就必須關心及重返被強大的「西化」或「現代化」所忽略、遺忘、排除的中國歷史流傳物與人生世界中明顯易見的人文真理。

但去理解錢穆所重建這種「歷史文化意識」，尤其不該忽略他所說，時空所形成的「歷史意見」與「時代意見」二者的差異，以及由此差異形成所真正的通識觀：

---

96 錢穆認為「中國文化」是當代的議題，清代以前並無「中國文化」一詞。

重視這些歷史意見，其意正如我們之更視我們自己
的時代意見般。這兩者間，該有精義相通，並不即
是一種矛盾與衝突。[97]

我們該從歷史來了解時代，不該從時代來估量歷
史。讓我們更具體地說：若你單憑最近四十年來中
國時代之變，你決無從判斷四千年來的中國歷史，
但你在以四千年來中國歷史的不斷演變中，卻可幫
助你了解最近四十年的新中國。[98]

錢穆於《中國歷代政治得失》又說：

歷史意見，指的是在那制度實施時代的人們所切身
感受而發出的意見。這些意見，比較真實而客觀。
〔……〕而後代人單憑後代人自己所需的環境和需
要來批評歷史上已往的各項制度，那只能說是一種
時代意見。時代意見並非是全不合真理，但我們不
該單憑時代意見來抹殺已往的歷史意見。

如此是否更能揭示一個「批判」所需擴展與彰顯其在理解

97　錢穆：《中國歷代政治得失》，《錢賓四先生全集》第 31 冊，頁
　　187-196。
98　錢穆：《歷史與文化論叢》，《錢賓四先生全集》第 42 冊，頁 288。

歷史所需的深度與廣度？此即錢穆承認「歷史意見」的客觀性與自主性。

　　錢穆一直深入地闡明中國歷史文化意識的根本要義，以及由此理解所產生的體驗，也就是中國歷史文化的大群積業所累積、綿延數千年而不息的傳統，即是廣大中國人文活動所置身其中所預設者與孕育者。可惜的是，國人每每對「歷史文化意識」、「傳統」、乃至「權威」、乃或孔子所說的「述而不作」、「信而好古」等所蘊含深層的歷史精義不能深入理解，並忽視其「積極性」的意義，反而過度以今為用，逕舉批判與解放的興趣。本文屢引高達美的歷史詮釋學與錢穆的「孔學」來相互發明，這也可說是錢穆深本於孔子與《論語》，而與當代學人採哲學進路、傳統史料派、方法派、宣傳派等治學典範的最不同所在。

結　語

　　如果海德格在東方可以找到老子作為知音，德悉達在東方也可以找到莊子作為知音，則高達美的歷史詮釋學也可以從錢穆孔學之「歷史文化哲學」中找到知音。

　　惟必須指出：孔子對「成德」之要求，遠比高達美的實踐學來得更為探本而見底。這也是以孔子為首出的中國

儒學重視「成德」，與高達美承繼希臘哲學傳統重視「成學」的最大分歧處。

　　錢穆藉著《論語新解》一舉廓清「中國儒學」的本源與真相，而就在這種深度理解的往復彰顯中，實即蘊涵了一種不斷釐清、不斷辨正的「批判意識」。因此《論語新解》乃成為一本彰顯孔子仁德的現象學或詮釋學的作品。錢穆認為孔子與《論語》正可以作為中國人文學的真正基礎，而《論語新解》的意義與貢獻也在此。

　　一如錢穆，高達美也同樣看到一個積極性、渾括性、效應性的歷史文化世界，並因而反對科學方法的獨大，以及輕率自大的批判論與啓蒙理性。啓蒙運動對前見、權威、傳統、時間間距的貶斥，在高達美處則得到積極的肯定。

⑦ 呂格爾的行動解釋學[*]

張展源[**]

保羅・呂格爾（Paul Ricoeur, 1913-2005）是二十世紀
重要的哲學家之一，也是一般公認的解釋學大師。[1]他早期
因以法文譯註胡塞爾的現象學而聞名，後來對弗洛依德精
神分析的解釋學重構也甚受推崇。在吸收並反省了記號學
及結構主義之後，他更構築出龐大的解釋學體系，對神學、
哲學、文學及史學的解釋學探討均影響深遠。但是，也因
為他的學問涵蓋甚廣，且吸納了現象學、結構主義及英美
分析哲學，使得他的哲學思想並不容易掌握。

---

[*]　本文曾以「李克爾的行動解釋學」之篇名刊於《建國科大學報》，
　　第 27 卷第 2 期（2008 年 1 月），133-161 頁。茲因論文匯集成冊，
　　統一譯名，Ricoeur 均改譯為「呂格爾」。
[**]　建國科技大學通識教育中心副教授
[1]　他於 2004 年 11 月 9 日榮獲第二屆的（由美國國會圖書館主辦，
　　被尊稱為人文學諾貝爾獎的）克魯格獎（John W. Kluge Prize for
　　Lifetime Achievement in the Human Sciences）。

呂格爾於 1971 年發表的〈文本的模式：有意義之行動作爲文本〉[2]一文可以說是呂格爾行動解釋學的綱要與起點。雖然在 1970 年他發表了〈什麼是文本？說明與理解〉，[3]所談的內容與前文相似，但沒有特別標舉「行動」的分析。而 1973 年的四場演講所組成的《解釋理論》(*Interpretation Theory*)，其內容基本上是對此二文中的文本解釋學繼續發揮，但是仍然不以「行動」的分析爲主題。但他並非就此停住不談「行動」的相關問題，而是把其解釋學重點擺在敘事文的思考上，而敘事文就是「行動的模仿」。所以，在 1983-85 年間呂格爾出版的《時間與敘事文》(*Time and Narrative*) 中事實上也有許多他的行動解釋學內涵。1986 年他出版論文集《從文本到行動》(*From Text to Action*)，第二部分的標題就是「從文本解釋學到行動解釋學」，除了收錄〈文本的模式：有意義之行動作爲文本〉一文外，還有幾篇文章論述行動，其中最大的特色是他大量引用或挪用英美分析哲學中行動理論的方法與成果，並回頭處理他關心的哲學議題，如行動中的想像力、實踐理性、現在作爲啓動時刻等等。在這裡我們看到，他除了挪用行

2　Paul Ricoeur: "The Model of Text: Meaningful Action Considered as a Text," 收錄於 HHS, 197-221, 也收於 TA, 144-167。本文引用呂格爾著作書目資料及縮寫表，請見文末附錄。

3　"What is a text? Explanation and understanding," 見 HHS, 145-164。

動理論之成果外，也開始對行動理論有所批評，指出其不足之處。結果，在 1990 年的《自我作爲他者》（*Oneself as Another*）中，他從「自我解釋學」的角度對行動理論表達更多的不滿，認爲行動理論從「爲何」來解釋「何者發生」，把「誰」作了這件事的問題，亦即行動的主體的問題掩蓋了，然而這個問題卻是個關鍵的問題，對人的存在、我與他者之關係、人格同一、倫理學，乃至政治哲學均有重要的涵義。

以上簡單綜述了呂格爾行動解釋學的起源、發展與內涵。本文想對之有所介紹、評述、或引申，希望對他整體哲學思想的了解有所幫助。事實上，筆者在閱讀過程中發現其牽涉到的學科領域、問題範圍、及學者均相當廣泛，故本文將以〈文本的模式：有意義之行動作爲文本〉作爲論述的重點，其他內容只能稍加介紹，並留待將來再處理。在進入其行動解釋學之前，我們先概述一下他的解釋學，以便讀者有更好的掌握輪廓。

一、呂格爾的解釋學

我們可以說，呂格爾把「解釋學」一詞用到全部可以用的地方了，他所研究思索的對象幾乎都被他冠上了「某

某解釋學」之名，如「自我解釋學」、「行動解釋學」、「歷史意識解釋學」、「美學解釋學」等等，更別說較常見的「哲學解釋學」、「文學解釋學」、「神學（或《聖經》）解釋學」。

一般而言，解釋學在浪漫時期是以作者心理意圖的重構作為理解文本的判準，如希萊馬赫的解釋學。到了狄爾泰，解釋學經歷了「知識論的轉向」，他跳出文本的解釋，而關心於人文科學與自然科學在「說明」（explanation）與「理解」（understanding）上的差異。在海德格哲學中，解釋學又經歷了「存有論的轉向」，「存有作為文本」最能說明他的解釋學立場，因為他認為對文本的理解最終是指向對存有的理解。伽達瑪（Gadamer）的解釋學基本上也是以存有論的關心為主，如他從對遊戲及藝術存有論之論述銜接上對語言的存有論討論，而將語言變成解釋學的中心課題，我們或可稱之為「語言的轉向」（linguistic turn）。

（一）呂格爾解釋學的意義與要點

呂格爾在解釋學方面的論述是相當豐富的，除了有單篇論文所構成的兩本解釋學文集 *Conflict of Interpretations* 和 *From Text to Action* 之外，其解釋學的精神、方法與要點幾乎貫穿於他的每一部專著之中，如 *Freud and Philosophy, The Rule of Metaphor, Time and Narrative, Oneself as Another* 等等。

　　就某個意義來說，呂格爾的解釋學又重新回到了文本的解讀上，因而「閱讀」成爲他的解釋學中的重要一環。在他的「三重模仿論」（three-fold mimesis）中，閱讀成爲「第三重模仿」，也是極重要的一重，因爲這是讓文本，或更狹義地，文學作品成爲有意義的一環。文本「指涉」了一個世界，而讀者有其自身的「生活世界」，在閱讀時這兩個世界交會而對讀者在其生活世界的行動有所影響，這便看出了文本的價值。這是他的「文本解釋學」的主要精神。

　　不過，另一方面，呂格爾的哲學工作一直有以實踐爲導向的面相，他關心從馬克斯、尼采、弗洛依德對人性中財富、權力與欲望的負面分析中重新建構人類行動的意義。

　　再者，對於當代哲學對「主體」（subject）概念的質疑，尤其結構主義哲學（如傅科）所宣稱的「主體的死亡」，呂格爾的哲學任務之一便是要爲主體或自我（self）的哲學辯護，因而他建構了一個「自我解釋學」（尤其表現在 *Oneself as Another* 之中）。但他要辯護的自我，又不是笛卡兒式的自我，而是「相同」（idem, sameness，以個性[character]爲代表）和「自我」（ipseity, selfhood，與他者[alterity]互動、辯證而成，以遵守諾言爲主軸）代表述說過去與投向未來的兩個向度相互辯證之下的自我。而其「同一性」（identity）要用故事來建立。換言之，我們藉著述說我們自己的故事而了解我們自己，個人如此，團體如此，國家

也如此。這就是他的「敘事同一性」（narrative identity）
的理論。

　　總之，在呂格爾的使用中，「解釋學」一詞代表「解
釋的一般理論」（general theory of interpretation），是理解
與說明之間的辯證成果，所以只要牽涉到解釋問題的領
域，如文本、行動、潛意識、社會現實、歷史等等，均可
以冠上「解釋學」一詞來指涉對它們的研究。而他經常使
用的方法就是兩個極端概念之間的辯證、互動與融合。[4]以
下我們將從解釋學本身的傳統來介紹呂格爾的解釋學。

　　基本上呂格爾並不同意十九世紀盛行的浪漫主義解
釋學，他說：

> 解釋學不再能被定義為探尋作者內在之心理意圖的
> 學問，而應該是闡明文本所展現的在世存有。在文本
> 中所應該被解釋的是一個被提議的世界，在其中我可
> 以安住且將最為自我的可能性投射進去。（HHS: 112）

這裡「對心理意圖的探尋」便是希萊馬赫的浪漫解釋學，
在當代則有賀許（E. D. Hirsh）在《解釋的效度》（*Validity*

4　關於呂格爾的方法與風格，請參考 Kim Atkins: "Paul Ricoeur," in *The
　　Internet Encyclopedia of Philosophy*, http://www.iep.utm.edu/r/ricoeur.htm

in Interpretation）一書中加以繼承。呂格爾認為引發根本
的解釋學問題的不是作者的原意，而是文本的指涉向度
（referential dimension）。文本指涉一個世界，這個世界不
是可操弄物體的全體，而是吾人之生活與計劃的視域
（horizon），換言之即生活世界，在世界之存有。

不過，呂格爾所強調的世界並不一定是指真實的世
界，文本的世界是人類價值與存在可能性的世界。[5]亦即文
本提供讀者一個在世存有的可能方式，一個活在世上的新
方式。這點尤其適用於他的《聖經》解釋學，因為呂格爾
在接受當代學者對《聖經》敘事文真實性的質疑後，仍然
主張這些敘事文所指涉的世界對自我理解有很大的幫助，
對吾人在生活世界中的行動仍然深具影響。[6]

呂格爾除了強調文本的指涉面相之外，他的文本解釋
學還有兩個重要的觀念：距離化（distantiation）與挪為己
用（appropriation）。前者是強調讀者（甚至作者本人）與

5　呂格爾的「世界」是有點唯心論的意味，他說：「對我而言，世界
　　是各種我所閱讀、理解，和喜愛之文本（無論描述性或詩的）所
　　開出之指涉的聚合體。」（IT: 37）
6　呂格爾的《聖經》解釋學與一般解釋學並無本質上的差異。見 Kevin
　　J. Vanhoozer: *Biblical Narrative in the Philosophy of Paul Ricoeur: A
　　Study in Hermeneutics and Theology* (Cambridge University Press,
　　1990), pp. 149-189。

文本之間永遠存在著一種反思性的距離，因而在閱讀的過程中，讀者與文本的關係不是一種伽達瑪所強調的「對話」的關係；後者則是強調文本所具有的重新塑造讀者的世界觀與行動的能力。換言之，讀者在閱讀的過程中會將文本中的某些內容「挪為己用」，這一點事實上是伽達瑪解釋學中所強調的「應用」的面相。[7]

　　呂格爾認為，文本一旦完成之後，便與作者脫離關係，變成了另一種存在。它所具有的意義是作者透過寫作的活動所建構出來的論述意義（utterance meaning），而並非僅是論述者的意義（utterer's meaning）。作品的意義有一大部分是依賴於讀者的補充和完成，讀者藉著自身的不同文化、歷史背景來發掘作品本身的意義，以他和作者之間的時空距離來重新闡釋作品的意義。

　　再者，文本與面對面談話完全不同，因為文本大體上是訴諸文字或圖像、聲音符號，作者未必在現場與讀者交談。亦由於此種媒介上的必然性，文本比對話受到更多媒介、文字成規的限制，不過卻也比對話更具有客觀與複雜

7　關於呂格爾與伽達瑪在解釋學上的差異，請參考 Hugh J. Silverman (ed.): *Gadamer and Hermeneutics* (Routledge, 1991), pp. 63-81, 82-90，以及拙著《呂格爾美學之研究》（東海大學哲學系博士論文，1999 年），頁 14-16。

的結構，同時也因此有了本身的自主性，在語意上完全獨立，是本身結構完整的存在，不再和作者的意圖劃上等號。

因此，呂格爾所談到的「距離化」是有雙重意義的：一方面是文本與作者的疏離關係，在文字媒介的介入之後作品便成為客觀存在的事實；另一方面則是讀者與作者及文本在時空、經驗上的差距。

與此有關的是「挪為己用」的觀念。書寫一旦成為作品之後，便脫離作者的意圖，透過此一距離可以被他人挪為己用。讀者將文本挪為己用時，已與文本的客觀結構產生互動的辯證關係，讀者對文本的意義（而非作者的本意）起感應，進而了解文本對於文化及歷史的影響，因此達成「面對作品的自我了解」。就自我了解的活動而言，讀者並非將自己的有限理解能力投射到文本之上，而是自我呈現，面對文本，從中獲益，擴充了自我，以便進一步來調適自我，吸收作品的世界觀。也就是當讀者沈醉於文本的虛構世界時，一方面喪失了自我的主體性，另一方面卻也擴大且重新找到了自我。因此，「挪為己用」在構成讀者的主體性的同時也解構了讀者的主體性，並且要求讀者作自我批評，對自己的「成見」做自我反省。(HHS: 131-144, 182-

193）[8]

（二）對結構主義的吸收與反省

　　對結構主義的吸收、反省與超越一直是呂格爾解釋學的一個重要課題。他對結構主義的語言學、人類學、修辭學，乃至敘事學（narratology）都有深入的探討。基本上，他是接受結構主義的方法與成果的，所以在許多著作中都把它挪用為自己理論的一部分；如從 1971 年的〈文本的模型：有意義的行動作為文本〉、1973 年的演講《解釋理論》、1976 的《活生生的隱喻》、1984 的《時間與敘事文》第二冊等著作中都深入地談論結構主義，並且承認其價值，將之融入自己的理論中，成為一個重要的環節。

　　但是他覺得結構主義還不夠完整，不能完全地說明他整個的哲學立場，他主要從弗瑞格（Frege）區別「意義」（sense）與「指涉」（reference）的角度批評他們只重視了文本意義的探索而忽略了文本的指涉面向。換言之，結構主義把文本的內在邏輯（或深層語義學）彰顯出來，是吾人了解文本的一個重要面向，卻不是全部。所以他是要

8　參考廖炳惠：《里柯》（臺北：東大圖書公司，1993 年），頁 93-94, 102-103。

超越結構主義，回到解釋學的傳統與立場。不過，卻也因爲他涉入甚多的結構主義和記號學，使得他的解釋學與伽達瑪之間展現出極爲不同的風貌。

我們可以說，若不懂結構主義，不太能了解呂格爾的全部哲學；若不喜歡結構主義，可能也不太能欣賞呂格爾的部分學問及其風格。例如，《活生生的隱喻》中有專章討論基於結構主義語言學而興起的法國的「新修辭學」學派，而這章是題獻給結構主義大師葛萊姆斯（A.-J. Greimas）的。[9]他也常與葛萊姆斯對話或辯論，對葛氏甚表尊敬，如他於 1990 發表一篇〈在解釋學與記號學之間〉的文章即冠上了「向葛萊姆斯致敬」的標題。[10]總之，由於呂格爾涉入結構主義甚深，使得他的解釋學的某些面向其實是甚爲專技性（technical）。由於下文會有專節討論結構主義，在此就不加贅述。

（三）現象學的挪用

呂格爾哲學的重要內涵之一就是他的現象學的淵源與背景，以及他對現象學的適度轉化。呂格爾二十多歲時

9　參考 RM: 134-172。
10　Paul Ricoeur: *Lectures II* (Editions de Seuil, 1992).

在巴黎接觸到胡賽爾《觀念》一書的英譯本，十年後他將
此書譯爲法文，可見胡賽爾對他的影響以及他對現象學的
掌握與重視。後來他持續研究胡賽爾思想，研讀海德格的
《存有與時間》，並深受梅洛－龐蒂現象學的啓發，奠定了
他的現象學的基礎。1960 年他出版了計畫中「意志哲學」
的兩本書，《會犯錯的人》（*Philosophie de la volonté.
Finitude et Culpabilite. I. L'homme faillible.*）與《惡的象徵》
（*Philosophie de la volonté. Finitude et Culpabilite. II. La
symbolique du mal.*）。這兩本書主要是把胡賽爾的分析方法
運用在意志與情意的領域，並對行動與受苦進行辯證性的
分析，基本上是在試圖建構一個哲學人類學。雖然，呂格
爾最後放棄了「意志哲學」的計劃，改以思考行動爲主題。
但是，他因這兩本書的出版而在現象學上佔有一席之地。

必須指出的是，呂格爾所挪用的現象學乃是胡塞爾的
中期哲學。依呂格爾之見，胡塞爾是繼承笛卡兒主體主義
的傳統而發展。在胡塞爾眼中，笛卡兒哲學的貢獻是他建
立了「我思」（cogito）爲超越主體。這種哲學本身即是科
學，也是所有科學的基礎。但胡塞爾認爲笛卡兒並沒有貫
徹他的哲學意旨而中途輟止了。呂格爾認爲，胡塞爾的現
象學尤其是他的《笛卡兒沉思》即是想在哲學史的脈絡中
走完笛卡兒主義應走的道路。胡塞爾的態度是避開了笛卡
兒在神學與存有論上的糾纏，完全將心思放在超越主體

上。呂格爾本人很欣賞胡塞爾對意義活動的意向性的發現，以及對此意向性所做出的「能意／所意」（noesis/noema）的分析。

根本說來，胡賽爾意向性的學說與笛卡兒將意識與自我意識等同的看法不同。由意向性定義下的意識是朝向外並超越自己的，它較好用它所指向的目標（所意）來定義，而非由知覺到指向對象的意識（能意）來定義。再者，「意向」一詞可以包括知覺、想像、意志、情意性、價值的攝取等等，具有多樣性，而胡賽爾意向性的學說把這些多樣性都合法化了。11

雖然呂格爾知道胡塞爾這種主體哲學可能面對的難題甚多，但他還是稱許胡塞爾之開啟這種免除傳統存有論糾纏的「自我學」（egology）。不過，胡賽爾的現象學在受到海德格與伽達瑪的批評之後，確實受到很大的挑戰，為此，呂格爾寫了一篇〈現象學與解釋學〉12的文章探討現象學的未來命運。文中他主張要把胡賽爾的觀念論的現象學，經由解釋學的批判，適度加以修改，並朝向一個「解釋學的現象學」

11　依據 J. Thompson 的評註，若與語言理論結合，noesis 成為意義的行動或想說的意圖，noema 成為所述說的話的意義內容。（HHS: 28-9）

12　HHS: 101-128.

的方向發展。其中，呂格爾強調解釋學必然有現象學的預
設，而現象學也必須具有解釋學的預設。無怪乎有學者稱呂
格爾的解釋學爲「現象學的解釋學」，[13]而呂格爾 *HHS* 一書
的編譯者 John Thompson 也稱該書中所關心到的許多問題都
是從「解釋學的現象學」的角度來論述的。（HHS: 19）事實
上，前述介紹其解釋學綱要中提到的文本展現生活世界的觀
念即與胡賽爾的現象學有關；而下面的分析中，我們也將看
到他挪用了「能意/所意」（noesis/noema）的語彙來論述言說
和行動，這些都是呂格爾理論中的現象學成分。

　　以上概述了呂格爾解釋學的背景與特色，這有助於其
整體哲學以及下面所論述的行動解釋學的掌握。以下進入
本題。

二、從文本解釋學到行動解釋學

　　前面說到，呂格爾 1971 年發表的〈文本的模式：有
意義之行動作爲文本〉一文可以說是呂格爾行動解釋學的

13　Josef Bleicher: *Contemporary Hermeneutics* (London: Routhledge &
　　Kegan Paul, 1980), pp. 217-228.

綱要與起點。[14]這篇文章中其實也包含了許多他的文本解釋學的觀點，許多也已經在上一節中稍微介紹過了。我們下面要根據這篇文章的內容，做比較詳細的介紹與討論。

呂格爾在本文中的主要目的是要顯示行動是可理解的，而且是社會科學的恰當對象。另外，他的目的也在闡明全部行動的本質性構成要素。爲此目的，他建立了文本與行動之間的類比性，他先論述書寫言說（文本）的解釋學性質，並論述行動具備文本的諸多性質。其次，他論述文本的解釋原理（即說明與理解之間的辯證關係），並主張這個文本解釋的模型同樣適用於社會行動的解釋上。

但是，他畢竟是個涉入結構主義甚深並對之加以批判的學者，他所闡述的「說明」就是一套結構主義的方法與認可。如此，不懂得結構主義，似乎也不易了解他的「行動解釋學」，這是理解呂格爾的困難之處。

---

14 呂格爾早期的哲學目標是建構一套「意志哲學」，後來他感受到意志哲學的實踐面向不夠，於是轉而思考「行動」，作為其實踐哲學的主要議題之一。請參考 Bernard Dauenhauer: "Paul Ricoeur", in *Stanford Encyclopedia of Philosophy*, http://plato.stanford.edu/entries/ricoeur/

（一）口述言說與書寫言說

在論述行動與文本的類比性之前，呂格爾先區分言說（discourse）與語言（langue），並將分析的重點放在言說之上，但是他又區分口述言說與書寫言說（即文本）之不同，並賦予書寫言說較大的重要性，[15]最後再論證行動與書寫言說的類比性及其解釋上的方法論。

呂格爾指出，言說是使用中的語言，而非作為獨立自足的系統的語言。言說是個語言事件或使用，它有四個特性：（一）言說總是發生在時間中的某個點上，（二）言說總是以某種方式指涉到言談或書寫的人，（三）言說總是指涉到語言系統外的某個事物，（四）言說有所溝通，言說向別人（作為對談者）講話。

但是，口述言說與書寫言說在這四點上卻有很不同表達面向：

1. 在言談中，言說是一個稍縱即逝的事件，但在書寫中，言說被固著且被給予永恆性。另外，在述說與所述方面，口述言說同時涵蓋述說之行動與所述，而書寫僅僅捉住了所述。如果依據 J. L. Austin 和 John Searle 的言談行動

15　參考其 "A Plea for Writing", IT: 37-42。

理論，我們在言談行動中可以區分命題行動（locutionary or propositional act）、非命題行動（illocutionary act）和穿越命題行動（perlocutionary act），[16]口述言說在這三方面可以明確的加以「固定」（fix）或「鑲嵌」（inscribe），書寫言說卻較不明確，但並非不可加以鑲嵌。書寫言說在命題行動的鑲嵌上是很直接的；在非命題行動上，經由動詞語態（指示、假設、命令等）及上下文脈絡等語言工具也可以加以鑲嵌；在穿越命題行動上，藉由習俗、社會規範、法律系統等等的幫忙，我們還是可以合理地預估某個言說行動可能會引發的反應。

2. 言說的第二個特性，指涉了述說或書寫的人在口述言說與書寫言說中也有不同的表現面向。在口述中，說者的意思與其言說的意思幾乎是完全相等的。但在書寫中，作者的意圖與文本的意義就不再完全吻合了。而這兩者

---

16 例如，「你回家」、「你要回家嗎？」、「回家！」、「我多麼希望你能回家」這四句話的命題行動（命題內容）相同，其非命題行動（斷言、建議、要求、承諾、宣誓等）不同，而其所達成的效果，即穿越命題行動（如勸說、使人相信、讓人害怕、侮辱了人、讓聽者起動作某事等），都不相同。筆者此處的譯法主要是想避免用詞的混淆。按：雖然大部分的字典不會用「命題」來翻譯 locution，但筆者根據的是呂格爾的使用或解釋。他的原文在 locutionary 旁加上了 propositional 的字眼，代表在他的理解下，言談行動中的 locutionary act 等於該語句的命題內容。所以，一個社會行動的 locutionary act 等於該行動的所呈現出來的命題內容。

的解離也就是整個言說之鑲嵌所要處理的問題。在鑲嵌文本的意義時，並非我們可以把文本看成是沒有作者，說者與其言說之間的關聯並未被消除，而是被擴展和複雜化，使得文本所述說的會多於作者原本想述說的。

3. 言說的第三個特徵是它幾乎總是指涉到語言之外的某個事物。在口述中，說話者可以用實指的方式指出他們所談論爲何（此即言說的情境）。而這個情境只有參與者才能共用。然而，文本卻逃避了情境的即刻性而且以非實指的方式指涉了一個世界。

4. 言說的第四個特性是它總是被說給某人。在口述中，言說的被述說者是你，第二人稱單數或複數，對方共用我的情境而且可以直接與我對話。但是，書寫的文本卻是任何可以閱讀的人在此言說事件之後都可以取得。呂格爾說，「在對話中的主體的共同存在已經不再是全部『理解』的模型。書寫—閱讀的關係不再是述說—聽講關係的特殊情況。」（TA: 150）

（二）行動的文本性質

在論述書寫言說的四個特性之後，呂格爾接著論述行動（作爲社會科學的研究對象）也具備這四個特性。呂格爾認爲，有意義的行動可以成爲科學研究的對象有一個先決條件，那就是能夠加以客觀化，就像是言說被書寫所固

定一樣。如同交互對談在書寫中被克服一樣,在許多情境
中交互行動(互動)也被克服,以致於我們把該行動視為
一個固定的文本。呂格爾主張,有意義的行動本身,經由
客觀化的程式(類似發生於書寫中的固定)可以成為科學
的對象,而不會喪失行動的意義性。經由此等客觀化,行
動不再是一個交互行動,而且對此行動的言說也不再只屬
於它而已。這時的行動已經成為一種被畫記下來的類型,
必須依據於它的內在關聯來加以解釋。

　　呂格爾認為,這種行動的客觀化是可能的,此乃基於
行動與書寫言說(文本)之間有很高的類比性,這使得行
動像是一種述說。前面提到的言說的四個特性,在行動中
也均具備。以下我們逐項加以說明。

1. 像言說一樣,行動具有「命題內容」,可以被確認及再
　確認。我們可以確認並回憶做了什麼事。呂格爾使用現
　象學字眼來說明:行動具有意義的所思結構(noematic
　structure),這個結構可以被固定並且抽離開交互行動的
　過程而成為解釋的一個對象。其次,行動也具有類似言
　談行動中的「非命題力量」的特徵。我們可以構作出行
　動的類型學,也可以構作出行動的判準學。任何類型的
　行動都蘊函了某些「建構性的規則」,可以把某個行動
　劃歸為特定類型的行動。呂格爾舉例說,為了了解什麼
　是承諾,我們必須了解承諾的「本質條件」是什麼,此

乃基於一個特定的行動可以「算是」一個承諾。所以，
一個行動可以基於其命題內容及非命題力量加以確
認，這兩者構成了行動的「意義內容」(sense content)。
這個意義內容讓行動的「鑲嵌」成爲可能。而我們又如
何了解「行動被鑲嵌」？呂格爾說，我們可以借用某些
隱喻來了解，「我們說某某事件在時間中留下了記號。
我們說到能留下記號的事件。在時間中沒有『記號』嗎？
亦即那種要求我們閱讀而非聽講的事嗎？」(TA: 152)

2. 就像一個文本與其作者解離一樣，一個行動也和其做者
解離並發展出它自己的效應。這種行動的自主化構成了
行動的「社會」向度。一個行動是個社會現象，並非僅
是因爲它由幾位行動者共同執行而且彼此的角色相互
糾纏導致不能明確區分，而且也因爲我們的行爲會離開
我們並衍生出我們沒有意圖到的效果。[17]而這種解離也

17　伽達瑪也有類似的看法，他說：「實踐的領域總是要求〔我們〕做
選擇與決定，卻對行動的結果毫無任何保證。」(見其 *Das Erbe
Europas* [Frankfurt am Main: Suhrkamp, 1989], S. 26) 以及「理解，
就像行動一樣，總是一種冒險，而且無法允許將理解述句或特定
文本的普遍規則運用其上。〔……〕理解是個冒險活動，本身就包
含風險。」(見其 *Vernunft im Zeitalter der Wissenschaft* [Frankfurt am
Main: Suhrkamp, 1976], S. 106.) 以上引自 Domenico Jervolino,
"Gadamer and Ricoeur on the hermeneutics of praxis," in Richard
Kearney (ed.): *Paul Ricoeur: The Hermeneutics of Action* (London:
Sage Publications, 1996), pp. 63-79。(本書的全部內容曾以專輯的

使得責任的歸屬成爲一個獨特的問題，尤其在由許多行
動片段（segment）所組成的「複雜的行動」中，有些
行動片段與原初片段間的距離如此遙遠，以致於要歸屬
責任給誰就很困難，如同在文學批評的有些情況中作者
歸屬的問題一樣的困難。順著前面的隱喻，行動在時間
中留下記號，這個記號就是留在「社會時間」之中。社
會時間不僅是個消逝的東西，它也是個具有持續效果、
不變類型的場域。當一個行動貢獻於這些類型的出現，
這個行動就留下了「痕跡」，留下了「記號」；而這些類
型也成爲人類行動的「文件」，成爲歷史的要素。

3. 如同文本的第三個特徵，一個行動的重要性也超越了它
   與它的原初情境的相關性。就如同一個文本以非實指的
   方式指涉了一個世界（如希臘的世界），一個重要的行
   動發展出可以在異於其原初情境的新情境中被實現的
   意義，換言之，「一個重要行動的意義越過、克服、超
   越了產生它的社會條件，而且可以在新的社會脈絡中重
   新實踐。它的重要性就是它的可持續的相關性，有時是
   全部時間的相關性。」（TA: 155）。

4. 就像文本有無盡的述說對象，人類行動的意義也是述說
   給不限定範圍的可能「讀者」的某物。其裁判並非是同

時代的人，而是歷史本身。呂格爾引用黑格爾的話：「世界歷史就是世界法庭」，說明人類行動是一個開放的工作（open work），其意義還是懸而未決的。這個開放的工作「開啓」了新的指涉並從這些指涉獲得新的相關性，人類的行動也同樣等待新的解釋以決定其意義。所有重要的事件與行為以此方式都開放給這種經由現在的實踐（present praxis）而得出實踐上的解釋。人的行動也是如此開放給任何可閱讀的人。一個事件的意義是其即將出現的解釋的意義，在此過程中，同時代人的解釋並沒有特殊的特權。

以上，呂格爾相當清楚地建立了行動與文本之間的類似性。有頗多深意，發人深省。但是，解釋學真正關心的是如何解釋文本的問題，既然行動與文本類似，所以行動的解釋方法也可以使用文本解釋的方法，這是呂格爾所認定的一種人文科學的方法論，以下申論之。

（三）文本的解釋

簡單而言，呂格爾所認知的解釋是一種複雜的過程，它是說明與理解之間的辯證關係。而他在「說明」階段的方法，又不像狄爾泰所強調的，要借用自然科學的模型，而是使用結構主義的方法。說明與理解這兩個面向又是相互依賴、相互預設、相互完成的，換言之，它們二者形成

一種「解釋學的循環」。所以,他要談論「解釋」,就從兩
個方向談起:一是從理解到說明,一是從說明到理解。

(I) 從理解到說明

　　呂格爾強調理解一個文本,起先是一種猜測(guessing),
再逐步從細節處驗證(validate)原本的猜測是否正確。為什
麼需要猜測?因為文本是啞的,文本的意義又不等同於作者
的意義,所以讀者必須在閱讀中猜測,猜測構成對文本的理
解。至於如何驗證猜測?在此呂格爾借用賀許的觀點,認為
其方法較為接近機率的邏輯,而非經驗性檢證(empirical
verification)的邏輯。顯示一個解釋或然性較高,和顯示一
個結論是正確的,這是兩回事。所以,在相關的意義下,驗
證並不是檢證。驗證是一門論辯性的學科,它可比擬於使用
在法律解釋上的程式,是一種不確定和質性機率的邏輯(a
logic of uncertainty and qualitative probability)。由於文本是一
個個體(individual),主觀機率邏輯(the logic of subjective
probability)中的「會合指數法」(the method of converging or
conveyance indices)對個體的科學提供了很好的基礎。[18]因
此,將解釋的驗證這種方法運用於文本之上,可以說是為文

18　所謂的「主觀機率邏輯」是依據數學家 Thomas Bayes 的機率理論
　　而發展出來的,有別於客觀機率的演算。

本提供了一種科學的認知，這便構成了說明。

呂格爾主張，猜測與驗證在某種意義下是循環地交互關連為對於文本的主觀和客觀的進路。我們應當避開「自我可證實性」（self-comfirmability）的獨斷，以免危害到猜測與驗證的關係。他並強調，這裡可以使用波普（Karl Popper）的證偽（falsification）觀念來檢視不同的解釋，以便讓一個可被接受的解釋「不僅是可能的而且是比別的解釋更加可能。」（TA: 160）他樂觀地認為：相對優越性的判準可以容易地從主觀機率的邏輯導出。[19]

呂格爾的結論是：

> 若解釋一個文本的方法總是不只一個，這並不代表全部的解釋都是相等的，而且可以被等同化為原始而粗糙的判斷。文本是一個有限的可能建構的領域。驗證的邏輯允許我們在獨斷論與懷疑論的兩個極端間移動。我們總是可以論證支援或反對一個解釋，面對不同的解釋，在它們之間作仲裁，並尋找到一個協議，縱然這個協議還在我們所能到達的範

---

[19] 在 IT 中，呂格爾仍然主張，我們從主觀機率的邏輯可以很容易推導出相對優位性的判準。（見 79 頁）

圍之外。（TA: 160）

（II）從說明到理解

在這個環節中，呂格爾完全接受結構主義的方法，以便能把文本的深層結構或深層語意學彰顯出來。但是，呂格爾強調，只停留在文本的深層結構中，而不能展現出人的存在困境及這個特定文本所提供的解決之道，則無法完成解釋。他在「理解」這個面相所強調的，是指文本幫助我們理解到我們的存在處境及我們存活於世界的自處之道，所以是很海德格式的。故結構主義的說明也需要理解的輔助，才能構成整體的解釋。

在〈文本的模式：有意義之行動作為文本〉這篇文章中，呂格爾以神話作為文本的例子，並以李維史陀（Levi-Strauss）的神話研究作為結構主義方法的例子。依據李維史陀，神話和語言有下列共同的特徵：

1. 它們都是由小單元構成，這些小單元依據某些規則而被串連起來。

2. 這些小單元彼此間，基於兩兩成對或對反，形成一些關係，這些關係提供了結構的基礎。

這使得全球各地的神話都具有相類似的結構。

　　另外，在《解釋理論》中，呂格爾的論述除了保留李維史陀的例子，還增加了民間傳說的文本，並以普樂普（Vladimir Propp）的研究作為結構主義的例子。另外，在〈什麼是文本？〉中，他還提到了葛萊姆斯（A. -J. Greimas）的「行動者」理論作例子。但由於這三篇著作都是簡短地論述結構主義，並不容易讓人了解，以下我們從《時間與敘事文》的脈絡來介紹結構主義。

　　結構主義是從俄國的形式主義演變而來。普樂普從研究俄國的民間故事得出結論：全部的故事內容均是由三十一個功能（funtions）所構成的，如禁止、禁戒、違犯、再認、傳遞、耍詐、共謀 等等。[20]這些功能發生在全部的民間神仙故事之中，且獨立於完成它們的故事人物。再者，普樂普主張，這些功能的順序在每個故事中都是相同的。這一點讓他的形式主義具有強烈的編年性質。順著上面一點，他主張全部的俄國民間故事只是同一個故事而已。

　　形式主義在法國加上索緒爾的結構語言學得到了蓬勃的發展，人才輩出。佈雷蒙（Claude Bremond）、李維史陀（Levi-Strauss）、巴特、多得絡夫（Tzvetan Todorov）、

20　關於這 31 個功能都介紹，請參考：
　　http://www.northern.edu/hastingw/propp.htm

葛萊姆斯等人均是結構主義的大將。[21]

　　以葛萊姆斯為例，他將普樂普的三十一個功能化約為三對六個「行動者範疇」（actantial categories）。一是主體與客體，以 A 欲求於 B 之形式出現；二是傳送者與接受者之範疇，任何訊息均有傳送者與接受者；三是幫助者與對立者的範疇，這包含前面兩對範疇，因為四者均可以被幫助或阻止。這是葛萊姆斯分析敘事文的「行動者模型」。後來，他又以「記號學模型」（semiotic model）進一步發展前一模型。這個模型有三個階段：深層結構、中間結構、顯現結構。在深層結構中，葛萊姆斯提出了他有名的「記號學方塊」（semiotic square）。相對於傳統邏輯中全稱肯定、全稱否定、偏稱肯定、偏稱否定四種句子（A, E, I, O）所形成的「對反方塊」（square of opposition），葛氏創用了記號學方塊，但也維持了傳統方塊中的某些性質。例如，「白色」在方塊的左上角，「黑色」在右上角，「非白色」在右下角，「非黑色」左下角。「白色」一詞之所以有所意謂，是因為我們可以用下列三種關係描述它：「白」與「黑」是對反關係（contrariety），可同假不可同真；「白」與「非白」是矛盾關係，只能一真一假；「黑」與「非白」是預設關係

21　參考高宣揚：《結構主義》（臺北：遠流出版社，1989 年）。

（presupposition）或蘊涵關係（implication），「黑色」若
成立即蘊涵了「非白」成立。這個方塊的邏輯性質是我們
擷取任何種類之意義的條件，也是敘事性（narrativity）的
首出條件，藉著矛盾、反對、預設三種關係的變形某些內
容被否定、某些被肯定。第二階段的中間結構叫做「表面
結構」（superficial），這是相對於深層結構而言的，藉之可
敘事性（narrativization）得到真正的表述。這裡所考慮的
是一般做事的文法，即「某人在做某事」的句型，而這句
可變形為：想要做某事、想要擁有某事物、想要成為（某
種價值）、想要知道（某事）、想要能夠（做某事）。第三階
段是顯現（manifestation）的結構，是比喻性的（figurative），
這是關於特定語言與特定表達內容的，即關於真正的行動
者完成工作、接受考驗、達成目標等方面的問題。（TN II,
44-55）

　　前面提到，呂格爾主要從弗瑞格區別「意義」與「指
涉」的角度批評他們只重視文本意義的探索而忽略文本的
指涉面向。換言之，結構主義把文本的內在邏輯（或深層
語義學）彰顯出來，是吾人了解文本的一個重要面相，卻
不是全部。所以他是要超越結構主義，回到解釋學的傳統
與立場。

　　例如，他對於普樂普想藉著結構分析而找出一個「原
型故事」的構想有如下的批評：

> 普樂普的原型故事與我所稱為情節的並不相符合。
> 他所重構的原型不是某人告訴給某人的一個故事。
> 這是某一種分析理性的成果。把故事分割為功能、
> 對這些功能的一般性定義、並將它們沿著一個軸線
> 相續地排列,這些都是把一個原初的文化對象轉變
> 為科學對象的運作過程。一旦這些功能的代數性重
> 寫僅僅留空間給三十一個排列好的記號一個純粹序
> 列時,這種轉變便非常明顯了。(TN II: 38)

呂格爾的上述立場明顯表達出結構主義所彰顯出的結構與
故事不同。作為故事的敘事文,終極上是一種根基於人類
真實活過的時間經驗而來的表達,而且它的秩序與力量也
正是因為訴諸了讀者身上的這個時間經驗而成立的。敘事
文是一種從人類過去的部分經驗中的重新提現或重複,其
形式與人的回憶活動(而不是內在的文法)有關,所以結
構主義在解釋文本上是不足的。他說:

> 一個文本的意義並不在文本之後,而在其之前。它
> 不是某種隱藏之物,而是被彰顯的某物。應該被理
> 解的不是言說的原初情境,而是基於文本的非實指
> 性指涉(non-ostensive reference)而所指向的一個
> 可能世界。(TA; 165; IT: 87)

呂格爾強調,我們要從結構主義的分析中走出,走到

文本中所展示給我們的，對於吾人的存在樣態，吾人的在世存有，亦即吾人對於生死、盲目與光明、性與真理等問題的理解上。他認為，若結構分析把這種對於存在困境的指涉去除了，就會把特定文本（如神話）的研究化約成人類的無意義的言說而已。

　　但是，他承認結構分析有其作用，它幫助我們從文本的表面語意學進入了深層語意學（即把人生的困境彰顯出來），換言之，結構分析是我們對於文本的素樸解釋到批判解釋，或從表面解釋到深層解釋的一個必要階段。它所彰顯出的深層語意學就是理解的真正對象。（TA: 164）讀者應當在閱讀中捉住文本所展現出的世界，並改變我們的觀念與行動。用他自己的話來說，就是：

> 理解已不再如過去般關注於作者及其情境。它尋求去掌握由文本的指涉所開顯出的世界命題（world-pro-positions）。理解一個文本是跟隨其從意義到指涉的運動：從它所說（says）到它所談論的（talks about）。（TA: 165; IT: 87-88）

> 在此過程中結構分析所扮演的仲介性角色便構成了對於文本的客觀性進路的證成以及主觀性進路的修正。我們不應該把理解等同於對潛藏於文本之中的意圖的直觀性掌握。〔結構分析〕反而邀請我們把文

本的意義視為來自文本的一種指示，一種看待事物
的新方式，一個以某種方式思考的指示。（TA: 165;
IT: 88）

以上介紹的兩種進路構成了呂格爾的解釋理論的模
型，它也可以用「從主觀到客觀」和「從客觀到主觀」來
表述。呂格爾稱這兩個解釋的進路或階段構成了一個「解
釋學拱門」（hermeneutic arc）（TA: 164），而他的理論也
就因此以名稱而有名。接著，我們將論述他如何將此模型
運用到行動的解釋上。

（四）行動的解釋

既然前面提到，行動與文本有很高的類比性，呂格爾
自然地把他的文本解釋的模式套用在行動的解釋上。他也
依循著「從理解到說明」、「從說明到理解」兩方向來論述。

（Ｉ）從理解到說明

前面提到，在這個環節中，事實上是一個猜測與驗證
的辯證關係。呂格爾首先指出，由於行動具有類似於文本
的多音性（plurivocity），[22] 在理解上，猜測的過程仍是首

---

22 感謝陳榮灼教授對這個字的翻譯所提供的協助，他提及這原是林

出的。對社會科學家來說，人類行動、歷史事件及社會現
象的意義是可以用許多不同方式解釋的。事實上這是因為
類似（但不相同於）於字詞的多義性、語句的歧義性、文
本的多音性，人類行動的目的與動機的向度讓行動成為可
以述說不同聲音（或意見）的可能性。呂格爾在此引述英
美分析哲學中的行動理論的成果來論述。許多分析哲學家
同意，一個行動的目的可以被確認用「為何」（why）的方
式來回答「何事」（what）的問題。若你可以向我說明為
何你做了某行動，我即理解你想要做的事，但是對於為何
的問題，則只有能提供動機（被理解成為某事的理由而非
原因）的回答才有意義。這是一個表述句或片語，它讓我
們能夠把一個行動確認為這個行動或那個行動。若你告訴
我，你是基於嫉妒或報復的心理而做此行動，你便是要求
我把你的行動劃歸為這類的情感或傾向下的行動，這樣讓
你的行動可被理解。你讓你的行動被別人和自己能理解。
呂格爾借用安思孔（E. Anscombe）的需求（wanting）的
「可被欲求性格」（desirability-character）觀念來解說。對
於「你要這個做什麼？」的問題，我可以用我所需要之物

鎮國教授的翻譯。按 Webster Dictionary 對 voice 這個字的解釋，
其拉丁文字源是 *vocis*，有「說」的意思。「聲音」（voice）其實也
有表達意見之意，如「人民的聲音」。

的可被欲求性格及其帶來的明顯好處來回答，由此我們可以論證一個行動的意義，論證支持或反對這個或那個解釋。如此，對於動機的解說已經預示了一種論證程式。所以呂格爾主張，在人類行動中可以（也必須）被解釋的是這個行動的動機性基礎，亦即一組可被欲求性格。而這個關連到用動機來對行動說明的論證程式，也展現出一種讓行動類似於文本的多音性。呂格爾認為，在論證一個行動的意義時，我把我的需求和信念放置一旁，思考與之相對立的意見，這種把我的行動放置一旁以便讓我的動機顯得有意義的方法為一種距離化鋪路，這種距離化發生在（前面所提過的）人類行動的社會鑲嵌之中，而我們曾用「記錄」的隱喻來加以解說。被放入記錄中的行動，可以依據使用在論證其動機上的各種論證的多音性，用不同方式加以說明。筆者認為，呂格爾的意思是：行動可以被不同的方式加以建構，所以，理解一個行動基本上還是要先有猜測的面向，我們猜想哪一個建構比較可能為真。所以我們仍然需要一種驗證的程式。

　　呂格爾在論述行動理解的驗證面向時，仍然使用行動理論中的成果。有些分析哲學家試圖以類似法官對一個契約或罪行之判決的驗證法律程式，說明我們把行動歸責（impute）於行動者（agent）的方式。哈特（H. L. A. Hart）主張，法律的推理並非總是運用普遍的法則到特殊的案例

中，而是每次都要建構一種獨特的歸因性決定（referring
decisions）。這些決定讓對於藉口或辯護的駁斥告一段落，
並且能夠「擊敗」（defeat）宣稱或指控。哈特說，人類行
動基本上也是「可被擊敗的」，而且法律推理是一種論證性
的過程，它處理到「擊敗」一個宣稱或指控的不同方法。
呂格爾認為，哈特已經為一種普遍的驗證理論鋪路，在其
中法律推理將是連結文學批評中的驗證和人文科學中的驗
證的重要關鍵。法律推理的仲介性質明白地顯示驗證的過
程具有爭議的本質。在法庭中，行動的多音性以一種解釋
的衝突形式被展現出來。最後的解釋以判決的姿態出現，
然而仍然允許提出上訴。呂格爾主張，就像法律的論說一
樣，文學批評和社會科學的全部解釋都是可以被挑戰的，
而且，「什麼可以擊敗一個宣稱」是共通於全部論證性的情
境。

（II）從說明到理解

　　從前面文本解釋學中，我們已經知道，呂格爾在說明
的面向上是從結構主義開始的。他接受結構主義的方法及
成果，認為這是一種科學性的說明，將文本的深層語意學
彰顯出來。但是這樣仍然不夠，文本重要的是指向一個世
界，一種可以讓我們安身立命的生存之道。所以讀者在閱
讀時應當有所啟發，有所改變，把文本中的內涵挪為己用，

這樣才達到真正的理解。

這個解釋的第二面向如何應用到行動的解釋上？呂格爾強調了三個要點。

第一，他認為，結構的模型可以擴展到全部社會現象，因為它可以適用在全部種類之類似於語言記號的記號。記號系統的觀念可以將文本與社會現象的模型貫穿起來。從記號學的觀點，一個語言系統只是全部記號性種類中的一個小類，雖然它在其他小類之間具有典範的地位。因此，呂格爾主張，說明的結構模型可以被一般化到任何具有記號學性質的社會現象上，亦即在這些現象的層次上可以界定出一個記號系統的典型關係：符碼與訊息間的一般關係、特定符碼單元之間的關係、能指與所指之間的關係、社會訊息之中和之間的典型關係，以及作為訊息交換的溝通的結構等等。若這種記號的模型可以成立，則所謂的記號性或象徵性的功能，亦即用記號替代事情及用記號呈現事情的功能，便成為整個社會生活的基礎。依據這樣的記號的擴充功能，呂格爾主張，不僅象徵性的功能是社會性的，且社會現實基本上是象徵性的。呂格爾還強調，這種結構模型所提出的說明不是因果性的，而是相關性的，尋找記號系統中的相關關係就是說明的主要工作。

其次，社會現象是否也有類似於文本的深層語意學？

呂格爾認為，若前述的記號學進路不能找出社會行動的深層語意學，則這個進路將失去其重要性與趣味。呂格爾主張，就像維根斯坦所說的名言，語言遊戲就是生活方式，社會結構本身也是人們要對應存在的複雜性、人類的困境和根深蒂固的衝突之企圖。在此意義下，這些結構也具備指涉的向度，它們指向了人類社會生存的困境。社會結構也展示出一個世界，投射出一個世界，而非只是一個情境，而是多過一個情境。這裡是理解所要進入之處，就像是對文本的理解所要求的一樣，而這些都是從結構分析開始的。

第三，如同一個抓住了文本的深層語意學並將它變成「自己的」，亦即納入自己的行動方針之中（見下一節「三重模仿論」中的第三重模仿），呂格爾也強調，我們對於深度解釋所要掌握的「意義類型」，若是缺乏一種承諾、意願（commitment），一種挪為己用，將是無法被理解的。但是，這樣不就把個人偏見、主觀性加入科學探究之中？這樣不會破壞了社會科學作為一種科學的嚴格性、客觀性？呂格爾的回答是，只要我們把所謂個人承諾的角色加以修正，問題就可以獲得解決。呂格爾強調，理解完全是被全部的說明程式所仲介的，說明程式先於理解，也伴隨著理解。此處的個人的挪為己用，其所對應的不是可以被觸感的某物，它是說明所釋放出來的動態意義，亦即其展現世界的能力。

以上是呂格爾〈文本的模式：有意義之行動作爲文本〉一文中的要點，我們在第三節中，還會對本文的內容加以反省討論。以下先把呂格爾的行動解釋學作一個整體的介紹。

（五）呂格爾行動解釋學的後續發展

（Ⅰ）《時間與敘事文》

十多年後，呂格爾把上面介紹的文本解釋學內涵適度發展在他對敘事文作爲行動的模仿的論述上，其中也有對行動的解釋有所發揮或延伸。

首先，他把「敘事文作爲行動的模仿」中的「模仿」（mimesis）一詞擴充爲三個階段或層次，把作家的構思、讀者的期望、作家的實際創作、讀者的閱讀等面相都包括進來。

「一重模仿」（mimesis 1）是作者對所模仿事件之意義的攝取與掌握，這是對行動世界的先前理解（preunder-standing）的階段。作者先要對事件感受到那些面向或啓示值得將之編排描寫成文學作品，才能著手進行寫作，這在呂格爾看來是第一層的模仿。換個字眼說，這是個「預先構形」（prefiguration）的階段，即預先賦予作品一個形體。

「二重模仿」（mimesis 2）是真正為作品構作形體（configure）的階段，在這裡作者進行了「安排情節」（cm-plotment）的工作。

「三重模仿」（mimesis 3）是呂格爾理論的重點，它發生在讀者閱讀作品的過程中。讀者生活在自己的生活世界之中，必須面對與解決眾多切身的問題，而任何作品或文本不僅具備意義，也指涉了一個生活世界，呂格爾稱之為「文本世界」。在閱讀時，「讀者世界」與「文本世界」交會，讀者從文本中的行動獲得啟示而對自己的行動或世界觀產生「重塑」或「重新構形」（refigure）的作用，這是第三重模仿，在此正可以看出文學作品的價值。23

這裡很明顯地看出，他把前面所介紹的文本之解釋的理論加以適度地擴充，然而其論述基調是相同的：同樣提及閱讀，但這裡更加強調閱讀；同樣提及文本指涉世界，但這裡區分、強調了「文本世界」和「讀者世界」的概念。

這三重模仿中與行動解釋學較有關的是第一重模仿，因為作者需對行動有所了解或掌握，才能開始進行故事情節的安排與取捨。這裡也展現出呂格爾對行動的解析。

23　TN I: 52-87.

呂格爾強調，情節的構作是建立在對行動世界的前理解上，對其有意義的結構、其象徵性的來源以及其時間性格的前理解之上。「模仿或呈現行動首先是要預先理解人類的行動為何物，它的語意學，它的象徵系統，它的時間性（temporality）。在這個共通於詩人及讀者的先理解之上，情節安排與文本及文學的模仿學才被建立。」（TN I: 64）

所謂的行動語意學是對任一行動去掌握其「什麼」、「為什麼」、「誰」、「如何」、「和誰」、及「反對誰」之面向。要能熟悉這些必須要具備「實踐理解」（practical under-standing）的能力。

在行動的象徵意義上，呂格爾強調任何行動都必須參照於該文化中的規範才能被理解，故都是「符號性地被仲介」（symbolically mediated）。[24]作為規範的函數，行動只能根據道德偏好的尺度加以評價。因此行動在倫理上絕不能是中性的。在此呂格爾質疑了倫理中性化閱讀的可能

---

24 這點其實很重要，有論者就是從社會規範的角度來論證意圖性行為的說明不可能是因果說明的一種，其用意是在批評 Donald Davidson 的下列觀點：理由就是原因，合理化的說明就是因果說明。見 Mark Risjord: "Reasons, Causes, and Action Explanation," in *Philosophy of the Social Sciences*, Vol. 35, No. 3 (September, 2005), pp. 294-306。

性，而這樣的創作更不可取。

　　但是行動的理解還有第三個面向，即對行動的時間要素的掌握。因爲有其時間要素，行動能被敘述以及吾人去敘述它的需要才因而生起。這裡呂格爾借用了海德格的時間觀來作說明。海德格把時間的最原始形式及最真實的經驗，即把成爲（coming to be）、已經是（having been）與成爲現在（making present）三個向度的辯證關係特稱爲「時間性」，以別於鐘錶上不可回轉的單向度時間。但是時間性是建立於「在時間中」（within-time-ness）的基礎上。「在時間中」是用吾人被拋置於事物中來定義的，這是關懷（Care）的一個特性。因此吾人對時間性的描述常常以吾人對所關懷事物之描述爲根據。這樣「在時間中」的基本特性便是去考慮時間並計算它，而不是僅在測量它的長短。平常的片語如「有時間去做什麼」、「花時間去」、「失掉時間」等很能說明這點。海德格稱吾人對所關懷事物之關懷爲「牽掛」（preoccupation），因此是吾人的牽掛，而非所關懷的事物，決定了時間的意義。

　　這裡提到了關懷，這是很重要的。事實上，呂格爾在後來的著作中強調，行動就是關懷，他把行動的層面擴大了，把其位階提高到海德格的關懷。他說，敘事文「僅僅述說關懷。」（OA: 163）

（II）《自我作為他者》

在 1990 年的《自我作爲他者》中，呂格爾從「自我解釋學」的角度對行動理論有更多的討論，但是也表達了更多的不滿。他認爲行動理論從「爲何」來解釋「何者發生」，把「誰」作了這件事的問題，亦即行動的主體問題掩蓋了，然而這個問題卻是個關鍵的問題，對人的存在、我與他者之關係、人格同一、倫理學，乃至政治哲學均有重要的涵義。

呂格爾認爲，從詢問「誰」的角度來處理行動可以把行動者與行動之間的內在關連闡發清楚。若我們不能把行動歸給行動者，吾人便可懷疑是否有所謂的社會秩序存在。我們將無方法區別誰做了什麼事，無法區分不同的人，無法讓個人對其行動負責。我們做爲個人，是與我們所做的、與我們如何做連結在一起。此外，若我們不能基於歸因或歸責的意義而把行動歸給行動者，我們也將無法讓誰接受讚美或責備。缺乏了責任的觀念（無論在道德或非道德的意義下），吾人將無法決定誰該受獎、受罰、受到該受的對待。社會上也將沒有規則、法律、道德等等。

呂格爾認爲：要放下行動者的問題來界定人類行動是不可能的，他並稱呼這種企圖下的行動理論爲一種「無行動者的行動語意學」。這種行動理論假定對於「爲何一個行

動被做」的回答也同時是對於「這個行動是什麼」的回答。
「爲何」問題的答案是個理由或者意圖,這與因果事件不
同。但是呂格爾主張我們在對行動的因果說明之外,還應
該強調「目的論的說明」(teleological explanation),這樣
才能充分地說明行動。呂格爾舉例說,「爲何你做那件事?」
也可以問成「什麼造成你做那件事?」,但是這樣並不意味
著行動的唯一可被接受的回答是因果說明。吾人可以回
答:那是個衝動性的行動,或者一個內在驅力,一個持續
的人格特質,或者一個影響我的環境等等。目的論說明則
可以重建因果性的全部意義,包含目的因,或對一個對象
或事件的理由。它顯示出一個行動或事件何以被需要,以
便能引發一個特定的目的。它也能夠說明一個意圖的暫時
性及期盼性的性格。

　　呂格爾主張,行動理論重視「何事—爲何」而忽略「誰」,
讓其理論造就出一個非個人事件的存有論,這樣無法把行動
與行動者之關係加以詳細論述。他認爲,無行動者之行動語
意學的失敗在於不能區分行動的歸因(ascription)和行動的
歸責(imputation)。把一個行動歸因於某人是在述說理由
或原因;把一個行動歸責於某人是要某人爲此行動負責。
歸因與歸責,在呂格爾看來,是理解有意義行動的必要條
件,但非充分條件。這兩者都是有效的,因爲我們人類是
同時屬於兩個領域:我們像其他對象一樣是世界上的對

象；而我們也是主體，世界上的對象對我們有意義。

　　就像呂格爾其他著作的風格一樣，他並不完全排斥英美行動理論，而是將之吸納進來，成為其辯證推理的重要內涵。呂格爾採用了挪威分析哲學家馮萊特（G. H. von Wright）的理論，採用了將行動視為介入（intervention）的「準因果」模型，它「結合了可以用實踐推理回答的目的論部分和可以用因果說明來回答的系統部分。」（OA, 110）所謂介入就是啟動一個系列的行動，它造成了與一個系統有關的世界之改變，而此系統是由一個被某一行動者所推動的原初狀態所構成。介入涵蘊著我可以做某事的能力以及一個事件的系列，我的行動發生其中並造成某事發生於世界之中。所以，一個完整的行動解釋學就是一個「『我能』的現象學」。（OA: 111）25

　　在〈啟動〉一文中，呂格爾論述了啟動之觀念對個人及社會層面上的涵義。在個人方面，呂格爾認為啟動有四

25　以上參考 David M. Kaplan, *Ricoeur's Critical Theory* (Albany: SUNY Press, 2003), pp. 87-89。在這本書中，呂格爾討論甚多 Davidson 的行動理論，基本上他比較同意 Strawson 的觀點，而質疑 Davidson 的立場。關於此，請參考 John Van den Hengel: "Can there be a science of action? Paul Ricoeur." *Philosophy Today*, Vol. 40 Issue 2 (Summer 1996), pp. 235-250.

個面向或階段：我能、我行動、我介入、我遵守諾言。我能是緊密地與我的身體結合在一起，我有潛力、權力、能力，這裡是借用了身體現象學的成果；我行動的面向參照了丹圖（Arthur Danto）「基本行動」（basic action）的觀點，強調讓某事發生不是觀察的一個對象，作為行動的主體，我們製造某些我們看不到的事情。我們不能同時是觀察者和行動者。若世界是已經發生之事的全體，行動並不包含在這個全體中，行動讓現實不可被全體化；我介入（見前文）強調了行動的效應，關乎到世界歷史的演變；我遵守承諾的面向則是強調責任的問題，任何啟動就是一個想作某事的意圖，是持守一個義務（commitment），本質上就是一種對自己和他人的一種承諾。所以承諾是啟動的倫理學，信守承諾讓我們的人格展現出持續性、堅持性，讓我們繼續行動。

在社會群體的層面上，他借用了德國學者寇斯勒（Reinhart Koselleck）所使用的一組範疇來說明：「經驗空間」（space of experience）與「期望視域」（horizon of expectation）；前者指涉吾人對過去經驗的解釋，後者則意謂我們對未來的期望仍有其限度。

呂格爾論證：這兩者是很好的一組範疇，具有某種普遍性。它們可以公正地被視為後設歷史的（metahistorical）範疇，也就是說，它們控制著各個時代的人們藉由歷史來

思考其自身之存在的方式。其次，這兩個範疇間的關係是
變化性的；它們在不同的時代讓某種變化關係具有權威，
如有時重於過去解釋，有時重於未來期望。啓動所具備的
意義要求我們不要忽略過去的經驗而朝向不切實際的烏托
邦理想；另一方面，我們也不應該過度狹隘地解釋經驗空
間，形成僵固的意識型態，而限制了我們期望的視域。[26]

　　以上，我們介紹了呂格爾行動解釋學的內涵，從其開
頭的「行動作爲文本」，經「從文本到行動」與「三重模仿
論」，最後來到「自我解釋學」的觀點，而以重視「啓動」
爲其終點。[27]其最終所凸顯的，還是行動的實踐面向與倫
理涵義。他強調我們的分析與閱讀要對我們的行動有所幫
助。尤其，我們要重視當下，即重視當下之行動所具備的
創發力量。這點和他的文本解釋學最終強調閱讀對讀者行
動之改變的重要效應，是相一致的。

26　請參考 TA, pp. 208-222 及 TN III, pp. 214-215.
27　TA 一書中第二部分的「從文本解釋學到行動解釋學」就是以
　　"initiative"這篇文章爲終點。

三、呂格爾行動解釋學的省思與運用

以下討論呂格爾行動解釋學的內容，並審視其他學者對此內容的評價，而筆者也將提出相關省思。

（一）「行動作為文本」的迴響

呂格爾的〈文本的模型〉發表以來，受到相當的重視，也成為他的一篇名著。[28]以下審視對此文的幾個正反不同的論點。

John B. Thompson 批評此文是「賀許的效度與海德格的真理觀之倉促而不恰當的結盟。」[29]海德格的真理觀並不是如知識論中的符應論（correspondence theory）或一貫論（coherence theory）所論述的觀點，而是把人的存有樣態真實地彰顯（aletheia）出來，是以「存有作為文本」的角度談論真理的概念；而賀許之解釋效度的觀念比較具有追求確定或共識答案的意味。基本上，筆者也認為呂格爾

---

28 本文至少還被收錄於 F. Dallmayr & T. McCarthy (eds): *Understanding and Social Enquiry* (London: University of Notre Dame Press, 1977)。

29 John Tompson: *Critical Hermeneutics: A Study in the Thought of Paul Ricoeur and Jürgen Habermas* (Cambridge University Press, 1981), p. 194.

在本篇中的論述不夠精確明白，只令人留下模糊的印象
（這點留待後文再討論）。另外，S. H. Clark 也批評這個文
本與行動的類比是個「從語言層面的一種粗糙而過度延伸
的轉換」。他對呂格爾把同時代與未來世代的人對行動的解
釋在地位上加以等同表示反對；他也認為此文沒有充分處
理到權力的問題：雖然社會體制也許可以被視為文本，但
文本卻很少被誤認為社會體制。而且，在個體沒有明顯參
數的情形下，文本要能運用於社會關係的網絡中，乃是極
不可能的。再者，他批評呂格爾把驗證的程式過度樂觀地
依賴於主觀機率邏輯的公平仲裁，而且這樣會與其先前著
作《解釋的衝突》中的下列觀點相抵觸：解釋是有風險的，
它參與了「不同解釋學之間的內在戰爭。」（ CI: 23 ）[30]其
實筆者也相當懷疑呂格爾的驗證程式，因為大部分人其實
並不懂「主觀機率的邏輯」，而且縱然懂得此邏輯，面對一
個文本或行動的不同解釋時，如何加以運用或計算，恐怕
仍是一個相當複雜而專業的程式，要對各種情境去構想或
計算其主觀機率為何，如何可能？這不免讓人覺得呂格爾
的理論過於理想化。

　　縱然如此，還是有一些（或眾多）學者表達對於此一

30　S. H. Clark: *Paul Ricoeur* (Routledge, 1990), pp. 109-110.

模型的重視與肯定。Domenico Jervolino 即認為「從文本到行動」，依據呂格爾的理論，就是一個解釋學拱門，因為在文本及文學作品的後面有行動與受苦的人類，而且文本自身（作為言說）就是行動。[31]只是 Jervolino 這裡引用「解釋學拱門」一詞的脈絡其實有誤，前文提到，這是指主觀到客觀、客觀到主觀的兩個進路所形成的解釋模型。但其用意應是強調處理文本本該處理行動，而處理行動也應在文本中加以處理。這確實也是一個相互迴轉的進路。所以他也認為在《時間與敘事文》中，呂格爾把文本與行動的辯證關係處理得更加廣泛。述說故事確實具備預先構形、構作形體以及重新構形人類之實踐的能力。[32]Bernard Dauenhauer 則認為，呂格爾在〈文本的模型〉中的行動解釋學對於政治思想與政治實踐都具有高度的重要性，可以幫助我們釐清政治責任的歸因和政治實踐的評價。他也同意，一個行動計畫或者複雜的行動是發生在一個已經被建構的物質和文化的脈絡之中，是行動者所不能充分控制或認知的。[33]令筆者驚訝的是，有學者（軟體設計師）即依

---

31 Domenico Jervolino: "Gadamer and Ricoeur on the hermeneutics of praxis," in Richard Kearney (ed.): *Paul Ricoeur: The Hermeneutics of Action*, p. 71.

32 Ibid. p. 75.

33 B. P. Dauenhauer: *Paul Ricoeur: The Promise and Risk of Politics*

據呂格爾的「解釋學拱門」設計了安全資料之資料庫的方
法論，稱爲「應用解釋學之方法論」，這可能是呂格爾寫作
〈文本之模型〉這篇文章的意外效果之一！[34]

（二）解釋蔣年豐教授

臺灣哲學學會於 2006 年舉辦解釋學研討會，紀念蔣
年豐教授（1955-1996）逝世十週年，這是個集體性的行動
（會被鑲嵌在臺灣的哲學時間之中）。或許有些人覺得這個
行動是值得的，或許有些人覺得是不必要的或者是錯誤
的。但這個紀念研討會終究在許多因素、條件的配合下舉
辦了，這意謂著，至少某些人認爲蔣教授一生中的某些面
向或行動有可紀念之處，不論是其遺作、研究態度、個性、
思想歸趣，或是他以自殺方式結束其生命的行動。即以他
的自殺行動爲例！依據呂格爾的分析，這個行動有其命題
內容（蔣教授以自殺結束生命），也有其非命題力量（令人
震驚、哀傷、疑惑？或者暗示生命可以令人受苦到自我了
斷？）。無論如何，這兩者加起來構成了這個行動的「意義

(Rowman and Littlefield, 1998), pp. 100-109.

34 Brendan Wallace et al: "Applied hermeneutics and qualitative safety
data: The CIRAS project," *Human Relations* Vol. 56, No. 5 (2003), pp.
587-607.

內容」，它在臺灣的（哲學界或人文學界的）時間上「留下
了記號」，要求同時代和未來世代的人閱讀。蔣教授的用意
或意圖（或原因、理由）為何？可能只有他自己知道。也
許我們應當試圖去理解（這裡與呂格爾相左），以便把稱讚
或責備歸給他。依據呂格爾，這個行動或可能脫離了蔣教
授的意圖，衍生出意外的效果（如後者的論文被翻譯、論
文集出版，以及本次研討會的舉辦）。其次，這個悲劇性的
行動是否為一重要的行動，以致它發展出意義，並可在異
於其原初情境的新情境中被實現？

　　到底我們該怎麼理解蔣教授的行動？呂格爾說，我們
都在猜測。但這並不代表，每種猜測都是可以成立的。真
正有心想理解的人應當就其本身的或不同的猜測逐步加以
驗證。蔣教授的動機為何？是健康抑或個性的原因，還是
思想或信仰上的因素？我想都是有的。這裡其實牽涉到我
們對蔣教授整個人的理解或猜測。他欣賞日本武士道，認
為是「美的文化」。[35]而宗教方面的原因，他真正信仰了佛
教？認同了佛教的生命觀、世界觀，以致於相信死亡不是
生命的斷滅，而可早點輪迴、換個健康的身體？還是他維

35　見蔣年豐：《台灣人與新中國——給民進黨的一個行動哲學》（自
　　印，1988 年），4.3 節。

持了長久信守並曾努力振興的儒家思想？他執行此行動時的心思或精神狀態是清楚篤定，或者是處於儒家與佛教相互激盪、牽引的狀態？他在過世前說自己是個「後現代儒者」，[36]但是在死亡之前他也說：「終悟佛法人間至寶，祈願眾生早修行。」[37]我們對相關的這些猜測可以驗證到什麼程度？在此是否有類似於法律推理的驗證程式可用？主觀機率的邏輯如何仲裁不同的解釋？

在結構的說明上，相關於此行動，有所謂的「結構主義的模型」可加以說明。呂格爾所說的社會現象之結構分析的模型比較適用於社會體制下的一般性的、常規性的行動，也牽涉到社會結構。而蔣教授的這個行動則是一個比較個人性的行動，可能結構分析適用不上。也許我們可以適度將之縮小成身心狀態上的結構分析，而體會到人之生命、身體與心靈狀態都有其正常的結構，破壞此等結構將會導致不幸的結果。如呂格爾所強調的，它彰顯出人生存在的困境，以及作學問與生命體力之間的拔河。蔣教授的

---

36 蔣教授在他所熟讀的那本《地藏菩薩本願經》空白處記下了下面的話語：「後現代的儒者，我，以巨大的地藏王的身影走過歷史。」這句話也被收錄於〈丙子劄記〉，見楊儒賓、林安梧編：《地藏王手記──蔣年豐紀念集》（臺北：南華管理學院〔現南華大學〕哲學研究所出版，1997年），頁93。

37 同上書，頁107。

行動（作爲文本）似乎爲讀者開啓了一個世界，需要讀者
自行去挪爲己用。以筆者的觀點，它至少告訴我們，生命
是有其限度的，健康是有其限度的，人的意志力或許也是
有其限度的。

　　以上我們用呂格爾的理論來思考蔣教授的例子，確實
能對其行動的解釋提供一些思考的角度，而幫助我們試圖
更加理解其行動之意義。事實上，呂格爾的理論也可以運
用到其他或簡單或複雜之行動（如 228 事件、2006 年 9-10
月的倒扁運動等）的理解上。他的理論事實上是一套解釋
的方法論，也有相當的適用性。

（三）蔣教授對社會行動的結構分析

　　社會行動有其結構的面向，這不待結構主義之出現才
被如此述說。如佛教說，「財、色、名、食、睡」五欲是眾
生普遍的執著，因而是眾生許多行動的動機。唯識宗描述
人性的負面情緒有「根本煩惱」（貪、瞋、癡、慢、疑、惡
見）和「隨煩惱」[38]等，這些是人性的結構分析。佛教的

38　指隨逐六根本煩惱而起的煩惱，在大乘百法中說有二十種，這二
　　十種煩惱，隨逐於心，隨心而起，所以又名枝末煩惱，或隨惑。
　　它可分為三大類；一、小隨煩惱，即忿、恨、覆、惱、嫉慳、誑、
　　諂、害、憍十種；二、中隨煩惱，即無慚及無愧二種；三、大隨

這兩個結構分析不同於前述呂格爾所提的社會行動或社會結構的分析，不過筆者認為對行動的理解也有幫助。其實，蔣年豐教授在其〈地藏王手記〉[39]中也呈現出他對人生、社會生存的結構性分析，很有參考價值。

　　蔣教授這篇著作可以看成是一個佛教式的存在主義的論述，他把人生的存在樣態以及人的社會生存的結構作了很好的描述。文章開頭他說：

　　地藏王啟示的是什麼呢？一言以蔽之，祂是後現代的神祇。祂讓我們面對了現實世界的真相：地獄、惡鬼、畜生。在《地藏經》上所描述的各種地獄相，其實並非死後的世界，而就是我們所處的五濁惡世。地獄充斥著各種威嚇人的權勢，人的存在必然落在權勢的網絡之中。所以人之存在註定涵具著地獄相。在現實社會中，握有權勢的人往往以壓迫或折磨他人為樂，這便是地獄相。〔……〕既是地獄，人何以要存處其間呢？因為人永遠是社會性的存在，唯有在社會網絡之中，人方能滿足他的利與欲。

煩惱，即掉舉、惛沉、不信、懈怠、放逸、失念、散亂、不正知等八種。
39　刊於《東海哲學研究集刊》，第 3 輯（1996 年 10 月），頁 5-55。

> 人是逐利與遂欲而過活的，沒有利與欲的驅迫，一
> 切社會活動都將減緩。人之逐利常常表現為惡鬼
> 相，人之遂欲則常常表現為畜生相。如此說來，任
> 何存在社會的人都涵具著地獄相、惡鬼相，以及畜
> 生相。這便是地藏王所揭示的五濁惡世中的眾生性
> 相。[40]

這一段話可以說是〈地藏王手記〉一文的論述基調，蔣年
豐特別標舉出人性中的欲、勢、利三個面向以及這些面向
運作下所呈現出的人世間的眾生相。

值得一提的是，人性中「欲、勢、利」三個面向的特別
標舉，其實應當是反映出當代西方後現代思想中的人性觀對
他的影響。後現代思想家比較不從人的光明自覺之理性的角
度看待人性，而比較從人的非理性、黑暗的層面，即人性中
的欲望、權勢、利益的角度，看待人性。蔣年豐認為，在欲
方面弗洛依德、德勒茲刻劃甚深，勢方面尼采、傅科刻劃甚
深，利方面馬克斯、沙特刻劃甚深。（第二十節）平實而論，
一個傳統儒者的人性觀應該不是這副模樣的，而應當強調良
知、四端之心、性善等等。這或許是何以蔣年豐自稱為一個
「後現代儒者」的原因之一吧！

---

40 同上註，頁 5。

　　例如，在整個〈地藏王手記〉的論述中，蔣教授常常用「浮光掠影」一詞來描述仁義道德和人的關係，如下面的引文所示：

> 在欲勢利支配的社會，我們常常只是把仁義道德當作名義、藉口、工具。所以，作為一個社會存在者，在熙來攘往之中，我們對仁義道德的感覺最像是浮光掠影。這意味著仁義道德有點虛幻性。我們似乎是拿它當門面，以追逐欲勢利。（第五節）

一個傳統的儒者怎麼會把仁義道德看成如此負面呢？這裡或許也是了解蔣年豐自稱為「後現代儒者」的一條線索，因為這些論述都可以看出後現代思潮中的人性觀對他的影響。

　　蔣教授另外還有「生命十二力」的說法，對於生命力的結構、人際互動之結構，以及人生存在之樣態的理解有頗多啟發之處，很值得在此加以介紹。他說：

> 五濁惡世、人間鬼域是各種「力」相互激盪的世界。尼采的著眼點對了，一切都是力。但他太狹隘了，只宣揚權力，不知所謂權力可以分解為：意志力、欲望力、儀態力、群眾力、武暴力、法制力、知識力、道德力、健康力、財貨力、名位力和鬼神力。世間的生命力都是這十二種力的不同組合所形成。它們可說是「生命十二力」。我們的生命正是自己表

現出的十二種力，與別人的十二種力互相摩盪。（四十五節）

生命是無奈的，既然存在了，就得與十二力來往。人的生老病死仍落在十二力中翻滾。（四十七節）[41]

筆者認為，這「生命十二力」的說法相當深入地把人在日常存在中與他人互動之情形描述出來。相對於海德格從情態（mood）、閒扯（idle talk）、沈淪（fallen）、時間性（temporality）、朝向死亡（being-toward-death）、歷史性（historicity）等角度對於人的存在所提出的「靜態性」分析，蔣年豐所呈現的則是一種「動態的」人生存在樣態的分析——人的存在永遠落在一個動態性的，與他人之生命力交相互動的網絡之中，無法脫離，直到生命之結束為止，其見解確實有獨到之處。另外，筆者認為這個分析也能夠把佛教中所標舉的「存在是苦」的觀念，以及對於苦之來源，做出了一種結構性的分析，相當具有參考價值。

對於這十二力的前面十一種力，筆者認為一般並不難

---

41 在蔣教授的筆記中，原本只提到「生命十力」：欲望力、情感力、名位力、心志力、儀態力、武暴力、法政力、知識力、健康力、財貨力，定稿時才加以更動調整。可見他是很認真思考此一問題的。見蔣年豐：《台灣人與新中國——給民進黨的一個行動哲學》，頁 103-104。

理解。不過，對於最後一個的「鬼神力」，相信對一般讀者
而言是相當費解的。若蔣年豐是一位典型的儒者，相信他
是不會提出「鬼神力」來論述人的存在的。筆者認為，這
應當是蔣教授從《地藏菩薩本願經》中獲得的啓示。在此
部經的某些章節中，釋迦牟尼佛囑咐了許多善神善鬼要護
持修行佛法善行的人士，或者，有些善良的大鬼王也在佛
前立誓要護衛行持地藏法門的行者。因此，蔣教授的意思
或許是：若一個人有善神善鬼的護持，則此人相對於一般
人是具有更多的力量可以完成某些正道上的事物。而且，
筆者相信「鬼神力」的「神」應當是概括地指涉到「神佛」，
亦即包括了佛、菩薩、甚至基督教的神在內。若是如此，
他的「鬼神力」的說法從佛教或廣義宗教的角度來看是可
以理解的。

　　無論如何，從這裡我們看到了，蔣年豐已經不是一位典
型的儒者了，他的思想中已融入佛教思想的成分與影響。在
這裡他鋪陳出了一個佛教式存在主義的思維架構，對於人的
社會生存的結構有所闡發，對於人的社會行動的理解有所幫
助。平實而論，這其中有足以發人深省之處。42

42　關於〈地藏王手記〉中的相關議題，請參考筆者之〈蔣年豐地藏
　　信仰的省思〉一文，刊於《東海哲學研究集刊》，第 9 輯（2004 年

（四）葛萊姆斯的結構主義運用於社會行動

基本上，筆者認為呂格爾在「行動的解釋」中所提議的運用結構主義於社會現象的分析一段是很抽象而不具體的，只是空泛地論述，而沒有舉例，沒有延伸和發揮。

前面提到，呂格爾主張，說明的結構模型可以被一般化到任何具有記號學性質的社會現象上，亦即，在這些現象的層次上可以界定出一個記號系統的典型關係：符碼與訊息間的一般關係、特定符碼單元之間的關係、能指與所指之間的關係、社會訊息之中和之間的典型關係，以及作為訊息交換的溝通的結構等等。但是我們可以舉出什麼例子以說明上面這段話？或者，何種社會現象可以符合上面的規定？筆者必須承認舉例有其難度存在。

其次，呂格爾還強調，社會現象也有類似於文本的深層語意學。他認為，若前述的記號學進路不能找出社會行動的深層語意學，則這個進路將失去其重要性與趣味。問題是，這個社會現象的深層語意學的內容是什麼，呂格爾並未有所著墨。

筆者倒是認為，普羅普所分析出的三十一個故事的功

---

5 月），頁 176-190。

能或組成要素，尤其從普羅普發展出的葛萊姆斯的理論，
如六個行動者範疇（主體、客體、傳送者、接受者、幫助
者、對立者）、記號學方塊（白色、黑色、非黑色、非白色
的對反關係）或許可以為社會行動提供結構性的分析與說
明。因為敘事文是行動的模仿，敘事文中的深層語意學自
然與吾人之社會行動有所關連。我們應當不難理解，在社
會關係的網絡中，這六個行動者範疇的存在；而記號學方
塊中的白色與黑色若改為善與惡、君子與小人，對反方塊
中的關係（矛盾、反對、蘊涵）事實上也都成立。這兩個
理論又為我們帶來什麼啓示？應當因人而異。對筆者而
言，它們告訴筆者人間有善、惡的對待，有君子與小人的
共處，人間不是天堂，人的存處其間自然涵蘊著「生命是
苦」的真實道理。但是，呂格爾提醒我們：人生中縱然有
諸多的受苦與黑暗，仍然有無盡的意義。

本文引用呂格爾著作書目資料及縮寫表

CI: *Le conflict des interprétations. Essais d'hermeneutique*
（英譯本 *The Conflict of Interpretations. Essays in
Hermeneutics*, tr. D. Ihde [Evanston, Illinois: North-
western University Press, 1974].）

HHS: *Hermeneutics and the Human Sciences*, ed. and tr. J. B. Thompson (Cambridge University Press, 1981).

IT: *Interpretation Theory: Discourse and the Surplus of Meaning* (Fort Worth, Texas: The Texas Christian University Press, 1976).

OA: *Soi-même comme un autre* (英譯本 *Oneself as Another*, tr. K. Blamey [Chicago: University Of Chicago Press, 1992].)

RM: *La Métaphore vive.* (英譯本 *The Rule of Metaphor. Multi-Disciplinary Studies of the Creation of Meaning in Language*, tr. R. Czerny with K. McLaughlin and J. Costello and R. Czerny [Toronto: University of Toronto Press, 1977].)

TN: *Temps et récit* (英譯本 *Time and Narrative*, 3 Vols., tr. K. McLaughlin and D. Pellauer [Chicago: University of Chicago Press, 1984, 1985, 1988].)

TA: *Du texte à l'action. Essais d'herméneutique* II (英譯本 *From Text to Action. Essays in Hermeneutics*, II, tr. K. Blamey and J. B. Thompson [London: The Athlone Press, 1991].)

8 現象學想像與呂格爾詮釋學想像

曹志成[*]

一、前言

近幾十年來，想像問題也成爲人文社會科學（特別是
藝術的解讀、文學批判、電影理論、哲學反省與政治學等）
的重要問題，而當代歐陸哲學又以現象學與詮釋學對此著
力甚深，本人不揣淺陋，在前人的成果上，嘗試探討當代
的現象學想像與詮釋學想像的問題。[1]

---

[*] 中州技術學院視訊傳播系副教授

[1] Jean-Luc Chalumeau 著、王玉齡譯：《藝術解讀》（臺北：遠流出版
公司，1996 年），頁 19-28；Metz 著、劉森堯譯：《電影語言：電影
符號學導論》（臺北：遠流出版公司，1996 年），頁 37-48；R. Kearney:
"Paul Ricoeur and the hermeneutic imagination"，收於 *Philosophy Today*
(1990), pp. 115-145；姚一葦：《審美三論》（臺北：臺灣開明書店，
1993 年），頁 98-158。

　　本論文的基本問題是：「現象學想像與詮釋學想像的思想意含為何？兩者如何各有其特點、不可取代性與互補性？」此基本問題可以從「思想史與意涵分析」與「系統性」的角度來進行。本文先以「思想史與意涵分析」角度來點出現象學想像的重要性（第二節）；之後再以「系統性」角度來探討本文的基本問題（第三節至第五節）。

　　若以「系統性」角度來看此基本問題又包含了三個子問題：（一）「現象學想像的四大家（胡塞爾、沙特、杜夫海潤〔Mikel Dufrelnne〕與梅洛龐蒂）的基本構想及思想意涵為何？」；（二）「如何由現象學想像轉向到呂格爾的詮釋學想像以及兩者的同異點及關係為何？」；（三）「呂格爾的詮釋學想像與論述中的想像之關係以及他對胡塞爾與沙特現象學想像的批判為何？」——本文第三節處理「系統性」角度的第一個子問題：「現象學想像的四大家的基本構想及思想意涵為何？」；第四節處理「系統性」的第二個子問題：「如何由現象學想像轉向到呂格爾詮釋學想像以及兩者的同異點與關係為何？」；第五節處理其第三個子問題：「呂格爾的詮釋學想像與論述中的想像之關係以及他對胡塞爾與沙特的現象學想像的批判為何？」。第六節為本文的總結。以上各點分述如下：

二、現象學想像的重要性與意涵分析

（一）現象學想像的重要性

　　現象學想像與詮釋學想像是當代人文社會科學的奠基過程所不可或缺的兩個向度。首先，現象學想像可以在方法論與認識論的豐富構思上替詮釋學想像先行打好基礎，立定媒介性反思，可以使得詮釋學想像更能發揮所長。由胡塞爾現象學想像，中經沙特、杜夫海潤一直到梅洛龐蒂之間的一系列現象學想像，對於當代人文科學圖像領域——特別是藝術解讀、影像敘事的電影理論扮演重要不可或缺的角色。此也如同梅茲著的《電影語言－電影符號學導論》中的第一篇第二章〈論敘述的現象學〉中，提到沙特以來的現象學想像對電影敘事（述）的重要性：

> 自從沙特從事想像世界之研究之後，我們逐漸在建立一個觀念：現實不說故事，只有記憶才說故事，因為說故事是一種敘述行為，是全然的想像。因此，任何事件在被開始述說之前均已告完成。[2]

2　Metz 著、劉森堯譯：《電影語言：電影符號學導論》，頁 44。

由此可見，胡塞爾的認識論「假的與中立化的想像必依靠真實的知覺」的現象學想像以及沙特的「非現實」的「實存（存在）想像」與杜夫海潤的現象學想像暨梅洛龐蒂現象學想像，可以在一般知覺或審美知覺上扮演適當角色，特別是在較須要創意、想像的人文學科——藝術解讀與影像敘事的電影理論上，扮演重要而不可或缺的角色。[3]

另外我們在此也以思想史角度簡略看看現象學想像的發展：

首先，胡塞爾現象學想像首次提出乃是為了克服德國觀念論的想像理論以及心理學主義想像說的兩難局面。不過胡塞爾的現象學想像，後來則徘徊在休謨經驗論的想像說——「想像說作為觀念只不過是印象的摹本」，以及布倫他諾的「描述心理學」的「想像」說——「知覺和想像具有本質的共同性」兩種立場之間。[4]

其次，在胡塞爾現象學想像與沙特實存現象學想像暨梅洛龐蒂的辯證現象學想像之間，有所謂的中間學派——

3　Jean-Luc Chalumeau 著、王玉齡譯：《藝術解讀》，頁 17-28。
4　李醒塵：《西方美學史教程》（臺北：淑馨出版社，1996），頁181；倪梁康：《現象學及其效應》（北京：三聯書店，1994），頁 68。

完型心理學的想像理論在接引。此完型心理學包含了顧勒
爾、柯夫卡、吉爾伯等。他們的「完型」理論大約有兩點：
1.「同形同構說」──凡是引起大腦的相同皮質過程的事
物，即使在性質上截然不同，但其力的結構必相同；2.整
體大於部分的總和。⁵

　　復次，在完型心理學想像理論之後，現象學想像理論
發展方向大致有三種：

1. 沙特的實存（存在）想像說──「想像活動作為一種宛
   似看見的非實在的模式」，此乃以沙特《想像心理學》
   為主的想像理論，其說法較重視想像對世界的撤離的能
   力以及作者創作的創作自由。他的說法對漫畫或多少帶
   有幻象的畫作較有解釋效力。⁶

2. 杜夫海潤的近乎實存主體卻堅持「知覺一元論」的想像
   說──此乃以杜夫海潤主要著作《審美經驗現象學》為

5　李醒塵：《西方美學史教程》，頁 593；沙特著、褚朔維譯：《想
　　像心理學》（北京：光明日報出版社，1988 年），頁 60；莫倫著、
　　蔡錚雲譯：《現象學導論》（臺北：桂冠書局，2005 年），頁 505。
6　R. Kearney: "Paul Ricoeur and thehermeneutic imagination"，收於
　　Philosophy Today (1990), p. 115；Jean-Luc Chalumeau 著、王玉齡
　　譯：《藝術解讀》，頁 20-22；牛宏寶：《西方現代美學》（上海：
　　人民出版社，2002 年），頁 460-462。

主的想像理論,想像一方面「提供了『敞開領域』,讓
我們從現實『退卻』,與現實保持距離,這是審美所必
須的。」;另一方面,想像不扮演關鍵作用而只扮好仲
介角色——「想像作為精神與肉體的紐帶」。此闡述可
以解決沙特現象學的一些問題,但還是不能解決「美學
物體如何能同時是這個東西和這個意義」的問題,此問
題有待梅洛龐蒂的現象學想像來解決。[7]

3. 梅洛龐蒂的「辯證現象學」想像說——「想像活動作為
   一種看見的辯證性成就」。他的想像說又分兩期:(1)
   尚未成熟期的想像說,包含《行為結構》與《知覺現象
   學》的想像說,此期他尚未完全脫離笛卡爾的「意識/
   對象」的二元論以及胡塞爾帶有休謨經驗論色彩的想像
   說;(2)成熟的辯證現象學想像說,此說已脫離笛卡爾
   「意識/對象」的二元論,較能解決沙特不能解決的問
   題:「美學物體如何能同時是這個東西和這個意義?」
   之問題,此思想表現在《可見與不可見》、《符號》、《心
   與眼》等書,他強調可見與不可見、本質與存在、想像
   與現實等辯證性的成就。他也發展成熟的創造想像力,

7　Jean-Luc Chalumeau 著、王玉齡譯:《藝術解讀》,頁 22、23;
　　牛宏寶:《西方現代美學》,頁 495。

以面對結構主義符號學的挑戰。[8]

（二）現象學想像的意涵

現象學想像的意涵蠻豐富，不過因篇幅與主題之故，只能以現象學四大家的現象學想像理論爲主，其他在文學批評的運用（日內瓦學派以及較早的英伽登的現象學文學理論等）只好在此省略。我們這裡集中在四大家的現象學想像的意涵分析與創造性想像的意涵分析。

首先，我們來看現象學想像意涵分析的兩大類五種意涵：

1. 第一類現象學想像仍停留在笛卡爾的「意識／對象」、「主／客」、「內／外」的二元論架構，此新笛卡爾的想像有四說：

（1） 胡塞爾「假的想像必依賴真實的知覺才能存在」的現象學想像：「想像活動做爲一種看見的中立化模式」，此爲描述現象學時期的想像理論。

8　Jean-Luc Chalumeau 著、王玉齡譯：《藝術解讀》，頁 23-28；蔣年豐：《與西洋哲學對話》（臺北：桂冠出版社，2005），頁 63-65；J. Llewelyn: *Beyond Metaphysics* (Humanities: New Jersey, 1985), pp. 125-151.

（2） 沙特的實存想像──「想像」的自由投射能力優
　　　於「知覺」活動的現象學想像：「想像乃宛似看
　　　見的非實在的模式」。

（3） 早期梅洛龐蒂的現象學想像──建立在「知覺優
　　　位」的身體意向性的現象學想像：尚未成熟的辯
　　　證性現象學想像，僅作為人投入一想像空間的能
　　　力與我能的綜合性想像。9

（4） 杜夫海潤堅持「一元論美學並用知覺代替想像」
　　　的審美現象學想像──它乃早期梅洛龐蒂「知覺
　　　優位」理論對審美對象的現象學運用。其《審美
　　　經驗現象學》前二卷處理審美對象和主體，後一
　　　卷則處理「主體／客體」的調和，但似乎未成功
　　　解決「意義」與「物體」同時起源於我們的問題。

2. 第二類現象學想像已開始跳脫意識／對象、主／客、內
　　／外、呈現／不呈現的二元架構，此有一說：

（5） 晚期梅洛龐蒂成熟的辯證現象學的想像說──它
　　　已脫離再現模式的想像說而使得不可見被看

9　M. Merleau-Ponty: *Phenomenology of Perception* (London Routledge
　　and Kegan Paul, 1962), pp. 104-108.

見。此時期由於梅洛龐蒂深入思考語言與藝術，
開始欣賞海德格的重要性，吸收了晚期海德格對
語言與藝術思考的一些養分以及結構主義的語
言觀養分（索緒爾、莫斯等）而形成「新存有論」
的想像觀。

其次，我們再來看看創造想像的意涵分析。此創造性
想像共有四義：其中的前三義與現象學想像有關，最後的
第四義則與呂格爾的詮釋學想像有關。此四義略述如下：

1. 提供審美對象的背景框架與交通地帶的創造性想像，此
為杜夫海潤現象學想像的一個面向，它包含著「先驗（超
驗）想像」與「經驗想像」兩種。經驗的想像「把外觀
變成對象」，而「先驗（超驗）想像預示著經驗的想像，
使經驗的想像成為可能。先驗的想像表示再現的可能
性，而經驗的想像則說明某物再現有可能是意指的，有
可能納入一個世界的再現之中。在先驗方面，想像使一
個給定物存在，在經驗方面，想像使給定物具有意義，
因為它多了一些可能。」[10]

2. 提供知覺認識的感性與知性的共同根——圖式之創造

10　莫倫著、蔡錚雲譯：《現象學導論》，頁528。

性想像力，此為早期梅洛龐蒂的現象學想像所偏重者——它是一種我能的綜合性想像，與作為人投入一想像空間的能力並存。此如彼在《知覺現象學》提到遺忘症與失語症時說到：「這種障礙與其說與判斷有關，還不如說與形成判斷的體驗環境有關，與其說與自發性有關，還不如說與這種自發性對感性世界的把握和與我們把任何一種意向放入感性世界中的能力有關。用康德主義的話來說：這障礙與其說影響到知性，還不如說影響到創造性的想像力。因此，範疇活動不是一個最後事實，它是在某種態度中形成的。」[11]不過康德的創造性想像力較與判斷與經驗世界的認識有關，梅洛龐蒂則將其放在「在世界中的存有結構」的「實存」問題脈絡來看。[12]只是此時尚未脫離笛卡爾的二元對立格局。

3. 隱含語言與表達結構，以及不可見被看見的創造性想像力，此為晚期梅洛龐蒂現象學想像所偏重者。此時強調「想像」與「現實」、「可見」與「不可見」之間的辯證

---

11 杜夫海納：《審美經驗現象學》（北京：文化藝術出版社，1996年），頁 384-385。

12 梅洛龐蒂著、姜志輝譯：《知覺現象學》（北京：商務印書館，2001 年），頁 224；*Phenomenology of Perception*, p.192.

性成就之想像。[13]它也隱含了一種「詮釋學記號學」的創造性想像力。[14]

4. 呂格爾的「詮釋學想像」也是一種廣義的創造性想像力。它是存有論、語言學意涵的創造性想像力,而非認識論視見意涵的創造性想像力。它是一種「語意學的創新」,表現在「隱喻」與「敘事」兩者,前者的創新表現在「藉由一個不切題的歸屬來創造一個新的語意學切題,如:『自然是一個帶有柱石的神殿』」;後者〔敘事〕的語意學創新則表現在「另一種綜合工作的創新—— 一個『情節』之中。藉由情節,目標、原因與機會在一個完整與完全的行動的時間統一中一起產生。它是一個異質綜合——此將敘事帶近隱喻。在二者中,新的事物——作為尚未說、尚未寫者,在語言中湧現。」[15]

　　以上是由思想史與意涵分析的角度來看現象學想像的重要性與可能意涵,底下三節我們將以「系統性」角度探討三個子問題。

13　J. Llewelyn: *Beyond Metaphysics*, pp. 149-150.

14　梅洛龐蒂:《眼與心》(北京:中國社科出版社,1992 年),頁138;J. Llewelyn: *Beyond Metaphysics*, pp. 127-151.

15　P. Ricoeur: *Time and Narrative* (Chicago and London: The University of Chicago Press, 1984), "Preface", ix.

三、現象學想像的構想

本節探討「系統性」的第一個子問題:「現象學想像的四大家(胡塞爾、沙特、杜夫海潤與梅洛龐蒂)的基本構想及思想意涵爲何?」爲了回答此問題,底下分成四小節分別探討這四家的「現象學想像構想與思想意涵」以及「立」(正面成立、主張)與「破」(批評與破斥的對象)之道爲何?」內容分述如下:

(一)胡塞爾的現象學想像構想──想像活動作爲一種看見的中立化模式。

首先,我們指出胡塞爾的現象學想像較與一般知覺有關,較不與審美知覺密切有關(雖然他有時也會提到一些藝術的例子來說明)。他的現象學想像較與知覺模式或本質還原有關,有時候更想把想像、知覺及記憶放在一起討論。對胡塞爾而言,想像是與現象學的「本質還原」或「看見的中立化模式」有關:在他的本質現象學中,「視想像具有兩種特質──一種特質是作爲獨特地,亦即自身有些不潔者而與知覺有別;另一種特質是作爲直覺到本質真理的必要項。」這也就是說「如果想像被證成在獨特種類與存有論上成爲具有區分於知覺者的話,亦即如果想像不是實在的存有的話,那麼問題變成:想像成爲何種類的事物呢?

它具有何種類的存有呢？」¹⁶胡塞爾的想像說一方面辨別其與知覺的不同，另一方面也給現象學想像重新定位：「它是怎樣的存有？」

其次胡塞爾的現象學想像可以分成三個時期：第一期的前期「想像說」尚未成熟，較不重要；中、晚期的「想像說」較成熟，較重要。前者我略說之，後者將適當闡明之。胡塞爾現象學想像的三時期略述如下：

1. 前現象學時期的想像說

關於此時期的想像說，胡塞爾一方面批評德國觀念論較偏主體性的想像說，一方面以布倫他諾的「描述心理學」解釋想像。此時期是心理學色彩濃厚的想像說，此如莫倫《現象學導論》中所說：「例如，早在 1893 年，他就仔細地區分在視覺知覺活動中所經驗到的對象『呈現』，與在想像或符號化活動中的對象『再現』，或者例如當我們直觀到立方體的邊，而它們不是直接知覺到的。在某個意義下，這個問題源自早期胡塞爾在《算數哲學》所做的區分，在低階數字直接或『本真的』方式在直觀中呈現給我們的，

16　M. Fairbairn: "Reawakening Imagination", *Film-Philosophy*, Vol. 4, No. 17 (July 2000), p. 2 & p. 4.

而高階的數字則是透過符號『非本真的』方式把握來思考
的。」[17]胡塞爾此時之知覺、呈現與想像的「再現」的區
分是建立在布倫他諾的「描述心理學」的原則之上：「所有
的心理歷程要不是呈現，就是建立在呈現上。」[18]此爲胡
賽爾「前現象學」時期的想像說。

2、描述現象學的想像理論

此時期初步建立胡塞爾自己的現象學想像說，它表現
在《邏輯研究》、《觀念冊一》與《時間意識講稿》中的
現象學想像說，它以「看見的中立化模式」的解釋爲主，
約略有四義：

（1）作爲不設定的稱謂行爲的資料與中立
化、非現時化的活動之想像

胡塞爾在《邏輯研究》「第六研究」提出「每一個具
體、完整的客體（觀）化行爲都有三個組成部分：質性、
質料和體現性內容」的基本命題。[19]他在「第五研究」有

---

17 莫倫著、蔡錚雲譯：《現象學導論》，頁 135。
18 同上書，頁 64。
19 E. Husserl: *Logical Investigations*, vol. 2, trans. by J. N. Findlay
    (Routledge &Kegan Paul, 1970), p. 740.

關「質性」與「質料」部分提出第一義的現象學想像：不設定的稱謂行為與中立化概念（其非現時化概念則是由1910 年的《想像、圖像意識、回憶》一書所提出）。他在「第六研究」有關「充實」或「體現性內容」部分提出現象學想像的第二義：「做為直觀立義（詮釋）的想像立義的立義形式」義之想像（此第二義後文再述）。[20]

意向活動有兩個不可分的環節：「質性」（或性質）相當於「命題態度」，它是一項活動的抽象部分，是指那種「使表象成為表象，使意願成為意願的東西」；「質料」相當於「命題內容」，它是一種「給予活動以規定的客觀指涉之面向」者。[21]因此莫倫也說：「當我判斷『2＋2＝4』時，活動性質（質性）是判斷之一，活動質料是命題內容『2＋2＝4』。另外，活動性質被胡塞爾視為意向經驗的抽象成分；談論判斷活動的發生是無意義的，因為它不是一個個別、確定內容的判斷（LI 20, p. 589）。活動性質與質料乃心理歷程相互關連的部分。質料是讓活動得以決定的部分。」[22]

胡塞爾在「第五研究」也進一步區分了客觀化活動中

20　倪梁康：《現象學及其效應》，頁 46-58。
21　莫倫著、蔡錚雲譯：《現象學導論》，頁 157。
22　同上註。

兩種對立的質性:「設定的質性」與「不設定的質性」,
他說:

> 我們在稱謂行為之內區分設定性行為與不設定行
> 為。前者在某種程度上是存在意指;它們都將對象
> 意指為存在的。無論它們是感性感知,還是在更為
> 寬泛的被誤認的存在把握意義上的感知,還是一些
> 其他一些並不自認為是對對象本身之把握行為。其
> 他的行為則將它們對象的存在擱置起來;儘管對象
> 客觀地看有可能存在著,但在這些行為本身之中,
> 對象並未在存在方式中被意指,或者它沒有被看作
> 是現實,它毋寧說是『單純地被表象』。[23]

「設定」是與存在信仰相近,「不設定」則是將存在
擱置起來(置而不論),也就是不具有存在信仰的意義。因
此一個「不設定的稱謂行為」的「質性」也與同一質料的
「單純想像」相對應。[24]另外胡塞爾在「第五研究」也以
「中立性質」稱呼「單純想像」,因此,中立性質、不設定

---

23 E. Husserl: *Logical Investigations*, p. 638;胡塞爾著、倪梁康譯:《邏
    輯研究──第二卷第一部分》(上海:上海譯文出版社,1998 年),
    頁 539-540。
24 倪梁康:《現象學及其效應》,頁 42。

與單純表象（單純想像）是可以互通的。[25]胡塞爾現象學想像的第一義是作爲不設定的稱謂行爲的質料與中立化（或中立性質），乃非現時化的活動之想像。

（2）作為直觀立義（詮釋）的想像立義的立義形式之想像

胡塞爾在《邏輯研究》後兩個研究中，有提到「資料」與「充實（盈）」的靜態對立——「胡塞爾將 "充盈（實）" 也標誌 "體現性的內容"，將 "質料" 則標誌爲 "被體現的內容" 或 "被展現的內容"。此外，胡塞爾還用 "（在意向中的）被意指之物" 來稱呼 "質料"，用 "（直觀中的）被給予者" 來標誌 "充盈"；動態方面的對立是指在意向和充實方面的對立。」[26]又，莫倫提到胡塞爾時也指出:「活動性質的功能決定我們是否看到一塊紅色乃『紅色』或『顏色』等等的案例。值得注意的是胡塞爾以爲詮釋（立義）原初活動的意義組織或綜合之爲非概念活動，有別於認識或命名對象。」[27]

胡塞爾在「第六研究」中是在探討知覺（感知）與想

---

25 胡塞爾著、倪梁康譯：《邏輯研究——第二卷第一部分》，頁 504。
26 倪梁康：《現象學及其效應》，頁 48。
27 莫倫著、蔡錚雲譯：《現象學導論》，頁 158。

像的不同時，以「立義形式」的不同分別二者之處，提到
現象學想像第二義──「作爲直觀立義（詮釋）的想像立
義的立義形式」之想像，又從兩個角度來看「知覺」立義
與「想像」立義的不同：一者是從充盈（實）角度來看兩
者的不同；另一者則是從「充盈」與「質料」的關係之角
度來看兩者的不同。就前者「充盈」的角度來看，對比於
「知覺」的體現性的或自身展示的內容，「想像」則被稱之
爲類比性或反映性的內容。[28]此如《邏輯研究》「第六研究」
中如此說：「我們所理解的『展示性內容』或『直觀再現的
內容』是指直觀行爲所具有的這樣一些內容，它們借助於
純粹想像的或感知（知覺）的立義而清楚地指明與它們特
定相應的對象內容，並以想像映射或感知映射的方式展示
這些內容。但我們排除那些以此方式描述著這些內容的行
爲因素。由於想像的特徵就在於類此的映射，在於一種較
爲狹窄意義上的『再現』，而感知的特徵卻也可以被標識爲
體現，因此，對於在不同情況中的展示內容，我們也就有
不同的名稱：『類比的』或『映射的』和『體現的』或『自
身展示的』。」[29]

28　倪梁康：《現象學及其效應》，頁 61。
29　胡塞爾著、倪梁康譯，《邏輯研究──第二卷第二部分》（臺北：
　　時報出版社，1999 年），頁 75。

　　胡塞爾在此對比於「知覺」的「體現」（呈現）與「自身展示」（自身呈現）的特性，而將「想像」視爲「類比性」（能類比）與「映象（能圖像）內容」的「立義」（詮釋）形式。另外就後者「充盈」與「質料」的關係之角度來看兩者的不同：「在純粹感知（知覺）中，內容與質料必須是相同的，而在純粹想像中，內容與質料必須是相似的。換言之，在純粹感知中，有一條必然的相同性紐帶將充盈與質料聯接在一起，而在純粹想像中，則又有一條必然的相似性紐帶將充盈與質料聯結在一起。」[30]此如胡塞爾「第六研究」所說：

> 區別僅僅在於，想像將內容立義為相似物、立義為圖像，而感知則將內容立義為對象的自身顯現。據此，不僅純粹想像，而且純粹感知都在堅持其意向對象的同時而帶有充盈方面的區別。[31]

由此可知，想像是具有相似性、圖像（形象）、類比性、映象內容的立義形式者，此爲現象學想像的第二義。

30　倪梁康：《現象學及其效應》，頁 62。
31　胡塞爾著、倪梁康譯，《邏輯研究——第二卷第二部分》，頁 79。

（3）作為當下化與再現的想像

想像作爲當下化活動是胡塞爾在 1904／05 年冬季《時間意識講稿》中提出；另外想像作爲「再現」的活動則是他在 1910 年的《想像、圖像意識、回憶》一書所提的概念。此也如同倪梁康所指出：

> 想像是一種 "當下化" 或 "再現"。這個含義 1910 年被胡塞爾稱之為想像的第二個概念。想像所具有的這個意含當然很早就已被胡塞爾所確定。胡塞爾在 1904/05 年冬季學期所做的關於時間意識講座中曾說過："想像是一種可以被描述為當下（前）化（再造）的意識"〔……〕"因此，與感知相對立的是想像，或者說，與當下性、體現相對立的是當下化、再現。"想像在這裡是指與感知一同構成直觀的那種意識行為。[32]

由上可知，胡塞爾現象學想像的第三義就是作爲當下化與再現的活動之想像。

---

32 倪梁康：《現象學及其效應》，頁 62。

（4）作為自由變化的本質看

胡塞爾《理念冊一》除了在 110 及 111 小節以中立化意識或「中立變樣」——一般想像活動是「設立式」再現的中性變樣，因此是在可設想的最廣意義上的記憶的中性變樣。（第一義的想像）來看想像之外，也以第四義「作為自由變化的本質看」來看想像。[33]此如在《理念冊一》的第四小節「本質看和想像」中提到：

> 我們通過自由想像產生空間形狀、曲調、社會過程等等，或者如果我們想像喜歡或不喜歡、意願等行為，那麼在此基礎上我們通過「觀念化作用」能原初地，或許甚至是充分地看到種種純粹本質：即一般的空間形狀、曲調、社會過程等等的本質，或者是形狀、曲調等等有關特殊類型的本質。[34]

亦即經由「自由想像」的觀念化作用，我們看到事物的內在的「普遍的看」——「本質」。此作為自由想像的「本質看」為胡塞爾現象學想像的第四義。

33　胡塞爾著、李幼蒸譯：《純粹現象學通論》（臺北：桂冠出版社，1994 年），頁 300-301；朱立元：《西方美學名著提要》（江西：人民出版社，2000 年），頁 407；英加登著、陳燕谷譯：《對文學的藝術作品的認識》（臺北：商鼎文化出版，1991 年），頁 15。

34　胡塞爾著、李幼蒸譯：《純粹現象學通論》，頁 62。

3. 超驗現象學的想像說

此時期爲胡塞爾晚期超驗現象學的想像說，它表現在《現象學心理學》、《笛卡爾沉思》（簡稱《沉思》）、《形式邏輯與超驗邏輯》與《經驗與判斷》（簡稱《判斷》）等書的想像說。我們再以《沉思》與《判斷》二書看他晚期現象學想像的後四義：

（5）作為可想像的綜合聯結的想像

此第五義如《沉思》的「沉思三」所說：「但是，在這種過渡的方式中，任何這種可想像的綜合沒有一個是可以完成而變爲適當的明證：任何這樣的綜合總會涉及未完成的、期待的和伴隨的意謂。」[35]此爲作爲可想像對象的綜合聯接義之想像，此即是第五義的現象學想像。

（6）作為本質還原的自由想像變化義的想像

《沉思》中是先超驗還原再「本質還原」——他的現象學想像第五義——「作爲本質還原的自由想像變化義」

35　胡塞爾著、張憲譯：《笛卡兒的沉思》（臺北：桂冠圖書公司，1992 年），頁 61；E. Husserl: *Cartesian Meditations: An Introduction to Phenomenology*, trans. by D. Cairns (The Hague: Martinus Nijhoff, 1973), pp. 61-62.

的想像就是在「第四沉思」有關「本質還原」處提出。它由桌子的知覺開始，可以任意在想像中改變對象的形狀或顏色，在變化中保持它的知覺呈現的同一，經由完全自由的可想像性，想像我們自己進入一種知覺活動，而與我們事實性的生活其他部分毫無關係，如此「普遍樣式的知覺漂浮在空中」，如此它成了「純粹『形相』（本質）知覺」，[36]此為作為本質還原的自由想像變化義的第六義想像。

（7）作為經驗結構「開放可能性」與內視域的「預期闡釋」義的想像

胡塞爾在《判斷》一書的第一部分「前謂詞的經驗」之一、二章，提出現象學想像的第七義：作為經驗結構「開放可能性」與內視域的「預期闡釋」義的想像。此如《判斷》21 節（C）「懸疑的可能性和開放可能性」中提到「開放可能性」：「它的出現甚至在知覺過程的結構中，也就是在無阻礙、無中斷地進行著的知覺過程的結構中，就已奠定了基礎。」[37]此開放的可能性乃「不引發自人對一物之懷疑，而引發自人對此物在知覺上的不詳，過於籠統，以

---

36 胡塞爾著、張憲譯：《笛卡兒的沉思》，頁 89-90。
37 胡塞爾著、鄧曉芒譯：《經驗與判斷》（北京：三聯出版社，1999年），頁 117。

致有餘地引申一系列想像的空間與自由」。其積極義在其開
放性：「我有餘地去引申一系列開放的想像空間，本身蘊含
著一自由變換的場地」[38]至於「預期的闡明」——以前領
受過事物但尚未細緻闡述，則可以以預期的方式闡述，此
中想像與回憶一起合作——「於是，我藉想像而對它的某
角度與部位想到其詳，並如此作預期的描繪；在此，我對
此物整體的回憶，固然也幫得上忙，我的回憶與我的想像
合作無間地一起打拼，共同爲我所作的特寫作出貢獻。」[39]
此即作爲「開放可能性」及「預期闡釋」義的想像——想
像的第七義。

（8）作爲與實有判斷相對立的想像概念

胡塞爾認爲判斷中有所謂「實有判斷」，實有與虛構
對立，因此，「當人牽涉了『想像』或『虛構』的概念時，
才有所謂『實有判斷』。換言之，只有當人生活於經驗事
物而從中涉及想像，其所想像的內容又與所經驗的事實不
一致，此時才有所謂『虛構』與『實有』之分辨。」[40]此
「作爲與實有判斷相對立的想像概念」即是想像的第八義。

---

38 關永中：《知識論（二）——近代思潮》（臺北：五南出版社，2000
　年），頁 349-350。
39 胡塞爾著、鄧曉芒譯：《經驗與判斷》，頁 153。
40 關永中：《知識論（二）——近代思潮》，頁 379。

以上為胡塞爾現象學想像的八義，它作為認識論以及方法論上的意涵較濃。底下我們探討沙特的現象學想像觀。

（二）沙特的現象學想像構想——想像活動作為一種宛似看見的非實在的模式

沙特的現象學是從認識論的想像走向實存的想像。胡塞爾的現象學想像較與一般知覺有關，但對審美知覺較無法恰當解釋，反而沙特的想像說有些部分可以運用到藝術（特別是有幻想性的藝術，如漫畫等）的解讀以及電影故事中。他是「在世存有」的模式以及以實存、輕盈跳躍的自由來看想像。他一方面批評內省論、柏格森生機論、休謨內在固有的錯覺論等的「再現論」之想像說，另一方面則建立起自己的「實存想像說」。他的現象學想像（以《想像心理學》為主）有五義：

1. 想像不是知覺的派生物或還原，而是意義獨立的型態

沙特指出想像並不附屬在知覺活動之下，他說：

> 意向與知覺並不是兩個具有相似性質的基本的物理要素，而是涉及到不同的結合體的，它們所代表的是意識的兩個主要的基本態度。由此得出結論，它們是相互排斥的。我們已經證明了，當有人將注意

力通過一幅畫指向作為意象的彼得的時候，我便意
味著這幅畫也將不再是被知覺到的了。[41]

沙特在此指出，「知覺」與「想像」是兩個同等重要又平
行無交集的意識的主要態度與模式。就這一點，莫倫的《現
象學導論》也指出：

沙特是以胡塞爾所說的想像為一種有賴於知覺的意
識為起點，但不是一無保留的。想像不是知覺的衍
生或還原，而是意識獨立的型態，其活動形成獨特
的對象（PI 107；183）。相反，笛卡爾在第六沉思
中，視觀看與想像是純粹意識結合於延伸物理身體
的產物，因而外在於純粹意識；沙特論到想像是意
識的中心樣式；意向在世界自身的形構中所扮演的
重要角色。[42]

對沙特而言，想像對世界的形構的主動能力並不亞於知覺
活動，因此不能如胡塞爾一樣將它附屬於「知覺」範圍之
下，而應有其自己存在的樣式。

41　沙特著、褚朔維譯：《想像心理學》，頁 188。
42　莫倫著、蔡錚雲譯：《現象學導論》，頁 487。

2. 創立「意象（形象）──肖像」理論以 及彼的意象家族

沙特首先指出「意向」可補知覺的不足：

> 經由這些黑色線條，我們看到的不僅只是一個影
> 子，而是一個完整的人；我們集中注意力於線條的
> 意義，而非比較線條的異同。就單純的意義而言，
> 黑色線條僅只代表某些結構和位置的關係，然而只
> 需要一點點繪畫表達的常識，我們就制伏這些線
> 條，而賦予這個平面形體某種深度。[43]

此說明了「是意向性構成一切圖像並彌補知覺的不足，因
此當意識『有意向』的時候，它就不是空泛的，而是有大
量知識或一種隱含的意向性蜷縮在圖畫中，要等到可理解
的呼應，才能將自身表現出來。」[44]意向自己會「以有餘
補不足」，由線條啟發出更多系列影像來。對沙特來說，「一
個心理、虛構、想像的圖像支架及中繼的畫面要超出前述
的內容，遠比其物質本身豐富許多。一個非物質圖像的物
質支架──中繼，被沙特稱之為『相似物』」。由於圖像支架

43　沙特著、褚朔維譯：《想像心理學》，頁 59-60；亦參見 Jean-Luc
　　Chalumeau 著、王玉齡譯：《藝術解讀》，頁 17-18。
44　Jean-Luc Chalumeau 著、王玉齡譯：《藝術解讀》，頁 18。

之相似物說，沙特進一步區分「兩種知覺意識：一種是以
物體本身去認識物體，這是感知（知覺）意識；另一種是
以準物體去看待物體，這是非現象的圖像（意象）意識。」
[45]此如《想像心理學》所說：

> 在盧昂美術館中，忽然走入一間不知名的展覽室，
> 我竟然將巨幅畫作中的人物看成是路人。此種幻覺
> 沒有持續很久（也許是四分之一秒），在如此短暫的
> 時間裡，我的圖像意識並沒有產生，正好相反，我
> 感受到的是感知意識的存在。[46]

此指出把「圖像（意識）中的人」看成是真實路人在某些
乍現的情形是有可能的，此也點出「意象」與「肖像」之
間微妙的轉變過程。以上為沙特第二義想像。

3. 想像活動做為一種宛似看見的非實在的模式

沙特之「想像」與實在（現實）會產生一種保持距離
的情形，甚至會產生一種否定的力量。此「想像的否定力
量」正如牛宏寶《西方現代美學》中說：

---

45 同上書，頁 19。
46 沙特著、褚朔維譯：《想像心理學》，頁 46-47。

> 想像的否定有兩個方面，其一是想像對象（意象）
> 的否定，即作為非存在；其二就是現實整體的虛無
> 化。這即意味著，意識要有能力去從事想像，就必
> 須能夠根本上擺脫世界，有可能通過自己的努力而
> 不受「自在」世界的必然性和絕對性的影響〔……〕。
> 47

此說明「想像」對「現實」的雙重否定——非現實與現實
整體的虛無化。沙特亦指出作為意象的白色牆壁是「不在
場的」，此時在德國的彼得之彼得意向同樣也被沙特稱為
「不在場」、「非現實性」，他說：

> 彼德的這種不在場，我所直接看到的，構成了我的
> 意象的基本結構的這種東西，顯然就是渲染的意向
> 的一種細微差別；這一點，我們便稱作是他的非現
> 實性。48

此也說明想像是一種宛似看見的不在場、非現實（實在）
的模式，此為沙特想像的第三義。

47　牛宏寶：《西方現代美學》，頁 462。
48　沙特著、褚朔維譯：《想像心理學》，頁 195。

4. 審美對象是想像所投射的非現實東西

沙特以查理八世的肖像為例，說明審美對象的「非現實性」如下：

> 我們在一開始便認為，這個查理八世就是一種對象。但是，顯而易見，這個對象卻與那幅畫的對象並不同，亦即不同於畫布，而畫布則是那幅畫形成的現實的對象。只要我們觀察到畫布及畫框本身，「查理八世」這個審美對象就不會出現。〔……〕意識要發生根本性的改變，世界在這一改變中被否定了，而意識本身則成了想像性的；只有在這種時候，那個對象才會出現。[49]

要超越畫布的現實物質性，與世界隔離一下，「審美對象」才會在想像中出現。此為沙特想像的第四義。

5. 自由使人有撤離世界的實存想像可能

沙特指出人要有以想像擺脫世界的能力的話，則人必然先是「自由的」。換言之，人有超驗自由而使得人具備撤離世界的實存想像之可能性。此如《想像心理學》中說：

---

49 同上註，頁 284。

> 想像並不是意識的一種偶然性的和附帶具有的能
> 力，它是意識的整體，因為它使意識的自由得到了
> 實現；意識在世界中的每一種具體的和現實的境況
> 則是孕育著想像的，在這個意義上，它也就總是表
> 現為從現實的東西中得到超脫。〔……〕非現實的東
> 西是在世界之外由一種停留在世界之中的意識創造
> 出來的；而且，人之所以能夠從事想像，也正是因
> 為他是超驗自由的。50

此說明沙特的「想像」不是意識偶發的次要事物，而是一
種「意識整體性」，它使得「自由」未定的「可能性」得以
具體落實，此「實存想像」最後也是建立人之超驗世界的
實存的「超驗自由」之上。此為沙特現象學想像的第五義，
它也為沙特之後在《存有與虛無》中對意識自由、否定力
量的描述預先暖身。以上為沙特現象學想像的第五義。51

---

50 同上註，頁 281；亦參見莫倫著、蔡錚雲譯：《現象學導論》，頁
   492。
51 莫倫著、蔡錚雲譯：《現象學導論》，頁 492。

（三）杜夫海潤的現象學想像構想——「想像作為精神與肉體的紐帶」與「想像提供一個觀看的可能性」

沙特的想像說對漫畫或多少帶有幻象的畫作解讀較有效力，但對其他的藝術作品不一定有效。又，對沙特現象學想像的批判有兩種路徑：一種是堅持「一元論美學並用知覺代替想像力」的杜夫海潤的審美現象學想像；另一種則是逐漸脫離「再現」模式而成為「使不可見物被看見」的梅洛龐蒂的「辯證現象學」之想像。我們在此先探討前者。他的想像說可以分成「破」與「立」、「批判」與「正面安立」兩部分，我們簡要說明彼如下：

1. 「破」之一——對沙特的想像說的批判

杜夫海潤對沙特想像說有兩點批判：

（1）對沙特想像說第二義——「意象（形象）—肖象」理論的批判

他先指出沙特應該減弱再現對象的作用而非強化它，他說：

> 他在創立「形象—肖象」理論以後，把這種理論擴大到作為審美對象的肖像，並在有關想像的一種理

論基礎上建立起美學。他把審美對象比作再現對
象，再現對象又被設想為最充實意義上的想像物。
肖像要人們無參閱原件或本人，本人又「按照一種
真正神奇的關係」，通過畫面「在形象上被把握」。
如果沙特遵照他開始進行分析時所說的話，他至少
可以減弱再現對象的作用。[52]

杜夫海潤指出沙特一方面反對以「再現論」談想像，另一
方面又把「審美對象比作再現對象，再現對象又被設為最
充實意義上的想像物」，似乎自相矛盾，故應減弱再現對
象的作用而非強化之。他又指出沙特的「想像」的「再現
對象」如果沒有方位作用的話，則成為「中性（立）化」
的活動，他說：

（引沙特文）「而我看到（報紙上）照片上的那些人
則通過照片確是被達到了，但是沒有存在的方位，
正如騎士和死神通過丟勒的版畫被達到而無需我給
與它們一個方位一樣。」我們可以補充說，再現對
象也是以同樣方式在任何審美對象身上被達到的：
我不給它方位，我不參照原件，因此很像中性化的
意義。所以這裡應該講的恰恰是中性化，而不是想

52　杜夫海納：《審美經驗現象學》，頁 240。

像。[53]

杜夫海潤在此指出「想像」若不給它方位亦不參照原件，則它應是「中立化的意義」而非想像。此乃第一點批判。

（2）對沙特想像說第三義「把非現實物之物和想像之物等同起來」之批判

杜夫海潤認為沙特把「非現實之物等同於想像之物」這樣的結論下得太早太快，對「感覺」與「非實在」的關係也沒有釐清得很好，他說：

> 如果這是說，作品主體的位置不在現實世界〔……〕聽到貝多芬的《第六交響曲》的暴風雨聲時不必打開雨傘等等，那更是平淡無奇了。我們還可以進一步說，這種非現實之物也因為過分現實而非現實，因為無法被達到或不能窮盡而非現實：在我觀看的哈姆萊特或我聽的交響樂中有些東西是我永遠沒有把握能夠弄懂或理解的，因為作品太豐富，而我的感受又太膚淺。但無論如非現實之物不是來自想像意識即漫不經心的意識，它需要一個能現實化的，專心於感知物的意識。如果說靜觀是一種異化，如

53　同上註。

果說回到日常世界是一種覺悟和清醒，那麼迷惑根
本不是來自想像，而是來自知覺，因為我們是在感
知物中被迷惑的。[54]

他指出「非現實之物」也可能因意含豐富而無法被我們粗
略漫不經心的「想像意識」所能窮盡。此如 Jean-Luc
Chalumeau 於《藝術解讀》中所說：

不過無論如何，不真實並不源於圖像意識（漫不經
心的），而是我們迷失在被知覺物當中。美學物體當
然僅在觀賞者的意識中顯現，不過意識本身並不構
成這個物體的意義，它只是在它所接收的圖像中去
發現意義。「繪畫和被繪畫的物體之間的關係不是一
個『瞻仰』的關係〔……〕」，縱然杜法恩〔杜夫海
潤〕承認捍衛一元論美學並用知覺代替想像，仍無
法讓人明白美學物體如何能同時是這個東西和這個
意義——「事物和意義同時都外於我，但也由我而
起」〔之問題〕。[55]

54　同上書，頁 240-241。
55　Jean-Luc Chalumeau 著、王玉齡譯：《藝術解讀》，頁 23。

由此可見，杜夫海潤的想像說還是偏向「知覺」優先的「一元論美學」，反對沙特以「非現實物」定義「想像」以及看待「審美對象」之作法。

2. 「破」之二──對英（茵）加登作為想像對象的審美對象的批判

（1）英（茵）加登的現象學文學美學概述

英加登的現象學文學美學思想，主要表現在《對文學的藝術作品的認識》與《文學的藝術作品》兩書中。前者集中於「文學藝術作品的認識」之問題（有五點）；後者則集中於「文學作品存有論（本體論）」之問題（有一點）。他思想影響到當代的新批評的新評論家、日內瓦學派、接受美學與杜夫海潤的現象學美學。我們分六點略述之：

① 研究問題──文藝作品的兩個基本觀點

英加登首先提出了題目研究範圍乃是對已經完成的文學作品的認識，這種作品使用讀者完全掌握的語言，並使用讀者同時代的語言，讀者完全熟悉並掌握的作品語言。他並限定：只考慮那些通過獨自閱讀獲得的作品、注意避免打斷了解作品的過程。英加登因而就文藝作品提出兩個基本觀點：一是這種認識是由異質的但卻密切聯繫的過程（活動）構成的；二是它是在一個時間構成（過程）

中完成的。56

②四個異質的層次

（a）「語音構成層面」——語詞聲音和語音構成以及一個更高級現象的層次：「語詞軀體同時是某個另外東西的『表現』，即語詞意義的『表現』，它指涉某個東西或發揮一個特別的意義功能。」（《對文學的藝術作品的認識》，頁10-19）亦即它把書寫（印刷）符號作為「表現」，即意義的載體——文學的原料層。57

（b）「語法和語義層」——意群層次：句子意義和全部句群意義的層次，亦即第二層次指一切有意義的部分，即詞、句，以及由不同句子組成的整體。此也如英加登在《對文學的藝術作品的認識》中所指出的：和理解語詞聲音同時發生並且不可分離的是理解語詞意義；讀者就是在這種經驗中構成完整詞的，它儘管是複合的，但仍然構成一個統一體。人們不是首先理解語詞聲音然後理解語詞意義。兩種理解同時發生：在理解語詞聲音時，人們就理解

---

56 朱立元：《西方美學名著提要》，頁407；英加登著、陳燕谷譯：《對文學的藝術作品的認識》，頁15。

57 朱立元：《西方美學名著提要》，頁407；英加登著、陳燕谷譯：《對文學的藝術作品的認識》，頁10；赫魯伯著、董之林譯：《接受美學理論》（臺北：駱駝出版社，1994年），頁27。

了語詞意義同時積極地意指這個意義。[58]

（c）「圖式化外觀層次」，作品描繪的各種對象通過這些外觀呈現出來——（上面）這兩個層面又構成圖式化客體層（人物、形象、背景等等），此乃「圖式化觀相層」，而「觀相」就是「客體向主體顯示的方式」。[59]

（d）「在句子投射的意向事態中描繪的客體層次」——再現客體層面（作者的世界），它是其他三個層面的產物和終結：每個句子意義都投射一個事態而成為它的意向性關聯物。事態投射成作品世界的客體，但是為了從互不聯繫的事物過渡到一個綜合構成的再現客體世界，必須對再現世界的事物所提供的資訊加以概括貯存。如果沒有在理解句子意義的基礎上對事物進行客觀化的綜合活動，讀者就不能同作品世界建立直接的審美聯繫（它是互為主體性的，可以重構再創造的）。又上述這些層面的整體構成一種複調性和諧與圖式化結構，其中包含的「不定點」需要由

58　英加登著、陳燕谷譯：《對文學的藝術作品的認識》，頁 19-20；赫魯伯著、董之林譯：《接受美學理論》，頁 27；弗洛恩德著、陳燕谷譯：《讀者反應理論批評》（臺北：駱駝出版社，1994 年），頁 137。

59　弗洛恩德著、陳燕谷譯：《讀者反應理論批評》，頁 137；英加登著、陳燕谷譯：《對文學的藝術作品的認識》，頁 10；李醒塵：《西方美學史教程》，頁 556。

讀者來完成。[60]

③不確定性（模糊性）的結構（不定點）

一般而言，英加登關於文學作品理論中特別重要一點，就是他所提到多層次所形成的一種由讀者完成的「設計結構」，此如赫魯伯所指出：「現實中的客體是『毫不含糊、絕對地（即在每個人的認識上）被確定的』，與此相反，文學客體在任何地方都不可能完全由自身確定——這種客體在文學作品中展示出不確定的『點』或『面』。」[61]此「不確定的點」，英加登從兩方面來說明：

（a）客觀化之功能——客觀化作為從意向事態到文學作品中再現客體的過渡

大體而言，作品客觀化的方式在作品的具體化和確定它的審美有效性方面起著重要的角色。此「客觀化」也作為意向事態到文學作品再現客體的媒介——「為了從個別事態進入到作品所描繪的世界，英伽登認為必須多次完成

---

60 英加登著、陳燕谷譯：《對文學的藝術作品的認識》，頁 10；亦參見弗洛恩德著、陳燕谷譯：《讀者反應理論批評》，頁 137；王岳川：《現象學與解釋學文論》（山東：山東教育出版社，2003 年），頁 65-66。

61 赫魯伯著、董之林譯：《接受美學理論》，頁 27。

『客觀化』活動。為了使描繪世界獲得它的獨立性，讀者
必須完成一種綜合的客觀化，這樣再現客體才對讀者呈現
出它們自己的擬實在性。讀者從中目睹那些事件和客體，
重新認識這些客體並在審美的接受態度中感知其價值。」[62]
亦即從個別意向事態到較整體的作品所描繪的世界是要經
過綜合的客觀化，英加登對此多次的「客觀化」說明如下：

> 但是為了從個別的意向事態進入到作品所描繪的世
> 界，我們必須多次完成客觀化活動。它可以根據句
> 子內容而採取若干形式中的一種。例如它所採取的
> 形式可以來自下述事實，事態內容被置於一種由句
> 子的主語（一個人或一個事物）所命名的對象的特
> 徵或條件的形式結構之中。[63]

此引文說明「多次客觀化」是依據「句子內容」而有不同，
此「事態內容」又與句子的主詞（一個人等）所命名對象
的特徵或條件的形式結構密切相關。又，英加登對「綜合
的客觀化」所引發的「擬實在性」特性說明如下：

> 只有通過綜合的客觀化，再現客體才對讀者呈現出

62　朱立元：《西方美學名著提要》，頁 408。
63　英加登著、陳燕谷譯：《對文學的藝術作品的認識》，頁 42-43。

> 它們自己的擬實在性。這個擬實在性有它自己的面
> 貌，它自己的命運和它自己的動力。只有在這樣客
> 觀化之後，讀者才能目睹那些事件和客體，它們在
> 某種程度上是他通過理解句子和進行客觀化活動重
> 構的。[64]

此說明經由綜合的客觀化，再現客體才能對讀者呈現出自
己的「擬（宛似）實在性」，而有個自的面貌、命運、動力。

（b）「不確定的點」之特徵

英加登在《文學認識》中對「不確定的點」（不定點）
的意涵說明如下：

> 文學作品，特別是文學的藝術作品，是一個圖式化
> 構成。至少它的某些層次，尤其是客體層次，包含
> 一系列「不定點」。凡是不可能說（在作品句子的基
> 礎上）某個對象或客觀情境是否具有某種特徵的地
> 方，我們就發現存在著一個這樣的不定點。〔……〕
> 我把再現客體沒有被本文特別確定的方面或成份叫
> 做「不定點」。文學作品描繪的每一個對象、人物、
> 事件等等，都包含著許多不定點，特別是對人和事

64　同上書，頁47。

物的遭遇的描繪。一般說來作品中描繪的人物的生
活都要持續一般完整的時間，但它沒有明確地表示
出來，所以這些人物變化的特徵就是不確定的。[65]

此說明文學作品的圖式化構成於「再現客體」方面多少都
會有意無意地「以簡馭繁」，省略一些冗長部分不論，因而
人物變化的一些特徵就成為保持不加以確定的地方而變成
一個「不確定的點」。

這也如同赫魯伯對「不定點」的模糊性的說明：

依據現象學的理論，所有的客體都具有無數的規定
性，認識的行為不可能窮盡任何特定客體的規定性
的量。然而，儘管一個真正的客體肯定具有某種特
有的規定性——它不可能僅僅是被描繪的那樣，而
必然具有某種特定的色澤——但因為它們是由各種
意義的整體與方面有意設計出來的，所以註定保留
著某種模糊的程度。例如，如果我們讀這樣一個句
子，「這個孩子正在拍球」，我們在這個表現的客體
中遇到了無數的「斷裂」。[66]

---

65 同上書，頁 49-50。
66 赫魯伯著、董之林譯：《接受美學理論》，頁 28。

文學句子因意義設計的需要，其描寫通常很簡略，細部的特定色澤並沒有清楚交待出來，因而隱含了一些「模擬兩可」的解讀空間，即一些「不確定的點」或「模糊性」而有待「具體化」。

④具體化與具象

再者，赫魯伯對此「具體化」的意涵闡明如下：

> 因此，我們在閱讀過程中以各種方式與文學作品進行交流。我們讀作品的時候，扮演著力圖認識作品所有層次的積極角色。字音的層面可以經由朗誦，或僅僅在默讀中透過實現聲音與聲音的組合而得到顯示。與此相似，即使個人的閱讀能力很強，也只能實現作品意義的絕大部分。〔……〕但是，也許讀者承擔的最重要活動是消除或填補本文中那些不確定的斷裂或者種種設計生成的各個方面。英伽登通常把這種活動稱為具體化，儘管為了區分人們對作品的理解與它自身的策略結構，區分審美對象和人為構成時，他也使用了這個概念。在狹義上，具體化涉及到所有「十足的確定性」，以及讀者為了填補不確定性的空間而主動承擔的活動。雖然這種活動一般是無意識的，但至少在英伽登看來它是理解作為藝術的文學作品基礎；而且沒有具體化的過程，

審美與它所展示的世界，就不可能從策略的結構中
浮現出來。而在具體化的過程中，讀者也有機會去
經歷他們的幻想。英伽登認為填補不確定的空間需
要創造性、技巧與清晰度。[67]

此說明讀者透過「具體化」的創造性、技巧等能力，使得
作品中不確定的「斷裂」被填補起來，進而使得審美世界
從策略結構中呈現出來。

又英加登對此「具體化」也解釋如下：

然而，有許多作品喚起在最安全的形式中理解被描
繪的現實（世界）的態度，所以至少消除了某些不
定點。於是讀者閱讀「字裡行間」並且補充了再現
客體在本文中沒有確定的許多方面，通過對句子特
別是其中的名詞「超明確」的理解。我把這種補充
確定叫做再現客體的具體化。在具體化中，讀者進
行著一種特殊的創造活動。他利用從許多可能的或
可允許的要素中選擇出來的要素（儘管所選擇的要
素從作品方面來說並不總是可能的），主動地借助於
想像「填補」了許多不定點。一般說來，作出「選

67　同上書，頁 28-29。

擇」在讀者方面並沒有一種自覺的，特別是系統闡
明的意向。他只是使自己的想像擺脫羈絆，用一系
列新要素來補充對象，以使它們看起來是完全確定
的。

在「具體化」中，讀者透過創造性想像填補了不少的「不
定點」，亦即以一系列新要素來補充再現的對象，使之確定
下來。[68]

⑤確定性、恰當的具象，以及形而上的特質

再者，英加登有關確定性、恰當的具象，以及形而上
的特質之看法，正如赫魯伯所說：

由於斷裂與不確定性都得到精確的描述，因此，英
伽登認為也有可能確定具象的輪廓。由此他指出，
存在著恰當與不恰當的具體化過程。儘管這種區別
本身並非沒有道理——尤其當我們想限制那種異想
天開的隨意解釋——但是，當英伽登把恰當的具體
化與傳統的文學模式聯繫起來的時候，這種方法就
使他的理論呈現出一系列的問題。人們可以追隨英
伽登正規的或「古典的」認識返回有關藝術作品的

68 英加登著、陳燕谷譯：《對文學的藝術作品的認識》，頁 52-53。

描寫本身。〔……〕英伽登關於藝術的文學作品反覆
使用這樣的術語，如「和諧」、「複調」、「結晶」或
「整體」；總之，他運用傳統詩學的術語來限定每部
作品和整個文學。英伽登運用古典的模式解釋文學
作品，以及他對這種模式的接受，都非常有力地證
實了他對形而上的特質的看法。[69]

英伽登原本隨帶地在具體化中使不確定變成確定，但
在他將恰當的具象與具體化思想與傳統詩學的「和諧」、「整
體」等相結合之後，便進而呈顯出其「以理限事」之形上
學的特質。

此又如英加登在自己的《文學認識》中的看法如下：

通過現實化的外觀作品所描繪的事物具有了更大的
造型性和鮮明性，它們變得更生動更具體，讀者似
乎進入了同它們的直接交流。但是在閱讀中現實化
的外觀不僅使作品再現客體的直觀外觀更強烈更豐
富，它們還把一些特殊的審美價值因素（例如裝飾
因素）帶到作品中來。對這些因素的選擇常常同作
品或其某一部分的主要情調密切相聯或者同一種形

---

69 赫魯伯著、董之林譯：《接受美學理論》，頁 31。

而上學性質密切相聯。一種特殊的形而上學性質的
出現構成了作品的頂點並且在閱讀中對作品的審美
具體化發揮著重要的作用。[70]

此指出閱讀中的現實化外觀不僅使再現客體外觀豐富，而
且使得帶有形上學性質的「和諧」、「情調」等之審美價值
因素帶入文學作品中來而發揮作用。

又赫魯伯對英氏此「形而上的特質」的角色說明如下：

> 他有關「藝術的文學作品是表現形而上特質的要點」
> 的論述，對文學觀念與讀者角色這二者都產生了強
> 烈的影響。一方面，它使英伽登把文學作品假定為
> 「本原的整體」；而且無論結構有多少層次，這種層
> 次「必須以一種明確的方式和諧地連在一起，並且
> 構成特定的環境」。另一方面，形而上的特質成為讀
> 者產生具象的控制力量：讀者之所以產生不恰當的
> 具象，那是由於他們沒有能力或沒想到把文學作品
> 視為一種帶有形而上特質的整體。[71]

此文清礎指出「形而上的特質」的雙重角色——其在文學

70　英加登著、陳燕谷譯：《對文學的藝術作品的認識》，頁 62-63。
71　赫魯伯著、董之林譯：《接受美學理論》，頁 31-32。

觀念的角色中將作品視成預定和諧，只存有不活動的「本原的整體」；其在「讀者角色」中則扮演使讀者成為產生具象的主導的控制力量，分判具象恰當與否。

⑥藝術作品存有論（本體論）

英加登在《文學的藝術作品》中，首先強調意識的意向性活動，將藝術看作是純意向性客體，將藝術活動看作純粹意向性行為。其次，他將文學作品視成是由四個異質的層次構成的一個整體結構。此四層次是：（1）「語音和更高級的語音組合層次」，它是文學作品最基本層次；（2）「不同等級的意義單元層次」（語義層），它在構成文學作品其他層次上具有決定性的作用，並且影響著下幾層的意義的正確性。它包括詞、句、段各級語言單位的意義。；（3）「圖式化觀相層」，實在的客體向我們顯示為客體的觀相內容，這有限的「觀相」所組成的層次祇是骨架式的或圖式化的，其中充滿許多「未定點」，有待讀者用想像去聯接和填充；（4）「再現的客體層次」，再現的客體指作者在文學作品中虛構的對象，這些虛構的對象組成一個想像的世界。這一層次是在前三個層次基礎上形成的，因而處於作品的較高層次，它提供「觀念」或「形而上者」。[72]以上為

72　王岳川：《現象學與解釋學文論》，頁 57-60；李醒塵：《西方美學

英加登的現象學文學美學概述。

（2）杜氏對英加登的作為想像對象之審美對象的批判

杜夫海潤對英加登現象學文學美學的批判有五點：

①語言的唯理主義的純意向本質

首先，杜夫海潤批評英加登以語言的唯理主義將「本質」等於「觀念對象」與「意義」之看法：

> 然而他卻談論審美對象的「純意向本質」，而且把這種本質和觀念對象即意義掛上鈎。實際上，它的文學作品現象學和現象學提出的有關作品的「多種音調」概念是以語言的唯理主義概念——即區分符號，所指事物和對意義的理解這三者的一種概念——以及對意義至上的同樣唯理主義的肯定為基礎。在他看來，詞首先是發音材料，然後再加上意義。這種意義和詞是異質的，必須要有特殊的意識行為才能使詞具有意義並發揮其功能。所以詞義是由意識行為逐漸塑造出來的。意識行為將自己的意向性

史教程》，頁 556。

提供給詞，所以這種意向性是第二個、派生的意向
性。〔……〕此外，句子構成的意義單元隨後就組織
成「再現對象」，作為一個故事或一個戲劇的經緯。
在「再現對象」之間，茵加登又保持再現的和被再
現的區別。但這種區別在意義內部起作用，因為再
現的——作為句子的意向關聯物的「事物狀態」——
對作為發音單位的句子來說已經與被再現的連接在
一起。再現對象顯然把我們抱持在意向性層次：它
也確實是「純意向對象」。最後這種意向對象的再現
可以通過「想像目的」得到加強。想像的目的使我
們能直覺地把握意向對象，它們類似於胡塞爾所分
析的，能達到知覺對象的目的的初步知覺。但這一
點在這裡不很重要，因為茵加登沒有明確指出想像
物的地位。[73]

杜夫海潤在文中批評英加登語言的唯理主義，即他肯定地
區分符號、所指事物與意義理解的三分法以及「意義至上」
的看法，以及英氏在「再現對象」中又區分再現的、句子
與被再現的事物狀態；而且他將「再現對象」的「純意向
對象」與「想像目的」（在這些對象出現時，它僅提供一些

73　杜夫海納：《審美經驗現象學》，頁 242-243。

補充規定性）關聯起來。如此一來，「想像物」的地位未被
澄清，文學對象也成了「他律」。

　　②「意向對象概念」的批判

　　再者，杜夫海潤對英氏的第二點批判乃是對「再現對
象作為純意向的對象」的批判，此有二小點：

　　（a）「再現對象」受到中性化活動

　　杜氏此小點的批判如下：

> 他似乎出於這樣一個事實把兩者視為同一的，那就
> 是：再現對象確實受到中性化，因而在這個意義上
> 說它是非現實的。但再現之物的非現實性恰恰不是
> 意向之物的非現實性。其實，意向對象不是非現實
> 的東西，不是茵加登本人所說的「一種並非真正什
> 麼都不是的外觀」。它也不是閹割了現實性的一個現
> 實對象的替身。〔……〕正如非現實屬於想像物的意
> 識對象一樣。一般來說，「注意力的改變」也是如此。
> 從此，這種按意向經驗的種類之不同而變化的，合
> 併到不同現實性正題的意識對象的做法禁止我們把

意向對象和現實對象分開。[74]

英氏以再現對象之所以「非現實」，乃因它的「中性化」活動；但杜氏指出「再現之物的非現實性」不等於「意向之物的非現實性」，後者不是去掉現實性之後的現實物的替身（補償），因而我們不能將「意向對象」與「現實對象」徹底二分。

（b）意向對象乃現象學還原後才出現，杜夫海潤對英氏「意向對象」出現時機的批判看法如下：

> 說到底——茵加登可能沒有足夠地注意到這一點——意向對象只是通過現象學還原才出現的。可是還原不創造任何東西，它只是把自然態度的正題懸掛起來，不構成新的對象，也不從現實對象上去掉什麼。放進括號不予考慮，不等於去掉。[75]

杜氏點醒英氏——在「現象學還原」中並不構成新的對象，也不將「現實對象」的現實性去掉一些，它只是一種「態度的轉變」，帶我們進入「意向對象」。

③他律概念的批判

74　同上書，頁 244-245。
75　同上書，頁 245。

　　杜氏對英氏第三點批判，乃是英氏不應該將再現對象
的他律與知覺對象的自律對立起來，他說：

> 　再說，對象和瞄準對象的行為之間的關聯是否是他
> 律的保證呢？如果是這樣，那麼就該把知覺對象（它
> 意味著感知的目標）和現實對象（它意味著現實性
> 的正題）都說成是他律的。如果站在還原的角度，
> 那就無權像茵加登那樣把再現對象的他律和知覺對
> 象的自律對立起來。事實上，茵加登只是通過把再
> 現對象從屬於有自律存在的那些基礎才證明再現對
> 象的他律的。他說：「誰賦予句子（因而也是文學作
> 品）以他律的存在，誰就應該接受他的所有自律的
> 基礎，而不應該滿足於純意識行為。」（這些行為足
> 以確定意向對象的他律）這些補充基礎一方面是主
> 導作品創作的主觀活動，另一方面尤其是作品的句
> 子所參照的和在這些句子身上現實化的「思想概
> 念」。〔……〕詞本身具有意義，所以詞在作品中有
> 相當能力足以使作品藉詞之光成為自律的。作品的
> 根就在詞之中。[76]

杜氏指出如照英氏的說法，應將「知覺對象」與「現實對

76　同上書，頁 246。

象」都說成是他律的,但是若站在現象學還原的立場,則不能如英氏那樣將「再現對象的他律」與「知覺對象的自律」截然二分——作品終究藉詞的力量而成為自律的。

④英氏「意義內在於語言」的觀點未充分說明

杜氏對英加登第四點批判,乃是英氏沒有充分說明「意義內在於語言」的觀點,他說:

> 在茵加登的思想中,有一點,即意義內在於語言,沒有得到充分說明。也許應該從其他藝術出發來理解語言藝術,並且不給予再現對象「意義層次」以特殊待遇。當然,一部小說的興趣在於它給我們理解的東西,我們也往往用小說宣揚的思想和引起的思考來衡量它的價值。一本小說的內容常常比一本心理學教科書或一本歷史書還要豐富,這是不容置疑的。〔……〕小說敘述的東西,我們可以事後通過沉思默想將它概念化,用科學或哲學的話去表達,或者把它納入一個體系。從這方面來說,我們不是小說家,而是儘可能從小說中獲得教益。[77]

杜氏指出英加登一方面未充分說明「意義內在於語言」的

看法，另一方面也沒有從造型藝術等方面理解語言藝術的
深意，他總是給予「再現對象」的「意義層次」殊要地位。
杜氏也指出小說比心理學教科書殊勝的地方。他亦從另一
面補英氏的不足。

⑤審美對象不是意向對象而是知覺對象

　　杜氏對英氏第五點批判，乃是指出「審美對象」不是
意向對象而是知覺對象，對此他說：

> 所以文學作品包含的審美因素最後取決於它所動用
> 的、再現對象所依賴的再現手段，取決於文學作品
> 身上那些可以從外部把握的東西，取決於詞的選擇
> 和調排。因此可以說，即使在語言藝術中，審美對
> 象也遠遠不是再現對象，不是像茵加登所說（由於
> 同一作用，這種作用在我們看來是武斷的）意向對
> 象，它仍然是知覺對象。〔……〕但由於過分徹底區
> 分詞和詞的意義，他把審美對象和感知物分割開
> 了，並且把審美對象和一個觀念的存在範圍掛上了
> 鈎。由此他得出審美對象是他律的這個結論。所以
> 如果要公平對待審美對象的現實性，單單強調它的
> 意義是不夠的，還必須指出，為了交付知覺，它自

身就帶有這種意義。[78]

杜氏在此指出英氏所說的「審美對象」等於「再現對象」
與「意向對象」是不恰當的,它應等於「知覺對象」。我們
不能從唯理主義立場將「詞」與「詞的意義」以及「審美
對象」與「感知物」二分,「知覺」與「詞的意義」終究有
一「不異」的關係。

底下,我們看看他想像說的「正面立論」。

3. 「立」（正面安立）

建立「一元論美學」的想像說。《審美經驗現象學》
是一本比較有系統的現象學美學著作,它是先由「客觀面」
的審美對象、藝術作品,再經由「主體面」的審美知覺,
最後到「存有面」,即「藝術本體論」。此「主體面」的
「審美知覺」又有三階段:（一）呈現階段、（二）再現
和想像的階段、（三）反思和情感階段。杜夫海潤的想像
說表現在（二）再現和想像的階段之中。他的想像說可以
分成兩點介紹:

（1）提供審美對象的背景框架與交遇地帶的

---

78 同上書,頁 248。

「先（超）驗想像」與「經驗想像」

「先（超）驗」是一種「觀看的可能性」，此「觀看」是以「景象」爲其關聯物，也同時「開拓」和「後退」，就此他說：

> 其所以要後退，那是因爲主體與對象形成的整體必須要拆開，意識藉以與對象對立的，帶有一種自爲特徵並構成一種意向性的運動必須要完成。其所以要開拓，那是因爲意識與對象的脫鉤形成一個眞空，這種眞空是感性的先驗，是對象可以成形的地方。後退就是一種開拓，運動就是一種光。但是怎樣才能使後退和開拓脫鉤呢？通過時間性就有可能。退出現場就是躲避到過去中去。[79]

超驗想像提供「主體」與「客體」的交會可能與「觀看」的可能性：由「後退」，主體「自爲」的運動得以形成，由「開拓」所形成的「眞空」，對象可以被呈現出來。這也如學者所說，杜夫海潤的想像力乃是：

> 提供一種準呈現物，即實際意義在再現方面的等價物，想像的基本功能是把經驗變成可見的東西，使

---

79 同上書，頁 383-384。

之接近再現。先驗想像和經驗想像是統一的，經驗
想像只有通過先驗想像才能得到闡明，先驗的想像
表示再現的可能性，而經驗想像則說明某種再現有
可能是意指的，有可能納入一個世界的再現之中。[80]

「先驗想像」使再現成為可能，「經驗想像」使再現具體化
成「意指的」。此亦如杜夫海潤所說：「先驗的想像打開一
個給定物可能出現的領域，經驗的想像則充實這一領域，
它不增殖給定物，而是引起一些形象。」[81]經驗想像的具
體化是透過「一些形象」來形成。

（2）想像做為精神與肉體紐帶

　　杜夫海潤的想像說雖有第一義的創造想像性，但由於
他堅持一元論美學並以知覺取代想像，所以它強調具關鍵
角色之第二義的「想像作為精神與肉體紐帶」。他認為就如
同「形象」作為原始呈現與觀念思維的仲介一樣，「而想像
則可以說是精神和肉體之間的紐帶。因為儘管想像是使人
們觀看或使人們想到什麼的能力，它也是植根於肉體的，
就像對模式的探討向我們提出的那樣。」[82]總之，對杜夫

80　朱立元：《西方美學名著提要》，頁 482。
81　杜夫海納：《審美經驗現象學》，頁 386。
82　同上書，頁 382。

海潤而言，想像對審美經驗的發生和豐富是不可或缺的，但並不起關鍵作用。[83]

（四）梅洛龐蒂的現象學想像構想——「想像活動作為可見與不可見之間的辯證性成就」

沙特的實存想像「想像活動作為一種宛似看見的非實在模式」，以及杜夫海潤「一元論美學並以知覺代替想像力」之審美現象學想像——「想像做為精神與肉體的紐帶」，都不能解決如下的問題：「美學物體如何能同時是這個東西和這個意義？」或「事物和意義同時都外於我，但也由我而起」之問題。此問題則正是梅洛龐蒂的現象學想像較能解決者。梅洛龐蒂的現象學想像觀可分為早期與晚期。早期如《行為結構》與《知覺現象學》的想像說有三義，由於仍受到笛卡爾意識／對象、主／客二元論的影響，仍未成功解決上述問題；晚期如《眼與心》後幾章、《可見與不可見》、《符號》等，其想像說則有一成熟的「辯證現象學」想像觀，此時期之想像說已脫離笛卡爾的意識／對象二元

83　李醒塵：《西方美學史教程》，頁 564；牛宏寶：《西方現代美學》，頁 495；杜夫海納：《美學與哲學》（臺北：五洲出版社，1987年），頁 62-74。

論而較重視「想像」與「現實」、「可見」與「不可見」、「本質」與「存在」之間的辨證性想像，也較能解決上述問題。底下我們分兩部分介紹梅洛龐蒂的現象學想像四義：

1. 早期梅洛龐蒂的現象學想像構想的三義

梅洛龐蒂早期在《知覺現象學》中的想像說，大約有三義：（1）作為身體投入一想像空間的能力、（2）我能的綜和性與創性想像與（3）作為我的「在世存有」模式之一。此三義分述如下：

（1）作為身體投入一想像空間的能力

梅洛龐蒂以施奈德的病人會做一些簡單動作，但卻不會做複雜、抽象的動作（運動）的例證，來說明人的身體有投入一想像空間的能力，他說：

> 如果我現在做「同樣的」運動，但不指向在場的或想像的夥伴，並請作為「一系列自在的運動」〔……〕能在我周圍描繪一個想像的情境，或是因為即使沒有虛構的夥伴，我也好奇地考慮這個奇怪的意義表達機器，並為了消遣而使之運轉。抽象運動在具體運動發生在其中的充實世界內，開闢了一個反省和主體性的區域，把一個可能的或人的空間加諸在物理空間上。因此，具體運動是向心的，抽象運動是

離心的，前者發生在存在或現實世界中，後者發生
在可能世界或非存在中，前者依附於一個已知的背
景，後者則自己展現其背景。使抽象運動成為可能
的正常功能是一種運動主體得以在他前面設置一個
自由空間的投射能力，在這個自由空間中，本來不
存在的東西能呈現出存在的樣子。[84]

此「抽象運動」可以與現實隔離一下，有其自身脈絡與運
作模式，它也是自由空間轉換的投射能力，不像「具體運
動」依附在既定的脈絡、背景與現實之中。[85]

（2）我能的綜和性與創造性想像

梅洛龐蒂於第一部分第六章「作為表達和言說的身
體」有關失語症與顏色名稱遺忘症的地方，提到我能的綜
和性與創造性想像。此作為「感性與知性的共同根」的超
驗創造想像力之圖式，使得我們第一次表達、第一次言說
成為可能。

---

84 M. Merleau-Ponty: *Phenomenology of Perception*, p. 111；梅洛龐蒂
　　著、姜志輝譯：《知覺現象學》，頁 151、152。
85 劉增雄：《梅露龐蒂論人在世界之結構與交互主體性哲學》（東
　　海哲研所碩士論文，1990 年），頁 55。

（3）作為我的「在世存有」的模式之一的想像

　　梅洛龐蒂在第一部分第六章也提到第三義的「想像」——「作為我的『在世存有』的模（樣）式之一」的想像。他說：

> 　　當我想像不在場的皮埃爾（彼得）時，我並沒有意識到我是在沉思在數量上不同於皮埃爾本人的一個表像中的皮埃爾；不管他離得多遠，我們能在世界中對準他，我的想像力不是別的，就是我的世界在我的周圍繼續存在。〔上引自沙特〕說我想像皮埃爾，就是說我在開展「皮埃爾的行為」時得到了皮埃爾的假在場。正如想像中的皮埃爾只不過是我的在世存有的樣式之一，同樣，詞語表象也只不過是我的身體的整個意識中和其他示意動作一起呈現的我的語音示意動作的樣式之一。[86]

正如詞語表像乃語音意動作的樣式之一一樣，「想像不在場的彼得」也是我的「在世存有」的模（樣）式之一。

　　以上為早期梅洛龐蒂的現象學想像構想的三義。

86　M. Merleau-Ponty: *Phenomenology of Perception*, pp. 180-181；梅洛龐蒂著、姜志輝譯：《知覺現象學》，頁 236。

2. 晚期梅洛龐蒂辯證現象學的想像構想
——「想像活動作為可見與不可見之間的辯證性成就」

　　梅洛龐蒂在《眼與心》一書尋求使得藝術家的創作與哲學家的思考成為可能的「原初（初始）經驗」。如何下第一筆也成為畫家的課題。此時期「想像」說也在意思上有改變，其重要性也日益強化。此時「想像」成為一種「宛似呈現與內在的可見性」，其成熟的「辯證現象學」想像觀也明確起來。此如《眼與心》一段話所說：

> 塞尚所要表現的「世界的瞬間」，許多年過去了，他的畫繼續在把這個「瞬間」投射給我們，而他的名作《聖、維克多山》已被再三複製，從世界的這一頭傳到了那一頭，雖然以別的形式出現，卻絲毫不減艾克斯省堅硬山岩原原本本的風貌。本質與存在，想像與現實，可見與不可見，繪畫就這樣來混淆這些範疇，展現其物質本質與無聲意蘊的有效相似那夢幻般的宇宙。[87]

透過顏色與線條，塞尚將原來對立的本質／存在、想像／

87　梅洛龐蒂：《眼與心》，頁 132、138。

現實、以及可見／不可見予以打破，而成爲一種「使不可見成爲可見」的辯證現象學的想像說範例。透過人的想像力，一點墨漬足以讓人「看出那是森林和風暴」，這也就是說「線條一旦從虛幻再現的幻想的束縛解脫出來，就不用再去模仿可笑的形象，而是使不可見物被看見。」[88]以上爲梅洛龐蒂晚期現象學想像構想之一義。

四、呂格爾詮釋學想像與現象學想像的異同

梅洛龐蒂辯證現象學的想像說恰好爲呂格爾的詮釋學想像奠定基礎，它「『由海德格—葛達瑪的存有論詮釋學與哈伯瑪斯意識型態的批判詮釋學的結合』來爲 R. Kearney 的想像詩學奠定基礎。對 Kearney 而言，『呂格爾的象徵化與敘事化想像，以及它在意識形態與烏托邦的社會詩學所伴隨的表達，是需要對在一個任何認真的有關想像的徹底詮釋學之討論方面加以進一步考慮。』」[89]呂格爾詮釋學想像是在現象學四大家的想像說基礎上，進一步結合海德格—葛達瑪的存有論詮釋學「對傳統的取用」，以及

88　同上書，頁 150；亦參見 Jean-Luc Chalumeau 著、王玉齡譯：《藝術解讀》，頁 28。
89　M. Fairbairn: "Reawakening Imagination", p. 6.

哈伯瑪斯的批判詮釋學對「系統扭曲」的批判回覆而成的新想像說。

呂格爾詮釋學想像與現象學想像的同異點如下：

（一）呂格爾詮釋學想像與現象學想像的不同點

呂格爾的詮釋學想像與現象學想像的不同點有三點：

1. 現象學想像說——現象學大多集中在說明想像作為「視見及作為一種看見世界的特別或修正的角色。因此，想像是藉由它與知覺的關係來加以定義——它是積極的或消極的，連續的或不連續的。胡塞爾將想像活動描述成『看見一個中立化模式』、沙特將它描述成『宛似看見的非實在（現實）模式』以及梅洛龐蒂將它描寫成『看見的辯證性成就』。」[90]（以上為「視覺模式優先」）「詮釋學想像」則是非視覺模式的語言學的「說」的優先，它強調固定化的「文本」閱讀以及語言上的新詞意創新。

2. 兩者在「方法論」與徑路上的不同——現象學想像在方法論上重現描述以及本質現象學的本質之見，把「想像」

---

90   R. Kearney: "Paul Ricoeur and the hermeneutic imagination", p. 115.

視爲「知覺」的修正或否定；詮釋學想像在經詮釋學轉折之後，則由「描述」到「詮釋」，由「本質之見」到「理解」，「想像」成爲一個「在以及經由語言而來的意義創造」，所謂的「語意學創新」之「不可或缺的代理人」。91

3. 兩者所隱含的自由觀不太一樣——現象學想像的自由意涵較偏認識論層面之方法學上的意含（如胡塞爾的想像的自由變換），或個人實存自由（如沙特的撤離世界的自由，或梅洛龐蒂捲入意義網路中情境的自由），或審美觀看可能的自由（杜夫海潤）的意涵。至於詮釋學想像則是一種象徵化—隱喻化—敘事化的語意學創新的能力，換言之，當它「採用了作爲『解讀間接意義的藝術』的詮釋學，便認識到想像的象徵化力量。這力量也轉化既與的意義而成爲新的意義。它可以建構我們的未來成爲我的自由的可能舞臺，成爲一個希望的視野」，此實存的意含之重要性在於打破傳統舊的「自由與必然」（或沙特將想像視爲「爲己存有」及實在被視爲「在己存有」的對立）。92

---

91 Ibid., pp. 115-116.
92 Ibid., pp. 118.

（二）呂格爾詮釋學想像與現象學想像的相同點

兩者的相同點有二：

1. 兩者都重視「意義」與「表達」問題

在胡塞爾現象學中，「知覺」是一種直觀中的「知覺立義─給予意義」形式者，「想像」則是「想像立義─給予意義」形式者；在沙特現象學中，「實存自由」的想像創造非實在物的一切意義（漫畫的意義等）；在杜夫海潤則是審美知覺三個階段中創造審美對象的意義，想像只是提供審美對象的意義出現的背景音樂；在晚期梅洛龐蒂的想像說裡，對藝術「原初體驗」之意義與表達的呈顯，是一種可見與不可見、現實與想像、本質與存在的辯證性成就之結果。呂格爾的詮釋學想像則是「意義」的不斷創新，亦即在「隱喻」與「敘事」中的「語意學創新」。

2. 兩者都強調主體的參與與介入，也都面臨結構主義與後結構主義的挑戰

胡塞爾的想像說是依存於我人知覺的認識論主體的建構中；沙特是以撤離現實世界的實存主體看想像的創造；杜夫海潤則是以存在主義的人本主義看人的主體；晚期梅洛龐蒂可說是現象學家中最早回應結構主義挑戰者，

他有一種「天不勝人、人不勝天」的新存有論與想像說，可惜天不假人未能圓成之。至於呂格爾的詮釋學想像則由實存主體出發，經過惡的象徵、結構主義的象徵、論述分析、敘事分析，最後回到詩人的隱喻創新、說故事與聽故事的主體上，成了後結構主義、後形上學的想像說與主體。

五、呂格爾的詮釋學想像與論述中的想像

此節以呂格爾《從文本到行動》的〈論述與行動中的想像〉（簡稱〈論述〉）一文探討兩個小問題：（一）呂格爾對胡塞爾與沙特現象學想像說的批判；（二）呂格爾的詮釋學想像與論述中的想像以及「理論與實踐交界處上的想像」之關係。內容分述如下：

（一）呂格爾對胡塞爾與沙特現象學想像說的批判

在〈論述〉中的概論部分提到想像之一般理論的兩個對立軸：在對象面，是現前與缺席的軸線；在主體面，則是空想意識與批判意識的軸線。根據第一條軸線，「形象分別回應著由休姆與沙特所闡揚理論極端。在其中一級〔休姆〕，形象指涉到知覺，而只是在微弱呈現的意義下當作知覺的痕跡；形象理解為微弱的印象，所有再生產的想像理

論都朝向此種形象級而聚集。在此軸線的另一個極端〔沙特〕上，形象本質上以缺席的作用，以異於現前、呈現而被認知；生產想像的各種樣貌，諸如肖像、夢、虛構等等，都以各種方式指向此根本的異己性。」[93]至於第二條軸線，呂格爾指出：「這些想像又隨著第二條軸線分佈，依此軸線而分判想像的主體能否對想像域跟實在域的差異有批判意識。形象理論隨著所思的軸線而非能思軸線重新劃分，而其變化則由信仰的程度來定奪。在此軸線的一端，毫無批判意識的軸線上，形象與實在者混淆不清，甚至被當作實在者。〔……〕在此軸線的另一個極端，批判距離完全意識到自己時，想像也是批判實在者的工具。胡塞爾的先驗還原，作爲存在的中立化，正是此點的最完整說明。」[94]

　　沙特的想像說是屬於「對象」面的「缺席」（不在場）的一極端，其「形象」（意象）是由缺席的作用，好像異於現前、呈現而被認知，其「意象家族」都有此「異己性」或「他者性」的色彩；胡塞爾的「想像說」則屬於「主體」面的「批判意識」之一極端，他的「存在中立化」的想像成了與現實保持距離、批判實在的工具。

93　呂格爾著、黃冠閔譯：〈論述與行動中的想像〉，頁3。網址：http://thinker.ncch.edu.tw/hermes3/h6-2
94　同上註。

　　不過呂格爾對沙特與胡塞爾等人的想像說提出一個質難:「如此,在意識不知不覺對於另一個意識而言不是實在的東西當作實在的,這裡有著混淆的狀態,而另一方面意識高度意識到自己,並在實在者有距離的情況下設定某物,因而在其經驗核心中產生異己性,這是分辨動作;那麼,在混淆狀態跟分辨動作之間有何種共通處呢?」——「在不及分辨自己的混淆狀態」跟「高度過頭分辨自己與實在不同」兩者似有共通處?此爲上述想像說的內在困難。呂格爾並進一步批判上述的偏見與錯誤的自明觀或自我呈現的形上學——前者的偏見在於「認爲形象乃是知覺附屬品,是知覺的陰影」,並引出「要說形象在被見到之前已經被述說」的下文(「論述中的想像」)主題,後者「錯誤自明觀」或「虛假顯明性」有兩種顯明性應被放棄,首先「放棄一種最先的虛假顯明性,而原來按照這種顯明性來看,形象本質上乃鋪陳在內在『觀眾』眼前某種心靈『舞臺』上的『場景』;但這也同時是放棄第二種虛假的顯明性;按照這後一種顯明性,這種心靈物體乃是我們抽切抽象觀念、概念所依據的材料,是某種無以名之的心靈煉金術的基本成分。」[95]前者自明中的想像是一種心靈所觀察到、映射到「場景」;後者的自明中的「想像」或「意象」則是

95　同上註。

某心靈煉金術所提鍊的基本材料。而兩者從知覺推出想像
都有缺失，因此應另尋出路。此出路即走「語言」的路徑。

（二）呂格爾的詮釋學想像與論述中的想像以及理論與實踐交界處的想像

呂格爾之詮釋學想像的構想扼要表現在〈論述〉一文
的「論述中的想像」以及「理論與實踐交界處的想像」中。
首先，呂格爾在「論述中的想像」中，指出從語言中推衍
出形象或想像來，他是以作為論述的某種作品的詩意象來
進行；「詩在特定情境跟依據特定程式所鋪陳出的某種東
西」，此程式也是迴盪程式，此從被述說的事物而非從所見
的事物來進行。呂格爾又指出論述情境之環境「讓論述使
用產生想像物」。他也以「隱喻」為例，說明它的語意學創
新是一種「謂述同化」過程。「想像」可以看成一種「視作
為」的「語意場域再結構化」，如將時間視作為乞丐等。此
也就是說：「想像的工作乃是將隱喻的配屬加以圖式化。就
像康德的圖式那樣，想像將一種形象給予萌生的意義作
用。在變成瞬間消逝的知覺之前，形象還是萌生中的意義
作用。」[96]詮釋學想像與意義的產生有關，它將形象給予

---

96 同上註，頁 3-4。

萌生的意義作用;而現象學想像是就即將消逝的知覺而言
的,兩者著重點不同。又詩的意象(形象)「最終角色不單
單是在不同的感覺場域中散佈意義,而是在中立化的氛圍
中,在虛構的元素中擱置意義作用。」想像有散佈的意義,
中立化及虛構中擱置意義的作用。易言之,「(詮釋學)想
像已經似乎(作為)我們所理解的全部了:是對知覺世界
或行動世界的不介入狀態中,各種可能性的自由遊戲。」[97]
詮釋學想像是一種獨特的邏輯,它在中止外在的知覺世界
與行動世界介入、涉入所呈現的各種可能性的自由遊戲。
其次,呂格爾也指出「虛構」的啓發力量——想像的虛構
有一種新的指涉效果,亦即虛構的再描述實在的能力。他
亦指出所有象徵都有「再造實在」的特徵。另外,虛構與
敘事也密切相關:悲劇「詩」聯繫了虛構與再描述,「敘事」
作用則有一種「特殊的論述動作之意含,饒富有原始的非
措詞力量跟有原始的指涉力量的意含」,他進一步指出:「這
種指涉力量在於,當敘事動作穿越過敘事結構時,此種敘
事動作將有規則的虛構框架應用到人類行動的『雜多』上,
在可能敘事的邏輯跟行動的經驗雜多之間,敘事虛構插入
了人類行動的圖式論。在擬定行動圖表之際,故事中人產
生同於詩人一樣的指涉效果,詩人模仿實在之際,也神秘

97　同上註,頁 4-5。

地再創發實在。又或者，借用前述模式的語彙，我們可以
說敘事乃再描述的程式，在其中使得啟發作用從敘事結構
來進行，並使得再描述將行動當成指涉項。」[98]詮釋學想
像的敘事虛構如圖式一樣，使「感性」的行動的經驗雜多
與「知性」的可能敘事的邏輯能夠連接在一起。此乃「敘
事虛構」的功能，也是「詮釋學想像」對一與多的綜合。

六、結論

詮釋學想像較能在存有論與語言學上發揮「想像」的
語意創新功能，此又表現在「隱喻」與「敘事」的創新上。
現象學想像較能在認識論的方法學與個人實存自由投射方
面發揮想像的特點。後者在視覺藝術的解讀給詮釋學想像
一個方法的補充。另外，在影像敘事上也需要兩者（敘事
現象學與敘事詮釋學）共同合作解讀。又，詮釋學想像也
提供一種「綜合」、「一多」及「不合之合」的「論述中
想像」，此也不同於後結構主義偏重差異性的論述想像。

98　同上註，頁 6。

⑨ 大乘現象學如何可能？

陳榮灼[*]

> 當他人受苦時，我產生同情心，〔這就是〕愛之根源。
>
> ——列維納斯[1]

如果說舍勒（Max Scheler）是一位專門討論「同情心」的現象學家，那末列維納斯應視作一位關於「愛」之現象學家。眾所周知，在提出其「以倫理學作為第一哲學」之論點時，列維納斯公開地批判他的老師海德格。列維納斯指出：他與海德格思想之分岐乃係兩個不同範式間的衝突。基本上，海德格仍困宥於「存有論的範式」，但他卻趨向「倫理學的範式」。不過，本文將論証：海德格之「存有論的範式」與列維納斯之「倫理學的範式」並不一定構成一「零和遊戲」；相反地，兩者卻可統合起來，彼此其實好

---

[*] 加拿大 Brock University 教授
[1] Emmanuel Levinas: *Humanismus des anderen Menschen*. German translation by Ludwig Wenzler (Hamburg: 1989), p. 137.

比一輛馬車之兩個輪子的關係。而在達致這一統合的目標
上，大乘佛學可提供一奧援。而正在這一關節上，我們將
引進「大乘現象學」一概念。

在結構上，本文首先分析列維納斯對於海德格之批
判。其次，我們嘗試爲海德格底存有思想作一辯護。於指
出一些列維納斯對海德格思想的可能誤解之同時，我們將
凸顯列維納斯關於他者的新穎理論之強度所在。最後，我
們展示一條統合海德格之「存有論」與列維納斯之「倫理
學」的途徑。此中，可以見出大乘現象學之可能基礎。

首先，正如 Adriann Perperzak 所指出：「依列維納斯
之批判，海德格哲學由於局限在特定的存有論圖式中，因
而在展示倫理現象上存在不公允之理解表達。」[2]事實上，
列維納斯曾抱怨嘆道：「對於海德格來說，理解最後建基於
存有者之『開顯』。」[3]基於海德格之肯定「存有論的優先性」，
「共他存在」（Miteinandersein）便淪爲只屬於一種「存有

---

2 Adriaan Peperzak: "Einige Thesen zur Heidegger-Kritik von
   Emmanuel Levinas." *Heidegger und praktische Philosophie*, ed. by
   Annemarie Gethmann-Siefert and Otto Poeggeler (Frankfurt/M.:
   1989), p. 374.
3 Emmanuel Levinas: "Is Ontology Fundamental?," trans. by Peter
   Atterton. *Philosophy Today*, Vol. 33 (1989), p. 124.

者模式」（mode of being）。針對此點，列維納斯提出以下之抗議：「他者並不首先係一理解之對象，而在第二義上方為一對話者。這兩種關係是互相交織在一起的。換言之，『對他者之理解』是離不開他或她的祈求（invocation）。」[4]這是說，關於他者之理解是不能化約為對存有者之理解。不過，人們可作出以下之簡單回應：「緣何不可通過現象學中所熟知之程式來擴闊理解一概念？」[5]列維納斯所持的反對理由是：「這裡『在與一存有者產生關係之前，我必須已經將之理解為一存有者』一陳述嚴格上派不上用場。原因是於理解一存有者時，我同時將此一理解告訴這一存有者。作為一存有者，人有一獨一無二性，就是若果不把與之相遇（encounter）表達出來便根本不可能與之相遇。職是之故，必得將此種相遇與知識區分開來。」[6]十分明顯，這裡所謂「知識」並非指關於「對象之知識」，而係「理解」之同義詞。

在列維納斯眼中，「理解」與「祈求」存在一本質性區別。一方面，「以開顯存有者之方式中與一存有者建立關係，理解於存有者之基礎上置定一意義。於此義上，它並

4　Ibid, p. 125.
5　Ibid.
6　Ibid.

無祈求一存有者,而僅爲之賦名;因此成就了一種暴力與否定,一種帶有暴力的片面否定〔……〕這種帶有暴力的片面否定取消了此一存有者的獨立性,使之隸屬於我。佔有就是一種模式,此中一全面地存在之存有者被片面地否定了。」[7]簡言之,理解最終指向佔有,而佔有必牽涉暴力。另一方面,「與他者之相遇是建基於下列之事實上:即使作爲我之奴隸,他或她受我所操控,但我並不佔有他或她。他者並沒有完全落入我已立足之對存有者的開顯,如處於我之自由場域中。他者之與我相遇,根本不是建基於存有者作爲存有者上。」[8]實際上,「能夠與他者面對面地處於關係中,就是做到不可能殺人。」[9]這點獨一無二地表現於祈求中。因此之故,如果局限於以理解爲首出之立場,那末便會取消了與他者關係之自性──「於其中祈求(invocation)並不以理解作爲先行。」[10]

總而言之,於其〈存有論是基本嗎?〉一文中列維納斯主要對海德格作出了兩項批評。首先,「與他者之關係」不能化約至「理解」;其次,「他者」不應首要地通過其作

---

7   Ibid, p. 127.
8   Ibid.
9   Ibid, p. 128.
10   Ibid, p. 126.

爲「存有者」來了解。不過，此中列維納斯之進路在本質
上並沒有偏離現象學，他只是要強調我們「與他者之相遇」
先於「對存有之理解」。因此，爲了忠實於倫理現象，他指
出必須超越海德格式基本存有論，否則便會出現「化約論」
之缺失。而「反化約論」的立場乃係現象學之一本質特色。
事實上，爲了安立其論點，列維納斯提出以下之明証：「『去
接受』、『去體諒』，並不指涉理解與讓在。」[11]一言以蔽之，
在証明解釋學進路於倫理學研究上之局限後，列維納斯得
出之結論是：「所以，與他者之關係無涉存有論。」[12]言下
之意，海德格式基本存有論根本不可能充分地處理倫理現
象。

如果在〈存有論是基本嗎？〉一文中列維納斯之進路
係「現象學」，那末於《整體與無限》一書中其立場則屬「形
而上學」。現在對於他來說，問題之關鍵已非「存有論能否
充分地處理倫理現象？」而乃係：「究竟存有論抑或倫理學
方有資格成爲第一哲學？」與海德格之汲汲於要克服傳統
形而上學相反，列維納斯興致勃勃地嘗試創造新的形而上
學。正如 Peperzak 所指出：對於列維納斯來說，「『形而上

11　Ibid, p. 125.
12　Ibid, p. 126.

學』一詞表達一種跨出存有向度之思想的超越運動。」[13]於
此關節上,列維納斯可說是柏拉圖的信徒。他明確地宣稱:
「古希臘形而上學將善自本質之整體區別開來,而循這路
向〔……〕它看見超越此一整體的結構。善就是善之在其
自己,而毋須關連到那些渴求它的需要;對於需要來說,它
是奢華的。正正在這意義上,它超越了存有者。」[14]簡要而
言,列維納斯通過「無限」與「整體」的區分來辨別「形而
上學」和「存有論」之殊異。一方面,存有論堅持「整體」
之首出性;另一方面,形而上學則賦予「無限」一優先性。
不過,由於只有「無限」才可通至善之層次,因此相應地僅
是「形而上學」(而非「存有論」)方配得上稱作「第一哲學」。
列維納斯重申:只有通過他者方能達致那「超乎所有本質之
上的善之分位」。[15]理由是:「經驗、無限之觀念,產生於與
他者之關係中。無限之觀念乃係社會關係。」[16]特別地,「只
有通過無限之觀念愛才可能。」[17]而倫理學之任務正在於探
索我們與他者之相遇,因此它可當之無愧地登上「第一哲學」

13　Adriaan Peperzak: *To the Other* (West Lafayette: 1993), p. 13.
14　Emmanuel Levinas: *Totality and Infinity*, trans. by Alphonso Lingis (Pittsburgh: 1969), pp. 102-103.
15　Ibid, p. 103.
16　Emmanuel Levinas: *Collected Papers*, trans. by Alphonso Lingis (The Hague: 1987), p. 54.
17　Ibid, p. 164.

之席位。十分明顯，列維納斯所要開展的乃係一「倫理的形而上學」。相應於他者之取代存有，存有論必須讓位於倫理學。

從一哲學史之角度來看，列維納斯之反對將海德格式基本存有論視作整個哲學之目標，其旨是要恢復柏拉圖關於最高善（agathon）的傳統。職是之故，他毫無保留地宣稱：「倫理學並不是存有的要素；它不但異於且優於存有，它是跨越的可能性。」[18]

基於這一從「存有論」到「倫理學」之範式轉移，可以見出現象學中之兩種方向。一者是「存有的現象學」，另一則是「他者之現象學」。基本上，海德格關於「共在」（Mitsein）與「共此在」（Mitdasein）之分析的片面性源自他對「存有模態」（mode of Being）之注重。一言以蔽之，海德格之所以在乎「與他人共在」（Mitandersein）一現象的重要性，只不過是要為「存有之彰顯」（disclosure of Being）服務。而事實上，只有「與他人共在」一現象中那些與「理解存有」（understanding of Being）相干的部分方出現在其「此在分析」（Dasein-analytic）中。但更加嚴重的是：「與所有共同體之哲學一般，海德格僅將社會性

18　Ibid, p. 165.

（sociality）奠基於主體上；而且，依其對此在之分析，只有在孤獨中其率真形式方可能。」[19]此外，「與他人共在」一詞在海德格只解作「相互地與其他人存在」，但列維納斯指出：「不應透過『共』（Mit）這一前置詞來描述與他者之根源關係。」[20]理由是：於倫理之向度中，他者是優先於我。即兩者是不對稱的。這裡，「主體性」必須通過「對他人之責任，對他者之服從」來加以界定。[21]

此外，對於列維納斯來說，海德格的「存有的思想」在本質上屬於「同一性哲學」（philosophy of the Same）。而「存有論」汲汲於要回歸「鄉土」（homeland）。於此義上，海德格義「此在」「自視為一自然的存在，其陽光下之土地、其泥土、其場域，決定了一切意義之方向──一缺乏宗教信仰的存在。在熟悉的庭園裡，存有引導其建築和耕種於培養萬物之大地上。存有潛匿地、中立地引導此在於倫理上漠不關心，而作為一英雄式自由置身於所有對待他者的罪行之外。」[22]值得強調的是，這裡列維納斯並非

19　Emmanuel Levinas: *Time and the Other*, trans. by Richard A. Cohen (Pittsburgh: 1987), p. 93.
20　Ibid. p, 40; p. 41.
21　Emmanuel Levinas: *Collected Papers*, p. 165.
22　Ibid, pp. 52-53

作出一種人身攻擊，其本意是要指出：「海德格哲學中的著
名論點——存有優先於存有者、存有論優先於形而上
學——結果肯定這樣的一種傳統，於其中同一支配他者、
自由先於正義，儘管自由等同於理性。」[23]一言以蔽之，
對於列維納斯來說，海德格式存有論只是一關於「自由」
的哲學；與此不同，倫理學乃係一種關於「正義」的哲學。

　　無可置疑，若論及兩者之「時間觀」，列維納斯與海
德格同樣肯定「未來之優先性」。可是，於宣稱「他者就是
未來」上，[24]列維納斯超越了其老師之立場。一般而言，
列維納斯不像海德格般將「時間性」（temporality）視爲「理
解存有的境域」。相反地，他堅持不應把「時間看成是永恆
之降格，而是作爲與那些本身不可被經驗者——其本身不
可被同化之絕對他者——之關係；或者是作爲與『那些』
本身不可被理解者——其本身爲無限者——之關係。」[25]然
而，「海德格式存有論將與他者之關係（the relation with the
other）隸屬於與作爲中立的存有之關係（the relation with
the neuter, Being）。」[26]因此之故，他所得出的結論是：「存

23　Ibid, p. 53.
24　Emmanuel Levinas: *Time and the Other*, p. 77.
25　Ibid, 32.
26　Ibid, p. 52.

有論蘊涵了倫理學之不可能性。」[27]十分明顯，列維納斯本人認為其倫理學與海德格之存有論誓不兩立。

如果《整體與無限》這部著作旨在透過「無限」來克服「整體」，那麼《異於存有或超越本質》一書的用心便在於展示「言說（le Dire/Saying）優先於所說（le dit/the said）」一論點。可以見出：後者之出版表現了列維納斯倫理學之「語言性轉向」（linguistic turn）。列維納斯之引入「言說」與「所說」這一區分並非偶然，而其中一個目的便是要對海德格式存有論提供一新的制衡點。他開宗明義地指出：「所說乃係存有論之誕生地。」[28]理由是：「基本存有論本身於指責將存有與物混淆時，卻把存有者看成為一用名稱來指定之物。」[29]基本上，「在時間中保持『同一』而出現的物就是其於『已經所說』中之本質。」[30]因此之故，「進入存有者與真理之向度即進入所說之向度。」[31]一言以蔽之，海德格式存有論之缺失在於對「言說」（le Dire/Saying）

---

27 Adriaan Peperzak: "Einige thesen zur Heidegger-Kritik von Emmanuel Levinas," p. 380.

28 Emmanuel Levinas: *Otherwise than Being or Beyond Essence,* trans. by Alphonso Lingis (The Hague: 1981), p. 42.

29 Ibid, pp. 42-43.

30 Ibid, p. 37.

31 Ibid, p. 45.

之遺忘。實際上，「言說」是「超越邏各斯（logos）、超越
存在與不存在、超越本質、超越真與假。」[32]正面地看，「言
說」就是對他者負責的場所。這裡可以推想出列維納斯此
中有挑戰海德格的「語言是存有之家」一著名論點之含意。
與海德格的存有論立場針鋒相對，他宣稱「言說」先於「所
說」，而且堅持「言說永遠不會全幅地呈現於所說中。」[33]
但從一反思之觀點出發，列維納斯之論調卻叫人聯想起晚
期海德格關於「存有」之「真理」（a-letheia）之雙重運動：
當存有彰顯時即自身遮蔽（self-concealment），而此自身遮
蔽是真理之核心。

　　與其「語言性轉向」相應，大抵受到德里達對其早年
思想所作出的解構性批判之影響，列維納斯現汲汲於與形
而上學劃清界線。其任務是要找出一「非形而上學」的語
言來重申「他者之優先性」。因而他也同時放棄了對「第一
哲學」之追求。關於「倫理學是什麼？」這一問題，他現
在的回答非常簡單：「異於存有或超越本質。」言下之意，
我們必須揚棄海德格式存有論進路。爲了証成其主張，列
維納斯指出：「當作爲一種展現時，言說就是倫理上的誠

32　Ibid.
33　Colin Davis: *Levinas* (Notre Dame: 1966), p. 76.

實。這一『言說』就其本身而言是不能化約至『所說』之
存有論可界定性。言說使得誠實的自身展示成爲可能。這
是一條將一切捐獻出來的途徑；而不會將任何東西收爲己
有。而正因爲存有論將真理等同於全幅呈現的可理解性，
它把言說的純粹展現化約至所說的全面封閉性。」[34]此中
可以清楚地見出：列維納斯對海德格式存有論之最後批判
是安立在一「語言性」基礎上。

　　然則，列維納斯對海德格之「存有論現象學」之批判
是否能夠成立呢？

　　德里達可能是第一位嘗試替海德格對列維納斯之批判
作出辯護的學者。他認爲列維納斯之批判主要源自對海德
格之存有論的誤解。簡單而言，病因在於列維納斯漠視了海德
格所提出「存有根本上是超範疇性（transcategorical）」這一
洞見。[35]無可否認，列維納斯經常表現出把「存有」（Sein）
化約至「存在性」（Seiendheit）之傾向。正如 Peperzak 所
指出：「於《異於存有或超越本質》開首數章，當列維納斯

34　Emmanuel Levinas and Richard Kearney: "Dialogue with Emmanuel
　　Levinas," *Face to Face with Levinas*, ed. by Richard A Cohen (New
　　York: 1986), p. 28.
35　Jacques Derrida: *Writing and Difference*, trans. by Alan Bass (London:
　　1978), p. 140.

對海德格之思想企圖作出忠實的勾劃時，他所給出的只是他一己關於存有之存在性的解釋。無論在此書或《整體與無限》中，這都與存有者之存在性（the beingness of beings/to on hei on）似無分別。」[36]當然海德格本人亦要爲此負責。事實上，只有在「轉向」（Kehre）後他才清晰區別「存有」（Sein）與「存在性」（Seiendheit）之不同。簡言之，前者與「如何」（how）相關，後者則與「爲何」（why）連結。無疑於列維納斯之著作中，雖然亦可見到如 *Ereignis*、*es gibt* 以及「讓在」（Anwesenlassen）等晚期海德格的重要概念之出現，但是它們還是套在《存有與時間》之框架內被理解。[37]因此之故，如果從劃清「存有」（Sein）與「存在性」（Seiendheit）一區分之立場出發，便可見出列維納斯對海德格之批判在相當大之程度上屬於「稻草人式攻擊」。

不過，另一方面，我們不得不同意德里達以下的論點：列維納斯創造了一種「相當新穎的關於澈底分離與外在性之形而上學。」[38]此外，我們也認爲列維納斯之倫理

---

36 Adriaan Peperzak: *To the Other*, p. 17.
37 因而於列維納斯眼中，《存有與時間》是海德格之最重要著作；參：Emmanuel Levinas: *Ethique et Infini* (Paris: 1982), p. 34ff.
38 Jacques Derrida: *Writing and Difference*, p. 88.

學與海德格之立場並非相互相斥；反而兩者應可統合起來。事實上，德里達爲這一統合工作開了先河。而更重要的是，順此方向可以見出：從海德格到列維納斯之發展實爲「大乘現象學」之可能性奠立基礎。

於〈暴力與形而上學〉一文中，德里達宣稱列維納斯之倫理學的可能性建基於海德格之存有思想上。在証成其論點時，他指出個中之關鍵在於「我必須能夠讓他人於其自由中成爲他者。」[39]於此義上，「倫理－形而上學之超越性因而預設了存有論之超越性。」[40]另一方面，雖然大體上列維納斯接受德里達之批評，他仍卻堅持：「倫理主體性驅除了存有論之理想主體性，後者只會將一切化約至其自身〔……〕我認爲主體式自由並非最高或首要的價值。我們對其他人或作爲絕對他者之上帝的回應之他律性先於我們主體自由之自律性。當我承認這是『我』在負責任時，我便將對他人之義務放於我的自由之先。針對自律式自由，倫理學把主體性重新界定爲這一他律性義務。即使若果我通過肯定我自身的自由之優先性來否定我對于他人之根源性責任，我永不能擺脫我的自由無法回應他之要求這

---

39 Ibid, p. 141.
40 Ibid.

一事實。倫理的自由是『一種困難的自由』，一種對他人負
責任之他律式自由。」⁴¹十分明顯，對於晚期列維納斯來
說，「存有論之自由」與「倫理之責任」仍屬對立之關係。
不過，儘管列維納斯堅持「倫理責任之首出性」，我們仍可
發現.「讓在」一概念在他思想中起著不可磨滅之作用。實
際上，於釐清倫理主體性之本質時，他宣稱：「倫理之我是
一追問其本身是否有存在之權利的存有者！── 他為其
存在向他人請求原諒。」⁴²言下之意，只有因為我能讓他
人存在，我才可承認我之存在權利是次要的。

　　但正如德里達所指出：晚期海德格之「存有論之自由」
是應理解成「讓他人於其存在與本質上都是他人（to let the
other in its existence and essence as other）。」⁴³而值得注意
的是，列維納斯亦宣稱：「倫理學不能從自然的存有論
（ontology of nature）推衍出來；這是其對立，是一種無論
（meontology），它肯定一種超越存有者之意義，一種非存
有（me-on）的原始模式。」⁴⁴現在我們必須追問：這一「無

---

41 Emmanuel Levinas and Richard Kearney: "Dialogue with Emmanual Levinas," p. 27.
42 Ibid.
43 Jacques Derrida: *Writing and Difference*, p. 138.
44 Emmanuel Levinas and Richard Kearney: "Dialogue with Emmanual Levinas," p. 25.

論」（meontology）如何可能？而何謂「非存有」（me-on）
的模式？

　　從列維納斯所用「自然的存有論（ontology of nature）」
一詞之意義不難見出：他實際上所反對者是「存在性」
（Seiendheit）而非「存有」（Sein）。此外，其所謂「非存
有」（me-on）似不應只意謂「存有者」（being）之「單純否
定」，即指「不存在的東西」而已。換言之，此一種「非存
有」（me-on）應超出整個「存有者」（being）之向度。這樣
一來，列維納斯義之「非存有」（me-on）不能只是一「現
存的概念」（ontical concept）。其實，海德格早在其〈什麼
是形而上學？〉一文中已將「存有」（Being）與「無」等同
起來。基於「存有論之差異」（ontological difference），作為
「無」之「存有」自屬一「非存有者」（non-being）。但由
於這種「無」不是與「存有者」（being）同一層次之「非存
有者」（non-being）——即缺席的「存有者」（absent being），
「存有」同樣地應被視為超出「存有者」（being）之「非存
有」（me-on）的一種原始模式。這是說，海德格之「存有
思想」本質上是一關於「無」之思想。於此一意義上，將
海德格之「存有思想」稱為一「無論」（meontology）可能
更加恰如其分。然則海德格之「存有思想」如何能與列維
納斯之「倫理學」一同納入此一種「無論」中而並行不悖？

　　為了解決這一難題，我們或許可向「大乘佛學」借鏡。

一般而言，「大乘佛教」有下列兩個基本主張。一是「緣起
性空」；另一是「悲智雙運」。首先，如眾所周知，作爲「大
乘佛教」中奠基者之「中觀學派」或「空宗」是透過「緣
起」一概念來界定「空」之意義的。依「中觀學派」，一切
法之所以是「空」乃係由於一切法均無自性。基本上，因
爲一切法都是依因待緣而起，故此都無自性。準此而言，
一切法必得以他者作爲因緣方能存在，而這就是其「空
性」。於現象學區運動中，我們可在海德格之「存有思想」
中發現相類似之立場。正如德里達所指出：「對存有之理解
常涉及他性，特別是他者於其所有根源性上之他性：我們
僅是讓那些不存在者存在（one can have to let be only that
which is not）。」[45]從這一論點出發不難聯想到龍樹《中論》
以下的著名頌文：「以有空義故，一切法得成。」[46]由於「空」
就是「緣起」，所以依大乘佛學，要証空必得能夠懂得讓他
物存在。與此相類，對海德格而言，「對存有之理解即屬能
夠讓〔他者〕存在。」[47]十分明顯，大乘佛學與海德格均
主張：若無「空」或「存有」之讓在，則沒有任何一法得
成。實際上，與「中觀學派」之「空性觀」雷同，海德格

45　Jacques Derrida: *Writing and Difference*, p. 141.
46　《大正藏》，卷 30，頁 33.
47　Jacques Derrida: *Writing and Difference*, p. 141.

的「存有思想」旨在否定「自我封閉」（self-enclosure）之觀念。這可說明緣何他常常透過「開啟」（opening）一概念來闡明「存有」之諦義。當然，我們並無意把海德格與中觀學派等同起來。透過海德格的「存有」與「中觀學派」之「空性」於結構上的相似性，我們只想突顯海德格與大乘佛學在下列兩個關節上可以相提並論。首先，「空」或「存有」均既迥異於「存有者」（being）亦不同於「存在性」（beingness）。其次，「空」或「存有」都蘊涵「向他者開放」之意義，從而否定一自足自存之「實體」的可能性。基本上，海德格與中觀學派都批判「實體形而上學」。正如不應視中觀學派為「實在論」，我們也不要稱海德格為一「實在論者」。於此一關鍵上，海德格與大乘佛學般站在「婆羅門教」之對立面。

整體而言，「中觀學派」之進路偏重於對「實相」或「真如」的關切，因此其「空性」一概念屬於海德格義「存有論」之向度。不過，當大乘佛教提出「慈悲」（mahakaruna）之菩薩道時，其倫理性格便昭然若揭。眾所周知，菩薩誓願渡盡眾生方入涅槃。於菩薩的「慈悲為懷」之精神不難發現一種以他者為首出之立場。可以說，這種慈悲主張深符列維納斯之「倫理學」義。但值得指出的是：與大乘佛教迥然有別，海德格本人並沒有開發「讓在」一觀念之「倫理學含義」。這項工作是有待其弟子列維納斯來首其端。

雖然我們反對列維納斯將海德格的「存有思想」定性成「實在論」，但卻支持以其「倫理學」作爲「存有論」之補充性開拓。我們從佛教之發展已可見出「倫理學之轉向」是「大乘佛學」成立的另一個關鍵。列維納斯所提出之「爲他者而存在」與「成就他者之願望」等論點尤其接近以下作爲「大乘佛學」之特質的菩薩心腸：「利他是首要之任務。」[48]

在現象學運動中，海德格的基本貢獻局限於對「存有」之闡釋，以致忽略了「讓在」之「倫理學向度」。以大乘佛學作爲參照架，我們可以批評他漠視了「慈悲心」。不過，我們也要肯定其對「實相」方面之彰顯。準此而觀，列維納斯的「以倫理學取代海德格的存有思想」之做法顯是一過激的反應。其中，這使得他無法照顧對「存有」之理解。從大乘佛學之角度來看，他可說犯了「漠視實相真如之重要性」的過失。換言之，他只是「証悲」而未能「証如」。與此相比，大乘佛學則強調悲智雙運。一方面，通過「般若智」以理解一切法之空性；另一方面，通過「慈悲心」來普渡其他眾生。十分明顯，這兩者不能偏廢；否則便無法達致「無我」之目標。現在我們可以見出：不但海德格

48　靜谷正雄：《初期大乘佛教の成立過程》（京都：百華苑，1974 年），頁 341。

的存有與龍樹的空性於結構上可相提並論，而且列維納斯
的倫理學與菩薩之慈悲心同樣地以他者為首出。這一「雙
重平行」揭示：從海德格到列維納斯之發展中其實已孕育
一「大乘現象學」的可能性。簡單而言，「大乘現象學」不
但將「存有」等同於「讓他物存在」，並且以「他人」為首
出。這是說：它既有「存有論」之向度，亦具「倫理學」
的面向。與「大乘佛教」相似，「大乘現象學」的目標是「証
如又証悲」。

值得補充的是：海德格的思想中並非完全沒有「慈悲
心」之表現。眾所周知，他所作之最後訪問錄是以〈現在
只有神才可拯救我們〉為題目的。[49]迄今為止，大部分之
學者都只著重其中所出現的「神」一概念。不過，若果我
們將重心轉向「拯救」一詞，則可發現其中之「倫理學涵
義」。這裡，透過列維納斯之「與他者連結」一概念恰好可
幫助揭示此中所含「以神為他者」和「以眾生為他者」之
雙重指涉。

此外，大約受到列維納斯《從存在到在者》(*De l'existence*

49　Cf.: Martin Heidegger: "Only a god can save us now," trans. by David
　　Schendler. *Graduate Faculty Philosophy Journal.* Vol. 6 (1977), pp.
　　5-27.

a l'existant）一書之標題所誤導，⁵⁰德里達將其倫理學置於「現存的」（ontical）層次來了解。職是之故，他只通過「存有論基礎」一概念來說明列維納斯義之「對他者的責任」和海德格義的「存有」之關係。可是，正如列維納斯已於〈存有論是基本嗎？〉一文所強調：「無疑我的鄰居是一殊勝的存在者這一事實相當令人驚訝，因為我們所習慣對於存有者之看法，這些本身無關重要，只有輪廓之存有者僅當呈現於一明亮的背景中方獲致一意義。但臉（face）代表了完全不同的意義。」⁵¹這清晰地表示列維納斯所言之「臉」超出了「現存的」（ontical）向度。而只有通過海德格之「存有論的差異」方可証成其超越「現存的向度」之可能性。準此而觀，列維納斯義之「臉」和「言說」應該同時屬於「存有論的向度」（ontological dimension）。而其雙重身分正好說明緣何我們永不能窮盡其內容。理由是：基於存有之自身遮蔽（self-concealment），即使他者呈現不同的面貌，但卻可永遠保持其他者之地位。因而，「臉」和「言說」十分恰當地表明瞭海德格所言之「殊勝的向度」（the dimension of difference）

---

50 Emmanuel Levinas: *De l'existence a l'existant.* Paris: 1947. The English translation changed the title to *Existence and Existents.* Cf.: Emmanual Levinas, *Existence and Existents.*, trans. by Alphonso Lingis (The Hague: 1978).

51 Emmanuel Levinas: "Is Ontology Fundamental?", p. 128.

之諦義。[52]從佛教之觀點來說，兩者都應屬於「勝義諦」
（paramartha-satya）。

　　眾所周知，佛教強調「有漏皆苦」。相應地，依海德
格之分析，於日常性中人是處於「非真實性」中。而對大
乘佛學來說，正是針對眾生之苦方倡言慈悲心。當然這只
有通過「無我」方能達致；其中，必須首先體証「一切皆
空」。而「空」之意義則是透過「緣起」來界定。於此關節
上，大乘佛學之存有論立場十分鮮明。另一方面，立足於
上述所作關於龍樹之「空性」與海德格之「存有」的類似
性，可以見出大乘現象學也有不可或缺之存有論向度。實
際上，海德格義之「存有論」指向一「非自我論」（non-
egology）；這尤其清楚地表現在其對胡塞爾之觀念論的批
判上。因而它正好為列維納斯之「從自我引力中解放出來
的善」一概念確立基礎。[53]無可置疑，列維納斯之「以他
人為首出」的立場更能於「倫理學之向度」表現「無我」
之主張。

　　此外，海德格於現象學中首先引入「以未來為優位」

52　Cf.: Martin Heidegger, *Poetry, Language, Thought*, trans. by Albert
　　Hofstadter (New York: 1971), p. 202 ff.

53　Emmanuel Levinas: *Totality and Infinity*, p. 236.

的時間觀。列維納斯則進一步將這邁向未來的時間關連至他者，因而他說：「時間意謂他者永遠超越我，而不能化約為一樣的同時性。」[54]言下之意，「時間表徵了這一種『永恆』的不可同時符合性。」[55]但值得指出的：這一種「永恆」實際上否定了任一存在可以自足不變之可能性。而當晚期海德格將「遮蔽」看成為「存有之真理」的「核心」時，他仍堅持「未來」之優位；而且這是一「邁向他者」的「未來」。因此，與列維納斯一般，海德格主張「變化」之首出性。於此一意義上，我們可以見出佛教「諸法無常」一主張之「現象學副本」。

綜而言之，從海德格到列維納斯之現象學與佛教的「三法印」——「有漏皆苦」，「諸行無我」和「諸法無常」——均有呼應。這可支持我們將「現象學」與「佛教」作比對之合理性。不過，必須強調的是：我們無意視「現象學」與「佛教」為同一。事實上，海德格與列維納斯分別發展出不同之「上帝觀」；這完全迥異於作為「無神論」的佛教。然而，這種差別並不防礙在邁向「大乘現象學」之成立上，佛教可以提供進一步之參照。特別地，對比於瑜珈行派之

---

54 Emmanuel Levinas and Richard Kearney: "Dialogue with Emmanual Levinas," p. 21.
55 Emmanuel Levinas: *Time and the Other*, p. 32.

「佛身論」,我們可以更具體地見出於何義上海德格之存有
論與列維納斯之倫理學構成了「大乘現象學」兩個不可或
缺之環節。

　　眾所皆知,大乘佛教倡言「三身」:一、法身（dharma-
kaya）;二、受用身（sambhogika-kaya）;三、變化身（nairmanika-
kaya）。於其《攝大乘論釋》中,作爲瑜珈行派奠基者之一
的世親解釋道:「身以依止爲義。由能持諸法。諸法隨身故
得成。不隨則不成故。身爲諸法依。譬如身根爲餘根依止
故得身名。法身亦爾。應化身及如來一切功德所依故名爲
身。」[56]世親又明言:「〔聲聞獨覺〕二乘解脫知見中無三
身。菩薩解脫知見中有三身差別。何以故?二乘不能滅智
障。無一切智故,不得圓滿清淨法身。無大慈悲不行利益
他事故,無應化兩身。菩薩具此二義故有三身。」[57]實際
上,法身不外就是佛性,而應化身則是佛爲普渡眾生之肉
身。

　　於現象學中,海德格義之「此在」（Da-sein）可與法身
相呼應;因兩者均是一切法之「依止」（dwelling place）。而
在功能上,此在「對存有之理解」（Seinsverstaendnis）亦足

56　《大正藏》,卷 31,頁 249。
57　同上註。

與「一切智」相提並論；只是一者要理解「存有」，另一旨
在「証空」。此外，列維納斯關於受用（enjoyment）與身體
之理論與佛家言應化二身有異曲同工之妙；兩者同屬「以
倫理爲首出」之立場。[58]依大乘佛教之「佛身論」，三身缺
一不可。相類地，大乘現象學於海德格義之「此在」或列
維納斯義之「身體」都不能偏廢。值得指出的是，海德格
嘗宣稱：此在「是彼此緊縛在一起而相互需要的。」[59]但十
分可惜，他基本上將身體只視爲「一肉體物」（a corporeal
Thing）。[60]換言之，他仍局限於一種「現存的身體觀」（ontical
conception of body）。與此對比，正如 Alphonso Lingis 所指
出：「對列維納斯而言，感性不是向無（nothingness），而係
向他者展露（exposure to alterity）。」[61]只有在這一種「感
性」層次的身體方可看成是「應化二身」之現象學「相應」。

　　於大乘佛教之發展上，「法身」無疑是一首出之概念。
不過作爲如來藏系初期經典之一的《不增不減經》即已明

58　關於列維納斯之身體理論請參：Alphonso Lingis: "The Senusality
　　and the Sensitivity." *Face to Face with Levinas*, ed. by Richard A.
　　Cohen (New York: 1986), pp. 219-230.

59　Martin Heidegger, *Basic Writings*, trans. David Krell (New York:
　　1977), pp. 136-137.

60　Martin Heidegger: *Being and Time*, trans. by John Macquarrie and
　　Edward Robinson (New York: 1962), p. 82.

61　Alphonso Lingis: "The Senusality and the Sensitivity," p. 222.

言：「眾生界即法身。法身即眾生界。」[62]這意謂：只有通過應化二身，眾生界與法身方能具體地相即。同樣地對於大乘現象學而言，若果離開了列維納斯之倫理學，則海德格之存有論只能到「証如不証悲」。

實際上，「三身論」之引入代表「佛教義主體性」的確立。而與婆羅門教不同，大乘佛教不但沒將主體性視為實體，而且強調「無心」。對於大乘佛教來說，正如鈴木大拙所言：「我非我，故我是我」（I am not I, therefore I am I）。[63]這除了「去我執」之義外，更指出了大乘佛教義主體性是一「悲智雙運的主體」。換言之，這是一「以他者為首出的我」。與此相似，迥異於結構主義與後結構主義，列維納斯汲汲於建立一「倫理學主體性」。他指出：「只有當主體跪在他者之前方能成為倫理學義的『我』」。[64]

不過，正如於大乘佛學所見，只有通過龍樹義之「空」才能打破一自足自存的「我」之可能性，從而防止走上「觀念論」之歧途。而於現象學中，奠立於海德格之存有思想

62　《大正藏》，卷16，頁467。

63　轉引自上田義文，《大乘佛教の思想》（東京：第三文明社，1982年），頁232。

64　Emmanuel Levinas and Richard Kearney: "Dialogue with Emmanual Levinas," p. 27.

上，列維納斯之倫理學可免於陷入「主體主義形而上學」
（subjectivistic metaphysics）的覆轍。況且，海德格之「存
有與無同一」之論題正可幫助說明列維納斯之倫理學主體
性於何義上屬於「無論」（meontology）。究極而言，「他者」
並不能只是一「現存的」（ontical）概念。於此關鍵上，可
以見出：必須通過兩者之相互合作，海德格之「存有論」
與列維納斯之「倫理學」方能可以一起並屬於「無論」
（meontology）。

　　總合而言，以上從對由海德格到列維納斯之意向分析，
可以見出於現象學發展中出現了一種「大乘的精神」。其中，
海德格之「存有論」偏重「智」，而列維納斯之倫理學則偏
重「悲」。只有將兩者之結合起來，「大乘現象學」方成為可
能。Perperzak 嘗指出：「在後現象學（post-phenomenology）
之領域中，列維納斯與海德格之思想的精確關係是一個最
大的難題。」[65]現在，通過「大乘現象學」一概念之提出，
對於這一關係的釐清應有所助益。基本上，這也顯示出：
即使內在於現象學之向度，亦足以解決這一難題。而「大
乘現象學」的出現應代表現象學仍有發展之潛力。與「大

65　Adriaan Peperzak: "Emmanuel Levinas: Jewish Experience and Philosophy." *Philosophy Today,* Vol. 27 (1983), p. 300.

乘佛教」相類似，這一「大乘現象學」的優點在於能夠做
到「悲智雙運」。最後，於討論列維納斯之倫理學時，德里
達曾問道：「這一思想是否與海德格之意向相矛盾？」[66]而
我們給出的答案是否定的。

66　Jacques Derrida: *Writing and Difference*, p. 90.

10 記憶・文本・實踐：
莫特曼的盼望神學

鄧紹光[*]

一、

　　當代德國神學家莫特曼（Jürgen Moltmann, 1926- ,或譯莫爾特曼）是繼巴特（Karl Barth, 1886-1968）、布特曼（Rodulf Bultmann, 1884-1976）及田立克（Paul Tillich, 1886-1965)等神學巨人之後，與潘能博(Wolfhart Pannenberg, 1928- ）及雲格爾（Eberhard Jüngel, 1934- ）齊名於世，成爲二十世紀下半葉舉足輕重的神學家。莫特曼於一九六四年出版其成名作品《盼望神學》，[1]標誌著其有別於師輩的神學方向的起點。簡單來說，《盼望神學》倡議的乃是：

---

[*]　香港浸信會神學院基督教思想（神學與文化）教授

[1]　此書兩年後英譯爲 *Theology of Hope: On the Ground and the Implication of a Christian Eschatology*, trans. James W. Leitch (London: SCM, 1967)。

基督信仰乃是終末性的，此終末性是基督信仰中的一切的
仲介，[2]基督信仰中的一切都要透過終末將來方才能夠恰當
地了解。經過三十年的開展與探索，莫特曼在一九九五年
又以《來臨中的上帝》[3]終結其彌賽亞系列（Messianic
series）。[4]莫特曼以終末的將來為其思考基督信仰的開始與
終結，形成了一個圓圈的來回，正好反映出莫特曼自身對
基督信仰的了解，以及其貫徹以終末論來思考基督信仰的
做法。然而，若就神學的方法來講，則對應於莫特曼《盼
望神學》的並非《來臨中的上帝》，而是其於二〇〇〇年出
版的《神學思想的經驗》。[5]《來臨中的上帝》處理的是基
督教教義中的終末論，卻不是神學方法的終末論；反之，《神
學思想的經驗》倒是再一次回到《盼望神學》中的方法論，
重申終末盼望式的神學進路。

2　Moltmann: *Theology of Hope*, p. 16.
3　此書英文譯本為 *The Coming of God: A Christian Eschatology*, trans.
　　Margaret Kohl (London: SCM, 1996)。中譯為《來臨中的上帝：基
　　督教的終末論》，曾念粵譯（香港：道風書社，2002 年）。
4　此系列合共五本，從 1980 年開始陸續出版，於十五年內完成，先
　　後探討三一論、創造論、基督論、聖靈論和終末論。
5　英譯本為 *Experiences in Theology: Ways and Forms of Christian
　　Theology*, trans. Margaret Kohl (London : SCM, 2000)；中譯為《神
　　學思想的經驗：基督教神學的進路與形式》，曾念粵譯（香港：道
　　風書社，2004 年）。

　　本文嘗試回到莫特曼《盼望神學》這本早期的著作之中，探討其終末性地思想信仰的方式。無疑，許多人都看到此書作爲莫特曼整個神學思想的奠基之作，其主題乃在於確立終末的將來作爲基督教神學的可能條件，並且意識到這種以終末的將來具有優先性的神學所具有的此世政治實踐的意含。然而，值得注意的是，在這當中所涉及的歷史性與敘事性。固然，依莫特曼，上帝及世界的歷史性與敘事性，乃源於上帝對將來的應許，但另一方面，對於基督教會來說，這上帝的應許及其所生的歷史性與敘事性，乃透過對《聖經》這一敘事文本的解讀而得知。《聖經》乃是基督教會的記憶，這記憶指向上帝對將來的應許。基督教會之所以可以如此解讀《聖經》文本，在於《聖經》文本本身以上帝的應許及實現爲內容；《聖經》以敘事的方式記憶上帝對將來的應許，這是相應於上帝自身應許的行動所生起的歷史性與敘事性。透過這一解讀《聖經》的方法，莫特曼達至的上帝論乃一歷史的上帝（the God of history）而非永恆臨在的上帝（the God of the eternal presence），而相應的實踐則是歷史的革故新生，而非非歷史的個人內在主體性的轉化。

二、

莫特曼在《盼望神學》一書中的第二章〈應許與歷史〉
及第三章〈耶穌基督的復活及將來〉，即分別就舊約及新約
《聖經》進行解讀分析。莫特曼這個時期還沒有使用「敘
事」一類的述語，[6]但其對《聖經》的解讀卻反顯出《聖經》
乃一具有敘事結構的文本，後來莫特曼就十分清楚指出《聖
經》乃是「被敘述的歷史媒介」、「歷史的敘述」。[7]敘事是
甚麼？上世紀七十年代倡議敘事神學的費高（Gabriel
Frackre）認為敘事就是故事，而故事則為「記錄人物與事
件在時空間發展的過程，由衝突朝向解決之途」。[8]一般來
說，都同意敘事是出於人的需要，人需要把過去和將來跟
現在融貫起來，藉著對事件的編排秩序而使得時序的時間
並非混亂和無意義的，而乃係有其目的的。[9]著名歷史哲學

6　莫特曼在《神學思想的經驗》一書中第一章第四節〈歷史神學〉
　　中對此有所提及。

7　同上書，頁 40；英譯本 *Experiences in Theo- logy*, pp. 32-33.

8　Gabriel Frackre: *The Christian Story*, rev. ed. (Grand Rapids:
　　Eerdmans, 1984), p. 5；轉引自 Stanley J. Grenz & Roger E. Olson:
　　20ᵗʰ Century Theology: God & the World in a Transitional Age
　　(Downers Grove: InterVarsity Press, 1992), p. 272；中譯：葛倫斯、
　　奧爾森著；劉良淑、任孝琦譯：《二十世紀神學評論》（臺北：校
　　園書房出版社，1998 年），頁 325。

9　Grenz & Olson: *20ᵗʰ Century Theology*, p. 272；中譯：葛倫斯、奧爾

家懷特（Hayden White）即說「史著乃以敘述文作論述的
言辭結構」（the historical work as a verbal structure in the
form of narrative prose discourse），[10]「歷史寫作按懷特的
看法，就是收集資料，編寫故事，貫穿事實，解釋並賦予
意義，完成有始有終的『敘事』（narrative），而掌握整個
故事的結構與意義的過程，則是『敘事化』（narrativiza-
tion），歷史敘事也就是歷史現象的『代表』。」[11]基本上，
莫特曼對《聖經》的了解是頗爲符合這種對敘事的看法，「對
他來說，《聖經》敘事乃是《聖經》的權威面向」，[12]他表
明「《聖經》的歷史性宗教以思念和回憶爲生」，[13]《聖經》
中所敘述的就是歷史性宗教，這歷史性宗教以追憶自身的
歷史爲其本性，表現於文字即爲《聖經》這一歷史的敘述
的文本，莫特曼對此有深刻的闡釋：

　　回憶的媒介首先是歷史的敘述。由於歷史並未結

　　森：《二十世紀神學評論》，頁 325。

10　Hayden White: *Metahistory: The Historial Imagination in Nineteenth-Century Europe* (Baltimore & London: The Johns Hopkins University Press, 1973), p. ix；轉引自汪榮祖：《史學九章》（北京：三聯書局，2006 年），頁 205。

11　汪榮祖：《史學九章》，頁 210。

12　David H. Kelsey: *The Use of Scripture in Recent Theology* (Philadelphia: Fortress, 1975), pp. 54-55, n. 84.

13　莫爾特曼：《神學思想與經驗》，頁 39。

束，它將被敘述，以致於在聽眾中和隨著聽眾而繼
續下去。過去將被回憶，因為在過去裡面隱藏的將
來應該喚起下一代的盼望。被敘述的不是真正已成
為過去的，而是正要過去的。[14]

被敘述的歷史媒介成為被閱讀和解釋的經文。歷史
敘述者在追憶歷史並且同時向他的聽眾解釋歷史之
時，文字性的敘述被要求在這個新的情勢中為這個
新的讀者群進行活潑的詮釋，為要使讀者群納入這
段歷史的將來中。歷史雖然被記載下來，但它不會
固著在過去。它也不會被整合到各別的當下。既不
是它的過去，也不是它的當下，而是它的將來才是
它的目標和準繩。[15]

這兩段文字顯明莫特曼視《聖經》為一敘述歷史的文字媒
介，敘述者在當中透過追憶來同時整理和解釋歷史，以對
應讀者今日的情境，好面對及走向將來。這樣的歷史敘述
就是一種「把過去和將來跟現在融貫起來的做法」。然而，
值得注意的是，在莫特曼的神學中，《聖經》作為一種敘述
歷史的記憶，其內容並非純粹過去的，而係隱藏著將來的

---

14 同上書，頁 40。
15 同上註。

過去。當所記憶的敘述歷史包含著尚末實現的將來，那就
能對當下的現在有所言說，而與現在連繫起來。而正正是
因爲這樣的原因，就使得解讀《聖經》文本並非只是解讀
一份記載純粹過去的記錄，反之，乃是一種對隱藏著將來
的過去的解讀，而可以因著這一隱藏的將來而能對當下的
現在提供超越其自己的視野、方向及可能。

三、

我們接著要討論的是莫特曼所講的這一《聖經》的歷
史敘事文本的敘事結構。基本上，我們認爲莫特曼以應許
爲這一《聖經》敘事的內容，反過來我們也可以說，這應
許是以敘事的方式來呈現、記錄和傳遞。由於敘事本身是
具有時間性的，即敘事是一種呈現時間的方式，因此當應
許被置於這種歷史敘事的文本之中，就能容讓應許所具有
的時間性展現出來，並且，這應許的時間性一旦被展現出
來，也就同時反過來強化或塑造歷史敘事文本的時間性。
換句話說，歷史敘事與應許因著兩者的時間性而可以產生
一種相互作用的關係，正如研究敘事神學的美國神學家史
卓普（George W. Stroup）表示：「基督教的敘事其結構反

映出基督教對時間性的獨特了解。」[16]但這獨特的時間性
是甚麼？這獨特的時間性又爲一種怎樣的敘事結構展現出
來？對於這些問題，我們需要進到莫特曼的神學中去探討。

　　一方面，在莫特曼來說，《聖經》的敘事是以上帝的
應許爲中心的，而可稱之爲應許的敘事。固然，上帝的應
許是《聖經》的歷史敘事的內容，但更深層來說，上帝的
應許又是使得《聖經》的歷史敘事得以可能的。這是因爲
上帝的應許創造了歷史，又使歷史成爲應許的歷史，隱藏
著尚未實現的將來，於此，歷史敘事成爲必須的、不可少
的。另一方面，這以上帝的應許爲中心的歷史敘事，其時
間性乃是以將來爲首出的，[17]這是因爲上帝的應許乃是指

16　George W. Stroup: *The Promise of Narrative Theology* (London: SCM,
　　1984), p. 258. 遺憾的是史卓普在本書內只在三個註腳中提及莫特
　　曼，卻沒有就其神學對《聖經》敘事的肯定和使用作出正面的探
　　討。

17　莫特曼這一以將來爲首出的時間觀，可與海德格（Martin Heidegger,
　　1889-1976）的時間觀相題並論，參莊雅棠：《將來的優先性：海德
　　格與莫特曼時間觀與歷史觀之比較研究》（臺中：東海大學博士論
　　文，1992年）。除此之外，筆者以爲我們尚可就莫特曼跟呂格爾（Paul
　　Ricoeur, 1913-2005），兩者之敘事與時間進行比較而互相發明。呂格
　　爾早年曾寫過兩篇文章論及盼望，並且都涉及莫特曼的《盼望神
　　學》，分別爲"Freedom in the Light of Hope"（英譯本收於 Don Ihde
　　(ed.): *The Conflict of Interpretations: Essays in Hermeneutics* (Evanston:
　　Northwestern University Press, 1974), pp. 402-424；中譯爲〈希望之光
　　下的自由〉，收於林宏濤譯：《詮釋的衝突》（臺北：使者出版社，1990

向一與現在境況不一樣的將來，由於這是跟現在不一樣
的，故此尚未到來，卻為將要來到的。在這裡即涉及上帝
這應許者的信實，並由此而可以講上帝身分的時間性或歷
史性，以及世界身分的時間性或歷史性。而正因為上帝這
一指向與現在境況不一樣的將來以致使時間或歷史得以可
能，由此方才可以有所謂歷史的敘事。再進一步，因為這
應許的將來具有一種不可耗盡的特性，從而使得對上帝應
許的記憶成為可能，並且不是一次過的，由此，《聖經》的
歷史敘事乃得以保存、延續，以及不斷詮釋。記憶因為其
內容乃那不可耗盡的應許而變成不純是對過去的追念，而
是對那隱藏著將來的過去的追念。記憶在這裡反過來把這
過去所隱藏著的將來揭示出來。如此一來，應許與記憶之
間就有一種不能分割的關係。一方面，應許使得記憶成為
可能；另一方面，記憶使得應許得以被揭露。記憶在這裡

年），頁 451-476），以及 "Hope and the Structure of Philosophical
Systems"，原刊於 *American Catholic Philosophical Quarterly* 44
(1970), pp. 55-69，後收於 David Pellauer (trans.), Mark I. Wallace (ed.):
Figuring the Sacred: Religion, Narrative, Imagination (Minneapolis:
Fortress, 1995), pp. 203-216。莫特曼後來亦表示他寫《神學思想的經
驗》受到呂格爾影響，見曾念粵、曾慶豹編：《莫爾特曼與漢語神
學》（香港：明風書社，2004 年），頁 65。初步的討論可參 Paul S.
Fiddes: *The Promised End: Eschatology in Theology and Literature*
(Oxford: Blackwell, 2000), pp.40-45; 陳佐人：〈盼望的詮釋——里克
爾與莫特曼之對比式探討〉，收入：《莫爾特曼與漢語神學》，頁 45-64。

透過《聖經》的歷史敘事而揭露出當中所應許的將來。但總的來說，兩者都跟將來有關，應許固然是指向將來的，記憶也是因為這指向將來的應許敘事而生的。上述這種應許與記憶的連繫，乃在於彼此均以《聖經》的歷史敘事為仲介，亦因為如此，這一歷史敘事乃具有一種特殊的時間性，它既是過去的記錄，但又指向將來，形成一在記憶過去中期盼、展望將來的特殊舉動。

四、

莫特曼在《盼望神學》中對《聖經》敘事的了解，首先是一種上帝的敘事，然後在上帝的敘事底下而無可避免地涉及世界的敘事。按莫特曼，上帝的敘事以上帝的應許為中心而開展，這樣就表示基督信仰的上帝觀有別於希臘義的顯現的諸神（the gods of the epiphanies）而為應許的上帝（the God of the promise），[18]前者涉及的是永恆者的臨在（the presence of the eternal），後者則涉及所應許的將來（the future of what is promised）。[19]上帝所應許的將來乃

18　參 Moltmann: *Theology of Hope*, p. 43.
19　同上註。

這個世界的將來，按莫特曼，上帝這應許的將來並非出於
當下現在所具有的內在可能性、不在於世界自身的演化、
進步和發展，[20]而僅在於那給予應許的上帝其自己的信
實。[21]於此，上帝在應許的行動底下生發了歷史：上帝的
歷史與世界的歷史。首先，這應許乃是一種宣告，宣告一
尚未存在的實在（reality）將要來到，這「應許的話語切
入事件之中，並把實在分別為正在過去的及可以扔在後
頭，以及那必須期盼及尋求的。過去的意義與將來的意義
因著應許的話語而被照亮」。[22]這上帝所宣告將要來到的實
在，其為應許而可以叫我們離開現狀，更在於尚未找到一
實在可與之符應，反之卻跟現在當下所經歷的實在互相矛
盾、對立。[23]這就使得人在內心生起一期盼不一樣的實在
的意識，並由此而可分別過去和將來。應許的盼望述句「並
不想要製造一幅現存實在的思想圖畫，卻是要引領實在邁
向所應許的及所盼望的轉化。〔……〕這樣，它們就給予實
在一歷史的性格」。[24]但由於這應許的成就、實現完全在於
上帝自己，所以這就自然涉及上帝的信實及神性。莫特曼

20　同上書，頁 103。
21　同上書，頁 104、86、119。
22　同上書，頁 103。
23　同上註。
24　同上書，頁 18。

很清楚指出：「當上帝實現成就祂給予的應許，祂站到祂
所應許的那一面，祂顯明而被認識爲自我相同的自我（the
selfsame Self）。『上帝自己』不能被了解爲祂對自己超越的
『我性』（'I-ness'）的反思，必須了解其爲在祂對自己應
許的歷史信實而見的自我相同性。」[25]這是上帝的歷史性，
祂的神性要在其將來對過去應許的實現而被確認，是以，
上帝的歷史性跟世界的歷史不能分割開來，對上帝的敘事
也不能跟對世界的敘事分別開來，因爲世界的將來跟上帝
的將來不能分割開來。所以，「上帝的敘事——不單只是一
個關乎上帝的故事，而是上帝在歷史中的作爲——可以被
建構而爲啓示－應許－歷史，可以說，始於上帝應許這一
根本的創造性啓示」。[26]

　　上帝的應許帶來的是盼望與轉化的實踐。上帝的應許
使得實在不再是固定的。或者更準確地說，上帝的應許生
發出來的實在不是固定的，因爲「應許並非描述現存實在
的字句，而是關乎有待上帝信實行動的動態字句」，[27]這應
許「尚未找到符應的答案，因而引導人的心思朝向將來、

25　同上書，頁 116。
26　Rebecca S. Chopp: *The Praxis of Suffering: An Interpretation of Liberation and Political Theologies* (Maryknoll: Orbis, 1986), p. 105.
27　Moltmann, *Theology of Hope*, p. 118.

順服及創造的期盼，並把這應許置於與現存實在對立的境況中，真理並不在這現存的實在中」。[28]可以這樣說，上帝的應許把現存的實在敞開，因而人可以不為現況所圍，「卻可以在盼望終極的簇新中帶來歷史轉變的運動」。[29]然而，在終極的簇新面前，一切的歷史轉變都只是先驅而為暫時的運動，其所具的目標不再是烏托邦式的固定不移，[30]反之，對終極簇新的盼望恆常燃起、喚醒「那追逐可能的熱情」(the 'passion for the possible')，以及那自我轉化及棄舊迎新中的創造性與靈活性。[31]如果現存的實在並非終極的，則轉化的實踐乃是可能的。在盼望的仲介下，一切「神學概念都不是給予實在一固定的形式〔……〕不是隨著實在之後跛行，如雅典娜女神的貓頭鷹的夜眼盯著實在，反之，這些神學概念藉著展示實在的將來而顯明實在。〔……〕這些概念因而捲入運動的進程，並呼喚實踐的運動與改變」。[32]一旦實在為應許的將來而顯明，那就表明實在不是固定僵化的，而是可以轉化更新的。莫特曼正是在這一理解底下指出：「〔……〕『應許』首先並不具有照亮世界或

28　同上書，頁 118。
29　同上書，頁 34。
30　同上註。
31　同上書，頁 34-35。
32　同上書，頁 35-36。

人性的現存實在的功能，也不在於解釋現存的實在，或是
把現存實在的真相帶引出來並用恰當的方式予以了解以保
證人的認識是符合現存的實在。反過來，應許跟現存實在
矛盾，並揭示其自身的進程是跟基督爲了人及世界的將來
相關的。」[33]應許的後果就是引發轉化，故此莫特曼借用
馬克思（Karl Marx）論及哲學家的使命而稍加改變，來道
出他對神學家的期望：「神學家關心的不僅是提供一種有
別於別的對世界、歷史和人性的**解釋**，而更是在對神聖轉
化的期盼底下**轉化**這一切。」[34]這種轉化是一種怎樣的實
踐？一言以蔽之，就是一種歷史化的實踐，以避免把現存
的實在絕對化，莫特曼以此實踐爲使命，這「使命的方向
是歷史中唯一的常數，因爲在當下使命的鋒線上，新的歷
史可能性被掌握，而不充份的歷史『實在』被拋棄，因此，
終末的盼望和使命使得人的『實在』成爲『歷史的』」。[35]這
種實踐是要把「真正的人性、世界的統一性及上帝的神性
等問題從虛幻的自然神學的領域中移除」，[36]代之而起的是
在終末的盼望和使命的進程中來認識人性、世界和上帝，
也就必須不斷以革故新生的實踐來履行歷史化的使命，以

33　同上書，頁 86。
34　同上書，頁 84。
35　同上書，頁 284。
36　同上書，頁 285。

對應那終末應許所揭示的不一樣的將來。由此，人的實在、世界的實在和上帝的實在，都成為歷史的。

五、

最後我們想要討論的是莫特曼對記憶的看法。記憶與應許相干。記憶因為應許的過剩溢出（the overspill of promise）而成為可能及必須。這種過剩溢出的應許其所指向的將來超越每一現在，[37]根據莫特曼，這樣的應許在基督的復活中被給予出來，而可以成為紀念的因由。「在復活基督的顯現中所啟示的不僅被描述為『隱藏』的，而且是『未完成的』，並且涉及還未到來的實在。這尚未發生、尚未出現、尚未顯明，可是在祂的復活中得到應許和保證，事實上，這在祂的復活中一併給出的而為必然的結果：死亡的終結，以及新的創造，在萬物的生命與義之中上帝全然臨在。是以，復活的主的將來同時涉及對創造行動的期盼。」[38]十分清楚，復活基督作為對死亡的否定、對一切負面的否定（the negation of the negatives），超越一切的現

37　參同上書，頁 102。
38　同上書，頁 88。

在，因而並非歷史的但卻是一種站在歷史進程前頭的原初
推動者。[39]復活基督的將來乃是終末的將來，是一切現在
的將來，但卻並不屬於現在，並非現在的延伸。就其作為
死亡的否定，則必然是跟這落在死亡終局底下的現在，斷
然有別。可以說，在莫特曼來說，基督從死裡復活乃是上
帝參與世界而給予世界盼望的存有的根基。

　　然而，這一對復活基督的了解是內在於《聖經》文本
的。莫特曼表示，由於復活主的現身要被了解為祂對自己
的將來的先嘗，那麼祂的現身則要在《舊約聖經》應許歷
史的脈絡底下來了解，而非出於希臘意義的真理顯現
（epiphany of the truth）的類比。[40]這即意味著上帝的應許
貫徹著整個《聖經》文本而為一種應許的歷史。所謂應許
的歷史，指的是上帝實現那對以色列人的應許，而這一經
歷又轉過來成為應許的一部分，把上帝對以色列人的應許
擴張了，使得上帝的應許成為一應許歷史，以色列人所經
歷的也是這一上帝的應許歷史。這種轉過來把上帝對應許
的成就轉化成一更闊大的應許，乃是出於記憶。在記憶中
上帝被確認為賜予應許與成就應許的那一位，[41]祂就是生

39　同上註。
40　同上書，頁 106。
41　同上書，頁 117。

發歷史，使歷史得以可能的那一位。在記憶中這位上帝被
確認爲一不可竭盡的上帝，這就讓應許成爲過剩，使歷史
成爲滿溢的應許，這一切都在於給出應許的上帝的無窮
性，「祂不會窮盡於歷史的『實在』中，祂只有在完全與祂
相符的『實在』中才會『得到安息』」。[42]不可竭盡的上帝
賜下的應許因著其實現而在記憶中被重新解釋而爲更闊大
的應許，使得應許在歷史中不斷地擴張、實現、擴張，最
終達至終末的應許：耶穌基督從死裡復活的事件。於是，
應許所生發的歷史自身就成爲應許而爲應許歷史；應許以
歷史的方式出現，指向終末的將來。而記憶也隨此而被轉
化和擴張成爲終末的記憶，盛載終末的應許。

　　《聖經》文本乃是一種歷史的見證，其所見證的是上
帝的應許歷史，因而莫特曼認爲解釋這歷史的見證的關鍵
在於「《聖經》的將來」，[43]所有《聖經》經卷都是敞開的，
是向著神聖應許將來的實現而敞開的，[44]「《聖經》，作爲
歷史的見證，是向將來敞開的，正如一切應許都是向著將
來敞開的。」[45]《聖經》作爲歷史敘事，乃是記憶的文字

42　同上書，頁 283。
43　同上註。
44　同上註。
45　同上註。

表現，其所要引領我們面向的固然是過去，但卻是透過過去而朝向將來，因爲《聖經》的歷史敘事乃應許歷史的故事。莫特曼這樣說：「〔……〕整個對過去的敘事與表達將引領我們敞開自己及自己的現在，朝向同樣的將來」。[46]因爲「歷史的實在是在上帝的應許所生起的作用歷史這視域中（within the horizon of the history of the working 〔*Wirkungsgeschichte*〕被敘述」）。[47]這就是說，《聖經》的敘事文本在上帝的應許歷史中去敘述歷史的實在，讓被敘述的歷史本身成爲上帝的應許歷史，從而產生作用，生發繼後的歷史。這裡也表明了作爲記憶的《聖經》敘事文本不單單是敘述過去的經驗，而更是敘述過去的應許歷史，從而繼續讓現在向應許的將來敞開。這樣，「對那已經賜下的應許的回憶——在於對應許的給予的回憶，而非對應許的過去的回憶——就像一根尖刺鑽入每個當下的血肉中，並且開啓當下以面對將來」。[48]

基督教會以《聖經》的歷史敘事爲其記憶所在，其所記憶的乃是上帝的應許歷史，而這應許歷史又以《新約》的復活基督爲中心。在基督復活的事件上，上帝給予的應

46　同上書，頁 108。
47　同上註。
48　同上書，頁 88。

許乃是終末的將來；《新約》經卷所宣告的、指向的和應許
的，就是復活基督的將來。[49]當下對「《聖經》的將來」的
感知只在實踐的使命中發生，拋下現在投向不一樣的將
來；這實踐的使命在歷史中扮演一定的角色，在歷史改變
的可能性之中，有其一定的作用。[50]一言以蔽之，在記憶
引導底下，《聖經》的將來被展示出來而成為期盼的對象，
卻在其所推動底下而出現的轉化實踐之中，真實體驗認識
「《聖經》的將來」的意義。

六、

　　莫特曼的《盼望神學》以上帝的應許為核心，指向的
是將來，由此而生出盼望。然而，這上帝的應許及其所指
向的將來，卻又是透過記憶而確認出來的，所以盼望乃由
記憶而生。但這記憶又以《聖經》這敘事文本的記憶為內
容。《聖經》乃是記憶文本，它以敘事的文本記憶著上帝的
應許及其所指向的將來。這被記憶的記憶文本仍然隱藏著
尚未實現的終末將來。這不是歷史的將來（the historical

49　同上書，頁 283。
50　同上註。

future），而是歷史本身的將來（the future of the history），
是使得歷史得以圓滿結束的將來。正是這樣的一種不會耗
盡於歷史的將來，喚醒了記憶，以及盼望。或者，準確一
點來說，正是《聖經》這一記憶上帝應許及其指向的將來
的敘事文本，叫以後的記憶及盼望成爲可能。基督教會這
樣的記憶，就不純只是記憶、回顧已經過去了的歷史，而
是透過記憶、回顧紀錄下來的應許歷史，生起盼望不一樣
的將來的來到與不斷轉化現狀的實踐。

　　因此，人世間的實踐是以記憶、回顧那應許歷史的敘
事爲本的；當中的終末應許顯明世界是可以被轉化的而非
僵化不動的，這就引發盼望將來及改變現狀的行動，對應
這應許的將來。一方面這應許的將來因著仍然處於一隱藏
的狀態，使得必須忍受這一尚未到來的將來跟現狀相反不
符的矛盾狀況。另一方面，同樣因著這一隱藏的將來而勇
於尋求可能性去改變現狀，使現狀對應著終末將來而發
展。事實上，所記憶、回顧的《聖經》敘事讓人發現實在
是朝著將來而移動變化而成爲歷史。透過閱讀《聖經》敘
事而追想應許歷史讓人確認實在並非一成不變卻是具有可
被轉化特性，這自然促使進一步的尋求機會採取行動朝著
應許的將來更新和變化現狀。我們可以說，在莫特曼的《盼
望神學》中，基督教信仰的實踐行動，乃一以《聖經》這
敘事文本爲仲介的顧後與瞻前、記憶與盼望的舉動，由此

而參與歷史的創造並成爲應許的歷史。

　　當神學乃是一種對上帝的思想，那麼，對莫特曼來說，這種思想就是終末性地思想上帝，然而，卻是透過《聖經》文本來追憶上帝那在歷史中不斷彰顯但又尙未圓滿實現的終末應許，然後在盼望的視域底下參與人世間的實踐，讓實在在轉化中成爲歷史，對應著終末的將來。

11 儒學思維與主體意識的交通

葉海煙[*]

儒學源遠流長，它根植於中土，以中國文化為其意義血脈鋪展之廣袤，並進而茁壯顯揚於以人文精神為根柢的生活世界。因此，儒學一方面有本有宗，有其作為一種廣義的學術思想的基礎性格；而另一方面，儒學卻也如同某些文化思潮一般，往往與時俱進，隨著社會客觀環境的改變，而衍生出雜然紛呈的知識型態與理論模式。

當然，儒學不是嚴格意義下的一種「學問」（Scholarship），因為與傳統儒學相關的經典（文本）之中很少直接表現出「精確而嚴謹的理論型研究」（exact and serious study），而倒是經常以具開放性的思考方式，對吾人之存在、生命、生活、文化、社會、世界，以及思維、價值、意義、教化、人格與終極之理想，進行其自成系統化與脈絡化的人文思考——此自是一特殊的人文關懷，而

* 東吳大學哲學系教授

儒者乃浸淫於此一融匯「意義之學」、「價值之學」、「文化之學」、「理想之學」、「實踐之學」、「生命之學」的多元性與主體性互動而成的論域之中。因此，吾人之所以爲此一人文世界之「主體」（subject）的真諦所在，乃成爲儒學汲汲以赴的主要標的。

一、「道德自我」的建立之道

自孔子起，儒學作爲一種人文思維，已然全面展開。而儒家「人文思維」的多元意義與主體意義也就在孔子的道德哲學與文化哲學裡獲致充足的滋養。顯然，孔子之挺立吾人之爲道德實踐之主體，乃無庸置疑。「仁遠乎哉？我欲仁，斯仁至矣！」（《論語・述而》）「仁」不僅爲儒家道德意義之根源，而且是值得吾人一以貫之的「成人之道」──此亦即一「人性化」（humanization）之歷程。其間，吾人之爲一道德主體的實有意含，於是一方面在道德能力與道德自由的對應之間，獲致合理而圓滿的實現；而另一方面，吾人之爲一「自我」（the self）之身分，也同時在「互爲主體」的倫理脈絡之間，和所有「他者」（the other）建構出平等、互惠且彼此尊重的關係，而使「能力之主體」與「自由之主體」之間不再有無端之阻隔與障礙。如此，乃能通過各種意義（或意向）的脈絡化（contextualization），

將吾人之爲「道德自我」的真實意義豁顯於多元且多面向的「主體」意涵之間——從思維之主體、道德之主體、文化之主體、社會之主體到政治之主體，吾人之「人之所以爲人」者，便可在「互爲主體」之間，將主體之意義充分體現，進而在主觀原則與客觀原則彼此洽合的基礎上，如康德一般推出如下的「實踐律令」：

> 你應當這樣行動，即在每一情形中，你總得把「人之為人」之人，不管是你自己人格中的人之為人，亦或是任何別人人格中的人之為人，當作一目的來看待，絕不可只當作一工具來看待。[1]

而儒家建立吾人之爲「道德自我」的用心，也彷彿在康德的「目的王國」之中，對涵攝人性、人道與人文爲一體的「哲學的人學」展開全向度的關注；而且尤注重吾人之爲一「德性之我」的身分（此「身分」已然包含了名分、理分、權分的多重意含）。因此，對「德性之我」之在於客觀的文化與社會之場域，儒家的實踐性格與人文性格更予以一體之關注與全面之包容，而終將吾人之個體性向上轉入於群體性，並同時賦予群體性所涵覆的文化內容真實之

1　牟宗三釋註：《康德的道德哲學》（臺北：臺灣學生書局，1992 年），頁 66-67。

意義——此即孔子之人文關懷所以淋漓於其生命歷程中的緣由所在。「子畏於匡，曰：『文王既沒，文不在茲乎？天之將喪斯文也，後死者不得與於斯文也；天之未喪斯文也，匡人其如予何？』」（《論語・子罕》）由此看來，儒家之道德乃由文化滋養而成，而且也同時不能欠缺社群之支持。而吾人之為一「道德人」，其道德情感、道德思辨與道德實踐，也終必在文化、社會與政治三者互動互成的機制中，以「性」與「命」二者一體交關的生命辯證，致力於兼具自由心與責任感的自我擔負、自我期許，以及自我之實現，如孟子所云：「口之於味也，目之於色也，耳之於聲也，鼻之於臭也，四肢之於安佚也，性也，有命焉，君子不謂性也。仁之於父子也，義之於君臣也，禮之於賓主也，知之於賢者也，聖人之於天道也，命也，有性焉，君子不謂命也。」（《孟子・盡心》）這分明道出吾人之為「道德之自我」，其理當善用本性之道德能力，並同時發揮道德之自由，以突破生命本然之限制，而超越世間各種條件與境況之限制，實已不言可喻。

由此，我們再轉而關注當代新儒學對「道德自我」之建立之道，所已獲致的思考，便可以唐君毅明言的「道德自我之建立」為例證，來為傳統儒學關於「道德主體」之論述，作進一步的闡明：

　　道德生活是要支配自己、改造自己。支配自己、改

造自己，必須把被支配的自己，與能支配改造的自
己，視作同一的自己。所以我們必須對於我們過去
之行為，負絕對的責任，一一都承認是我作的。因
為我們一承認之，我便是把他們一齊收攝，到現在
的我自己之前，成為我現在之支配改造活動之直接
所對。反之，如果我們溯其原因於外在遺傳環境等
條件，我的目光，注視到各外在條件，我便是把此
正要想加以支配改造的對象，推開到現在的我自己
之外，我之道德的努力，便立刻弛緩下來了。說「你
作的行為是你作的行為」，似乎只是一重複語，然而
「承認你作的行為是你作的行為」，必需要把你現在
的道德自我主體力量，伸貫到你的過去，此中有各
種不同的深度，從這深度中，可以看出你當下的道
德自我力量之大小。[2]

在此，所謂的「道德生活」實乃吾人經由「道德自我
主體力量」所造就、所經營而來者，而它也自與吾人之文
化生活、社會生活相互參透、彼此流通。由此看來，儒者
所關切的人文世界實自成一特殊之生活世界，而吾人所以

---

2 唐君毅：《道德自我之建立》（臺北：臺灣學生書局，1985 年），頁
38。

能對自身之為一具有道德力量之「自我」或「主體」，隨時隨處隨機地進行自我之斟酌與貞定，即是因為吾人之存在於此一具有高度人文意含之生活世界，已然不只是一客觀、實有之狀態，而是在「互為主體」的意義脈絡中，以互惠主義之精神（此即「恕道」之精神）相互往來，終能經由「同情交感」之倫理行動，達致「此心同，此理同」的「同體」之狀態，而這一方面是已接納了吾人在道德思維與道德實踐上的「自律性決斷」，故能克己復禮，修己安人；另一方面，則充分體現了吾人作為一具「主體」意含之存在者，其實已不斷地在此一生活世界中獲致兼具普遍性、基礎性、理想性與真實性之存在意義——此綜攝之意義也自不斷回返吾人自身，而終鑄造出儒家之人格典範，其超出一般之身分倫理、權利思考與社會化之實然趨勢，實已昭然若揭。

二、「主體意識」的體現之道

而若以「主體」為吾人之「心之本體」，則同時可以發揮吾人生命存在之總體性，而在吾人之感官、心理、認知、意識、信仰以至於精神之種種活動中，展開超出「唯我主義」與「利己主義」的超越行動——此「超越」其實仍在「互為主體」的人文性與社會性之中，而且涵攝一切

之主體於「超越的心之本體」中：

> 我相信我的心之本體，即他人之心之本體。因為我
> 的心之本體，它既是至善，它表現為我之道德心理，
> 命令現實的我，超越他自己，而視人如己，即表示
> 它原是現實的人與我之共同的心之本體。同時我從
> 現實世界上看，我之心理活動，都待我之身而表現，
> 而我之認識活動，通過我身之感官，即平等的認識
> 萬物。從我的感覺，來看我之身與他人之身，各是
> 平等的萬物之一，我的感覺認識活動，遍於現實的
> 他人與我之身。我從現實的我身中，了解有一超越
> 的心之本體在表現，便可推之，現實的他人身中，
> 亦有一超越的心之本體表現。而我之如此推知，乃
> 本於將我對於現實世界中之人身，我身之認識，及
> 對於超越的心之本體之信仰，二者合起來之結果。
> 所以他人的心之本體之存在，即由我所置定，遂可
> 證他人的心之本體，不外於我的心之本體。但是這
> 也並不陷於唯我論。因為從現實世界上看，我始終
> 是與人平等相對的存在。我的認識活動，遍到他人，
> 他人之認識活動，亦遍到我。我與他人在現實世界
> 中，以認識活動互相交攝，而在超越的心之本體處

相合。3

　由此看來,「主體」之意義所以能多方輾轉而成一活潑、生動而明朗之「主體意識」,實乃吾人深切體認自身之落在此一生活世界之中,是「命」更是「義」;而義與命的結合,則必須吾人對自身生命之存在,有全幅之認同、接納以及無所逃於天地之間的承擔。對此,孟子發現吾人生就有的「道德根苗」(即其所揭櫫之「四端」),其實已為「心之主體」之為吾人生命之主體,做了充要之保證;而同時經由「羞惡之心」與「辭讓之心」,將主體意識充分體現於人我之際,並因此而使吾人之道德天性得以在吾人生活處境中,充分展現出具有德性意含的回應 (virtuous reactions to certain situation),4這便是孟子念茲在茲的「擴充之道」,已然通過「認知之擴充」(cognitive extension) 與「情感之擴充」(affective extension),在主體意識之中覺察到人我之間不同情境其實有著彼此關聯的相似性,故因此能在主體的立足點上 (也唯有先肯定自身為一主體,吾人才可能

3　同上書,頁 109-110。

4　Bryan W. Van Norden: "The Virtue of Righteousness in Mencius," *Confucian Ethics: A Comparative Study of Self, Autonomy, and Community*, edited by Kwong-Loi Shun & David B. Wong (Cambridge University Press, 2004), pp. 149-150.

獲致足以引導自主行為與自我修持之基點與動點），做出各種合理而適切的道德之回應，並同時以合理而適當的道德實踐，展露吾人內心深處之道德欲求、道德態度與道德之情緒。

不同於墨家的「普遍的結果主義」（universalistic consequentialism），儒家則通過義利之辨，在人我互惠的「公共利益」的基礎之上，致力於社會公義之實現。而公義與公利實乃一體之兩面，因為道德感（道德心）之體現之道，原來就從吾人之為道德踐履者的主體意識，展開向人文與社會一體鋪成的社會實有（social reality）之側面，而建構出堅實的社會意識與文化意識（這其實都是所謂的「公共意識」）；其間，引領「主體」走向「客體」，而讓「自我」得以和一切之「他者」進行具有人文精神意含的共同體（community）之共構者，則是孟子所揭露的羞惡之心（義之端）與辭讓之心（禮之端）——羞惡之心與辭讓之心正足以導引主體意識進入人文與社會的範域之中，而使主體意識與社會意識在道德與倫裡的踐履之間，共同為儒家之人文主義與人文精神，奠定厚實之意義礎石。

因此，儒家之道德意識充分流露出高度的人間性與倫理性，自是不在話下；而儒者身在人間，心繫倫常，並同時以「人文之道德」、「社會之道德」以及「政治之道德」自我期許、自我擔負，更成為儒者之所以為儒者的人格特

質與生命關懷。可以說,在吾人以全幅之身心性命介入「人性化」與「人文化」之歷程的同時,其中實已包裹著相當程度的「社會化」;而儒家理想的社會化進程,又必然在諸多道德命題的應然效力之下,自其實然的道德情境裡一路迤邐開來,儒者所關注的「人禽之辨」、「義利之辨」以及「王霸之辨」,也便由此一核心論題展開,而終獲致兼具理論性與實踐性的支撐。

　　此外,就「主體」豐富而多元的意義而言,吾人若欲要求任何人服從道德之律則,而使其真實而堅定地體現道德之自由,則似乎便無可避免地會觸及「內聖之學」與「成德之教」的課題,而這自是儒學所以為「人文教」或「人文之宗教」的精粹所在。牟宗三判別「儒教」之異於佛教與基督教,即由其「心體」與「性體」之意義肯認,進而經由「即道德即宗教」的一貫之道,確立了「體現實體以成德」的主體進路,而終能拓展其兼治心性,涵容主客,以賅本攝末地從事其自覺的道德實踐——此乃一方面誠實面對吾人生命之有限性,一方面又勇於面向生命理想無窮無盡之實現歷程:

> 此「內聖之學」亦曰「成德之教」。「成德」之最高目標是聖、是仁者、是大人,而其真實意義則在於個人有限之生命中取得一無限而圓滿之意義。此則即道德即宗教,而為人類建立一「道德的宗教」也。

此則既與佛教之以捨離為中心的滅度宗教不同，亦
與基督教之以神為中心的救贖宗教不同。在儒家，
道德不是停在有限的範圍內，不是如西方者然以道
德與宗教為對立之兩階段。道德即通無限。道德行
為有限，而道德行為所依據之實體以成其為道德行
為者則無限。人而隨時隨處體現此實體以成其道德
行為之「純亦不已」，則其個人生命雖有限，其道德
行為亦有限，然而有限即無限，此即其宗教境界。
體現實體以成德（所謂盡心盡性），此成德之過程是
無窮無盡的。要說不圓滿，永遠不圓滿，無人敢以
聖自居。然而要說圓滿，則當體即圓滿，聖亦隨時
可至。要說解脫，此即是解脫；要說得救，此即是
得救。要說信仰，此即是信仰，此是內信內仰，而
非外信外仰以假祈禱以賴救恩者也。聖不聖且無所
謂，要者是在自覺地作道德實踐，本其本心性體以
澈底清澈其生命。此將是一無窮無盡之工作。一切
道德宗教性之奧義盡在其中，一切關於內聖之學之
義理盡由此展開。[5]

顯然，儒家之道德意識乃自有其特殊型態之宗教意

5　牟宗三：《心體與性體（一）》（臺北：正中書局，1991年），頁6。

含；然而，在道德行為從吾人存在之有限性，一路擴展向生命無限（可能）之境之際，吾人之為一主體之意義便不能不從生命內在之涵養，外推向足以連結人文與社會之客觀意義的諸多行動。如此一來，為了證成儒家道德理想所蘊含之主體意識，其實本就具有人文、社會、藝術以至宗教等多元之向度，對吾人之存在於此一生活世界，便必須有深切之認知、體會與多向度之探索。因此，如何「挺立主體」，如何使吾人之為一主體之事實及其中所可能透顯的真實意義，能夠在「人人平等，個個獨立」的前提之下，進而彼此來往，互相溝通，以便能夠在道德、人文、社會、教化、政治及法律等範疇之中，為主體意義之挺立、充盈以及無可遏抑之顯揚與發展，提供充分之資源，實乃一樣艱鉅之課題。而所謂「互為主體」的實存脈絡究竟能否鋪展於此一客觀而實存之世界，則決定於吾人究竟能否將主體之意識在「內外之交」與「人我之際」的實踐進程中，有所轉化，有所提升，有所超越，終而使「主體」之觀念與意含不斷體現於多元多變的生活境遇。

三、「海洋儒學」的開展之道

如今，儒家所必須面對最大的挑戰，可以說是「內外交攻，上下並陳」。「內外交攻」指的是「內聖外王」之道

是否在當代人文、社會與法律交織而成的現代性裡，仍然
有著真實之意義，甚至還能夠對人類邁向自由民主之路有
所點發，有所啓示。「上下並陳」則指的是儒學所最關切的
社群與人倫相輔相成的文化與人性化之歷程，又如何能通
過「下學上達」之道，達致實際而有效之成就。

在此，我們是可以經由對傳統儒學的詮釋、反省與批
判，來回應前述攸關儒學前景之嚴肅課題。顯然，「內聖外
王」涉及主體意識的體現之道，而「下學上達」則與道德
自我的建立之道息息交關。或許，更可以這麼說：若吾人
能善於在主體意識之中進行多次元、多面向之轉化，則在
「內聖」與「外王」之間——此一涵攝道德、理性與人文
的進路，便可以順利地展開雙向（或順向或逆向）之來往，
而如果儒家能夠進一步體認「人我之間」的倫理（道德）
思維已然涉及當代社群與法政體系的諸多規範，乃無法迴
避權力之運用、權利之追求以及義務與責任之擔負等課
題，而這便非有「下學」之社會與政治知識作為實踐（行
動）之基石不可。否則，那「上達」者，恐怕就將淪落爲
虛無飄渺之想像，或竟渙散爲不知所終之空言。

因此，覃思西方法政哲學，且卓然有成，又同時能夠
深入儒家經典，善解其中之哲學意含，而勇於做出具有開
創性的學術擬議的當代臺灣學者蔣年豐，他所關切的儒學
發展取向——究竟能如何從「道德主體」意識轉向「法政

主體」的實踐之學，以切實體現「主體」之意識；而又到底如何能在當代的民主體制中，將道德自我放入「權利—義務」相互對應的社群意識裡，以使一切下學者足以為那「上達」的理想提供現實而有效的支援。如此深切、真摯並充滿智性意含的襟懷，實值得吾人持續地予以關注。

顯然，蔣年豐一方面深受荀子「克明克類」的哲學思維的啓發，乃對孟子心性之學有所反思，而以「克明克類的形體哲學」為綱本，展開「克明克類的政治哲學」之具象之藍圖。他並同時將此一儒家政治哲學之向度，對比於柏拉圖的《理想國》，而在批判思考的引領之下，對荀子的語言思考、政治思考與人性之思考，作綜合之審查，而斷言「性惡論乃是經驗地考察自然現象的歸納」，並特別突出荀子的「統類心」，而將之解為「在身國合一的前提下，大清明心依循形體的脈絡自覺地肯定禮憲法制所表現出來的文化心靈。」[6]這顯然已為他所以強調外王思想，而相信未來「海洋文化的儒學」必須在人性論上另有主張，提供了學術性的理由，而同時也為吾人之為「道德主體」理當一路邁向「法政主體」，鋪陳了足以回應「到底儒家能否開出

6　蔣年豐：《海洋儒學與政治主體》（臺北：桂冠圖書公司，2005 年），頁 238-239。

現代的民主體制」此一嚴重問題的相關的參考系數：

> 既然海洋文化的儒學在外王上必須提出一套公道理
> 論，這套公道理論如何與儒家內聖之學在人性論上
> 的環節相銜接？這是一個值得進一步思考的問題。
> 儒家的人性論是性善說。性善其實有兩個意義，一
> 是性本善，一是性向善。儒家走的是性本善的路子。
> 性本善在內聖上可以講得很成功，理論與實踐上皆
> 然。但性本善的觀念在外王上就不容易講得很圓
> 熟。理由是以性本善為根基的道德學說必然要求人
> 以成聖成賢為歸趣。但以聖賢為準所作的社會與歷
> 史批判卻無法圓密地解釋人的現象，最明顯的事實
> 是，管仲之功與漢唐之盛如以堯舜或三代之治來批
> 評的話，則顯不出其理性的精彩。也就是說，植基
> 於性本善的外王思想在道德判準上往往過於嚴苛，
> 很容易壓抑外在客觀體制的理性表現，也使得英雄
> 與天才的精彩受到貶謫。海洋文化的儒學在外王思
> 想上需要一個「性向善」的理論。這種思想不必先
> 在形上思維證明至善無惡的心性本體，只要在經驗
> 上指陳人性普遍向上的契機即可；然後，再以孔子
> 的話——「性相近，習相遠」為參考點，考慮如何
> 設計公道且合情理的社會體制來調適人性。植基於
> 此人性論的公道理論一方面不會墜入傳統儒家很容

易造成的僵滯的禮教，也不會掉入持性惡論之見的
法家思想中。[7]

由此可知，蔣年豐的儒學情懷乃源自其開放之心態，
而他所著意的「法政主體」又事關儒家「外王」事業（或
「事功」）的外推面向。因此，在洽合「性善」與「性惡」
的義理的同時，他依然從其鑽研康德與羅爾斯的政治哲學
之心得，在經由道德主體轉化成法政主體的道路上，作出
一方面符合康德公道理論及自律自主之道德原則，另一方
面又能滿足羅爾斯「自立自足而相互不關心（mutual
disinterestedness）」的德性要求的合理論證。[8]而蔣年豐之
心向海洋，心繫此一生活之壤土，則多少與其一心涵詠民
主自由之理念，有著相應而緊密之關聯。

當然，在儒家嚴格意義下的道德實踐過程中，內聖與
外王實可經由推擴之道與統類之心予以合成，而其間也確
有本質性思維與非本質性思維之分別與對立，如李明輝所
言：

> 故儒家底實踐以道德實踐為本，由此再延伸到社會

7　同上書，頁 250-251。
8　同上書，頁 259。

與政治的實踐。我們可根據這兩個面，將儒學底本
質界定為「內聖之學、成德之教」。但就內聖為外王
之本而言，內聖的一面更具本質性。脫離了內聖之
學而言的「實踐」（如馬克思所理解的「實踐」），儒
家必視為無本之論。儒家底內聖之學必然要開出外
王，這屬於儒家底本質面。但外王涉及歷史時空中
的偶然條件，故又有其非本質的一面。9

而蔣年豐似乎在道德普遍主義以至於道德理想主義
的大纛之下，發現此一充滿「歷史時空中的偶然條件」的
生活世界（特別是生養他的臺灣社會），確實對儒學的永續
發展進行了各種的質疑與挑戰。而他所揭櫫的「海洋文化
的儒學之模式」，則企圖發揮儒家「具有野草與爬藤性格」
的思想特質，並通過開放而包容的海洋文化的洗禮與淬
礪，來化解那誤以為儒學乃「國教」或「國學」的錯謬心
態，而讓儒學得以和其他教派或思想流派共處一個人文空
間。10這實在是頗具有「希望的哲學」意趣的深心大願。

在此，我們不妨引蔣年豐儼然丟出試金之石的這一段

9　李明輝：《當代儒學之自我轉化》（臺北：中央研究院中國文哲研
　　究所，1994 年），頁 12。
10　蔣年豐：《海洋儒學與政治主體》，頁 271。

文字，來爲他的「海洋儒學觀」作一具體之證辭：

> 現在我們要談的是儒家如何開出法政主體的問題。
> 我認為如果牟先生以康德的形式性格的道德主體來
> 彰顯儒家心學的道德主體成功的話，那麼我們也可
> 在這個東、西道德哲學相互融通的過程中將法政主
> 體凸顯出來。事實上，如果康德哲學是法政主體挺
> 立的關鍵的話，那麼儒家要開拓出法政主體可就方
> 便多了。尤其儒家的道德主體不走康德形式主義的
> 途徑，在開展法政主體的工作上不會碰到康德哲學
> 所碰到的難題。
>
> 在漫長的中國歷史上，儒家並未把法政主體開出
> 來。在經世濟民的事業上，儒家也因為這個義理上
> 的缺陷而走不出某些困境，諸如「權利──義務」
> 的觀念在傳統的中國社會中難以生根。想到這點，
> 我們便不免面對一個問題：儒家是不是應該在適當
> 的歷史時刻下因應政治情勢開發出法政主體作為人
> 民享受民主政治與公道社會生活的基石。[11]

　　而蔣年豐如此關心此地的儒學生命究竟能否承先啓

11　同上註。

後，繼絕存亡，和筆者所著意的「臺灣新儒學」的三大課
題實不謀而合：

> （一）如何建構開放之人生與多元之社會？

> （二）如何透過人心之自覺以發展人性並尊重人
> 　　　權？

> （三）如何奠定社會正義以培成公民之責任意識？[12]

　　此外，若將之對比於陳昭瑛在其「臺灣儒學」（主要
落在中國儒學向臺灣一地的移植、推擴與發展，而其表現
之型態幾乎全可歸入於儒學之教育與教化之工作）的系列
研究中，所突出的根源意識與本土意識，又頗有切磋砥礪
之可能。[13]

四、外王儒學的在地向度

　　顯然，「臺灣儒學」的本土性與根源性乃自有其與「中

12　葉海煙：《中國哲學的倫理觀》（臺北：五南圖書公司，2002 年），
　　頁 282。
13　陳昭瑛：《臺灣儒學：起源、發展與轉化》（臺北：正中書局，2000
　　年）。

國文化」可以相互呼應，彼此砥礪的脈絡意義，而這更必須經由多元之社會、民主之教養、自由之精神、人權之意識與責任之倫理等現代性內涵予以全面之培成與實際之建構、才可能自舊文化的宿根之上萌發新文化的芽蘗。如此看來，如果一個自命爲「當代儒者」的臺灣社會一份子無法在中國文化與臺灣社會之間的動態歷程裡善自衍生具有主體意識的新思維，則他作爲一個在地的現代知識份子的身分，便將遭致嚴重之質疑——蔣年豐則全然警覺此一危機，他並以充滿苦心焦慮的學問功力，來證成他作爲一個在地的文化人的真實的自我界定與自我認同。

在此，我們祇要理解蔣年豐爲何揭櫫「法政主體」，並在古今對比與中西對比之下進行深度的反思，便可以進一步確定當代儒學（特別是當代儒學在臺灣所已展現的型態與風格），究竟必須如何在「外王儒學」的側面之中，爲吾人之爲具多元意義之主體所不能或缺的在地向度，發展出批判性的理念，以進一步回應當代社會的諸多生活課題與文化課題的挑戰：

> 依張君勱、唐君毅、牟宗三、徐復觀四位先生之見，中國文化乃一貫地以儒家思想爲主。儒家乃是以道德意識與人文精神爲立教宗旨。這個以儒家思想爲基本精神的中國文化奠立了「道德實踐的主體」與「實用技術的活動之主體」。這是中國舊文化的成

就。日後要吸收西方文化以拓展中國文化的心靈，
則必須在精神上開發出「政治的主體」與「認識的
主體」。這兩個主體開發出來之後，仁的內涵將更形
充沛飽滿，中國文化的人文精神將更為高明廣大。
這裡所說的「政治的主體」即是指法律與政治意義
的個人權利主體意識，也可稱為「法政主體」（「道
德實踐的主體」可稱為「道德主體」、「實用技術的
活動之主體」可稱為「藝術主體」、「認識主體」可
稱為「學問主體」）。14

不過，遺憾的是當代儒者竟一直欠缺「外王」之實踐
經驗，這一方面是「現代中國」與「現代臺灣」這兩個法
政結構始終未能提供他們足夠的支援，另一方面則是當代
儒學在主體意識與一己心靈之中做了過多的滯留以及過量
的自我解讀——至少在法律與政治的思考邏輯之中，當代
儒者確實親嘗實際政治活動的失敗經驗（如張君勱在國共
對峙之間選擇悄然而退出走海外，又如梁漱溟置身毛澤東
的權力氣焰中所顯出的落寞與無奈），是已然教他們收斂鋒
芒，而以迂迴之路與溫柔之態，試圖為「外王儒學」盡個
人之棉薄，甚至在學問探索的道路上嘔心瀝血，以發揮如

14　蔣年豐：《海洋儒學與政治主體》，頁 208-209。

荀子所用心的「儒效」的精神意涵。對此，蔣年豐特別提及牟宗三的「政治的主體自由」，而此一自由到底應如何予以體現，則又是對儒者立身處世之道的嚴苛的考驗。[15]同時，蔣年豐認爲徐復觀暢言未來中國政治的康莊大道唯有民主一途，而這基本上是儒者以其孑然一身在當代法政體制中的生命表現。[16]

　　當然，在當代儒學外王思想可能與臺灣政治在地化發展相互銜接的向度中，蔣年豐如此看待徐復觀，似乎用心良苦，這也和他曾經在臺灣反對黨的政治理想之下自我奮起，有著密切的主觀性的關聯：

> 以徐復觀來說，我認爲他對民主政治的熱愛，對反對黨運動精神上的支援正可以說明儒家在目前的中國政治格局中應該對反對黨多加垂愛。這其中的道理是，當前中國的政治仍然擺脫不了傳統的窠臼，重治道而輕政道，更視反對黨的存在爲眼中釘、肉中刺。既然所謂「政道」指的是主權在民的精神，而這又是一個民主社會一定要實現的精神，因此，

15　同上書，頁 256。
16　同上註。

儒家便應該引導反對黨從事這方面的政治建設。[17]

而如此慷慨之論述,以至於直陳「儒家應該引導反對黨從事主權在民的政治建設」,蔣年豐之有別於時下浮沉於政治權力的浪潮,以至於以身相殉者(當然,此「殉」並不是指賠上性命,而是賠上理想,賠上人格,賠上真實的生命精神),其實已不容混淆。因為蔣年豐所以認為「政道」乃指主權在民的精神,其實還是在傳統的民本主義之上,做出一種足以使儒家傳統出現現代型態之思維,以有助於當代儒者善處此一人間之世;而至於儒家是否已有「主權在民」之民主邏輯,又是否已然有「政黨政治」之基本概念,則仍有待商榷。顯然,徐復觀之以「同情的理解」來對待臺灣在地政治勢力之成為民主的反對黨,除了其儒學素養使然外,應該還有其他的人格因素、思想因素以及其生活處境所引來的機緣(如徐復觀之與早期臺灣「黨外人士」之來往經驗,以及徐氏之結識東海花園的楊逵),一起釀致徐復觀式的儒者情懷,而因此對臺灣未來的在地化民主前景寄予厚望——他並同時寄望此一民主發展能夠不離儒家之人文思想與民本精神。

其實,單提所謂「外王儒學」,仍然必須面對儒家所

17　同上註。

隱含的某些與傳統主義有所牽連的相關問題。而蔣年豐所拈出的吾人之為「法政主體」，又是否能順利轉入於儒學自身的理論結構之中，以有助於當代儒者和當代民主政治進行雙向之對話，這卻也依然必須吾人努力破解其間潛在之難題：

（一）首先，置身於當代多元之社會，傳統儒學所透露的道德理想主義，竟往往無法直接地有助於吾人之從事公共之活動。換句話說，從吾人之為道德主體與文化主體的立足點出發，其實並無法保證吾人可以因此順理成章地轉為政治主體與法律主體——這對儒學思維之參與當代社會文化之客觀性發展，則已然是一大障礙。

（二）同時，儒家所關注的人性自覺也無法等同於當代民主政治所標榜的人權理念，二者之間，其實存在著相當大的意義距離；也就是說，在權利思考的弧度之內，儒家的道德義務論（以應然之思考為核心者），並不必然能夠為當代人心之主動性與有效性，進行其事功昭著的推擴工作。

（三）在責任倫理與社會公道（正義）必須以公民意識為礎石的前提之下，儒家內聖外王之道所推衍出的聖賢之治，則已經有別於當代民主政治（尤其是其中

所突顯的理性精神）對政治倫理以及政治人格所做
之要求，而出現了難以相互對應的發展取向。因此，
遙對傳統儒家期待聖君賢相的心靈召喚的同時，吾
人究該如何處置權力之惡，又當如何體認吾人之為
政法主體所不得不遭遇的困境與限度，以做出有助
於責任倫理與社會公道的自我抉擇與自我決定，而
如此之難題已使得吾人理性之素養以及由此而來的
自我節制之力量，越發顯得重要，顯得無比迫切。

由此看來，在臺灣社會已經步上公民社會的坦途而無
法再走回頭路的這個時候，蔣年豐如此的提問：「儒家是不
是應該在適當的歷史時刻下因應政治情勢開發出法政主體
作為人民享受民主政治與公道社會生活的基石。」[18]這樣
的用心實自有其特別之意義，而這也同時是一項艱難的文
化工程與社會工程——其間，當代臺灣所有可能自命為儒
者的知識份子乃理當嚴肅思考「臺灣儒學」之新方向與新
觀點，以一方面適度地轉變傳統儒學的文化觀、社會觀與
政治觀，一方面則當努力從事那不必以「儒者」自命（也
同時不讓儒學成為吾人之意識積澱，或竟淪為吾人心靈無
端之負荷與包袱），卻勇於自我擔負一個現代公民理當善盡

18　同上書，頁 271。

之責任。

　　而如果把「臺灣儒學」對比於「日本儒學」或「韓國儒學」，我們仍然必須善解其間之差異。基本上，在「臺灣儒學」的根源意識與本土意識如同根柢般守護著某些臺灣文化的傳統型思考的過程中，我們是可以輕易發現：臺灣的歷史對「儒學或儒教之在臺灣」的文化事實，並未全然以具前瞻性與包容性的方式來加以對待。而傳統儒學所夾帶的漢族意識、中原心態以及華夏文化自尊自崇之觀念，也仍然如影隨形地在臺灣新社會的起造過程中，使得某些臺灣人竟因此難以自我斟定，也同時難以自我調適於此一新文化如春雷驚蟄般蠢蠢欲動的進化歷程中——而這也自是臺灣民主化與在地化不能不誠實以對的問題。

　　換句話說，臺灣歷史的特殊性竟讓此地的文化現象反過來牽制儒學傳統在臺灣社會所可能發揮的作用（其中，甚至包括和儒學相牽連的文化內涵），而終造成如蔣年豐這樣關心臺灣政治前景（或臺灣的國家願景）的思想勇者不得不在政治浪潮的岸邊，進行其自我之反思以及理想之抒發，而最後竟以「退藏於密」的態度和現實政治漸行漸遠。如今，在儒學傳統仍無法實然地「開出外王」的處境中，吾人眼見文化意識（以「傳統」為護法者）和國家意識（以「現代」為號召者）二者之間的斷裂已然出現，又直接目睹「中國意識」與「臺灣意識」儼然分庭抗禮，如此張力

十足的生命格局與心靈態勢，又如何能不斷地引領儒學邁
向世界文化之海洋，或至少讓臺灣人安身立命於此一文化
后土，這顯然已經是超乎傳統道德與思考之範限而具有相
當的未來性的重大課題。

五、結語

從來，人性論與踐履論的二合一，乃儒學之本色。而
往後究應如何側重外王以救治偏向內聖所可能導致的人性
之病，又當如何繼續發揚「內聖」的本質意義，以揭發種
種「義襲而取之」的偽作之弊，則吾人必須深切體認：為
了重視外王，不一定非輕內聖不可，只是內聖所講究的修
養次第與實踐進程顯然不能一仍舊慣地作單向之發展，而
必須全面涉入公共空間與公民教育的開拓事業。如此，性
善之論也不一定會隨著事功與效益的算計而被搖動深固之
根基；同時，性惡之論也就不至於無端撼動「善」之作為
人生之目的，以及「善意識」之為吾人道德修養之發動者
的優位性。可以說，吾人並不能一昧眈於內聖的道德感而
竟無法破「自我」與「主體」所可能共構的意識之繭而高
飛，也萬萬不當淪入世俗化的法政網絡之中而終不知返身
以求。因此，在吾人以法政主體之身分與立場現身於此世
之際，那自立為主體的道德性並不能因此而無端地被剝

除，而在吾人以道德主體自視自持的實踐之中，更不當拒
絕法律、政治及社會、經濟之生活資源被一一轉化爲吾人
生命具體之內容，甚至成爲吾人精神成長之激素——如此
一來，那些徒然在人我對待的對等關係中，製造「道德之
壓力」，或高張其「良知之傲慢」者，便將從此銷聲匿跡。

12 象徵與譬喻：
儒家經典詮釋的兩條進路[*]

林維杰[**]

一、背景與問題

從詮釋學或解釋學（這兩個中文詞彙在本文相通）的立場來審視儒家的經典詮釋，海峽兩岸學界的研究成果可稱得上豐碩。這些成果大致上是環繞著「經典詮釋」以及對此詮釋之反省，並兼及西方詮釋學與中國經典詮釋的融通問題，甚至進一步思考「中國詮釋學」的開創可能性。這些著作中，黃俊傑、李明輝、楊儒賓主編的三冊《中國

[*] 本文原刊於《中央大學人文學報》，第 34 期（2005 年 1 月），頁 1-32。

[**] 中央研究院中國文哲研究所助研究員

經典詮釋傳統》[1]以及李明輝主編的《儒家經典詮釋方法》,[2]
收錄了不少重要論文。在個別儒者（特別是朱熹）方面，
則有鍾彩鈞主編的《朱子學的開展——學術篇》[3]以及陳志
信的《朱熹經學志業的形成與實踐》。[4]上述著作除了引介、
分析西方詮釋學的理論（詮釋學與修辭學、詮釋學的時間
性）[5]之外，也有東、西比較之論文（朱子與西方詮釋學）；[6]

1　黃俊傑主編：《中國經典詮釋傳統：（一）通論篇》（本文簡稱《通
　　論篇》）（臺北：喜瑪拉雅研究發展基金會，2002 年）；李明輝主編：
　　《中國經典詮釋傳統：（二）儒學篇》（本文簡稱《儒學篇》）（臺
　　北：喜瑪拉雅研究發展基金會，2002 年）；楊儒賓主編：《中國經
　　典詮釋傳統：（三）文學與道家經典篇》（臺北：喜瑪拉雅研究發
　　展基金會，2002 年）。
2　李明輝主編：《儒家經典詮釋方法》（本文簡稱《儒家詮釋》）（臺
　　北：喜瑪拉雅研究發展基金會，2003 年）。
3　鍾彩鈞主編：《朱子學的開展——學術篇》（本文簡稱《學術篇》）
　　（臺北：漢學研究中心，2002 年）。
4　陳志信：《朱熹經學志業的形成與實踐》（本文簡稱《朱熹經學》）
　　（臺北：臺灣學生書局，2003 年）。
5　在《通論篇》部分，張隆溪的〈經典在闡釋學上的意義〉（頁 1-13）
　　將經典的「時間性」視為「無時間性」（永恆）與「現在性」（當
　　下）的統一。張鼎國的〈「較好地」還是「不同地」理解〉（頁 15-50）
　　則分析「哲學詮釋學之不同地理解」與「意識型態批判之較好地
　　理解」兩者間的爭論，並指出理解活動包含對經典文本的承續以
　　及時間三態的連繫。這兩篇文章皆觸及了經典的時間性身分。在
　　《儒家詮釋》一書中，張鼎國的另一篇文章〈經典詮釋與修辭學
　　傳統：一個西方詮釋學爭論的意義探討〉（頁 85-113）則詳介西方
　　修辭學的源流與趨勢，檢討哲學詮釋學內部關於詮釋與修辭的同
　　源性問題，並轉而探討中國哲學中語言與經典詮釋之間的關係。

而儒學方面亦涉及不少重要主題，如《論語》（述而不作）、
《孟子》（以意逆志、知人論世）、[7]朱熹解經法與讀書法、[8]
朱陸的詮釋學異同、[9]焦循與方東樹的詮釋學循環[10]等等。

6　在《學術篇》一書中，邵東方的〈朱子讀書解經之詮釋學分析——
　　—與伽達默爾之比較〉（頁 65-94）對比朱子與伽達默爾（Gadamer，
　　本文譯為高達美）在作者企圖、文本意義、讀者身分以及方法態
　　度等方面，而得出彼此相對立的結論。鄭宗義的〈論朱子對經典
　　解釋的看法〉（頁 95-129）則以朱熹為核心，以高達美（和赫許、
　　貝蒂）為參照，著重朱子經的為己之學和體驗之學兩個側面。

7　在《儒家詮釋》一書中，蔡振豐的〈《論語》所隱含「述而不作」
　　的詮釋面向〉（頁 143-164）闡發孔子藉由「興」所展現的詮釋學
　　角度。（謝大寧的論文〈比興的現象學——「詩經」詮釋進路底再
　　檢討〉〔《南華通識教育研究》，第 2 期（2004 年 9 月），頁 1-24〕，
　　由比興的《詩》教傳統回溯經典意識，可看做這一範圍的相關研
　　究。）黃俊傑的〈孟子運用經典的脈絡及其解經方法〉（頁 165-181）
　　則提出兩個方法：追溯作者原意法（以意逆志）以及脈絡化解經
　　方法（知人論世），前者是以讀者之意被動地理解經典作者之意
　　向，後者則是強調在歷史脈絡中解詁經典文本的意涵。

8　陳立勝的〈朱子讀書法：詮釋與詮釋之外〉（《儒家詮釋》，頁
　　207-234）一文分析《朱子語類·讀書法》中的詮釋學意涵包括了
　　「方法論」與「修養論」兩部分，並認為這兩者有相通之意。陳
　　志信的《朱熹經學》則系統性地探討朱子經典詮釋的著作，書中
　　以解經進路貫穿道統、經典和實踐修養等面向。

9　楊儒賓的〈水月與記籍：理學家如何詮釋經典〉（《儒學篇》，頁
　　159-192）處理朱陸異同的另一種詮釋學取徑：在朱子解經的「月
　　印萬川」模式下，經典義理的層層相攝即是理一分殊的具體表現；
　　象山重本心之發明，經典只具有「記籍」式的過渡性與工具性價
　　值。楊文的重要啟發是，朱陸之間的差異並不在於他們對經典義
　　理內容的理解差異，而在於他們面對經典詮解時的主張與態度。

10　李明輝的〈焦循對孟子心性論的詮釋及其方法論問題〉（《儒家詮

大陸方面的研究不勝枚舉，李清良的《中國闡釋學》[11]與
周光慶的《中國古典解釋學導論》[12]是兩本較有系統、且
嘗試建立具有中國特色之解釋學的作品。李著揉合了語言
學、詮釋學、倫理學等學科，範圍幾乎涵蓋中國各家學問；
周著則提出中國古典解釋學的三種解釋方法論：語言解
釋、歷史解釋以及心理解釋。[13]

　　上述論文集與專書雖不能窮盡所有的研究，但可以標
誌出大致的方向和範圍，此即經典詮釋中可能涵蘊的詮釋
學要素。本文深感興趣者，在於其中涉及的一項對比：「先
秦經典中富含的比興傳統」以及「宋儒程朱解經過程中對
經典的態度」兩者之間的關係。《詩》教、《春秋》教中的
興發要素以及對先秦經典內容的理解要求，都不是新課
題，研究成果也很多，但兩者共同具備的中介或媒介性質

釋》，頁 193-230），在一種漢宋之爭的對比意義上，顯示清代漢學
家以訓詁闡明義理的乾嘉學風有其方法論上的單向缺失。李文舉
方東樹作為參照系統，指出西方的「詮釋學循環」必須是雙向的，
即整體與部分之間的相互往返，訓詁只是由部分到整體，而整體
則必須由思想意涵出發方能掌握。

11　李清良：《中國闡釋學》（長沙：湖南大學出版社，2001 年）。
12　周光慶：《中國古典解釋學導論》（北京：中華書局，2002 年）。
13　特色的建立理應建立在對比的基礎上，因而至少須對西方的詮釋
　　學傳統和發展做一簡單的處理，李、周兩位的著作在這方面較少
　　著墨。

研究（因著這種中介性質，聖賢或經典文本所欲表達的意旨才可能得以抒發），仍是值得進一步探究的領域。簡單來說，上述關係所呈現的意義是：精神的興發與義理的掌握，是否通過不同的中介性質？

　　蔣年豐從一九九〇開始的相關論著，在研究與出版時間上比前述著作早了數年，也從另一個角度原創性地處理過上述問題。這些蒐集在《文本與實踐（一）：儒家思想的當代詮釋》[14]的文章，在儒學詮釋學方面，上溯遠古儒家的原始語言和先秦典籍的興象思維，下至馬一浮的經學思想，其中特別顯發了「興」的現象學－詮釋學意涵。這是一條以精神的興發奮起來解釋先秦《詩經》、《春秋》、《周易》與《論語》、《孟子》等軸心經典而生起之「經學詮釋學」或「興的詮釋學」。這一條進路深具神話學、存有學與倫理學交織的啟興作用，並飽含與綜合了儒家豐富的原始語言、意象、形氣等要素。在本文看來，這些要素即具有強烈的中介性格，很有繼續發揮與探討的餘地。另外，蔣年豐在處理馬一浮經學思想時，曾提出馬一浮調停與綜和朱子、陽明理學中的詮釋學成分（朱子經學、陽明義理），

14　蔣年豐：《文本與實踐（一）：儒家思想的當代詮釋》〔文中簡稱《文本與實踐（一）》〕（臺北，桂冠圖書公司，2000年）。

這種朱子、陽明的對顯，乃是「朱陸異同」的翻版，但蔣
年豐將此異同延伸到詮釋學，可視爲與傳統之「倫理學異
同」有所區別的「詮釋學異同」。

　　筆者曾爲文探討這一條「詮釋學異同」的線索，[15]此
處則以另一個角度處理宋儒程朱的觀點。程朱的經典詮釋
觀點在先秦以降的宗教人文化之後，淡化了先秦諸成素的
渾然原始質素，並在以《四書》（特別是《大學》）取代《五
經》的過程中由「格物進路」的「讀書窮理」作爲求學問
道的基本手段（以《大學》爲規模），其焦點便落在語言之
異化和抽象化性格（即文字）的卓越文本。由此便可能把
興的解釋學（蔣年豐）與經典詮釋（宋儒程朱）這兩條線
索聚攏到如此的關連上：言說與被言說者之間的中介
（Vermittlung）、表現（Darstellung）與代表（Repräsentation）
的存有論關係。本文嘗試通過高達美（H.-G. Gadamer）關
於譬喻（Allegorie）與象徵（Symbol）兩個要素來對比其
關於繪畫（Bild）的討論，從而說明興的現象與經典詮釋

15　朱王差異請參見同上書，頁 227-248。筆者在〈朱陸異同的詮釋學
　　轉向〉(《中國文哲研究集刊》，第 31 期〔2007 年 9 月〕，頁 235-261）
　　一文中，曾以不同於倫理學之他律與自律的「詮釋學的自主」與
　　「詮釋學的依他」的差異來界定朱子與陸象山的解釋學進路，這
　　個進路實際上並未完全脫離蔣年豐當初所考慮的範圍，或可視為
　　其研究的延伸。

在存有論上的關係：從繪畫存有論的角度來看，畫作（特別是肖像畫）的功能似乎想藉由其中介的模仿來再製原型（Urbild），但成功的畫作才中介地表現了人物，然而表現仍是一個寬泛性質的概念，只有作為表現之補充的代表作用才真正把原（Ur）帶入原－型（Ur-Bild）之中。至於在譬喻與象徵的關係中，譬喻是使所意味的東西得到理解，而象徵則是人們於其中認識了某個他物的東西，即象徵自身的存在便具有意義的指涉作用。譬喻的連結功能具有一種過渡的中介性質，但只是次要的存在，而象徵則在自身之中呈現了某種意義，所以它自身即是目的，這是優先的存在。由此出發，本文要說明的是：由比而興的詮釋學乃是描繪言說（語言、意象、人格）的「中介身分」（表現與譬喻中介），而因此特殊中介物所能激發出的興之性格使得中介物進而達至與所欲中介之對象的「同一化」，甚至成為此對象之代表物（代表與象徵目的），才能夠奮起精神與興發仁心。另一方面，宋儒（程朱）則將經典之豐富言說大致單純化為「文字中介」，從而藉著語言的凝實性格來傳遞它所欲傳遞的真理（道）訊息。這種傳遞或中介比較不具備進一步的同一化或替代性格，雖然亦有其興發感應，然而在效力上較為不足。在某種意義上，文字中介的處理乃是對譬喻中介的一種回應，也可看成是蔣年豐處理先秦詮釋學的餘韻。本文先處理蔣年豐的相關討論，再由此分析程朱的議題。

二、興的精神現象學與詮釋學

　　蔣年豐的論文集《文本與實踐（一）》中，收錄了數篇嘗試建立儒學詮釋學的文章。這些文章旨在說明儒學典籍中的興象作用，即表現為一種「興的精神現象學」，並由此同步地展示為一種「興的儒學詮釋學」。關於興的精神現象學與詮釋學，蔣年豐在〈從「興」的精神現象論《春秋》經傳的解釋學基礎〉（簡稱〈《春秋》經傳〉）一文中是如此說的：

> 所謂從「興」的進路來探討〔《春秋》經傳的解釋學基礎〕，是認為「興」意味著人的精神奮發興起的現象；這種現象可在很多場合中發生，而在此我們關注的是在解讀儒家的經典文字時所表現的這種精神現象。在這個研究中，我們或多或少是在架構一個「興的精神現象學」。[16]

這段文字中表明了兩個重點。首先，「興」意味著解讀、詮解經典時精神奮發興起的現象，由此現象可以架構起一套「興的精神現象學」（精神現象之學）；[17]其次，此精神現

16　《文本與實踐（一）》，頁 100。
17　此「精神現象學」有別於黑格爾所使用的同一詞彙。對蔣年豐而

象的論述乃是《春秋》經傳——甚至是解讀儒家經典文字
的詮釋學基礎。然而以「興」的精神現象作爲詮釋學之「基
礎」，以及作爲（或挺立）一套詮釋學，這兩者並不是同一
件事。在〈《春秋》經傳〉一文的敘述裡，蔣年豐使用了「《春
秋》經傳的解釋學活動」、「《春秋》經傳的解釋學傳統」、「《春
秋》解釋學」[18]甚至「中國經學解釋學」[19]等語詞，這並不
偶然，因爲蔣年豐即自承經學的學術傳統根本上是解釋學
的。[20]在他的處理中，先秦儒家經典裡的「興的精神現象」
論述，不只是詮釋學的基礎，而根本就是解釋學論述。但
是從興的精神現象過渡到詮釋學，並以爲兩者間有其相涵
攝的關係，則有說明之必要：正如蔣年豐所言，精神上的
興象可以在很多場合（包括經典文字的解讀）發生，這種
發生對於亟欲建立一理論者而言，確實是此理論的基礎；
即使如此，對語言、意象與人格氣象之鼓動精神、奮起仁
心的反思，乃是他對此興發的理論提煉，而非這些經典文
獻自身對興發而省思起一套詮釋學，因爲其中缺乏後設之

言，此「精神現象之學」所討論者，乃是由諸意象所興發的精神
現象，而未涉及一「精神的發展史」，有如黑格爾之以精神本性預
先決定精神的一切發展，並在辯證法的必然性之下經歷諸現象而
最終返歸絕對精神的始點。

18　同上書，頁 126-127。
19　同上書，頁 102。
20　同上書，頁 99。

操作。換言之,由精神的現象過渡到一種詮釋學,理應視
為蔣年豐的建立工作。

　　這種著眼於詮釋學與精神現象之間的互攝關係,在
〈《春秋》經傳〉的撰寫前就已進行,蔣年豐說:「在本研
究之前,我已完成某些具體成果,而此研究乃繼續以前的
研究,從『興』的進路探討《春秋》經傳的解釋學基
礎。」[21]這些具體成果,按他自己提供的資料,指的是〈品
鑒人格氣象的解釋學〉(簡稱〈品鑒〉)、〈從「興」的觀點
論孟子的詩教思想〉(簡稱〈孟子詩教〉)以及〈憂患意識
與「天之明命」:從海德格的現象學論中國先秦儒家的天命
觀〉等三篇論文,其中,至少〈品鑒〉與〈孟子詩教〉兩
文與「興」的研究進路有直接關連。在〈品鑒〉一文中,
這種品鑒人格氣象的「人物意象」與「比興現象」之關連,
乃是通過鮮明的隱喻(metaphor)或譬喻(allegory)意象
來進行的(這兩用語在其處理中意思相通);在〈孟子詩教〉
一文中,《詩》教的興發作用則不僅是通過各種鮮活之「自
然意象」(如水流、火燃)與「人物意象」(聖賢),還藉著
詩史合一(以詩說史、以史說詩)的價值判斷來達致;而
後一種判斷,大抵仍是通過各種意象來進行,這與〈品鑒〉

21　同上書,頁 100。

的處理相近。換言之，人物意象與自然意象是其中的兩個重點。

　　首先談以「人格氣象」為標的之人物意象。在〈品鑒〉一文中，蔣年豐從《論語》、《孟子》、《世說新語》、《近思錄》等典籍分析各種人物的人格氣象，藉此說明比興的表現，並以形體存有論來深化此氣象：言談舉止呈顯了魏晉才性之觀賞、認知旨趣，身體力行則展現儒家的德性充盈感與飽滿力道。易言之，形體的人物譬喻（隱喻）乃成為這些旨趣與飽滿感的興發來源，因而是可被探究的關鍵，蔣年豐以為「無論是儒家式或是魏晉式的品鑒人格氣象，它們都運用了相當鮮明的隱喻意象」。[22]他以《論語》為例，談到其中涉及如下的人物臧否：如對宰予之晝寢，孔子的批評是「朽木不可雕也，糞土之牆不可杇也」（〈公冶長〉）；又如形容子路的勇猛無智是「暴虎馮河，死而無悔」（〈述而〉）；而在齊國聽聞先王之韶樂，則有「三月不知肉味」的評語（〈述而〉）等等。蔣年豐點出其中的關鍵在於：「以上這些話語之使用譬喻的意象都承襲了比興的精神。」[23]這些關於人物特性的評述，皆運用了具體的實物意象（朽木

22　同上書，頁8。
23　同上書，頁9。

與糞土之牆、暴虎馮河、肉味）。在他的處理中，譬喻的這類運用還可見《世說新語》的如下文字：「〔王〕太尉神姿高徹，如瑤林瓊樹，自然是風塵外物。」（〈賞譽〉）這是以「瑤林瓊樹」形容人（王衍）的品性與資質的高潔徹朗；又見：「王戎目山巨源如璞玉渾金，人皆欽其寶，莫知名其器。」（〈賞譽〉）此則是以「璞玉渾金」來譬比於（王戎）人品的純真質樸有如未加修飾之金玉。[24]按實物在此具有從感性、感受通向超感性、精神性的聯繫功能，也是意象譬喻發揮作用的關鍵。

不過對蔣年豐而言，上述《論語》的譬喻所描繪之對象還稱不上是人格氣象。[25]這一點並無疑問，因為《論語》中的上述臧否（宰予、子路）乃是負面表述（即違反道德要求），只有深刻體會到音樂表現所涵蘊之道德韻味與修養境界，才可能正面地把譬喻之比興作用連接到人格的品鑒，蔣年豐引用之〈八佾〉篇的如下文字可證明這一點：「子謂〈韶〉：『盡美矣，又盡善也。』謂〈武〉：『盡美矣，未盡善也』。」依他的解說，這段文獻並非旨在說明音樂之間的比較，而是表明舜、武聖人之（道德）人格氣象的高低。[26]

24　《世說新語・賞喻》的兩段引文，見上書，頁7。
25　同上書，頁9。
26　同上書，頁10。

《孟子》雖無關於音樂的敘事，但一樣可以看出道德特質
在人格氣象上的影響，參看他引用《孟子·盡心下》的一
段文字：[27]「可欲之謂善。有諸己之謂信。充實之謂美。
充實而有光輝之謂大。大而化之之謂聖。聖而不可知之之
謂神。」這個志氣充實的形象與孔子相同，因爲「孔子品
鑒人格氣象的學問是落在道德修養的脈絡中進行的」，但蔣
年豐又以爲：

> 〔……〕品鑒人格氣象並不一定需要這個脈絡，只
> 要不與道德規範全面衝突即可。《世說新語》中所描
> 述的各種魏晉名士的人格氣象即是如此的模式。[28]

換言之，儒家式人格氣象（舜、武王）的品鑒著重德性，
而魏晉式人格氣象（王衍、王戎）則著重於才性。只要才
性人格與德性人格之間不相衝突（即不違反德性要求），則
由玄智激揚出來的才性便能循軌地運行於譬喻所興發的人
格氣象。

　　蔣年豐並不否認道德／才性的這層牟宗三式之區分，[29]

27　同上書，頁 10-11。
28　同上書，頁 7。
29　參見牟宗三以下的說明：「說到中國全幅人性的了悟之學問，我們
　　知道它是站在主流的地位，而且是核心的地位。這全幅人性的學
　　問是可以分成兩面進行的：一、是先秦的人性善惡問題〔……〕；

也承認兩者皆有譬喻比興的作用，但他把人格氣象的品鑒轉由形體的超越性與飽滿性與否來分判儒學與玄學，[30]他所舉的例子之一是《孟子‧盡心上》：「君子所性，仁義禮智根於心。其生色也，睟然見於面、盎於背。施於四體，四體不言而喻。」[31]仁義禮智之生發，現於面、背與四體，確實是一種倫理學與形體哲學、甚至與實踐哲學之結合。按若把焦點回歸「譬喻」的範疇，則儒學、玄學所共用的譬喻手段乃是嘗試標舉一種理想的人格規模，並以此規模導引著閱讀者興發出成聖成賢或神姿高徹的願景。就此而言，瑤林瓊樹是譬喻，王衍也算是譬喻，由王衍至瑤林瓊樹，乃是譬喻之再譬喻、中介之再中介。從存有論的位階來看，柏拉圖主義在此是可以討論的，蔣年豐若想為譬喻建立其詮釋學地位，必須翻轉柏拉圖主義。因為成德之教需要通過譬喻的比興作用，如果譬喻只是一手段，目的在於德教的完成，表面上只成為第二層次的存在，而作為譬喻之再譬喻（以自然意象作為人物意象之譬喻），其存有價值則更為次階。如果要真正為譬喻建立優位或恢復名譽，必須進一步去除譬喻或意象的工具論色彩。（詳見下文）

二、是「人物志」所代表的才性名理。」見牟宗三：《才性與玄理》（臺北：臺灣學生書局，1983 年），頁 46。

30　《文本與實踐（一）》，頁 11 以下。

31　同上書，頁 11。

在〈孟子詩教〉一文中，這樣的「譬喻」解釋也有所發揮。蔣年豐援引張亨的觀點，由之說明《孟子》中「興」的活動乃是道德志氣與情感活動的交融互攝狀況（情志合一），並說明這種表現即是《詩》教與仁教的密切關連。[32]特別的是，這種以情興志、以詩興仁的可能性，與譬喻或意象的運用有很大的關係。[33]孟子與孔子一樣也相當著重於人物的剖析，但其文字魅力更長於捕捉聖賢之人格，例如關於舜的描寫是：「舜之居深山之中，與木石居，與鹿豕遊，其所以異於深山之野人者幾希。及其聞一善言，見一善行，若決江河，沛然莫之能禦也。」（《孟子・盡心上》）前段文字鋪陳舜的平凡，後段文字則有如驚雷乍起；兩相襯托之下，前面人物言行的平凡早已蘊含一股潛在之動

32　同上書，頁 180。

33　在《文本與實踐（一）》所收錄的另一篇文章〈孟學思想「興的精神現象學」之下的解釋學面向〉（頁 203-226）中，蔣年豐從語文與存有、形氣與言辭、文教意識與道德意識的關連來論述「興」的現象學與詮釋學，這是孟學思想中精神現象的一條進路，和本文著重於闡發譬喻、意象的另一條解釋學－存有學進路不能說無關，但稍有差異。前者著重於志氣仁心的感發（仁即是興），形氣變化與言辭感應往往只是結果；後者則嘗試削弱（而非取消）這種道德意識，轉而以譬喻、意象作為感發啟興之樞紐。舉例來說，程明道的「麻木不仁」（手足痿痺為不仁）可以是譬喻，也是有感有覺之真實道德生命的表現（頁 179）。若直接由仁心之感發（仁心之貫徹形氣與感發言辭），則跳過了譬喻、言辭的詮釋學角色。

能，使得後面的德行表現勢不可擋。整段文字亟欲以舜的
形體實踐來誘發經典讀者產生興發效行之後果。這種人物
乃是通過平凡的木石與鹿豕以及沛然的江河等「自然意象」
而得到描繪的，而其彰顯的人格氣象本身亦成為另一個意
象。

　　由此便涉及「自然意象」的另一譬喻運用。這種運用
還有其他豐富的範例，如風、水流、火燃的表現。蔣年豐
援引了《孟子‧公孫丑上》中的說明：「凡有四端於我者，
知皆擴而充之矣，若火之始然、泉之始達。苟能充之，足
以保四海；苟不充之，不足以事父母。」火與泉類比於四
端，四端之充擴有如火的燃燒和泉水的湧現，燃燒和湧現
有急緩之分，正如充擴與否亦有充乏之別。蔣年豐以為此
類意象是描述「道德心靈奮發興起的現象」，[34]並進一步指
出水的氣象與仁德的活潑最為相似，惟此相似並非單純的
比附或連結，而是振發精神、充實教化的關鍵物：

　　在孟子的譬喻中，水勢沛然興起，源源不絕氣象與

34　同上書，頁 181。蔣年豐援引的水意象還有：「天油然作雲，沛然
　　下雨，則苗浡然興之矣。其如是，孰能禦之？今夫天下之人牧，
　　未有不嗜殺人者也；如有不嗜殺人者，則天下之民皆引領而望之
　　矣。誠如是也，民歸之，由水之就下，沛然誰能禦之？」(〈梁惠
　　王上〉)（頁 181-182)

> 仁德的活潑生動最為相似。〔……〕孟子詩教的重點
> 並非在文字上的引詩諷喻而已，而是將詩教的精髓
> ─興─拿來詮釋道德教化的精神現象。35

換言之，譬喻並不只是比類諷喻，而是藉此中介物以興發
氣象和感發仁心。除了水、火之外，風也是重要的意象。
在〈《春秋》經傳〉一文中，蔣年豐考察相關領域之學者對
古籍中原始興象的研究，例如鳳為神鳥（《說文》），此乃以
鳳為風，其居地為風穴，鳳鳥即風神，36這是由動物形象
到自然現象（甚至人文活動的音樂）37之聯繫。蔣年豐把
這種細緻而轉折的聯繫再連結上《後漢書·蔡邕傳》的「風
者，天之號令」以及《文選·風賦》的「風者，天地之使
也」，這就使得「風」具有「訊息傳遞者」（Hermes）的解
釋學意象。關於這種傳遞者的角色，高達美的說明可以進
一步補充蔣年豐的論述：

35　同上書，頁 182。

36　見何新：《諸神的起源》（臺北：木鐸出版社，1987 年），頁 92，
引自《文本與實踐（一）》，頁 101。

37　見《呂氏春秋·古樂篇》：「昔黃帝令伶倫作為律。……取竹於嶰
谿之谷……而吹之，……聽鳳皇之鳴，以別十二律。……帝顓
頊……乃登為帝，惟天之合，正風乃行。其音若熙熙、淒淒、鏘
鏘。帝顓頊好其音，乃令飛龍作，效八風之音，命之曰《承雲》，
以祭上帝。」引自同上書，頁 101。

> Hermes 是神的信使（Götterbote），他把神的訊息
> （Botschaft）傳達給凡人——在荷馬的描述裡，他
> 通常以字詞傳達〔神〕委託給他的消息。〔……〕「詮
> 釋學」的作為總是這樣從一個世界到另一個世界的
> 轉換，從神的世界轉換到人的世界，從一個陌生的
> 語言世界轉換到另一個自己的語言世界。38

在解釋學的範圍內，Hermes 是兩個世界的中介者，此中介
的任務是傳遞訊息。而在蔣年豐的眼中，Hermes 不只是解
釋學的字源，同時也是人物意象或譬喻，蔣年豐很有力地
作了一個風與信使的解釋學串連，並由此而得出這樣的觀
點：

> 風代表了一種神速而具有靈性的聲音，傳遞了重大
> 的訊息。〔……〕「風」乃是中國經學解釋學最根本
> 的意象。儒家經典中所記載的原始語言都充滿了
> 「風」的意味。39

訊息的傳遞者聯繫了兩個世界，當然是中介物，但 Hermes

---

38 Hans-Georg Gadamer: *Gesammelte Werke, Bd.2: Hermeneutik II: Wahrheit und Methode: Ergänzungen, Register* (GW2) (Tübingen: J. C. B. Mohr Verlag, 1993), S. 92.
39 《文本與實踐（一）》，頁 102。

作爲神話人物亦是一中介式的譬喻。蔣年豐的另一文獻根
據是《毛詩序》:「〈關雎〉,后妃之德也,〈風〉之始也。所
以風天下而正夫婦也。故用之鄉人焉,用之邦國焉。風,
風也,教也;風以動之,教以化之。」[40]風是自然現象,
此現象之動,正如教化之行於天下,由「自然現象」質變
爲「人文教化」,此現象必然是作爲一意象或徵象才可能連
結上人文意涵。由於這種人文意涵與經典的語言範疇有關
(風爲德教之言),[41]所以蔣年豐同時也徵引了《毛詩序》
的其他文字:「詩者,志之所之也,在心爲志,發言爲詩。
情動於中而形於言,言之不足故嗟嘆之,嗟嘆之不足故永
歌之,永歌之不足,不知手之舞之,足之蹈之也。情發於
聲,聲成文謂之音。治世之音安以樂,其政和;亂世之昔
怨以怒,其政乖; 亡國之音哀以思,其民困。故正得失,
動天地,感鬼神,莫近於《詩》。」依據蔣年豐的說法,這
段文字點出原始語言的魅力,它能夠動天地、感鬼神,故
能賦予事物以生命,揭示存有的真相。[42]按原始語言的魅
力往往建立在一種直截的、存有論的指涉,此種直截,常
是因其語言尚未跨入理性化的進程,在蒼茫的氛圍中結合

40　同上書,頁 104。
41　同上書,頁 105。
42　同上書,頁 104。

神話與傳說，故涵蘊素樸、源初的存有論意涵，而意象或
譬喻的徵引則更能激發這類的存有論指涉。若關連到「興
的現象學」來看，風、信使之訊息傳遞者或連結者的「過
渡」（Übertragung）功能，只具有消極的性質，更積極的
性質在於「興」，換言之，作爲中介物的意象在此並不只是
聯繫兩端的中介，而是具有興發精神的效用。

　　論述至此，大抵已完成「譬喻」的中介性以及精神藉
此中介性而得以激揚誘發之說明。但蔣年豐在論及《詩經》
與《春秋》時，又帶出了另一個子題——象徵。象徵在他
的處理中，扣緊了歷史問題而發（詩史合一），蔣年豐在此
援引了徐復觀的論點，後者認爲：

> 〔……〕《韓詩外傳》，乃韓嬰以前言往行的故事，
> 發明詩的微言大義之書。此時詩與故事的結合，皆
> 是象徵層次上的結合。43

詩的微言大義與歷史故事之「結合」，顯然就是徐復觀爲什
麼要把象徵一詞帶出的原因。這種象徵的結合表現，並非
只是單純的結合，而是在象徵中呈現，而且是把要呈現的

43　徐復觀：《兩漢思想史》卷 3（臺北：臺灣學生書局，1989 年），
　　頁 7，轉引自《文本與實踐（一）》，頁 113。

東西拉進來，所以徐復觀又說：

> 〔……〕《春秋》中人物的言行〔……〕把其中所蘊
> 含的人的本質與事的基義，呈現出來，使其保有某
> 種的普遍性與妥當性。於是歷史上具體的人與事，
> 此時亦成為此普遍性與妥當性的一種象徵。此雖較
> 詩的象徵為質實，但在領受者的精神領域中，都是
> 以其象徵的意味而發生作用，則是一致的。[44]

歷史人物之言行即是象徵，它表彰了某種歷史意涵下的普
遍性與妥當性，並在它的「結合」作用中使一切所要「呈
現」的內容輻輳、聚攏在象徵中。按從結合（詩與歷史）
與呈現（普遍性、妥當性）等特徵來看，「象徵」與「譬喻」
有所不同。如果歷史人物的角色是譬喻，則「譬喻」的作
用乃是使讀者的關注由歷史人物過渡到詩篇的微言大義，
但「象徵」則使得讀者關注在歷史人物，並從此類人物的
故事敷衍中聚焦地闡揚詩篇意旨。進一步說，讀史之人亦
藉此象徵的輻輳、聚焦效應而興發氣象、感通仁心，此時
的興發感通並不是發生在詩，而是聚集於史（的歷史象
徵），換言之，《春秋》如果有其象徵之興的詮釋學意涵，
則此興的意涵是在史而不是詩。

44　《兩漢思想史》卷3，頁8，轉引自《文本與實踐（一）》，頁 122。

　　按徐復觀對「象徵」概念的解釋（《兩漢思想史》，卷三），並無任何文獻出處的說明，可能是其多年來閱讀中、日相關研究後的綜合心得（他曾大量閱讀文學、藝術與思想方面的日文著述），但也可能與日譯卡西勒（Ernst Cassirer）的《人論》（*An Essay on Man*，日譯作《人間》）有關。《兩漢思想史》第三卷裡即多次引用這個日譯本，徐復觀或許即從中得到靈感亦未可知。若暫且不論概念出處之問題，徐復觀的解釋文字實可與卡西勒相對照。「象徵」或一般翻譯為「符號」的 symbol 概念，是《人論》的重要主題之一。對卡西勒而言，語言與藝術是符號，歷史、神話和國家也是符號，「所有這些〔文化生活的〕形式都是符號形式（symbolic forms）。因此，我們應當把人定義為符號的動物〔animal symbolicum〕來取代把人定義為理性的動物〔animal rationale〕。」[45]但卡西勒在納粹執政後由瑞典流亡美國（1935-1945）之前的 1923 至 1929 年間，早已出版了三冊重量級的作品——《符號形式的哲學》

45　E. Cassirer: *Gesammelte Werke. Bd. 23: An Essay on Man. An Introduction to a Philosophy of Human Culture*, Text und Anm. bearbeitet von Maureen Lukay (Hamburg: Felix Meiner Verlag, 2006), S. 31. 譯文同時也參考卡西勒著，甘陽譯：《人論——人類文化哲學導引》〔本文簡稱《人論》〕（臺北：桂冠出版社，1997 年），頁 39。

（*Philosophie der symbolischen Formen*），書中即已把人類的一切文化表現納入符號之中，也可以說卡西勒文化哲學的中心問題即奠基於這個概念。對本文來說，《符號形式的哲學》中對於符號性質的如下文字，更具有說明與對比效力：

> 我們試著以它〔符號概念〕來攫取每一個現象的整體（Ganze），在這些現象中，表現了感取物（Sinnliches）的某種豐饒的「意義盈滿」（Sinnerfüllung）；在這些現象中，某個感取物〔……〕同時表現（darstellt）為某個意義（Sinn）的特別化（Besonderung）和形體化（Verköperung），表現為展現（Manifestation）和體現（Inkarnation）。[46]

對本文來說，由這段關鍵文字審視符號的意涵，乃有意義與感取的雙重性：意義的盈滿必須藉由作為媒介的感取物才能獲致，即表現在感取物的「形體化」展現中，簡單地說，只有在感取物中意義才得到賦予。[47]也可以轉義地說，

46　E. Cassirer: *Gesammelte Werke*. Bd. 13: *Philosophie der symbolischen Formen. Dritter Teil: Phänomenologie der Erkenntnis*, Text und Anm. bearbeitet von Julia Clemens (Hamburg: Felix Meiner Verlag, 2001), S. 105.

47　H. Paetzold: *Ernst Cassirer zur Einführung* (Hamburg: Junius Verlag,

符號即是「體現」意義的感取物。卡西勒強調這種雙重性
（Doppelheit）並非有如原因－後果的因果性（Kausalität）
模式所呈現之意義與感取的割裂，相反地，符號首先而始
源地是一個整體或統一體，它是一種原型現象
（Urphänomen）。48

　　卡西勒對符號形式的說明，其實很能夠和徐復觀對象
徵的闡釋相聯繫，甚而深化地證成後者。徐復觀所言之詩
中意旨與故事的結合，可以視為意義與感取物的如此結
合：只有通過故事的敷衍鋪陳，微言大義方能彰顯。而卡
西勒所用的體現、形體化諸詞，則皆與軀體（Leib）相關；
意義「肉化」為感取的軀體，乃使得軀體不只是媒介，而
且具有進一步的存有論轉化意涵。然而蔣年豐在徵引徐復
觀的象徵概念加以論述時，雖然強調徐、卡兩人提出的象
徵與想像力概念對於「興」的研究進路很有幫助，49但他
引用卡西勒的文獻用意，是要以歷史學與藝術兩領域中偉
大著作的說明效力以及這些著作中涉及之創造的與自由的

1993), S. 43.

48　*Philosophie der symbolischen Formen. Dritter Teil: Phänomenologie der Erkenntnis*, S. 104-105.

49　《文本與實踐（一）》，頁 114。

想像力，來輔證徐復觀關於詩史合一的上述論點。[50]由於
問題的處理焦點之一在於卡西勒的想像力概念，因此就錯
過了進一步與後者之符號（象徵）哲學進行交鋒對談的機
會，甚至也錯過了康德在《純粹理性批判》與《判斷力批
判》兩書中即已對想像力（Einbildungskraft，或譯爲構想
力）、象徵與圖式（Schema）諸概念做了綜合性的說明。

　　無論如何，蔣年豐綜合了「象徵」和「想像力」而切
入《左傳》的詩史合一，並做出這樣的說明：「靠著象徵來
過渡詩的意旨與歷史人物的道理，其中正有大量『興』的
要素存在。」[51]《左傳》行文常喜在結尾引《詩》以證其
說，這是詩史合一的重要例證。引《詩》（斷章取義）的作
用是要證成《左傳》的歷史鋪陳，表面看來，《詩》是手段
式的語言性中介；但《詩》有微言大義，如此則《左傳》
反成爲證成《詩》中微言的歷史性中介。不管是援詩證史，

50　「〔……〕我不能否認每一部偉大的歷史著作都含著一種藝術的成
　　分，它並不因此就成為一部虛構的作品。在探索真理方面，歷史
　　學家像科學家一樣受制於同樣嚴格的規則。〔……〕然而，最終的
　　決定性的步驟總是一種創造性想像力的活動。〔……〕歷史學家是
　　特殊事實的仔細觀察者或調查者；但是他們並不缺乏『詩人的精
　　神』。真正的歷史綜合或概括所依賴的，正是對事物之經驗實在敏
　　銳感受力與自由的想像力天賦的結合。」同上書，頁 113；蔣年豐
　　引自《人論》，頁 296。
51　同上書，頁 114。

還是以史說詩，都是互爲中介，這是蔣年豐所說的「過渡」。
但象徵若只是「過渡」，則無異回到了譬喻作用，如此一來，
譬喻與象徵不僅缺乏方法論上的差異，也沒有存有論上的
區別。當然此中可能只是文字使用上的差異，蔣年豐之「過
渡」一詞或許即是徐復觀所謂的「結合」之意，也有可能
進一步轉化地解釋成卡西勒之「形體化」，只是行文中並沒
有刻意提出譬喻與象徵的區別。就「結合」與「形體化」
的意思而言，我們需要把《左傳》的故事敷衍以及徵引《詩》
以證成分開來看。徐復觀上述的第二段引文，即不強調詩
的作用（以詩證史），而是獨立看待《春秋》，並以此說明
象徵的結合作用（結合故事與人事），亦即在故事中彰顯或
呈現人的本質和事的基義，如此便轉化了蔣年豐以過渡作
用而說象徵。

三、程朱的經典詮釋

　　有別於蔣年豐「興的解釋學」的另一進路，是程朱理
學所建構的「經典解釋」。後者的要點在「文本」，[52]與前

52　本文之所以把程朱理學（主要是朱子）的詮釋論述要點放在「文
　　本」，而沒有討論他們之間對經典文本（例如《四書》、《五經》）
　　的不同解釋以及對經典本身的不同觀點，乃是基於：就前一問題

者著重「譬喻」的興發作用和「象徵」的結合作用（甚至形體化或體現作用）稍有差異。但文本與其他兩者（譬喻和象徵）的差異，初步看來只是概念名相上的不同，就本文而言，文本和譬喻有其類比上的聯繫，這種聯繫可對照於譬喻、象徵或文本與象徵的關係。關鍵點在於中介及其存有論的轉化。蔣年豐在〈孟子詩教〉一文中，曾處理《孟子‧萬章上》的詮釋原則——「以意逆志」，並認為此原則以及趙岐、朱熹和吳淇三位的注解皆有興的涵意。本小節將由此出發而帶出朱子在《集註》和《語類》中對這個原則的不同發揮，並聯繫到程朱一脈對經典文本的中介觀點。

「以意逆志」出於咸丘蒙與孟子的一段對話，由於咸丘蒙斷章取義，孟子於是提出「說詩者，不以文害辭，不以辭害志；以意逆志，是為得之」一句話來避免斷章取義之弊。在蔣年豐的眼中，這句話的重點在於「意」與「志」的關係。他認為「以意逆志」之「志」無疑是指詩人之志，但「意」為何指，歷來有所爭辯。他舉了三個人的注解加

而言，本文的立足點是詮釋學而非實際對經典內容的詮釋；針對後一問題而言，無論是從倫理學抑或是詮釋學來看，伊川與朱子皆以《大學》的格物窮理（包含讀書窮理）為規模，對文本的理解乃是起點，這並不妨礙理解之後的修養與實踐工夫，以及仁義精熟後捨離文字的超昇和化境。

以分析：「趙岐與朱子認為是以讀者之意逆測詩人之志，清
朝學者吳淇則認為是以詩人之意逆測詩人之志。」[53]依蔣
年豐的解讀，趙岐與朱子的詮解是「讀者與作者」的關係，
吳淇則著重從詩文中的詩人意旨來求取詩人心志。這樣的
理解是很順當，但對蔣年豐來說，不管是趙岐、朱子還是
吳淇，「以意逆志」的重點並不在於以何種方式求取作者的
「意向」，而是在於作者志意所興發的「精神氣象」對於成

---

53 同上書，頁 189。按討論此三家注解的相關文章不少，本文不詳加
    討論，只簡附他們的注解原文如後。趙岐：「文，詩之文章，所以
    興事也；辭，詩人所歌詠之辭；志，詩人志所欲之事；意，學者
    之心意也。〔……〕人情不遠，以己之意逆詩人之志，是為得其實
    矣。」（《孟子注疏》（宋刊本影印）卷 14，收於《十三經注疏》〔臺
    北：藝文印書館，1989 年〕，第 8 冊，頁 164）朱子：「文，字也；
    辭，語也；逆，迎也〔……〕。言說詩之法，不可以一字而害一句
    之義，不可以一句而害設辭之志，當以己意迎取作者之志，乃可
    得之。若但以其辭而已，則如〈雲漢〉所言，是周之民真無遺種
    矣。惟以意逆之，則知作詩者之志在於憂旱，而非真無遺民也。」
    （《四書章句集註》〔臺北：鵝湖出版社〕，頁 306-307）吳淇：「詩
    有內有外。顯於外者，曰文曰辭，蘊於內者，曰志曰意。此意字，
    與思無邪思字，皆出於志。然有辨。思就其慘澹經營言之，意就
    其淋漓盡興言之。則志古人之志，而意古人之意。〔……〕漢宋諸
    儒以一志字屬古人，而意為自己之意。夫我非古人，而以己意說
    之，其賢於蒙之見也幾何矣。不知志者，古人之心事，以意為興，
    載志而遊，或有方，或無方，意之所到，即志之所在，故以古人
    之意，求古人之志，乃就詩論詩，猶之以人治人也。」（〈緣起〉，
    《六朝選詩定論》〔南京圖書館藏清刻本〕卷 1，收於《四庫全書
    存目叢書補編》〔濟南：齊魯出版社，2001 年〕，第 11 冊，頁 57a-b）

德之教與實踐之道的重要性，故他把上述通常被視爲文學
批評甚至一般詮釋學的「求志」論點轉到「興志」的論述，
並以爲：

> 〔……〕孟子的「以意逆志說」在解釋仁德興發的
> 精神現象上特別中肯〔……〕。人心仁德興發時，其
> 中的精神型態與結構是非常深奧細膩的。對於這種
> 精神表現，孟子乃提倡以意逆志法來把握。[54]

這段發言是站在趙岐、朱子的立場，也就是由讀者自身出
發去體會、逆測作者的精神氣象（心志、志氣）。若站在吳
淇的注解，蔣年豐注意到志與意的關連是：

> 詩人的心志流到他的作品之意旨，詩人的作品之意
> 旨逆溯到他的心志。〔……〕孟子的「以意逆志說」
> 背後隱藏了對「志—意興發之精神活動」的體認。
> 所以詩人的創作正是他志意興發的表現，我們讀詩
> 時也正是要返溯這個志意興發的活動歷程。也就是
> 說，詩人的創作是從志到意順流而下，我們欣賞詩
> 乃是從意到志逆流而上。[55]

54　《文本與實踐（一）》，頁 190。
55　同上書，頁 191。

按吳淇以志、意皆屬於詩人的解讀，在此被轉換成讀者與
詩人之雙向的志意興發過程，此過程不僅表現爲作者的創
造，也通過讀者之詮釋來呈顯。

　　蔣年豐對《孟子》以及三位注解者的詮解，確實彰顯
了興的現象學－詮釋學進路，[56]然而也正因爲著重此志、
意之興發，所以較未處理上述《孟子》文獻裡文、辭所扮
演的角色。由趙岐、朱子與吳淇對孟子之兼重文辭和志意
的關係來看，文本或經典在詮釋過程中有其一定的位置，
尤其以朱子的解釋最爲明顯。朱子在《集註》中對「以意
逆志」的解釋，乃是以讀者之意逆推作者之志，而此逆推
則必須由上下文或文本脈絡（不以文害辭，不以辭害志）
著眼，換言之，逆推測度的關鍵在此是把較小部分（文）
放到較大部分（辭）中理解，而不能斷章取義。在《語類》
中，朱子則不作文、辭的發揮，轉而只強調作者之志、讀
者之意兩者間的恰當身分和位置，認爲「須得退步者，不
要自作意思，只虛此心將古人語言放前面，看他意思倒殺
向何處去」，[57]不能以意捉志式的推廣讀者的自家意思。按

56　但傳統的文學批評對蔣年豐而言並非毫無價值，只是進路不同而
　　已，這由他詮解張亨對《孟子》相關引文的解釋即可看出（同上
　　書，頁 189-190）。

57　〔宋〕朱熹著，黎靖德編：《朱子語類》（簡稱《語類》），第 1 冊，

虛心將古人的語言放前面，雖未提出文脈、上下文等語，
但仍強調文本的不可或缺性，也就是說，沒有文本便不可
能測度聖賢意旨。綜合《集註》和《語類》的解說，文本
及其脈絡就有一種重要的中介身分，亦即通過文字中介（參
照於譬喻中介），聖賢之志才可能被掌握。而文字、文本之
所以能成爲中介或媒介，乃因爲它們是「載道」之物，道
記載在經文之中，求聖賢之志即是求經文之志。程伊川有
幾處關於「載道」的說法，其一如：「《詩》、《書》載道之
文，《春秋》聖人之用。《詩》、《書》如藥方，《春秋》如用
藥治疾。」[58]文、用約略同於體、用的對比。[59]《春秋》之
用奠基於《詩》、《書》之體，此體乃是道之載體。其二：「經
所以載道也，器所以適用也。學經而不知道，治器而不適
用，奚益哉？」[60]道、用也是體、用模型的變體，但更進
而指明學經（文）的要點在知道，易言之，經乃是中介或

卷 11（臺北：文津出版社，1986 年），頁 180。

58　〔宋〕程顥、程頤著，〔清〕王孝魚點校：《二程集》（北京：中華
　　書局，2004 年），上冊，《河南程氏遺書》，卷 2 上，頁 19。

59　《詩》、《書》為體，《春秋》為用，表現了「體用」概念所涵攝的
　　詮釋學向度。特別的是，《春秋》本身兼具了文本與效用兩種性質。
　　關於宋儒的體用論述，也可參見拙文：〈朱子體用論衡定〉，收入
　　黃俊傑、林維杰合編：《東亞朱子學的同調與異趣》（臺北：臺大
　　出版中心，2006 年），頁 61-102。

60　《二程集》，上冊，《河南程氏遺書》，卷 6，頁 95。

過渡。最後是一段充分之說明：

> 聖人之道，坦如大路，學者病不得其門耳。得其門，
> 無遠之不可到也，求入其門，不由於經乎？今之治
> 經者亦眾矣，然而買櫝還珠之蔽，人人皆是。經所
> 以載道也，誦其言詞，解其訓詁，而不及道，乃無
> 用之糟粕耳。[61]

經是載道之文，通過經才可能掌握道（求入其門，不由於
經乎？），而聖人是經的作者，通過其作品（經）自然便能
掌握聖人之道。易言之，作為承載者的經乃是開啟聖人之
道的中介，但關注點若只是執著於此中介而無所過渡，則
經自然便成為糟粕。換一種表達，即是把手段視為目的。

　　伊川上述文字雖編纂入《近思錄》，朱子對載道之說
卻無發揮，但有相近的看法。先看以下一段問答。朱子曰：
「今人讀書，多不就切己上體察，但於紙上看，文義上說
得去便了。如此，濟得甚事！」讀書要切己體察，不可耽
於文義。如此讀書似不重要，故聽者問道：「何必讀書，然
後為學？」朱子答曰：「古人亦須讀書始得。但古人讀書，

61　〔宋〕朱熹編，〔清〕張伯行集解：《近思錄》，收於《近思錄集解・
　　北溪字義》（臺北：世界書局，1991 年），卷 2，〈為學〉，頁 44。
　　此段文字亦見：《二程集》，上冊，《遺文・與方文采手帖》，頁 671。

將以求道。不然,讀作何用?今人不去這上理會道理,皆
以涉獵該博為能,所以有道學、俗學之別。」[62]讀書之目
的在於為學求道,而不能停留在書中浩瀚的人事或知識。
道學、俗學的價值評斷,隱然有以經為中介、以經為目的
之別。《語類》第十卷標明〈讀書法上〉第一句話就說:「讀
書乃學者第二事。」[63]既然是第二事,無怪乎朱子又有如
下的語言:「讀書已是第二義。〔……〕而今讀書,只是要
見得許多道理。及理會得了,又皆是自家合下元有底,不
是外面旋添得來。」[64]讀書只是次要義,目的是要掘發自
家原有的善底本性,輕重之別無庸再說,手段和目的之對
揚色彩也很濃厚。對這種色彩的更進一步說明,可見以下
論及「糟粕」的文字:

> 須是切己用功,使將來自得之於心,則視言語誠如
> 糟粕。然今不可使視為糟粕也,但當自期向到彼田
> 地爾。[65]

讀書時還未得之於心,則此中介(文本)尚不能放棄,一
旦有所得,則語言文本乃如糟粕,很有得魚忘筌的味道(此

---

62 《語類》,冊 1,卷 11,頁 181。
63 同上註,頁 161。
64 同上註。
65 同上註,頁 182-183。

段的糟粕與伊川引文的糟粕，意思稍有不同，後者乃是停留在中介，前者則是過渡之殘留）。再看另兩段相近的文字：

> 經之於理，亦猶傳之於經。傳，所以解經也，既通其經，則傳亦可無；經，所以明理也，若曉得理，則經雖無，亦可。[66]

> 經之有解，所以通經。經既通，自無事於解，借經以通乎理耳。理得，則無俟乎經。[67]

借傳以通乎經，借經以通乎理，理得則不需要經、傳，這樣的說法不僅是把經典（與其注疏）當作途徑，而且是達到目的後即可揚棄的手段。理學求的是理而不是經，經文本的理解只是手段，這一點與上一節所談論的「譬喻」，很有存有論性格上的相似性。在譬喻處，呈現的中介色彩乃是一種過渡，即作爲興啓精神、感通仁德的感取誘發物。此處的經典文本亦是中介（文字中介），可視爲某種過渡，即藉由它過渡到聖人之道和自家性理，這種中介亦有其興發的效能，足以由成功敘述之文字感取物接引真理常道。

66　同上書，冊7，卷103，頁2607。
67　同上書，冊1，卷11，頁192。

　　值得討論的是，如果經典或譬喻只是作為中介，其詮釋學上的性格為何？以下將由高達美論譬喻－象徵與繪畫存有論的觀點來掘發相關的解釋學問題。

四、譬喻——象徵與繪畫存有論，以及儒學解釋學的相關問題

　　先談譬喻與象徵。這兩個概念各自的歷史發展，以及其中涉及的修辭學、美學、宗教、文化、文學批評與哲學方面的種種內涵，很難詳盡敘述和分析。本節大致上是順著高達美的哲學解說加以分析。依高達美的研究，譬喻產生於神學的需要而進入 *Logos* 範圍，即因著婉言表述與間接表達而和修辭學或詮釋學有關，它替代了原來之物；而象徵則和文獻（Dokument）相聯繫，具有可展示性（Vorzeigbarkeit），高達美關於這兩者的說明是：

　　從〔詞的〕起源來看，這兩個詞〔按即譬喻與象徵〕的意指（Wortbedeutungen）確實具有某種共同物：在這兩個詞中表現了這樣的某物，該物的意義（Sinn）並不存在於它的顯現性、它的外觀或它的措詞中，而是存在於某個處於它之外的意指（Bedeutung）中。某物如此地為另一個他物而在，

> 便構成了它們的共同性。[68]

如果譬喻與象徵有其意義，此意義不始源地存在於它們之中，而是指向「它們之外」，這是兩者的共同性。換句話說，它們皆是爲了另一物而在，所以它們都具有高達美認爲的「通過另一物再現某物的共同結構」。[69]如此一來，譬喻與象徵皆具有某種中介色彩，即藉由此中介而得以均衡地到達它們所欲中介的內容或對象。因而在藝術與宗教的領域內，一切非感取性質之物（Unsinnliches）皆可通過這種意指的關連性而成爲感取的（sinnlich），[70]譬喻和象徵中的感取與非感取之對比，正如前文述及卡西勒的對比架構。

從譬喻與象徵「指向自身之外」的共同性來看，蔣年豐之無意凸顯譬喻與象徵之間的界限，是可以理解的：人格、自然、動物等意象之具有譬喻性質，無非爲了興發氣象與感發仁心，對實踐哲學來說，皆只是手段途徑而已；而史實故事的象徵功能，亦不外是過渡式中介，即過渡詩的意旨和（或）歷史的道理。而中介或過渡的特徵，即是

68　H.-G. Gadamer: *Gesammelte Werke*, Bd.1: *Hermeneutik I: Wahrheit und Methode - Grundzüge einer philosophische Hermeneutik* (GW1) (Tübingen: J. C. B. Mohr Verlag, 1990), S. 78.

69　Ibid.

70　Ibid.

其手段性以及中介之後不可避免的揚棄。然而高達美在象
徵與譬喻的共同性之外，還指出兩者的不同：

> 〔譬喻的功能是〕以某個他物來替代原來所意謂之
> 物，或更清楚地說，這個他物使原來那個所意謂之
> 物得到理解。〔……〕象徵則不是通過其意指
> （Bedeutung）而與某個其他意指有關聯，而是它自
> 身之清晰明瞭的存有便具有「意指」。象徵作為被展
> 示物（Vorgezeigtes），就是人們於其中認識了某個
> 他物。[71]

從這段文字來看，譬喻以他物來替代此物，他物讓此物得
到理解。若由蔣年豐的脈絡來理解，他物即是意象，而此
物則是人格精神，意象使精神得以興發。在程朱的脈絡裡，
他物乃是經典文本或其文義，此物則是聖人之道或本性之
理，通過經典文義方能掌握道與理。一旦精神興發或體證
道理，則意象與譬喻不過是糟粕。但象徵不同，象徵的意
指或指涉固然指向它之外的某物，然而究極來說，意指並
非只停留在它之外，而是把它之外的東西拉進來而重合地
展現、呈現在它之中，高達美對此指出：「象徵是感取事物
和非感取事物的疊合（Zusammenfall），而譬喻則是感取物

---

71 Ibid.

對非感取物之富有意味的關連（Bezug）。」[72]譬喻是由感取物（意象的譬喻）關連於非感取物（精神、道理），後者藉此關連、中介而得以彰顯；象徵則是兩者的疊合（徐先生的結合），即後者在前者中疊合或重合。高達美在此以切近的語言回應了卡西勒的符號哲學。

在高達美的譬喻－象徵的「詮釋學模式」中，譬喻與象徵的存有論地位在競爭上其實還有討論空間。當高達美把對作品的理解從康德天才說美學的規定中解放出來時，是由體驗（Erlebnis）概念的發展以及體驗藝術（Erlebniskunst）的審美向度與作者向度之關連性中予以考察的。藝術體驗中的意義充滿（Bedeutungsfülle）乃是與傳記／自傳式生命的意義整體連繫在一起，[73]而藝術作品之作爲生命的象徵表達，和象徵式表達在感性與超感性、形式與本質之間永遠具有的不相稱（因而是自由地不確定）有關，理性主義的知性相稱與更具精確性的意義表達和意義穿透，則歸給了譬喻。但這種象徵與譬喻相稱與不相稱的對立，其實是審美意識與知性意識的虛假對立，高達美在分析巴洛克藝術對譬喻的重新發現與重視中，嘗

72　Ibid., S. 80.
73　Ibid., S. 76.

試爲譬喻正名。這個嘗試可以視爲班雅明（W. Benjamin, 1892-1940）關於巴洛克時期「德國悲劇」[74]研究的餘韻。班雅明始於一九二四年而出版於一九二八年之《德國悲劇的起源》（*Ursprung des deutschen Trauerspiels*）的內容裡，對於譬喻自古典觀念論美學以來的衰頹地位有著強烈的研究動機。他批評浪漫主義悲劇的傳統下，分判象徵形式之多義操作的豐富性以及譬喻形式之狹隘操作的局限性，而巴洛克隱喻所展示的、與人類經驗相符應的歷史、宗教和政治意涵，則使得班雅明因而擴大、揚升譬喻的地位而貶棄象徵。然而高達美爲譬喻正名的舉動，徹底來說並沒有真正貶抑象徵，而是藉著揚升譬喻來取消兩者之間的對峙，從而讓詮釋學事件從康德美學的審美意識獨斷中解放。解放審美意識並續而批判審美抽象，這便是藝術真理的重新提出。高達美對譬喻與象徵、審美與神話之對峙的解放，在某種意義上可視爲是卡西勒的修正。但本文基於儒學經典詮釋的路線差異而保留了這種對峙，並連結到高達美對繪畫存有論的說明。繪畫的存有論也是藝術真理問題的一部分，但使得這樣的對峙模式得到另一種轉義式的

---

74 這裡所謂的悲劇，指的其實是 Trauerspiel。它是 Tragödie（悲劇）的一種表現形式，特別具有市民特質，因此又稱作 Bürgerliches Trauerspiel。學界亦有以悲劇來翻譯 Tragödie，以哀劇來翻譯 Trauerspiel 者。

確定。

　　本人在其他文章中對於高達美的繪畫存有論已有討論，[75]此處只簡單說其概要。高達美討論繪畫的存有論時，曾援引了「表現」（Darstellung）與「代表」（Repräsentation）兩個重要概念。[76]以成功的肖像畫為例，這類畫作中並沒有原型（Urbild）與摹本（Abbild）的單純模仿關係，而是原型與表現的關係（原型必須在畫作中表現）。換另一種表達，可以說模仿或摹本只具有初級的中介效能，甚至是不成功的中介（模仿中介）。成功的中介必須經歷一種存有論的倒轉，即在畫作中「表現」其真正的存在，以此看來，表現可視為模仿式中介的進一步（表現中介）。此種「表現」性質意味著中介者藉由中介作用而納入被中介的東西。但表現作用仍殘餘其中介作用，因而高達美又補充了代表概念的在場或現時化（Gegenwärtigseinlassen）[77]作用。在畫作之外的原型並不真正獨立，而是必須輻輳地存在於畫作之中，畫作自身的興發感應就意指著原型。

75　林維杰：〈萬物之理與文章之理──朱熹哲學中形上學與詮釋學的關連〉，《揭諦》，第 4 期（2002 年 7 月），頁 120-122；〈知行與經權──朱熹哲學的詮釋學模式分析〉（文中簡稱〈知行與經權〉），《中國文哲研究集刊》，第 27 期（2005 年 9 月），頁 201、211。

76　Gadamer: GW1, S. 142-43.

77　Ibid., S. 146f.

　　從中介、表現轉至代表來看，三者的順序表明了存有論位階處於逐步的提升。畫作中介了人物，成功的中介表現了人物的風采，但只有代表才真正使得畫中的人物成爲唯一的人物（亦即畫作之外與畫作之內的人物，並非同一人物）。由此審視譬喻與象徵模式，便極富說明上的效力。若象徵可視爲代表，則譬喻便是表現，成功的譬喻最多只具有表現的中介功能，但還未徹底發揮那種存有論上的形體化魅力。然而聚集一切目光的肖像畫，才使得人們願意以在它之中的形象作爲唯一的畫主，只有它能完全貞定人物的風采；正如真正的國家象徵（國旗、國歌）使得人們願意犧牲、奉獻，而國家本身似乎只是孕育、成熟於象徵中的果實。由此而論，如果在存有論的位階上，象徵高於譬喻並且代表高於表現和中介，則經典中真正成功的各種意象，可能就不只是單純的譬喻，還可能進一步具有象徵效用。換言之，是風與水輻輳地重合了精神氣象。以繪畫存有論的語言來說，風吹、水流與聖賢氣象並不僅是興發精神、感通仁德的「中介」，而是人們只有在風吹水流的意象「表現」中才得見精神上的興發感通，甚至可以究極地說，這些意象根本不是意象，而是那即感即應的精神。

　　然而在程朱理學的經典詮釋中，以文字呈現的經典乃是通向道理的路徑和媒介，似乎表明了在這種詮釋學架構中文本或文字作品的次階地位。對於道德實踐來說，真理

才是真正感發仁心的東西，真理獲致的當下，也是文本揚棄的時刻。[78]以此立場進一步觀之，經典中的文義與義理之間，即存在著一種中介造成的距離，這種距離讓僅想鑽研文義者總是承受指責。然而即使不運用各種自然與人物意象，經文中成功的文字描述仍然可能激起閱讀者承擔責任的勇氣，文字盡管無法把義理、真理之理念完全輻輳於文字當中（因而較近於譬喻作用），但也具有啟興的效果。

此外，程朱的進路也有其形體、人物意象的存有論深化（特別是這種深化必須藉助文字來表現），朱子對程門諸子即有類似的評語，如說胡文定「氣象溫潤，卻似貴人」，[79]而說其師李延平時最感精采，如「終日危坐，而神彩精明，略無贖墮之氣」，又說他「氣象好」。[80]至於朱子自己所編纂之《近思錄》的最後一卷（第十四），更有類似的描述。

---

78 在此需要補充下列兩點：第一，經典的存有論位階在《文心雕龍》中有其轉化，即揚升到與道齊一的位置；第二，若從朱子論知、行以及經典的理解、實踐（包括涵養）來看，致知／理解與力行／實踐兩組概念之間，不僅有先後分離的關係（先知後行），亦有其同發相即的傾向（知行互證）。由後者觀之，經典的實踐其實具有表現作用，即藉著「實踐地表現」來「理解地彰顯」經典內容（實踐行為即是中介），但由於朱子的知行仍有先後的分立性格，所以實踐最終無法存有論地蛻變為代表。相關的討論也可參見拙文：〈知行與經權〉，頁 201、211。

79 《語類》，第 7 冊，卷 101，頁 2579。

80 俱見同上書，卷 103，頁 2600。

這一卷所觀的聖賢意象，其實也蘊含宋儒的形象在內。以熟稔義理至化境的周濂溪（光風霽月[81]）和程明道（純粹如精金，溫潤如良玉[82]）為例，他們的舉手投足之間，往往令聽者若有所悟，這時的儒者不能視為中介，而是同時具備了表現甚至象徵的說明強度，這在周茂叔的窗前[83]以及明道的坐姿[84]皆可見得。而這樣的儒者形體所展現的氣象光采，又往往源於他們對經典義理的純熟體會而展現在聊聊數語的經文引用當中。如果經典的義理與儒者的氣象早已交織相融，則經典與儒者早就互為象徵，何止是中介與過渡而已。

81　「周茂叔胸中灑落，如光風霽月。」（〈觀聖賢〉，《近思錄》，卷14，頁334）

82　「伊川先生撰〈明道先生行狀〉曰：『先生資稟既異，而充養有道。純粹如精金，溫潤如良玉。寬而有制，和而不流。忠誠貫于金石，孝悌通於神明。視其色，其接物也如春陽之溫。聽其言，其入人也如時雨之潤。胸懷洞然，徹視無閒。測其蘊，則浩乎若滄溟之無際。極其德，美言蓋不足以形容。』」（同上書，頁341）這一段伊川描述兄長的話語，由形體入手而顯露其儒者的風采，不僅呈顯了譬喻的表現作用，更是象徵、代表的極致。

83　「明道先生曰：『周茂叔窗前草不除去。』問之云：『與自家意思一般。』」（同上書，頁340）

84　「謝顯道云：『明道先生坐如泥塑人，接人則渾是一團和氣。』」（同上書，頁341）

五、結語

　　本文將蔣年豐提出的「興的精神現象學」或「興的解釋學」與程朱理學之「經典」文本概念中涵蘊的文字敘述相對比,並通過高達美的象徵－譬喻以及繪畫存有論作為參照系統,嘗試為意象與文字兩套架構所展現的興發精神、鼓動志意進行性質與效能的分判和定位。通過本文的說明,風吹水流與聖賢人物等意象乃近於「象徵」的詮釋學性格,即把所欲接引的理念智思物(真理、常道)輻輳於意象當中,從而讓理、道得以體現。這一點並不是否認理、道無法脫離意象而存在,正如高達美的繪畫存有論也不會否認肖像畫中的人物同時存在於他自己的生活世界當中。然而意象的詮釋學效力在於:真理在意象中可得到鮮活的生命能量,興象的作用即在於此。同樣的,如果文字中介也能發揮類似的效果,則必然可得到詮釋效力的承認。本文之所以判定文字中介近於譬喻(雖亦有興發感通之效,但不足以達到象徵或代表),並不全然因為文字本身的性格,而是程朱把文字視為通向真理的中介與途徑。就本文而言,作為中介、途徑者當然也有興發感應的效用,然而終究會因為手段性格而無法徹底地彌合手段(感取物)與目的(非感取的智思物)的差距。而這也意味著,文字中介(與譬喻中介)在詮釋學的啟興「效力」上要次於具

有代表性格的象徵，這就是為什麼在存有論的位階上無法脫離中介性格者只能處於「次階」的原因。

　　然而這種次階身分與次級效力仍有轉圜的餘地，此即通過出色的文字描述而使得意象與文字結為一體。沒有成功的文字鋪陳，不可能出現成功的意象。以「道」（Logos）和「肉」（Fleisch）的語言－神學關係來說，文字語詞若想有效地表彰道（肉身成道），必須藉助鮮活的意象；而道若想具現於意象，則文字的努力營造亦不可或缺（道成肉身）。換言之，文字中介藉著深具象徵功能的意象鋪陳，將可能讓自己向上贏得新的地位，而這種新地位的出現，則是一種存有論轉化的完成。文字、譬喻與象徵都有這種轉化潛能，只要它們出色地代表、疊合了理念或真理，從而讓自己與後者處於同一層次。這就是為什麼卓越的經典與令人景仰的聖賢往往可以站在道的高度俯視一般文本與凡人的原因。

13 附錄：「海洋儒學」座談會發言稿[*]

與談者（依姓氏筆畫）：

李明輝（簡稱李）中研院文哲所
苑舉正（簡稱苑）臺大哲學系
徐振國（簡稱徐）東吳政治系
張旺山（簡稱張）清大哲學所
陳昭瑛（簡稱陳）臺大中文系
楊儒賓（簡稱楊）清大中文系
趙之振（簡稱趙）清大哲學所

一、「海洋儒學」的背景

楊：本次的座談會探討的主題是年豐生前所提的「海洋儒學」，這個概念比較集中的見於〈海洋文化的儒學如何

* 本座談會發言稿原以〈法政主體與當代社會——蔣年豐與「海洋儒學」〉（楊儒賓記錄整理）刊登於《當代》，第 228 期（2006 年 8 月），頁 46-58。

可能〉一文，這一篇文章和年豐其他論政治哲學的文章後來收錄在遺著《海洋儒學與法政主體》一書。此書加上他剛加入民進黨時獻給該黨的一本小冊子《台灣人與新中國》，兩者合觀，年豐對於在臺灣發展出一種不同於大陸模式的新儒學，有種獨特的看法。

　　年豐的人格有種極奇異的組合，他是少見的學院派蛋頭個性與少見的強烈奉獻政治理念兩者的混合，這種混合的狀態也見於「海洋儒學」此一主題。「海洋儒學」有兩個脈絡，一方面是儒學的脈絡，一方面是臺灣特定的歷史脈絡。在早期的黨外時代，反對人士常提及臺灣的海洋性格，臺灣／海洋文化與中國／大陸文化的對比在一些黨外雜誌上不時可以見到，這種臺灣—海洋文化的掛鉤構造在姚嘉文坐美麗島獄時的小說、在張俊宏的《到執政之路》這些書裡皆可看到，這種 *ethos* 在一九九五年出版的《新興民族》一書上達到了高峰。這本由許信良掛名，實際上可能匯合許多中壯輩學者論點而成的書中，提及的新臺灣人其實就是一種依靠海洋、貿易、冒險起家立業的新興民族，也可以說是一種蓄意打造的閃閃發光的「臺商」造型。年豐提「海洋儒學」，最希望見到的讀者是當時的黨外人士。可想見的，當時的黨外人士對儒學恐怕不會有太大的興趣，但就「臺灣的海洋性格」這一點而論，兩者倒也有關懷相同之處。到底「海洋儒學」與「海洋臺灣」都是在同

一種社會脈絡下成長出來的理念。我們下面可自由討論箇中議題。

陳:蔣年豐兄雖然已過世十年,他的「海洋儒學」的提法仍然深具啓發性。在七〇年代的臺灣,許多大學的文學院出現了新儒家青年,年豐兄是其中的一位,這從他的〈海洋文化的儒學如何可能〉文中對唐、牟、徐及杜維明等新儒家的推崇可以看出。新儒家的思想特色之一便是對古典儒學進行現代轉化,年豐兄認爲臺灣的「海洋」性格可以使臺灣和儒學之間擦撞出動人的火花。楊儒賓兄的發言稿認爲「海洋儒學」的觀點「是規範性的,而非描述性的;是期盼式的,而非歷史回顧式的」。我倒想爲「海洋儒學」補充描述性的、歷史回顧式的材料。康熙年間出版的江日昇《臺灣外紀》描寫鄭成功的出生時,將之附會於「東海長鯨」投胎。和內陸文化的龍鳳圖騰相較,「鯨」確實可以作爲海洋文化的圖騰。鄭氏家族自鄭成功的父祖一代即依賴海洋生活。一六五九年造成「江南一時震動」的鄭成功北伐一役,在戰略上是運用當時世界上數一數二的強大海軍,自閩南海域北上,由長江口直搗南京城。與國民政府來臺後仍以大陸軍主義支撐反攻大陸政策相較,十七世紀的鄭成功的軍事智慧令人嘆服。鄭成功的海軍對中原政權的威脅何嘗不是臺灣之海洋性格對內陸文化之儒學提出挑戰的歷史性象徵?

　　從年豐兄將所謂臺灣人的「孤兒意識」重新界定為「我奮意識」（他以「我奮」音譯 orphan），可以想見對他而言，「海洋」是冒險的園地，不是艱難的阻隔；臺灣人面對海洋是積極進取的，不是消極退縮的。從近代的脈絡來看，也因為處於海角一隅，臺灣在中日甲午戰爭後成為日本的海外殖民地。殖民的辯證在於被殖民者在政治經濟上感受著深沉的壓迫，卻在思想文化上產生追求解放的強大動力。殖民地的臺灣儒學出現了中國儒學史上第一波現代轉化的運動。彰化人王敏川是當時最重要的儒者，他對儒學之現代轉化的構想可以視為年豐兄的先驅。王敏川在一九二四年的臺灣已經指出從儒家的道德主體之走向立憲政治、社會正義乃是四通八達的道路。良知之通向民主政治不僅不需要自我坎陷，反而需要自我實現，如果良知未落實於公共世界，那是未能善盡職責的良知。王敏川說：「自主的人，是自為道德上的立法者，並自為道德上的行政者，又自為道德上的裁判者。」「若應用於政治，即是立憲的政治、公共的理性、社會的良心。」海洋本身未必蘊藏民主法制的秘密，但是漂浮在太平洋上的臺灣島因海洋而移植了具有鄭成功性格的儒家文化，也因海洋而開發出反殖民的進步思想，如此經過千百年海風的薰陶，我們很難說海洋不是臺灣人文化基因的構成要素。由臺灣人所貢獻給中國儒學的海洋儒學不僅是可欲的，也是可能的。

楊:「儒學」上面冠上「海洋」兩字,如果不是地理
決定論的提法,至少也是給臺灣的儒學定了一種自然環境
的限定詞。但蔣年豐的提法這方面的意思倒是比較薄弱,
他的論點毋寧是規範性的,而非描述性的;是期盼式的,
而非歷史回顧式的。他提到海洋儒學的人性論當採向善
論,需要的人物性格是豪傑,而非聖賢。儒家學說的重心
可由內聖轉向公道社會,並開出法政主體等等,其論述與
「海洋」二字其實沒有多大的關係。年豐認爲當代儒家的
發展與宋明以下的儒家發展應當區隔,這是很明顯的。他
在兩個階段之間,仍然保留一條聯繫的線,所以強調海洋
儒學「乃植基於特殊形上思想與價值哲學的社會哲學」。但
宋明心性學不管如何強調人倫日用,其依據總是落在一種
無限的人性論之基礎上,由本心(良知)承體起用,化俗
成真。但當代市民社會的公道要求,就像 C. Taylor 所說
的,是宗教從政治領域撤退後才興起來的,其性格乃是徹
底的俗事。向上一線不易,世間公道亦難,年豐搭上的這
條線能否支撐兩邊的重量,仍待考驗。

「海洋儒學」此概念的海洋性格不突顯,如果我們以
和辻哲郎的《風土論》期待此概念,難免會有些失望。但
《風土論》其實也不是自然環境決定論,而仍是歷史積澱
與自然環境的結合體。年豐當年提出海洋儒學,無疑與他
對臺灣社會需要建立一公道社會的關懷有關,他認爲這樣

的要求是臺灣社會三、四百年來的要求,這種要求構成了
臺灣社會發展的歷史風土。公道社會、法政主體等概念都
是在此土壤上成長起來的,「海洋儒學」的提法背後有個歷
史目的論的前提。「海洋儒學」與民國新儒家唐、牟等人的
「民主開出說」有異曲同工之妙,只是唐、牟等人會把臺
灣擴大到中國,認為民主乃是內在於中國社會必然的發
展,黃宗羲、王船山、顧炎武當年的呼籲與三百年後康、
梁、孫、黃等人的志業是一脈相承的。年豐自然也不會反
對這種擴大的施用範圍,只是他會更強調儒家應該放在當
代臺灣社會的階段來談,後者繼承的歷史脈動不見得與大
陸儒學的一樣。所以「民主開出說」需要被「法政主體與
公道社會」的論述所取代,因為後者是臺灣的歷史風土,
也是臺灣歷史走向的目的。

　　「海洋儒學」背後有種歷史目的論的設想,它是種歷
史哲學,但也可視為提供願景的另類烏托邦之學。這個設
想很值得思索。

二、「黃土地」VS.「藍海洋」

　　苑: 當我聽到「海洋儒學」這個名詞時,我直覺式地
想到這個名詞是有「針對性的」。如果就李明輝教授所言,

「海洋儒學」的概念來自「河殤」,那麼在「河殤」這個影片中所顯示的「對立」,自然也就可以在「儒學」這個概念中顯現出來。

「河殤」其實是對於大陸當時現狀不滿之下,所提出來的批判。雖然不滿的對象毫無疑問的是中共幾十年的破壞,但是沒人敢明目張膽地直指中共的倒行逆施就是造成天怒人怨的主因,所以就提出一個「中國文化本質爲何?」這麼一個相當「莫名其妙」的問題。「河殤」的邏輯如下:一個國家的現狀,反映了這個國家人民的思維;中國的現狀,反映了中國人民的思維。中國的現狀是殘破的,原因就是中國人民的思維是落伍的。中國人民落伍的思維,激起一股追求「向外學習」的欲求。這麼一來,先不講中國思維與外國思維之間的差距,「河殤」將這些問題原因轉向於呈現中國文化的保守性格。「河殤」中故意找了些居住在黃土地的人,說明他們「死守」黃土地的「怯懦」,不敢離開家鄉的「保守」,就是中國現狀的「首要困境」。「河殤」在結束時,不斷地以極爲感性的口吻,鼓勵大家向外看「藍藍大海」的雄闊,要大家不要拘泥於那片貧瘠的黃土地。

其實「河殤」所企圖塑造的「正面出國形象」,在當時已經是「全民共同期待」。「河殤」間接地告訴中共,以前那種「中國第一」的謊言,已經徹底被從海外歸國的中國人比下去了。朝海外發展,不但不是反動的「海外份子」,

還成了「人民表率」。整個價值觀的轉換，不僅爲許多離開中國的留學生提供了大聲說出「不回去了！」的正當性理由，還徹底的擊垮了中共一切自大的謊言。唯一遺憾的，就是這筆爛賬居然算到「中國人民的文化根性上」。

二十世紀八○年代正在海外求學的我，目睹了這一場「滯留海外合理化」「大秀」的同時，我也觀看了由張藝謀所拍攝的「黃土地」。在那場近似「狂捧解放軍」的電影中，我看到「黃土地」中人民的堅強的韌性。或許是因爲我的先人均來自於那片貧脊黃土地的緣故，我一直用看「親人」的方式欣賞這片在當時遭到無情醜化的「大地」。我因而認定，「河殤」是一種錯誤的誤解，它唯一成功之處，就是成功地塑造了兩種顏色的對立：「黃土地」與「藍海洋」。這個對立激發了大家出國的決心與勇氣，但卻完全沒有提到如何改進「思維品質」與「文化素質」的問題。

我以爲，這是「海洋儒學」概念提出來的背景。蔣年豐是留美歸國博士，學的是黑格爾哲學，他當然知道這個概念中所隱含的「歷史契機」。「海洋儒學」這個概念的提出，綜合下列三項對立命題：「顏色」、「文化」與「思維」。首先，是顏色對立上的綜合。「海洋儒學」中，「藍海洋儒學」是「黃土地儒學」的延伸，而非對立。其次，在文化區隔上的綜合。「海洋儒學」顯示，「儒學」可以作爲炎黃子孫文化傳播的介面。無論在全球何處，作爲中國文化核

心的儒學，必須在新時代中面對來自全球各地其他文化的批評與挑戰。最後，是思維上的綜合。「海洋儒學」對於中國的一切，並不因為離開她而感到脫離「苦難大地」。「海洋儒學」是一種「由外而內」的策略，它最終所關懷的是中國。然而，「海洋儒學」利用離開中國的時機，深刻思考「儒學」在面對新世代所需要的裝備（例如，民主與科學），加以填充，給予補給，讓「海外新趨勢」與「中國舊傳統」能夠結合在一起。在心靈上，我寧願相信「海洋儒學」是海外文化人心中期待有朝一日能夠帶回家鄉的「大禮」，而不是向外國文化人所誇耀的「中國古董」。

楊：「黃土地」與「藍海洋」是極具意義的一組對照性概念，儒家萌芽於黃土地，茁壯於農業文明，無庸諱言，儒家人物先天對農業－農村－土地的情感特別濃厚。因為在他們眼裡看來，儒家的「道」就體現在土地與農業中，這樣的論點也廣被當代新儒家學者接受。錢穆、梁漱溟、唐君毅、牟宗三、徐復觀等人對農業與中國文化的內在關聯，以及個人生命與農村的關係，皆有深情款款的敘述。錢穆在《中國文化史導論》就說：「農耕文化之最內感曰『物我一體』、曰『天人相應』、曰『曰順曰和』。」唐君毅在《中國文化之精神價值》也說：「農業之生活，則使人傾向於內向。重盡己力，求人我各安其居，互不相犯之濃願。其精神之向上，則易為向一有內在性而周行地面之神致其崇

敬。而對環境中之人物，易有悠久之情誼，倫理之念篤，
藝術之審美心強。」梁漱溟倡導他的生命哲學時，將東西
文明的差異歸到東西哲學的不同，更將東西哲學的不同部
分歸因於職業生活之差異：「農民所對的是生物—動植物，
工商業所對的是死物質〔……〕中國農夫因面對的是不可
分的生物，所以引發他的活趣〔……〕引發一種對自然活
潑的溫情。」類似的話語很多，「罄竹難書」。但我認為討
論「黃土地」與「儒家之道」的關聯，談的最有趣的當是
江文也。江文也討論孔子之道、上古雅樂與黃土地的關係
時說：「在黃土的大自然中，人們只要步行其上，就會殘留
下來他們的足跡，這就便成了『道』。是的！只要走過，就
會有東西留下來。在這茫如大海的黃土之上，任何人只要
堅持意志，他就能這樣走出來。」江文也絕非新儒家，但
其口吻竟分外的一致。黃土地不是知識對象，新儒家很少
討論它的哲學內涵，但對它的歌詠卻是構成當代新儒家知
識生命的基調。

對新儒家學者而言，可以與黃土地對照的，不是藍色
的海洋，而是黑暗的都市文明、骯髒的資本主義、沈甸甸
的官僚習氣，解救之道，自然只有回到農村去。平常不輕
易透露個人家庭祕密的牟宗三先生，回憶起他作農的父親
力反新文化名流，「斥手把它掌握住，使他那一切光彩、風
姿、花腔頓時紛紛落地，收拾頭面，原來是臭屎一堆，瘓

呆的狂夫。我願天下人都當到農村裡看看什麼是生根的生命,什麼是真理的見證者,仔細印證一番,對照一番,從頭想想,重新作一個有本有根的人,從這裡建立自己為一個有本有根的政治家、思想家與事業家。」徐復觀晚年也對那些失根的國人大聲吶喊:「自由中國的人們!多增加你對農村的記憶,對農民的記憶,對你自己在農村流過汗流過淚的父兄親戚的記憶吧!在這種記憶中會使你迷途知返,慢慢的摸出走回大陸的土生土長之路。流亡者的靈魂的安息的地方,不是懸在天上,而是擺在你所流亡出來的故鄉故土。」土地成了救贖的彌賽亞,這段話簡直像極了證道詞。徐復觀往生後給自己立的墓碑,聽說就是「這是一位來自大地之子的安息地」。

　　新儒家學者對農村、泥土的一往情深,對許多臺灣知識份子而言,當然也不陌生。臺灣鄉土作家的主題雖然不只限定在農業—土地此一軸線上,但像宋澤萊、黃春明這些作家,對土地的奉獻熱誠依然是跳躍在他們作品的精靈。在鄉土文學論戰時期,新儒家學者大體同情鄉土作家的呼籲。楊儒門白米炸彈事件發生時,同情儒家的知識份子與鄉土派作家也很自然的站在同一線上。由種種的例子看來,即使像臺灣這般具有強烈海外移民色彩以及商品經濟的社會,「黃土地」依然散發無窮的魅力。

　　然而「黃土地」是雙面夏娃,新儒家學者對農業、土

地的讚美不是惟一的聲音，甚至於算不上主流的樂章。我
們在魯迅、賽珍珠的小說中所看到的農村、農民、鄉土又
是另一種面貌：愚蠢、反智、迷信、封閉，是產業革命社
會裡的侏羅紀殘餘。當這樣的鄉村中國形象和政治中國的
面貌重合了，漂流過海，它們成了文明化歷程必須克治的
目標。於是，水落船低，黃土退位，新的自然形象——藍
色海洋出現了，海洋的航道通向四方，海洋的深處窩藏神
祕，海洋代表新的歷史精神的外顯。

　　徐：針對一九八八年在大陸流行的《河殤》，蔣年豐
教授提出〈海洋文化的儒學如何可能〉一文，否定《河殤》
將儒家當作中國舊內陸文化精神代表的說法，而相信可以
開展出海洋文化的儒學，而有其更豐富的精神氣象和內
涵。前年，楊儒賓教授為亡友出論文集，特別將上文的宗
旨擴大為《海洋儒學與法政主體》的書名，由此更凸顯了
蔣教授長期治學的一個基本關懷，就是儒學和現代政治制
度和思想的融會的課題，而蔣教授對一課題的思辨，正呈
現了一些累積在臺灣的政治論述觀點，其中黑格爾尤其是
一重要的傳承和跳板。我試著從此一脈絡來作一點探討，
或能呈現「海洋儒學」所包羅的地緣、思想、義理、和民
主化制度的綜合性意涵。

　　在〈戰後台灣經驗與唐君毅、牟宗三思相中的黑格爾〉
一文中，蔣年豐指出「他們廣泛地運用黑格爾的思想從事

哲學思考以及反省中國文化與歷史,且有明顯的成果」。現在回頭看,唐、牟當時的確做了一些非常獨特的學術連接工作。按有關中國政治現代化方面的主張,留學英、美的自由派學者一向具有很大的影響力。和唐、牟同一時代的政治學家張佛泉,當時便提出了《自由與人權》的力作,深刻而貼切的介紹了英國的自由主義概念,強調英國的憲政民主主要奠基在制度性和法律性的 liberty 概念上,而非抽象和心靈狀態的 freedom。和英國相比,德意志是西方後起的主權國家,立國的過程艱鉅而複雜,黑格爾的哲學主張,固有其本身的學術價值,但也反應了德意志的民族精神和時代需求,其自由的概念也就包含了更多抽象精神的成份。唐、牟兩位先生引介進黑格爾,固在反襯儒家的精神價值,也同時觸及了黑格爾式的立國之道和自由概念,是當時很有價值的一種理論連結,和張佛泉的努力相互輝映。此外,蔣年豐還注意到,從當時反共的理論需求,國府政戰當局曾借黑格爾的唯心辯證法來反馬克斯的唯物辯證法,這也有其時代上的特殊意義。

受到唐、牟的啟發,蔣年豐也藉黑格爾來思考中國的問題。他的博士論文便是運用黑格爾的社會存有論來探討中國的文化大革命。他說:「法國大革命之對於黑格爾,即如文化大革命之對於我。」「黑格爾採用希臘的倫理生活來克服法國大革命的負面性,對我,思考中國文化的本質則

成爲必須〔……〕。」

　　然而蔣年豐最激情的一次黑格爾式的表達是在一九八八年，民主進步黨甫成立，蔣年豐是第一位入黨的教授黨員。他當時寫了一本小冊子、自費出版：《台灣人與新中國——給民進黨的一個行動哲學》。這本小冊子有些地方用詞太辛辣，譬如他說「共產黨的罪惡是它毒化了大陸，國民黨的罪惡是它毒化了臺灣」；有些地方有很強烈的情緒，有些地方誇大突兀。然而，這本小冊子卻很濃縮的表達了蔣年豐沿襲黑格爾「世界史」的一貫思維，指出法國大革命後的歐洲終究無法成爲歷史文化發展的終點站。此乃因西方傳統中，缺乏「禮樂之邦」和「道德主體」的真實感。其後美國成爲西方文化的代表力量，卻卡在美、蘇對立的僵局中，「使得歷史無法動彈，無所歸向」。在這樣一個困局中，蔣年豐認爲，世界史的發展以其不可思議的走向臺灣，在臺灣的民主化中達到「世界史」自我完成的轉折。按蔣年豐的看法，臺灣地處大陸文化的邊陲地帶，歷經外族的殖民統治和政權的更迭。然因緣際會，臺灣逐漸成爲交匯中國大陸文化和海洋文化的地區，亦成爲融合西方文化和東方文化的處所。及至美國的精神發展式微，而中國大陸又無法及時擺脫其舊大陸文化的包袱時，臺灣終於成爲世界史凝聚轉折的必經之站。然後臺灣民主化成功之後可以反過頭來影響中國大陸，使中國大陸成爲「世界史」

的終點站。基於此,他要求臺灣人從「孤兒意識」(orphan)提升成一種「我奮意識」。而初生之犢的民進黨更應該掌握此一千載難逢的歷史契機,在開創民主政治和建立法政主體之時,還應推動一場儒學社會運動,「完成一個建設性的『文化大革命』,為未來的新中國奠定精神基礎。」

　　蔣年豐小冊子中的說法當然太玄,太唯心,彷彿是一場臺灣版的蔣氏黑格爾獨白,船過了無痕,也就罷了。然而也就在蔣提出小冊子的一年之後,美籍日裔學者福山(Francis fukuyama)在一九八九年夏季《國家利益》(*The National Interest*)期刊上發表著名的〈歷史終結?〉("The End of History?")一文,後來引伸成《歷史之終結與最後一人》一書。Fukuyama 的驚世之作也是用黑格爾的「世界史」的概念和辯證法的觀點來說明東歐的瓦解和蘇聯的崩潰。這一位華府的智庫學者由此獲得舉世盛名,也讓崇尚實證主義的美國社會對黑格爾的辯證法有新的認識。然而,Fukuyama 最大膽的詮解是對於美國立國精神的重新界定,認為英國自由主義的傳統和開國元君的哲學,太強調生命財產的物欲保障,不足以呈現美國憲政的精神。Fukuyama 沿襲俄裔法國哲學家柯傑夫(Alexandre Kojeve)的觀點,認為黑格爾的自由精義是「承認的鬥爭」(the struggle for recognition),而美國立國以來的表現正是展現了此一氣魄,故「美國建國之父雖然不用『承認』或『尊

嚴』這一類語詞,但並不妨害洛克的『權利』一辭不知不覺間滑向黑格爾的『承認』一辭。」

Fukuyama 的說法非常動人,然而有其西方中心主義的侷限,強調了十七世紀以來的主權國家的戰鬥精神,也隱含了基督教的形上學道德觀。基於此,在後冷戰時代,Fukuyama 和許多美國政學界人士顯得調適不良,在 9/11 事件之後尤其進退失據。而這當中的根本困境,就是「承認的鬥爭」被非西方國家廣泛運用,且被回教基本教義派以非常激烈的手段切實執行,以子之矛攻子之盾,美國竟然陷入到理論論述上的被動地位。然而,就 Fukuyama 的觀點來看,「承認的鬥爭」既已獲得普世的肯定,也就是黑格爾「世界史」的完成,接著也就要展開下一波的歷史辯證過程,美國也勢必要接受這個挑戰。

三、新文化是否需要「海洋儒學」

張:年輕的時候,我常問自己一個問題:為什麼要讀書?尤其是:為什麼要讀聖賢書?在很長的一段時間裡,我給自己的答案是:對自己而言,是要追求聖賢的學問與人格;對整個社會而言,是要貢獻自己於文化創造的洪流──即使只是一滴小小的水滴也好。這樣的想法,認真地

實踐起來，曾經使我的生命就像尼采「精神三變」中的駱駝一樣，一方面使浪漫的青春歲月因對理想與憧憬的執著與追求而豐富了起來，但另一方面卻也背負了沈重的「使命」包袱、承受了滲透進生命的每一個密室之無所不在的巨大壓力。

今天，特別是在這個紀念好友蔣年豐的場合上，想起這位無論做人或做事都「太認真」了的篤誠君子，無端湧現一種感慨：其智可及也，其愚不可及也。也許，年豐兄之「愚」，就表現在對儒學的堅持上。因此，藉著這個機會，我也談一下年豐兄關於「海洋儒學」的構想。的確，正如這場座談會主題所依據的年豐兄的一篇文章——〈海洋文化的儒學如何可能？〉——中所說的，儒學作為「中國歷史上最大的文化支配力量」，是任何「有志重新建構台灣文化的人」都必須加以徹底檢視的。我們就從這篇文章的標題和上面這句話談起吧！

首先，這篇文章問的是「海洋文化的儒學如何可能？」；問的是「X如何可能？」的問題；而這「X」是儒學的一種類型：「海洋文化的儒學」。這種類型的「儒學」當然不同於作為「中國歷史上最大的文化支配力量」的那種「儒學」，後者或許可以稱為「大陸文化的儒學」。但既然二者都叫做「儒學」，自然就必須有使二者都叫做「儒學」的理由（二者的「共同特徵」）；然而，既然都是「儒學」，

卻又可以區分成二種類型，自然也要有得以據以區分的各自的「類型特徵」。一般在區分歷史上出現的、被我們歸爲「儒家」或「儒學」的一連串極爲複雜、異質的文化現象時，都是依時代或區域做籠統的區分（如：宋明儒學、臺灣儒學）。且不說要找出「儒學」的「共同特徵」是多麼困難的一件事情，即使勉強訂出來了，要再清楚地標示出「海洋文化的儒學」與「大陸文化的儒學」各自的「類型特徵」，並論證這種類型區分是有意義、甚至是窮盡的，將是幾近不可能的任務。更大的問題是：年豐兄提的「海洋文化的儒學」，根本是尚未存在的東西，是一種理想上的存在，或者套用儒賓兄的話說：提供願景的另類烏托邦。年豐兄的計畫（program），正要透過對傳統儒學的某種「改造」，去創立某種新類型的「儒學」。換言之，年豐兄所談的「海洋文化的儒學如何可能？」，絕非康德式的「（如：自然科學的知識）如何可能」的問題，而是「如何改造傳統儒家、創造一種適應新時代的新類型的儒學」的問題。

然而，年豐兄在構思「改造」工程時，卻必然會碰到一個問題：要改造到什麼程度？更精確地說：傳統儒學的核心思想中，哪些是可以「改造」、哪些是不可以「改造」的（否則就很難再說是「儒學」了——儒學的「正身」問題）？而如果「改造」工程，是要援引西方的思想與文化資源（如：康德、羅爾斯等等），則這種儒學「正身」的問

題，將會更形迫切而複雜。年豐兄似乎並未意識到這個問題對他的「海洋文化的儒學」的提法的威脅，因而有時候會主張「海洋文化的儒學是與西方文化激盪後新生的儒學」，甚至認為我們「不必視儒學為某個學派，而可以將其類比為西方的人文主義」；但在具體構思「海洋文化的儒學之內涵」時，卻又說「海洋文化的儒學」的社會哲學「並不是一般性的社會哲學」，而是「植基於特殊形上思想與價值哲學的社會哲學，它切入社會脈動進行社會實踐時，所要彰顯的是特有的儒家的價值指標」。

年豐兄對「儒學」的堅持，是令人動容的。但我卻不認為有「這麼堅持」的必要。無論如何，我同意年豐兄所說的：儒學作為「中國歷史上最大的文化支配力量」，是任何「有志重新建構臺灣文化的人」都必須加以徹底檢視的。但我要強調的，毋寧是這句話的後半部，尤其是其中的「重新建構臺灣文化」！文化不會從自然界生出來，也不會從天上掉下來：文化只能是人的產物。要怎麼收穫，就怎麼栽。一切都是「自作自受」。任何對現有的「臺灣文化」（當然包括「傳統儒家」在內）有所不滿的文化人，都必須（或：應該）捫心自問：對於臺灣文化發展的長流，我能做些什麼貢獻——即使只是一滴小小的水滴也好。就這一點而言，年豐兄在他短暫的一生中，可說是以全副生命投入對儒家的堅持的。真是「其愚不可及也」！

趙：蔣年豐認爲臺灣與未來的中國都需要海洋文化的儒學。在他的構想當中，這樣的儒學將包含思辨哲學、價值哲學與社會哲學三大部分。此中第一部分相當寬鬆，容許儒學思想與西方的形上學或廣義的哲學思想做各種有意義的揉合。第二部分則主張退聖賢而進豪傑；當然，年豐的意思並不是要摒棄聖賢的理想，而是要以豪傑作爲入德之門，光大孟子的士大夫精神，用以強調外在社會體制的公道性。這一點與第三部分關係密切，因爲社會哲學是海洋儒學之重點，強調以公道（justice）做爲核心觀念，把傳統的仁、禮、孝降爲第二序的概念，所謂「第二序」，其意似乎是以爲：在一個合乎公道的社會或家庭，仁德、禮教或孝道都能夠隨之得以保存。從這一點來看，年豐認爲海洋文化的儒學其實可以涵蓋傳統內陸文化的儒學。

儘管上述對海洋儒學的表述相當簡略，但是對於年豐來說，它卻被視爲傳統儒學的新生，至少也是一個發展的新路向。如果我們從歷史來看，儒學原即是不乏發展的過程，無論是漢儒的通經致用，宋儒的心性之學等等，其發展動力都是來自各種的內外挑戰；就這一點來說，海洋儒學也不例外，它面臨的挑戰至少有兩方面：一是西方思想的衝擊，一是具體社會政治制度之變遷。大致來說，海洋儒學的三大部分，便是要回應這兩方面的挑戰。

關於年豐對海洋儒學的構思，我有一點初步的感想。

依上述的表述,海洋儒學──如果能建立的話──其第一、二部分或許可說是具有儒學的色彩的;但是作爲重點的第三部分,在何種意義下也是儒學的呢?海洋儒學主張社會的德目要從禮義轉成公道,以後者爲首出,這一點人們不一定反對;人們也可以同意「公道之國」與「禮樂之邦」可以是相容的概念;但是,一套以在西方源遠流長的「公道」概念爲首出的社會哲學,在何種意義下仍是一種儒學,這點卻不是很清楚。一位儒者可以主張任何與儒學相容的學說,但不是任何與儒學相容的學說都是儒學。要把公道的概念有機地融入儒學,乃至於這樣的融入是否可能,我們需要更進一步的思考。宋儒面臨佛學的挑戰,開出了心性主體,而這樣的開出,是透過對過往儒家典籍的重新詮釋而達致的。年豐在對法政主體的論述中,承認在漫長的中國歷史上,儒家並沒有把法政主體開出來。在我看來,如果人們要開出法政主體,而且認爲這是儒學的一部分,則如何在傳統的典籍上找依據,便是我們的一項工作。當然,我們其實也可以不必有儒學的負擔:如果我們認爲公道之國或法政主體對我們是重要的,則無論是它們是否爲儒家的,我們都可以努力將之建立起來。

　　徐:我有另一種看法,就大勢而論,蘇聯瓦解之後,東西冷戰對峙的緊張局勢頓時解開,新一波的歷史辯證過程的確以驚人的速度在進行,中國大陸和印度以出人意外

的速度在崛起，世界的政經版圖正在急速的重整。在此一
新的契機和條件之下，世界各種不同的文化都試圖展現他
們自己的風貌，「海洋儒學」從臺灣的經驗出發自可提出一
些論述觀點。本人現在從一個政治學研習者的立場，提出
下列問題，或能在儒學和政治學之間找到一些論述空間。

第一，如何界定宗教信仰和政治的關係：這原來是西
方世界的過時課題，然而後冷戰時代又重新浮現出來，表
面上是回教基本教義派的激烈作為，骨子裡也有基督教基
本教義派的強烈對峙。此外，《猶大福音》的出現和《達文
西密碼》的風行都衝擊到西方正統的基督教義。就此而言，
儒家的「內聖外王」之說，在新儒學者之間爭議不斷，卻
有其輕便貼切之處，道出內心修為和入世生活的關連。蔣
年豐指出：「儒家的心性之學又有其特殊性，它可以順著任
何宗教教義或哲學體系挺立出來，這是儒家的高明項。」
此在後冷戰和後現代的社會中，應該更有闡釋的空間，以
充實宗教信仰自由的精義。

第二，如何尋求現象學／詮釋學的認識基礎：在西學
衝擊之下，「德先生」和「賽先生」可能是國人凝聚出來的
最廣泛的學術信念。前面提到，早年唐君毅和牟宗三對黑
格爾的引進和後來蔣年豐對黑格爾的詮解，有其當時代的
獨特意涵。然而當蔣年豐對黑格爾的興趣達到最高點時，
便開始離開黑格爾而進到現象學和詮釋學的世界。這原是

一位年輕少壯的哲學家應有的學習之旅,也代表了臺灣許多文史哲學者的共同努力。然而,不要忽視這一學習過程的曲折和困難。我們從蔣年豐的遺作中,看到要以現象學/詮釋學統攝西方政治哲學和中國儒學和佛學的意圖。然而,此一整合的工作並不容易。美國現象學家羅伯‧索科羅斯基(Robert Sokolowski)指出「現象學在政治哲學上的缺席的確叫人驚訝」,實點出其困難的根源。對此,本人在政治學家界的感觸尤深。此蓋因政治學受實證主義和現實主義的影響更深,現象學/詮釋學的運用程度和廣度就更受限制。猶記本人在一九七〇年代末在美國博士班課程中便有一些現象學/詮釋學的概念性介紹。然而要遲至二〇〇一年,美國政治學會才出現「政治學改造運動」(perestroika movement)訴求,提出「周全政治科學」(An Ecumenical Science of Politics),基本上是朝現象學/詮釋科學的方向移動,其用心也是在因應後冷戰時代的知識變局。相對而言,現象學和詮釋學在文史哲的發展要發達的多,然而要如何和政治哲學與科學結合,並兼融本國固有的知識概念,實需一段學界共同努力的過程。

第三、如何界定自由經濟和民主政治之間的關係:按照侯家駒教授的研究,市場經濟是中國帝制時代的社會生活實踐,甚至是政策上的所為和論述,只是沒有提升成學理概念。基於此種商業經驗,中國在鴉片戰爭之前的國際

貿易都居於出超的地位，中國民族工業在第一大戰期間便
趁隙而起，臺灣能成開創經濟奇蹟，而中國大陸一旦走對
路便能快速崛起。西方政經學者提出東亞發展國家模式。
往好的方面說，是行業和政商關係中有很好的協調合作關
係；往壞的方面說，便會淪爲親信扈從關係，搞貪腐化和
內線交易。這是一種善惡並存的狀態，中國人自古以來便
以「官商勾結、圖利他人」來作指摘，或以「鞠躬盡瘁，
死而後己」的高道德標準來期許。新時代的儒學是必要認
真思考此一課題，以有助於建立新的「公道」標準和道德
評鑑。此外，當代經濟具有小量多樣生產的消費主義特性，
講究時尙和流行。對此，新時代儒學要抱持什麼態度呢？
視之爲物慾橫流？斥之爲資本主義末路？或以「游於藝」
的儒學傳統來提升大眾的休閒生活和美學感應？

　　第四，如何界定大眾民主和菁英政治間的關係：臺灣
受美國政治學的影響，多年來主張「威權轉型」或「民主
化」，然而近年來轉化爲「民主亂象」之檢討。印裔美國學
者 Fareed Zakaria 指出，民主化的問題出在「民主」過度，
例如有太多的競選操作和族群動員，反而危害了「自由」
的內容和品質。Zakaria 指出，歐陸早期民主發展也有更強
烈的同樣問題，故法國經歷了艱難多變的革命過程，德國
經歷了威瑪共和的失敗。相對而言，英國及其所屬殖民地
後來形成之國家，其中包括美國，就要穩健的多。此從政

治思想的發展角度來檢討，實不得不歸功於英國哲學家
Edmund Burke 開創的保守主義，致力於憲政體制、市場經
濟，和傳統英國社會價值等三種理念的融會，而形成了和
自由主義、社會主義相抗衡的意識形態力量，維持了社會
的穩定發展。衡諸近現代的中國，知識份子都致力於宣揚
自由主義或社會主義，保守主義早從同治中興之後便已失
落。現就海洋儒學關心的主題而言，是否可為臺灣現在進
行的民主化，和中國未來的民主化，開創契合於本國文化
傳承的新保守主義？

四、法政主體

李：蔣年豐之所以提出「海洋文化的儒學」（簡稱「海
洋儒學」），其直接機緣是回應一九八〇年代大陸電視節目
《河殤》的呼籲，即揚棄以儒家文化為代表的「內陸文化」
而走向「海洋文化」，其間接背景是呼應當代新儒家的「儒
學開出民主」之說。新儒家的「儒學開出民主」說過去飽
受批評，不但受到海峽兩岸的自由派（如林毓生、包遵信）
之批評，也受到部分儒家學者（如余英時）的批評。蔣年
豐對於此說抱持同情的態度，但認為它有待加強與補充。

臺灣的自由派如同英、美的自由派一樣，過去受到冷

戰思維的限制，未能正視康德所代表的自由傳統。就連援康德以入儒家的牟宗三先生在爲「儒學開出民主」說提出哲學論證時，也未能充分運用康德法政哲學的思想資源。直到羅爾斯（John Rawls, 1921-2002）於一九七一年出版《正義論》（*A Theory of Justice*）一書，此種情況才有根本的改變，康德哲學成爲自由主義的直接思想資源。蔣年豐於一九八〇年代赴美求學，自然接觸到羅爾斯的「新自由主義」，而開啓了新視野。這可以說是「後來者的優勢」。

蔣年豐藉由三組對比來說明「內陸文化的儒學」與「海洋文化的儒學」之差異。這三組對比是：一、前者強調「聖賢」的概念，後者則突顯「豪傑」的概念；二、前者強調道德教化，前者則強調社會批判與公民意識；三、前者主張人性本善論，後者則預設人性向善論。我認爲：在這三點當中，第二點無疑是核心，也直接關聯到蔣年豐所關心的「法政主體」問題。另外兩點在我看來不免牽強。就第一點來說，一個正在由傳統向現代轉型的社會或許需要豪傑來引導轉型，但在一個完成了現代轉化的公民社會中，豪傑也必須退位。就第三點來說，我曾撰寫〈性善說與民主政治〉一文，探討以性善說來證成民主政治的可能性，讀者不妨參閱。

在我看來，「內陸文化的儒學」與「海洋文化的儒學」之對比只是一種譬喻，與地理上的區分無關，其實質意義

應是「傳統社會的儒學」與「後傳統社會的儒學」之對比。學界過去在討論中國傳統文化的現代轉化時，往往不自覺地將這個問題置於中國文化與西方文化對比的脈絡中，而非傳統文化與現代文化對比的脈絡中來思考，因而錯失了問題的真正焦點。論者往往忽略：不但是中國文化、甚至西方文化本身都得面對這個現代轉化的問題。但因為這個問題在西方的出現並非由外來文化的挑戰所引發，而且過程較長，對傳統文化的衝擊力較為緩和，所以西方傳統文化的現代轉化問題往往為我們所忽略。在中文學術界有關中西文化的關係之討論中往往隱含一種不自覺的文化命定論，即假設：西方的現代化是其傳統文化的內在動力之自然發展。但事實上，西方傳統文化的現代轉化也包含一個自覺或不自覺的「傳統斷裂」的過程。換言之，無論在西方還是其他地區，現代化都意謂一種對傳統思維方式的突破與斷裂。儒家傳統之需要現代轉化，一如其他傳統（如西方傳統）之需要現代轉化。在二〇〇〇年臺灣的政黨輪替之後，出現在臺灣政治與社會中的種種亂象，在在顯示臺灣社會的現代轉化尚在步履艱難地進行。蔣年豐當年熱切地率先加入民進黨，如果他今天尚在世，面對近來環繞著政府高層之種種不堪聞問的弊案與醜聞，不知會有何感想？

　　蔣年豐試圖藉由「從康德到羅爾斯」的發展來疏通當

代新儒家的「儒學開出民主」之說，這個方向是正確的。
近年來我譯註了康德討論歷史哲學的論文（康德的歷史哲
學與其法政哲學有高度的重疊），也是著眼於此。但蔣年豐
僅勾勒出一個輪廓，而來不及深入其具體的環節，可說是
臺灣哲學界的重大損失。

國家圖書館出版品預行編目資料

文本詮釋與社會實踐：
蔣年豐教授逝世十週年紀念論文集

林維杰編. – 初版. – 臺北市：臺灣學生，2008.12
面；公分

ISBN 978-957-15-1441-3(精裝)
ISBN 978-957-15-1439-0(平裝)

1. 哲學 2. 文集

107   97022932

文本詮釋與社會實踐：

蔣年豐教授逝世十週年紀念論文集 (全一冊)

編　　　者：林　　　維　　　杰
出　版　者：臺 灣 學 生 書 局 有 限 公 司
發　行　人：盧　　　　保　　　　宏
發　行　所：臺 灣 學 生 書 局 有 限 公 司
　　　　　　臺 北 市 和 平 東 路 一 段 一 九 八 號
　　　　　　郵 政 劃 撥 帳 號：0 0 0 2 4 6 6 8
　　　　　　電　話：(0 2) 2 3 6 3 4 1 5 6
　　　　　　傳　眞：(0 2) 2 3 6 3 6 3 3 4
　　　　　　E-mail：student.book@msa.hinet.net
　　　　　　http://www.studentbooks.com.tw
本書局登
記證字號　：行政院新聞局局版北市業字第玖捌壹號
印　刷　所：長 欣 印 刷 企 業 社
　　　　　　中 和 市 永 和 路 三 六 三 巷 四 二 號
　　　　　　電　話：(0 2) 2 2 2 6 8 8 5 3

定價：精裝新臺幣七〇〇元
　　　平裝新臺幣六〇〇元

西 元 二 〇 〇 八 年 十 二 月 初 版